U0866045

# 蒋介石家谱

何虎生 周守高◎主编

全方位揭秘蒋介石家族兴衰内幕

用细节还原真实　以史实全面解读

从蒋氏家族的兴衰荣辱透视20世纪中国社会的沧桑

蒋氏家族

这个中国近现代史上曾经最显赫的政治豪门

其足迹整整跨越了三个世纪

几代人的命运随时代的发展浮浮沉沉

却也是时代变迁的真实体现

中国工人出版社

图书在版编目（CIP）数据

蒋介石家谱／何虎生，周守高主编. —北京：中国工人出版社，2016.11
ISBN 978-7-5008-6574-2

Ⅰ.①蒋… Ⅱ.①何…②周… Ⅲ.①蒋介石（1887～1975）—家谱 Ⅳ.①K820.9

中国版本图书馆CIP数据核字（2016）第282863号

蒋介石家谱

| | |
|---|---|
| 出 版 人 | 芮宗金 |
| 责任编辑 | 傅 娉 |
| 责任校对 | 董春娜 |
| 责任印制 | 黄 丽 |
| 出版发行 | 中国工人出版社 |
| 地 址 | 北京市东城区鼓楼外大街45号 邮编：100120 |
| 网 址 | http://www.wp-china.com |
| 电 话 | （010）62005043（总编室） （010）62005039（出版物流部）<br>（010）62379038（社科文艺分社） |
| 发行热线 | （010）62005049 （010）62005042（传真） |
| 经 销 | 各地书店 |
| 印 刷 | 三河市文通印刷包装有限公司 |
| 开 本 | 787毫米×1092毫米 1/16 |
| 印 张 | 27 |
| 字 数 | 500千字 |
| 版 次 | 2018年1月第1版 2018年1月第1次印刷 |
| 定 价 | 68.00元 |

本书如有破损、缺页、装订错误，请与本社出版物流部联系更换
版权所有 侵权必究

CONTENTS
# 目录

# 第二章　独裁总统蒋介石

## 五、兵败大陆



## 六、在台湾的日子

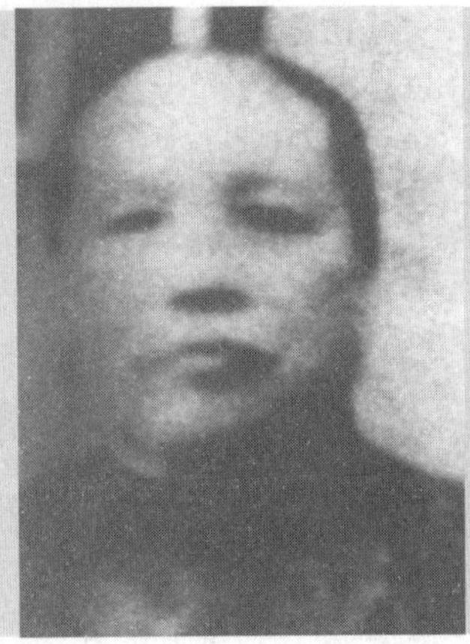

## 第三章　原配、小妾和妻子

## 第四章　终身相伴的宋美龄

# 第五章　长子蒋经国

## 第六章　蒋经国的三位妻子

## 第七章　任“陆军上将”的次子蒋纬国

## 第八章　蒋介石的两位次媳和三位养女

## 第九章　蒋家第三代

## 第十章　蒋介石的重孙辈

# 第一章

## 故乡、祖先和父母

# 一、溪口镇、丰镐房和蒋家阴宅

## 地灵人杰的溪口镇

蒋介石的故乡浙江省奉化市溪口镇地处四明山南麓，在宁波西南39公里处，奉化城西北15公里处。溪口之名，得自剡溪之水。剡溪源头，主流出于剡界岭，由新昌入奉化境，称剡源，凡有九曲而汇于甬江，东流入海，人称“剡源九曲”。第一曲为六诏，相传王羲之曾隐居于此，东晋元帝6次下诏征其入朝而均遭婉拒；第二曲为跸驻，相传吴越王钱镠曾驻跸于此。九曲公塘以下称剡溪，由西向东流过全镇，至东端，有武岭头与溪南山阻隔成口，注入锦溪，故名溪口，亦称锦溪村。又以武岭横亘镇东，以山名命地名，也叫作武岭。据此，蒋氏宗谱题签自称《武岭蒋氏宗谱》，蒋介石自书籍贯为浙江奉化武岭，而不书溪口。

四明山周围400余公里，共有280余座峰，其中70峰雄踞奉化，溪口镇即在群山环绕之中。它东枕武山，西挹龟山，北倚白岩山，南对笔架山，重峦叠嶂，气象万千。

武山即武岭，在溪口镇东首，屏障全镇，为溪口的门户。这座山的通路旁原有一所庵庙，称武山庙，1934年蒋介石在此建造气势宏伟的武岭门。门前额题有“武岭”两字，是时任国民政府监察院院长于右任手笔，后额也有“武岭”两字，是蒋介石自题。“文化大革命”中，这4个字被用水泥涂掉，改为“红卫”两字，现已恢复原状。

溪口镇自古以来就是浙东著名的旅游胜地。这里山清水秀，景色宜人，引得众多骚人墨客，前来寻幽探胜。相传有溪口十景：奎阁凌霄、武潴浪暖、平沙芳草、碧潭观鱼、松林晓莺、溪船夜棹、锦溪秋月、雪峰晚照、屏山雪霁、南园早梅，广为天下闻。武岭镇口的潭墩山，是溪口十景之一，剡溪在其脚下流过，山巅有文昌阁，别名奎阁，故称“奎阁凌霄”。

文昌阁始建于1731年。1924年，蒋介石回乡扫墓，登潭墩山，见文昌阁楹栋欹斜，与其兄蒋介卿商议鸠工重建，至第二年造成飞檐翘角的两层楼房，建筑面积500余平方米，并筑亭三楹，题名为乐亭，不过溪口人习惯称文昌阁。亭建成后，蒋介石亲撰《乐亭记》一文以记之。

据风水先生说，文昌阁地处“伏虎吸水”，又称龙头。蒋介石一向迷信，乐亭建成后就成为他的私人别墅和藏书楼，每次回溪口，多驻于此。乐亭两旁均筑有石级，盘旋通道。向南拾级而下，临溪有一石桥，名憩水桥，凭栏观鱼，水清见底，名曰碧潭，是锦溪最深之处，“碧潭观鱼”也是溪口胜景之一，蒋介石回溪口常与宋美龄在此垂钓观鱼。潭墩山东岸，沿岸遍植桃花，岸下流出的泉水，冬日也微温不冻，这也是溪口十景之一，名“武潴浪暖”。蒋凤元亦曾有诗：“两岸桃花夹，中间一水通，泉温由土脉，冻解不关风。”蒋介石后来在此筑一临溪小楼，溪口人称小洋房。蒋经国由苏联回国之初，曾与妻蒋方良、长子蒋孝文、长女蒋孝章在此课读。1939年，日本侵略军飞机将乐亭夷为平地。1987年，由当地政府拨款按原样重建。

溪口镇一角

雪窦山比武岭风光更胜一筹，人谓溪乡名胜，首推雪窦。它是四明山脉在奉化70峰中最享盛名的一座山峰。山顶平地上有一古刹，即雪窦寺，距溪口11公里，为浙东第一名刹。因雪窦山高于诸峰正中的乳峰，下面有一石窦，泉水从中喷涌而出，其色如雪，故称乳窦或雪窦，山名、寺名均源出于此。蒋介石每次回溪口，必游雪窦，他曾为雪窦山题有“四明第一山”的匾额。

雪窦山有雪窦寺，其历史十分悠

久。据《雪窦寺志》载：晋时有尼结庐山顶事佛，名瀑布院。841年改建今址。859年为裘甫所毁。867年重建，改名瀑布观音禅院，892年，常通禅师来寺主事，刺史黄晟施田1300亩，寺院做了大规模的扩建，遂成十方丛林。999年宋真宗赵恒赐“雪窦资圣禅寺”寺额。1157年失火焚毁，1163年复建。南宋时成为天下禅宗十刹之一。1288年和1643年又两次被毁，清代顺治年间重建。“文化大革命”中再次被毁，1986年重建。

雪窦山除雪窦寺外，尚有许多名胜古迹，如御碑亭、千丈岩瀑布、妙高台、三隐潭等。御碑亭位于雪窦寺东南，为“入山第一门”。据宋代雪窦寺住持广闻禅师《御书应梦名山记》云：景祐年间（1036年前后），宋仁宗赵祯梦游“八极之表”，醒来后，诏“图天下山川以进”。雪窦山“双流效奇，珠琳挺秀”，“默契圣心”。于是敕谕：“名山感形梦寐，今遣内侍张履新赍沉香山子一座，龙茶二百片，白金五百两，御服一袭，表朕崇奉之意，监司宗臣，特免徭役，禁人樵采。”自此，雪窦山、寺名声大振。1245年冬，宋理宗赵昀追书“应梦名山”4个大字。翌年4月，勒石建亭，将“应梦名山”4字刻于亭内，并由广闻禅师作记，供人观瞻。

千丈岩瀑布在雪窦寺以南半公里处，瀑高186米，以雄奇壮观闻名江南，北宋真宗赐名“东浙瀑布”，王安石有诗：“拔地万里青嶂立，悬空千丈素流分；共看玉女织丝挂，映日还成五色纹。”为了观瀑，岩壁腰际筑有一石桥“仰止桥”，蒋介石、宋美龄每次来千丈岩瀑布，均于此桥驻足观瀑。

离千丈岩约500米，有峰突起，截出万山之表，称妙高台，又名妙高峰。峰顶有坪如台，东西约15米，南北倍之，前面是悬崖峭壁，三面凌空，下面临深渊。登雪窦绝顶俯视，只见平台不见峰；从山下仰望，只见山峰不见台。放眼西望，翠峰间镶一面明镜，曰“亭下湖”，真乃“湖光山影共徘徊”，堪称雪窦山胜景中的一绝。这里海拔700余米，气候凉爽，周围松樟翠竹蔽日，是一个理想的避暑胜地。据1948年重修的《武岭蒋氏宗谱》记载，蒋介石8岁时“始上雪窦山见妙高峰爱之”。“民国十六年‘总统’蒋公建别墅于其地”，自题门额“妙高台”。别墅为中式建筑，中间是三开间两层楼，前有天井，黑漆大门，进门两边各有一间平房，上是阳台，有走廊相连，后有3间平房，由围墙连成一个整体，建筑面积为436平方米。蒋介石、宋美龄夏季常到这里小住。别墅左首是曾住持雪窦寺的和尚石奇的坟墓，蒋每次来，照例先向石奇和尚墓一鞠躬，再进内休息。

三隐潭在雪窦寺西北约5公里处，是一条涧水形成的三级瀑布，按位置高低，称为上隐潭、中隐潭、下隐潭。下隐潭潭约半亩，上覆悬岩，犹如天生石屋，急流从旁飞落，若彩霞横空。下隐潭之上循岩而入至中隐潭，峭壁幽谷，飞沫溅衣，冷风扑面，如进清凉世界。中隐潭之上为上隐潭，仰视飞瀑有如九天银河。蒋介石十分喜欢此处胜景，曾于1920年负气回乡时，写诗铭志，诗曰：雪山名胜东南最，不到三潭不见奇。我与林泉盟在夙，功成退隐莫迟迟。

据考证，溪口至少在唐代即有人居住。乾隆年间所修《奉化县志》云：唐贞元年中，“右相樊泽致仕卜居……樊氏子孙世居此焉”。樊泽是有史可查的溪口第一个居民，也是今溪口镇沙堤村的樊姓始祖。后又有“宋监察御史樊良忠因与丞相王安石不合，弃官归里”，终老溪口。

1006年，溪口建村。1226年前后，人口已近800。南宋丞相魏杞，字南夫，原籍安徽寿春，奉孝宗赵昚之命，出使金国，不辱使命。他晚年告老，定居鄞县小溪，于1184年去世，特选择溪口飞凤山作为墓地，可见溪口当时已颇有影响。

溪口，旧时称禽孝乡。传说，有位董姓少女，每天依南窗刺绣，窗上有两只燕子筑巢而居。董女每天以米食喂之，并编竹以护其巢。两燕冬去春来，年年往复。以后，董女病死，两燕悲鸣不已。3日之后，董女父母到其女坟头祭扫，只见两燕伏死其女坟上。乡人视为奇事，因改地名为“禽孝乡”。以后，又由于溪口位于剡源九曲之口，为体现其景色特点，又因水易名，改称“溪口”，禽孝乡之名逐渐隐没。

1902年重修的《奉化县志》，称溪口为镇，这是现有资料中溪口称镇的最早记载。此后，溪口称乡称镇多次变化。1919年正式定级为行政镇，是奉化28个乡镇之一。1928年改称溪口乡，1935年又改称为镇。中华人民共和国成立后，溪口一度改乡，1951年改为镇至今。

1949年蒋氏家族败亡台湾之前，溪口镇共有居民900余户，其中大半是蒋姓。此外，溪口的大姓尚有周、王、任三族。

溪口镇原来只有一条长街，沿着剡溪北岸伸展，东起武岭门，西止武岭公园，约2.5公里长。从街东头的武岭门进镇西行不远，就是蒋宅。

## 丰镐房和蒋家阴宅

蒋介石于1887年10月31日出生在玉泰盐铺楼上。玉泰盐铺开设在溪口中街簟场弄口。1889年，蒋介石两岁时，玉泰盐铺失火，屋化瓦砾，蒋氏一家只得搬到下街祖遗的“素居”。不久，其父蒋肇聪又在火焚旧基上起屋开店，重建了玉泰盐铺。1895年，蒋肇聪过世，第二年蒋介卿、蒋介石两兄弟析产，蒋介卿分得玉泰盐铺，蒋母王氏携子留居祖宅报本堂。1921年，玉泰盐铺第二次失火，蒋介卿在妹夫宋周运的帮助下，又造起了新屋，但玉泰盐铺实际上只挂一块招牌，开的却是公余钱庄。1946年重新拆建，改成石库墙门院落，蒋介石题写了“玉泰盐铺原址”界石，今尚存。

“素居”是蒋家祖宅，与玉泰盐铺相距约500米，为一幢二层小楼，有房10余间。蒋介石的祖辈有三兄弟，属“斯”字辈，依次取名为斯生、斯水、斯千，起房名依次为夏房、商房、周房。斯生子名肇余，斯水无后，斯千生二子，长子肇海，嗣于斯水，次子肇聪，承接自己的香火，三家房名依旧。蒋介石的父辈，肇海无子，肇聪生有介卿、介石二子，乃以介卿过继给肇海，为夏房，介石继承周房。蒋介石之弟瑞青出世后，周房又一分为二，名丰房、镐房，乃取周文王建都丰邑，周武王建都镐京之意。瑞青夭亡后，合称丰镐房，由蒋介石独撑门面。

蒋介石发迹之后，于1930年对丰镐房进行了翻修。因正对着蒋家大门的山峰叫笔架山，旧时迷信风水，有言“对着笔架山，代代儿孙会做官”。由于这个缘故，丰镐房的黑漆木结构中式大墙门没有拆改，维持原状。风水先生曾说，这大门的位置和高低、大小恰到好处，若是稍加改变，恐会引起宅第龙脉的动荡。为扩建丰镐房邸，蒋介石特地在溪口上街新造了25间楼房，动员原住在丰镐房周围的蒋家同族人家迁居，因上街好做生意，大家都乐意，24家都应命搬走了，只有一家不愿迁移，蒋介石也没有坚持。这样，丰镐房围墙外就留着那么一个不大协调的折角。

扩建后的丰镐房营造精致、用料讲究，但规模并不大，共有大小房49间，系旧式世家府第建筑。整个建筑为“前厅后堂，两厢四廊”格式。前厅题额“素居”，正中设佛堂和一套卧室，犹如蒋母王氏生前居住时一般陈设。卧室平素关

蒋氏宗祠前景

着，只有葛竹至亲如王贤裕、王贤钜两舅公一家来时方可进去住宿。后堂为“报本堂”，三字为吴稚晖所题。堂上供有蒋家4代先人的神主牌位，即曾祖蒋祈增夫妻、祖蒋斯千夫妻、父蒋肇聪及妣徐氏、孙氏、王氏，还有亡弟瑞青。

报本堂扩建后与旧式格局无大变，但装潢迥异：五马散墙——在旧时，只有王侯之家方可造此散墙。报本堂柱子上的两副楹联：“报本至亲，是谓至德要道；光前裕后，所望孝子顺孙”20个大字，也改成贴金。蒋介石手书“浩气长存”锦框一块，悬于堂中，堂前悬有蒋介石示经国的“寓理帅气”横额。天井里仍植两棵桂树，一金一银，四周银杏树若干。东厢楼上，陈设均为西式，是为宋美龄准备的卧房。宋美龄来溪口时，只是由蒋介石陪同参观过，并没有住，而是常宿文昌阁。西厢房的布置，则全是中式家具，为毛福梅的卧室。

蒋介石发迹后，除特殊情况外，每年清明或自己的生日，总要回乡。清明回乡是扫墓祭祖，生日回乡是为了避寿。特殊情况，如1927年第一次下野后即隐居溪口，以退为进，不久东山再起。1936年西安事变突遭“兵谏”，被释后，于1937年年初回故乡调养，并在家中办了两件事，一件是为他的哥哥蒋介卿办丧事，一件是为从苏联返回的儿子蒋经国补办婚事。1945年抗日战争胜利，溪口“光复”，蒋介石父子重返故乡，举行了盛大的庆祝活动。1949年1月，蒋介石第三次下野后，回到溪口，迟迟不愿离去，直到4月25日才离开溪口，从此再也未得重返。

## 毛泽东指示谭震林保护蒋氏遗迹

据王舜祁著文介绍，1949年解放浙江过程中，毛泽东曾经于5月6日指示部队：“在占领奉化时，不要破坏蒋介石的住宅、祠堂及其他建筑物。”

5月25日，首先进驻溪口的部队是第七兵团21军61师。据《中国人民解放军第七兵团战役总结》记载：“六十一师于5月16日由萧山一带出发，经绍兴，21日攻克三界镇、章镇、仙居、浦口等据点……22日晨占嵊县，续冒雨占新昌，守敌东窜。25日，全部占领奉化溪口一带。”

61师政委王静敏曾对进驻蒋介石故居丰镐房的师部组织科长马贝禾交代：“你们驻进去后，一定要严守纪律，谭政委（第三野战军副政委兼第七兵团政委、浙江省军管会主席谭震林）指示，对蒋介石家中的任何东西都不得乱拿和破坏，家里原来怎么摆设的都要原样放着，不要随便搬动，免得外国记者去参观时，借口加以歪曲宣传，造谣破坏我军的声誉。”

马贝禾坚决贯彻了这一指示。他在《加强纪律性，革命无不胜》的回忆文章中说：“蒋介石走后，丰镐房留有一名年近五旬的老人看家，得悉我们进驻，显得很高兴，说：‘这么多房子和东西，我正愁管不了，大军进来驻，太好了。’接着，战士们和他一起，清点房子和物品……点好后把门锁上，贴上封条。老人连连点头：‘这样好，这样好。’”

丰镐房

马贝禾和他的战士们在驻丰镐房的日子里，从未动用过蒋介石家里的任何东西。当时西厢房的几间屋子里，放着不久前给蒋经国40岁祝寿时各地送来的火腿、香肠、名酒，没有一个人打过什么主意。尽管当时部队粮食困难，一天三餐喝稀饭，丰镐房里面存放着20多袋大米，也没有动过一粒。该师师长胡炜、政委王静敏还亲自查看蒋母墓庐，把看房子的人找来问了情况，交代他继续把房子和坟墓看管好，防止被人破坏。过去人们一直以为保护蒋氏遗迹是出自“三野”首长谭震林的指示，现在才进一步弄清原来是解放军最高统帅毛泽东的命令，谭则是把这一命令精神贯彻到占领溪口的部队。

保护蒋氏墓宅意义重大，而且随着时间的推移，越来越显示其远见卓识。中国共产党这一举措赢得了国内外舆论的好评，而且在以后的历史发展中，收到了意想不到的效果。20世纪50年代中期，中央在准备武力解放台湾的同时，根据当时国内外形势的变化，争取与以蒋介石为首的国民党集团谈判，用和平方式解决台湾问题。当时王舜祁在溪口部队工作，新华社曾派记者来溪口拍摄蒋氏墓宅的照片，以及蒋介石设在武岭学校校长室的陈设（因蒋介石自兼武岭学校校长），说是准备趁一位国家领导人出国访问的机会托人带入台湾。这些照片当然引起了蒋氏父子的故乡之思，对国共两党秘密接触起了一定作用。

1959年，中共中央通过1949年国民党和谈代表、著名民主人士章士钊给台湾写信，内中有两句话：“奉化之庐墓依然，溪口之花草无恙。”当时毛泽东、周恩来对这两句话非常欣赏。要是没有当年保护蒋氏庐墓的命令，那么这两句话就无从写起。周恩来还针对当时美国企图分裂台湾的阴谋，在信末加了4句话：“台澎金马，唇齿相依，遥望南天，诸希珍重。”可谓语重心长，撼人心灵。

1978年12月中共十一届三中全会以后，党中央宣传新时期的对台方针：“我们主张通过‘一国两制’和平解决台湾问题，但不承诺放弃使用武力。”接着，中央指示，修复在“文革”中遭到部分破坏的蒋氏墓宅，经过两年时间，蒋氏墓宅修缮一新，1981 年 10 月 10 日，时任中共中央主席的胡耀邦在首都纪念辛亥革命七十周年大会讲话中，向国内外宣布："溪口茔墓修复一新，庐山美庐保养如故。"并向蒋经国等 14 名台湾上层人士发出邀请，希望他们回大陆家乡走走看看。

此后，许多外国记者获准来溪口蒋氏故里采访，不少蒋氏亲友、旧部也闻讯赶来，一窥究竟，照片通过多种渠道送到蒋经国手中。据几位接触过蒋经国的人多次反馈，蒋经国拿到照片后表示欣慰，说："这笔钱应该由我来出。"1991 年，溪口被列入国家重点风景名胜区，1996 年，蒋氏故居被国务院列入"近现代重要史迹及代表性建筑"，公布为第四批全国重点文物保护单位。近年来，海内外到溪口的游客年年增加，其中台湾来人占了相当大的比重。溪口在统一祖国大业和发展旅游业中的作用应归功于毛泽东主席的远见卓识。

# 二、蒋氏先祖和父亲蒋肇聪

## 蒋家曾住江苏宜兴，后迁浙江奉化

据谱牒稽考，蒋介石可确认的远祖是五代后梁时人摩诃居士。蒋姓是溪口大族，《武岭蒋氏宗谱》循旧例每隔 30 年纂修一次。自清代以来，1691 年、1716 年、1737 年、1768 年、1799 年、1827 年、1858 年、1888 年、1918 年都修过谱。最后一次大修是在 1948 年，由蒋介石主持，聘请吴稚晖为总裁，陈布雷为总编纂，实际负责修谱者是沙孟海。事毕，由蒋经国在溪口主持了"进谱"大典。

这次修谱，为蒋氏家族大书特书的，是在宁波溯寻到了一个祖根。《左传》载："凡蒋、邢、茅、胙、祭，周公之胤也。"蒋氏之源，出于周代，这是没有问题的。但旧谱只收到五代时始迁到明州（宁波古称）的蒋光、蒋宗霸父子，由此逆推上去的一大段世系，则"于史无证"，未可尽信。武岭蒋氏从江苏宜兴迁来，旧谱及《宜兴县志》皆有记载。东汉时，蒋澄，住宜兴，封函亭侯。至今宜兴蒋澄墓尚存。蒋介石、蒋经国父子曾往祭拜。宜兴蒋氏，传至晋时，始迁台州，传至五代，有蒋显者，任四明盐官，其子就是蒋光，在明州定居下来，生二子，长名宗祥，次即宗霸。

蒋宗霸，字必大，五代后梁时人，一说周显德初人，曾任明州评事，后罢官，生一子。宗霸慈善温谨，口诵"摩诃般若波罗蜜多"，故乡人称其为蒋摩诃。他结庵于小盘山，自称“摩诃居士”。据延祐《四明志》等志书载，当时有游方僧居于奉化岳林寺，叫布袋和尚，带着个布袋，昼夜不离身。蒋摩诃心以为奇，拜他为师，跟着他云游了3年。一天，到福建长汀，师徒俩同浴于温泉，蒋摩诃突然看见布袋和尚背上有眼炯然，大奇，惊叫起来，说：“和尚是佛也！”

布袋和尚便对他说：“吾被汝所窥破，当去矣！吾以布袋赠汝，俾子孙代代为衣冠冢。”回到奉化岳林寺，布袋和尚就坐在寺东大石上圆寂了，葬于后山。据说，后来有人去四川，路上却碰到了布袋和尚，吓了一跳，布袋和尚请此人带话给蒋摩诃，说：“相见之日已近，愿自爱！”此人回到奉化岳林寺一看，只有禅杖净瓶而已。其找到蒋摩诃，把所带口信告诉他，摩诃道：“我已知之。”一天，遍访亲友告别后，无疾而终。

这个故事《宁波府志》《奉化县志》都有大同小异的记载，流传较广。大致蒋摩诃曾师事布袋和尚，虔诚信佛，是事实，其他怪异情节，则为后人添枝加叶的神话传说。

摩诃居士墓在宁波东乡小盘山。蒋介石回乡时，常上山祭拜这个远祖。蒋介石祖父斯千笃信佛，蒋母王氏亦信佛，发妻毛福梅尤信，并出资于1931年在溪口镇北建有“摩诃殿”，常驻殿诵经，毛氏罹难后，蒋经国将她葬于摩诃殿侧。

蒋宗霸一支，传至北宋神宗时，有蒋浚明者，始迁奉化禽孝乡三岭。蒋浚明，字彦昭，拜大理评事，迁尚书金部员外郎，因上书谏罢新法，遭谪，授无为军司

蒋介石、宋美龄在江苏宜兴祖先函亭侯墓前

户，改建康户曹，累赠金紫光禄大夫，入祀乡贤。蒋浚明子蒋璿、蒋琉，均登进士，其故里在联桂坊（今宁波白水巷），其坟墓在奉化禽孝乡三岭。

其后传至元末，有蒋仕杰者，始迁武岭（溪口）。因此，追溯蒋氏远祖，蒋光、蒋宗霸父子应是可以确认的宁波祖籍之源，蒋介石自称“迁四明第二十八孙”就是从“摩诃居士”算起的。对于“摩诃居士”，蒋家后人尊称为“摩诃太公”。

大凡修谱，列举世系，总要找一个有来头的祖根，以示荣耀。蒋家祖宗，以蒋浚明的“金紫光禄大夫”最为显赫，故蒋家祠堂的祖宗牌位即从蒋浚明供起。

蒋家排行，自二十五世起为五言四句，即“祁斯肇周国、孝友得成章、秀明启贤达、奕世庆吉昌”。蒋介石的曾祖祁增，字怀盛；祖父斯千，字玉表；父名肇聪，字肃庵。蒋介石为溪口蒋氏世系二十八世周字辈，故其谱名为周泰（初为周健）。在蒋介石的曾祖蒋祁增时，蒋家五房中的第三房分为新三房和老三房。蒋祁增是新三房的祖宗，其下依次为蒋斯千、蒋肇聪。

蒋介石的祖父蒋斯千，生于1814年，卒于1894年。自蒋介石的16代太公蒋仕杰从三岭迁至武岭，世代以务农为业，至蒋斯千开始弃农经商。他在溪口镇上开设一家以经营盐、酒、石灰为主的商店，店名为玉泰盐铺。

蒋斯千的盐铺是溪口镇上唯一经营官盐专卖的店铺，内挂着官盐的招牌。盐是从宁波批发来的，石灰是由富阳运来的。后来，还经销大米，从安徽芜湖贩来。同时酿酒兼营糟坊，经营范围并不小。主要销售对象是溪口以西的雪窦山民，也做本街生意。在1862年（清同治元年）前后，太平军一度克复宁波府属各县。由于战争的影响，溪口商业一蹶不振，玉泰盐铺也停了业。以后，随着局势的安定，蒋斯千又多方筹资恢复了玉泰盐铺。其时，蒋斯千已届知天命之年，疏于店务，于是就把玉泰盐铺交给精明能干的儿子肇聪经营，自己坐享清福，安度晚年。

蒋斯千是个虔诚的佛教徒，而且也略懂医道，常入山采药，为乡人治病，口碑甚佳。蒋介石的幼年时代，都是在祖父身边度过的。蒋斯千对这个孙子颇为疼爱，为之起乳名瑞元，关怀备至。蒋斯千的乐善好施，给蒋介石留下了深刻的印象，因此他对这位祖父十分尊敬。

蒋介石7岁那年，祖父蒋斯千过世，葬于溪口镇北石鳝岙幡竿丘，享年81岁。

## 蒋肇聪被人称作埠头黄鳝

蒋介石的祖父蒋斯千生有二子，长子肇海嗣于无后的斯水，次子肇聪，承顶三房。蒋肇聪即蒋介石的父亲，字肃庵，小名明火。

蒋肇聪精明能干，二十刚出头就从蒋斯千手中接办玉泰盐铺店务，打理得井井有条，生意兴隆，家业由此而为小康，在溪口镇上成为十甲户之一。除盐铺外，尚有薄田30余亩。蒋肇聪在溪口有个不雅的诨号，叫埠头黄鳝，意即此人极油滑，别人占不到他的便宜。

蒋肇聪从小能说会道，且识文断字，又是溪口望族之后，故常为邻里调解讼事纠纷，并仿其父，时有施惠于桑梓的善举。

蒋肇聪的发妻是白岩村人徐氏，生子介卿、女瑞春，于1882年病故。时年蒋肇聪40岁，正是中年丧偶。不久，蒋肇聪续娶萧王庙镇人孙氏，不到两年，孙氏又死于时疫，并未留下子女。1886年，蒋肇聪聘迎了寡居的葛竹村人王氏为继室，生子瑞元、瑞青，生女瑞莲、瑞菊。

蒋肇聪生于1842年，卒于1895年，享年53岁。蒋肇聪过世那年，蒋介石年仅8岁。蒋肇聪对子女要求一向严厉，蒋介石对此印象非常深刻。1918年，蒋介石在追述乃父事略时曾颇具感触地说：

> 吾九岁而丧父，今几二十年，未尝须臾忘吾父未殁时之言也。吾父之殁也，吾母王太君在侧，吾父顾吾及幼妹，指谓吾兄曰："尔弟妹幼，吾死后，尔母必哀痛不自胜，尔年长，其能尽孝致友以慰吾心耶！"吾兄承涕自任，乃瞑。呜呼，痛哉！吾父性刚直，处事公，接物以诚，容貌毅重，自持勤俭，其所以训亦若是。方吾始就傅时，吾父引而训之曰："吾少承先人业，不克服劳于国，然犹冀于乡党施教育，矫去敝俗，今者吾当尽力，使亲族敦睦，闾閈无惊，而尔辈得一意读书，异日倘有所成，亦可稍补吾憾也已。"暨晚岁，则爱吾兄弟愈切，而督责亦愈严。

蒋肇聪去世时，其继室王氏以一寡妇之身，抚养一群稚龄的儿女，无力大办

蒋肇聪之墓

丈夫的丧事，一直拖延到1913年，才由蒋介卿、蒋介石兄弟两人将其亡父与原配徐氏、继配孙氏合葬于锦溪村北桃坑山右蟹钳。

# 三、慈母严师王采玉

## 年轻时是紫竹庵尼姑

蒋介石的母亲王采玉，奉化葛竹人，生于1864年，卒于1921年。

在浙东四明山南面，奉化与嵊县接界处的剡源后川上游，有一四山环抱的盆谷小村，名曰葛竹。庐舍缘山而筑，坐山状同交椅，向有“金交椅”之美称；前面排峰数簇，形如笔架，又有“仙笔乡”的雅号。一湾溪水，村前东流，景物幽胜。

葛竹原属嵊县管辖，1950年按地形水流划归奉化。

据1933年的《葛竹王氏宗谱》记载：明朝洪武年间，王采玉的远祖王爽，自奉化连山乡迁至葛竹村落户，稼穑为业，一连六代单传，直至第七代子孙王庆亨，才生有四子：长子永吉为大房始祖，次子永俭为二房始祖，三子永全为三房始祖，四子永强为小房始祖。至今大房仅有一家住在葛竹，二房都已迁往外乡，只有三房和小房支脉旺盛，滋繁百余户。

王采玉的祖父王毓庆，是葛竹三房的第16代子孙，是清朝的迪功郎，生有三子二女，长子王有则，次子王有模，幼子王有金，都是国学生。王毓庆收购笋干等山货，运至宁波求售，无人问津。后来转运至苏州，竟以高价脱售，因以贩卖盈利所得，在葛竹建造一所住宅，后为有则、有模、有金所共有。这就是王家祖宅，王采玉的出生地是蒋介石幼时常来的外婆家。

王有则（1820—1882），曾屡次应试，但都没有取得功名。初娶欢潭姚振昌之女为妻，生三子一女；续娶妻仍姓姚，生有二子一女，子名贤钜、贤裕，女居长，即王采玉。

王采玉，聪明伶俐，幼承父教，稍识文字，尤精于女红。但是生不逢时，王有则不事生产，家庭人口众多，家道中落，祖遗的田产已所留有限，王采玉帮母亲纺纱织布，贴补家用，生活过得十分艰难。王采玉18岁嫁与跸趾曹家田俞某为妻。俞某性情暴躁，往往因一点儿小事发脾气，引起争吵，有时甚至打骂。结婚的第二年春天，王采玉生了一个儿子。不幸的是，几个月后，孩子突患急症，施救不及而夭折。祸不单行，到了这年秋天，丈夫亦身染时疫而亡，随后王有则也病故。夭子丧夫亡父，这一连串的打击，使王采玉对生活心灰意冷。她曾回娘家与中年孀居的母亲住了一段时间，光景颇为凄惨：前母所生的 3 个哥哥，一个早死，两个已成家分居；同胞的两个弟弟，贤钜不争气，十几岁的年龄，成天赌博，贤裕有先天性神经病，还在读书，全家入不敷出。不久，葛竹附近金竹庵管理香火的老尼去世，王采玉决意带发修行，遁入空门。

王采玉从小勤俭能干，进庵以后，把庵内外整理得非常整洁，田产管理也十分得法。她自己掘笋养竹，种菜植瓜，生活有余，还可以不时去照顾娘家。她母亲也常来庵中做伴住宿，一同拜佛念经，一同操劳。素菜淡饭，日子过得很安稳，她大有在此终老一生的想法。不料，几年过后的一天，庵里突然来了一个看相人，见到王采玉，即说她有福相，日后可生一贵子，晚年将光耀无比，这使王采玉从万念俱寂中泛起了许多不平静的思绪。恰巧，这时溪口的蒋肇聪两年之间，连续丧妻，所遗一儿一女年纪尚幼，家中乏人照料，意欲再娶。玉泰盐铺的账房是葛竹人王贤东，为王采玉的堂兄，知道了东家的想法之后，就回葛竹金竹庵找王采玉说合，玉成此媒。这样，1886 年 6 月，22 岁的尼姑王采玉还俗，嫁到溪口，做了 45 岁的蒋肇聪的继室，当上了玉泰盐铺的老板娘。

王采玉为人温和朴实，通情达理，做了开盐店、家境好、人口多的蒋家新主妇，持家勤俭，井然不紊。蒋肇聪有了这样一位年轻的贤内助，再不用为家事分神，便专心忙于经营。到了第二年春天，王采玉已有孕在身。

蒋介石与王采玉

1887 年 10 月 31 日的午后，一个小男孩在玉泰盐铺的后屋楼上出世。祖父蒋斯千为其取名瑞元，这就是后来因为小时“顽梗”异常，溪口街上无人不知、无人不晓的“瑞元无赖”——蒋介石，后来，王采玉又生二女一子，瑞莲、瑞菊、瑞青。

蒋介石两岁那年，玉泰盐铺突遭回禄之灾，夜半失火。蒋肇聪此日外出办货，王采玉抱子逃出，屋化瓦砾，财物俱损，一家只得搬到祖宅“素居”。以后虽然恢复了玉泰盐铺，但眷属从此不再搬来。

王采玉和她公公蒋斯千都信佛，也都迷信算命看相。王采玉生了瑞元，公媳认为是应了看相者“必出贵子”之言，所以格外疼爱，寄以“光宗耀祖”的期望。蒋介石小时多病，蒋斯千每必亲自诊视医治。蒋介石那顽皮倔强的性格，也确实与众不同，往往闯祸闹事，弄得家中不得安宁。4岁那年的除夕，桌上已排好杯筷，准备高高兴兴地吃年夜饭，他早就爬到椅上去坐等了。

过了一会儿，蒋斯千到，只见孙子仰靠椅背，张口不省人事。当时发现他座位桌上少了一支筷子，连忙检视口中，原来是筷子已插入喉管。全家为之慌乱，请来医生把它钳出，蒋介石才逐渐苏醒，还吐出几口血，弄得家人无心再吃年夜饭了。到了半夜，他才开口说话。王采玉问他为何如此，他说：“从口到胃，不知有多少深度，因此用筷试探，哪知插入后不得出来。”蒋斯千彻夜担心孙子成了哑巴，天刚微明，就起床去问儿媳妇：“瑞元是否会哑?”此时蒋介石已睡醒，马上跃起答道：“我会说话，没有哑。”这真是当时人们所说的“从未听到过的奇闻”。

蒋家门临清溪，蒋介石常独自溜出去游泳，几次遇到上游山洪暴发，险遭灭顶。5岁那年的冬天，他看到檐前缸水冻冰，圆明如镜，一时高兴极了，便扑身去捞取，因用力过猛，倒栽缸中不得出来，等到旁人发现拖起，早已奄奄一息，经抢救才得转生。尤其恼人的是，蒋介石常溜到街上去与群孩嬉玩，弄棒使枪，仿效对阵作战，往往“蛮法三千”，伤及别人，皮破血流，人家纷纷前来问罪，使王采玉大伤脑筋，罚跪责打，从不生效。

## 劝蒋介石革命

天有不测风云。王采玉再嫁到蒋家不过八九年的光景，不幸的遭遇便接踵而来。1894年，公公蒋斯千以八旬高龄撒手归西。第二年夏天，丈夫蒋肇聪身染时疫，抛下店务和妻子儿女一命呜呼。这对31岁的王采玉来说简直是大祸临头。从此，治家理店、抚儿育女的重担都落在了她的肩上。这时，前妻之女瑞春年已20，出阁在外；前妻之子介卿18岁，尚在读书，准备应考秀才；自己的两儿两女还年幼无知。

蒋斯千原有二子，长子肇海早死无子，产业由肇聪承管。蒋斯千生前曾决定将长孙介卿过继在肇海名下。蒋介卿性情暴躁，心地狭隘而自私，自父亲死后，为店务家事，常与后母龃龉，颇不孝敬。蒋介卿不信佛，有一次奉化岳林寺和尚来化缘，适介卿雀战失利回家，一看到和尚，认为赌输的原因就是来了和尚（空门）的缘故，发怒斥责。王采玉感到有失自己面子，母子间争执了几句，从此感情失和。不久，蒋介卿提出分家另过的要求，王采玉不愿与前子争执产业，遂答应。结果蒋介卿独得玉泰盐铺全部资产、房屋和肇海名下田产，而王采玉和子女仅分得所居祖宅、二十几亩薄田和一片竹山。蒋母靠这份产业抚孤度日，生活愈益艰难。

分家析产之后，王采玉所得多是房屋、田园、竹山等不动产，依靠田租山花收入维持生计，日子颇为拮据。谁知屋漏偏逢连夜雨，在夫亡家析后的 4 年时间里，王采玉的小女瑞菊、幼子瑞青也相继夭折，一次又一次打击落在了她的头上。

王采玉身世不幸，早年带发修行，还俗后一直信佛吃斋，平时即使家务繁重，也还是晨昏诵经不辍。再次孀居后，更是青灯苦守，长斋礼拜求得精神上的寄托和慰藉。其时，蒋介石的外婆姚氏尚在世，王采玉经常将信佛的母亲接来伴居诵经。到了晚年，则与受蒋介石冷落的儿媳毛福梅朝夕为伴，一同礼佛。王采玉粗识文字，能念《心经》和《大悲咒》。

王采玉除了在自家佛堂之外，也常去武岭庵、法华庵、雪窦寺、白雀寺等地念佛诵经。武岭庵位于今武岭门北侧的武岭墩。从素居到武岭墩，过去是一条崎岖山路，王氏小脚，晚年行走不便，恰好其孙蒋经国幼年就读于武岭小学，每天上学必经武岭庵，便顺路扶着祖母到庵内拜佛。蒋介石在广东初露头角时，回乡还曾陪同母亲到普陀山施千僧斋，并参观新纳（小和尚）受戒的仪式。

在迭经不幸的家庭变故之后，王采玉培育孤儿蒋介石成大器的决心弥坚。蒋介石 12 岁时，王采玉得知嵊县名士姚宗元设馆于葛溪溯源堂，遂于 1899 年送他前往从姚受业。因得名师指导，蒋介石学业长进较快，不久便读完《尚书》及《唐诗三百首》。

这年寒假回家，适有榆林姑表伯陈春泉到蒋家做客，平时见到长辈也是顽态依然的蒋介石，独有见到这位年事已高的表伯，肃然陪坐，显得非常敬畏，王采玉深以为奇。又听说陈春泉聘岩头毛凤美在元代文学家戴表元故居遗址的毛宅设塾，教授儿辈和村童，她就征得陈春泉的同意，于第二年送子到他家住宿附读，师从毛凤

1921 年 6 月 14 日，王采玉去世，此为遗照

美读《易经》。1901 年，14 岁的蒋介石又到了畸山下竺景崧馆随皇甫氏就读，学作策论。后来，王采玉再次托陈春泉寻找一个有威望的私塾先生。榆林和岩头相距 3 里，陈春泉平时常来岩头，知毛思诚开馆授徒，便于 1902 年介绍蒋介石师从毛思诚温习《左传》，圈点《纲鉴易知录》，受益匪浅。

清朝末年，旧式蒙馆渐行没落，纷纷停办，教书先生转任新办学校的教师。奉化城原有的龙津书院首先改革学制，创办龙津学堂，主办人严筱轩，聘有两位日本人当教师，学生趋之若鹜。城内另一派学者不甘示弱，接着也创办了凤麓学堂。这些新兴学堂，师资水平较高，规模较大。蒋母望子成龙心切，积聚费用，送他外寻出路。1903 年，蒋介石被送到凤麓学堂，接受新式教育。1904 年因闹学潮几乎被开除学籍，于是又转到龙津学堂续学。

由于蒋母王氏开明，蒋介石得以赶上时代步伐，接受新的教育、新的思想。在此期间，蒋介石结识了很多老师和同学。除凤麓校长周枕琪及其弟周枕琴外，同学有江怀清、张硕卿、俞镇臣、陈泉卿。另外还结识了城内的朱孔阳、俞飞鹏等人，这些人后来大多因随蒋做事而得以发迹。

1905 年，蒋介石 18 岁，又转到宁波城里西河沿文昌殿陈家祠堂里，由鄞县顾清廉主讲的箭金学堂。顾清廉生员出身，专治性理之学。蒋介石师从顾清廉读了一年书，读的是《古文观止》《东莱博议》《诸子集成》《说文解字》《曾文正公集》和《孙子兵法》，课余还自学了《纲鉴易知录》。在顾清廉那里，蒋介石第一次听说了孙中山的名字，并对革命党人在海外活动的情况有了初步的了解。顾清廉以日本明治维新后由弱变强的历史为例，给他灌输强兵是富国的前提的思想。蒋介石幼时好斗尚武，顾氏说教正合其意。从此，他便立下志向，学习军事，并决定去日本留学。

1906 年，蒋介石 19 岁时，家中发生了一桩意外事件。当时的清政府，对外屈辱于列强，对内则加重对百姓的盘剥，横征暴敛，各地无主滞纳的田赋，责令甲首（首富）和市户摊赔。蒋介石家也在被索之列。里中狡猾的富户与征收田赋的庄书勾结，欺侮蒋家孤儿寡母，特别苛派。王采玉不胜负担，据理力争，差役就把蒋介石捆拘到县里关押，勒令交纳后方释放。蒋介石回到家中，母子见面抱头痛哭。王采玉认为这是奇耻大辱，勉励儿子要争气，要发奋上进，早日出人头地。蒋介石亦深为震动，对母亲所嘱铭记于心，终生不忘。

就在这一年，他剪掉发辫，赴日本留学。蒋介石留学日本的当年冬天，接到母亲王采玉的家书，言妹瑞莲年下出阁，兄当回来主持其事。蒋介石接到信后，也认为在日本没有合法的途径，不能进正式军校，长久在补习学校也不是办法，不如先回国通过合法渠道再正式考回来，然后立足。于是就打点行装，返国回到家乡与母亲团聚。

首次留学生涯结束回国后，蒋介石先考取了浙江武备学堂。不久又赶上清政府陆军部的“通国陆军速成学堂”（保定军校前身）在各省招考。在浙江招收 14 人，报考者千人，蒋介石被录取。第二年，清政府陆军部在保定军校里考选留日陆军学生，蒋介石本来尚无报考资格，经过一番努力，才获准参加考试，结果入选，并被破格保送去日本就读士官预备学堂。

1908 年，21 岁的蒋介石再返日本留学，进入振武学校。蒋介石是第八期的学生，学的是炮兵专科，同期生中有黄郛和张群。就在这一年，蒋介石由陈其美介绍，加入了中国同盟会。第二年，经陈其美引见，蒋介石第一次谒见了中国民主革命的领袖孙中山。

1910 年，蒋介石从振武学校毕业，升入日本新潟县高田野炮兵第 13 联队为士官候补生，进行作战训练。1911 年辛亥革命爆发，蒋介石应先期回国的陈其美之召，归国参加浙江起义。当时他抱定不成功便成仁、誓为革命牺牲的决心，写信与母、兄诀别，劝其勿为他赴难哀伤，并对死后家事做了安排，语多悲壮。王采玉收到此信，内心忧惧，但无十分凄切的表情。她认为没有牺牲的精神和决心，安能取得胜利和成功？当即嘱咐在玉泰盐铺继王贤东当账房的侄儿王良岳赶到杭州传达己意，慰勉儿子：“死生一视于义，不必以家事为念。”

中华民国建立后，反清革命的成果很快为袁世凯等旧军阀窃取，先驱者孙中山又先后发动了多次革命，以捍卫共和。蒋介石追随孙中山、陈其美屡次组织军队武力抗争，成为袁世凯和北洋军阀通令缉捕的要犯之一。在革命斗争处于困境之时，他曾几次回乡匿避，家中不时遭到搜查，许多族人亲友唯恐株连，啧有烦言，不与他家往来。王采玉却处之泰然，甘愿毁家受累，对儿子频频抚慰，从无戚颜怨言，还千方百计资助其远避和进行秘密活动。凡此种种，表现出不让须眉的胆识和气魄，使乡里人十分钦佩。

对于母亲的胸襟、胆识，对于母亲的苦心孤诣，蒋介石感怀系心，终生不忘。

早在 1901 年蒋介石 14 岁时，王采玉就为他迎聘了奉化岩头村的毛福梅为妻。毛氏大蒋介石 5 岁，这是当时很普遍的风俗。王采玉认为，此举既可以使儿子收顽劣之性并早生孙子，又可以有媳妇为家务分劳。蒋母为使儿子成才，可谓煞费苦心，同时还别有见地。蒋介石在奉化县城凤麓、龙津两个中学堂接受新知识时，王氏特地把儿媳也送到县城的作新女校就读，为使她有文化，利于相夫立业。由于蒋介石与毛福梅之间夫妻感情并不深，王采玉多次痛哭训子，敦促他们和睦共处，早续香火。1910 年，长孙蒋经国出世，王采玉喜悦异常，朝夕不让他远离膝前。

## 去世后，哀荣备极

王采玉一生坎坷，为了抚育顽梗的孤儿成器，费尽心血。到了晚年，也算是扬眉吐气，堪慰所望。不幸的是，年不满六旬，就体弱多病，于1921年6月14日上午7时，因患心脏病，卒于故居内寝，享年57岁。此时蒋介石任职于孙中山领导的粤军，适因处境不如意，在家养晦。母病卧床数月，朝夕亲侍汤药。王氏弥留中频频以三事嘱咐儿子：其一，要为她择地另葬，不与其父同穴；其二，要办一所学校，培育乡里子弟；其三，要报答几家至亲好友的恩情。这三件事，她死后，蒋介石均一一付诸实现。

蒋母之所以坚持与蒋父分葬，自有原因。蒋肇聪去世于1895年，到1913年，蒋介卿、蒋介石兄弟二人正式安葬其父于桃坑山右蟹钳。坟堆较大，内有4穴，实葬3人，即蒋肇聪及其发妻徐氏、续弦孙氏，空一穴准备留给第二位续妻王采玉。但王采玉不愿屈居下位，更不愿自己儿子被人议论为第二填房所生，唯恐日后对蒋介石的前程产生不利的影响。

蒋介石谨遵母亲遗命，请奉化有名的风水先生到处勘察坟地，最后选定离溪口镇约1.5公里的上白岩山鱼鳞岙中垄。据说这里是最好的龙脉，整个地形像座弥勒佛，坟穴就点在弥勒佛的肚脐眼上。为了防止压坏龙穴，石器不宜过重，也不能多用石板和水泥。蒋介石每天至白岩山监工兴筑母亲坟茔，并邀集亲族之长者、贤者帮助筹备丧事，于同年11月23日安葬完毕。

蒋介石、宋美龄在王采玉墓前

这时蒋介石在中国政坛上已初露头角，母以子贵。因此，接到蒋母去世之讣告，孙中山及谭延闿、林森等国民党要人，齐致唁电，闽、粤、鄂、湘、沪各处吊客，云集倚庐。及出殡之时，孙中山派陈果夫代表诣奠，居正、戴季陶等皆来会葬。孙中山祭文，充分肯定蒋母培育孤儿蒋介石之功："恩勤辛苦，以抚遗孤，养之长，教之成。""慈爱异常母，督责如严师。"孙中山还亲自为蒋母题写墓碑："民国十年蒋母之墓孙文题”刻在横碑之正面。墓碑上面，扇形应栏，刻有“壶范足式”四字。碑之两旁有一联：“祸及贤慈当日梗顽悔已晚；愧为逆子终身沉痛恨靡涯”。下署不孝子周泰，是蒋自撰，张静江书。胡汉民做墓志，汪精卫做铭，书法家沈尹默书。墓做馒头状，墓前植石楠二株，其他各处广植树木，下望山岳间古木参天，形成一片苍翠的林海。

到了1923年5月，蒋介石又在离墓址约250米远的山墩筑新式洋房3间，称为慈庵，冬月工成。12月16日，蒋介石为纪念其母60冥寿，回到溪口，前往慈庵肃拜，并展墓。夜宿庵中。次日，庆慈庵落成，奉曾祖祈增公、曾祖妣毛太夫人、张太夫人；祖玉表公、祖妣徐太夫人；考肃庵公、妣徐太夫人、孙太夫人、王太夫人；及弟瑞青、冥配弟女王氏，五代神主升龛，祭飨如礼。庵的门额，由谭延闿书题。中堂悬孙中山所赠“为国劬劳”“慈云普照”二匾。

蒋介石亲撰《慈庵记》写道：“标额曰慈庵，以成先慈建庵供佛未竟之志，而又配祀先考肃庵公，权合古人祔庙之义也。”具体说建立这个慈庵的主要用意不外两个：一是因为蒋父与蒋母没有合葬一穴，把父母神主牌位合在一起，以表示双亲合拢；一是作为蒋回乡时居住的地方，以示不忘母恩谨守墓园之意。而且，蒋介石于祭祀之后，果然与次子一起在这里住了10天左右。据《蒋“总统”年表》记载：“是月下旬，息影慈庵，拂案焚香，绕茔抚树。岭上寒风，松间明月，耐人寻思，与次公子纬国相伴守，穆如也。”此后，蒋每次回家乡时，总是到慈庵先住几天，然后再移居乐亭或妙高台别墅。

1930年春，蒋介石为了增光门楣，将慈庵旧宅拆除，另在离墓稍远山岳平地上筑造规模较大的坟庄。其整体布局如下：在白岩山麓竖立一座石牌楼，高6.5米，宽7.9米，有3个门，中门宽3.7米，两边之门各宽2.1米。中门上首刻着“蒋母墓道”4个阴字，两边雕有花卉、盆景等各种装饰。从牌楼到墓冢，是一条卵石砌成的小路，长668米，路边有石凳，夹在一片松林之中。进石牌楼行约200米，路侧有一座过路岗亭，亭的四周设有长条玻璃窗，亭内能容20人，可以同时站立，四面眺望。再行约200米，是蒋母墓庐，共12间平房，结构为中西合璧。外门上额题有“墓庐”两字，进门中间有许多石碑，依壁而立，两旁是会客室及餐厅，阔度各占两间。住宅在其南首，宅后建有厨房及卫兵居处一幢，另有一道门进出，直通下山墓道。

穿过墓庐大门，便可看到慈庵。门首额题“慈庵”二字，室内挂有蒋母王采玉遗像，照片上有汪精卫的题字：“蒋老伯母遗像，世愚侄汪兆铭。”正中立一石碑，正反两面都有碑文。正面为谭延闿所书之《孙大总统祭蒋太夫人文》，后面是“孤哀子蒋中正泣述”的《先妣王太夫人事略》，系于右任所书。两壁还有蒋介石的《哭母文》和《中国国民党中央执行委员会慰劳蒋总司令文》等石刻。此外，还有胡汉民集汉曹全碑字迹题守墓诗："供养嗟奚及，忧怀与岁长，白云仍在望，竟拟老家乡。"谭延闿为题"蒋太夫人像赞"，林森作诔辞。治丧时，张静江、许崇智等国民党元老的唁电、挽联、悼诗等，也都保存在慈庵之中。以上这些文字，曾由叶楚伧收集，编为《哀思录》刊行于世。

新建的慈庵，继续供奉蒋氏曾祖祈增以降历代祖先，下至幼弟瑞青之神主牌位。慈庵左边是一个两室套间，是蒋介石回乡居住之处。

抗日战争胜利后，蒋介石第一次回溪口，吩咐将汪精卫所做墓志铭的石刻埋入墓道下面，因为汪精卫失节做了汉奸。现在，经当地人民政府整修蒋母坟墓掘土时，发现了这块石刻，作为文物予以保存。

蒋介石对于部下谒其母墓很重视。由于通向墓地山坡的路比较陡，卵石路面容易打滑，国民党高级将领又多穿皮鞋、皮靴，上山谒墓时行走艰难，所以蒋介石在墓庐特地准备了各种尺寸的软布鞋，供他们选择使用。据一位原国民党将领回忆，蒋介石平时对部下非常严肃，唯有谒墓下来，笑容可掬，连说"谢谢"。

蒋介石很早就为自己在家乡选择墓地。开始他打算安葬于慈庵母亲墓边，以后看到奉化城北响铃岗地势高爽，景物幽美，风水颇佳，就改变主意，选定岗上的仁湖作为自己葬身之地，并且派人在周围修了一条公路。但是，后来，蒋介石却长眠于台湾岛上，归葬故乡的愿望没有实现。

# 四、割不断的手足、乡党和故乡情

## 姐·兄·妹·弟

蒋介石的父亲蒋肇聪有子女 6 人。发妻徐氏，生长女瑞春，长子介卿。徐氏去世后，续娶孙氏，无所出。孙氏病故后再娶王采玉，生子瑞元、瑞青，生女瑞莲、瑞菊，瑞菊和瑞青均早夭。

蒋瑞春，是蒋家的长女，蒋介石的同父异母姐姐，生于 1874 年，年长蒋介石 13 岁。1889 年，即蒋介石 2 岁时嫁于离溪口 1.5 公里的任宋村农民宋周运为妻。宋粗识文字，生活俭朴，却爱财如命，有一段时间是丰镐房的管家之一。他从宁波到溪口，不坐汽车，宁愿跑路，问他原因，说买一双布鞋只要大洋 4 角，汽车来

蒋介石与蒋瑞春欢叙

回需1.6元，可买4双布鞋，可穿两年，乘汽车太不上算。20世纪30年代末期，宋被蒋经国接到江西，死于赣南，一生没做过什么大事。宋周运与蒋瑞春生有三子涨林、涨生、祥生，一女林香。涨林曾随竺景崧到盐务局做过事。次子涨生，曾在丰镐房当账房，1939年日本飞机轰炸溪口时与蒋介石的发妻毛氏同时罹难。祥生，做过宁波市农民银行的职员。林香，嫁邻村王阿孝为妻。涨生之子明义1949年随蒋家去了台湾。

蒋介石对大姐蒋瑞春一向比较敬重。据瑞春大儿媳张小翠说："舅父（指蒋介石）和婆婆感情很好，每次回乡，总要来我家看望婆婆。一次两人在溪口到任宋村的路上相遇，舅公赶忙下轿，请婆婆上座，自己步行随轿到我家。路上的人看到都很惊奇。"1946年，蒋瑞春在任宋村逝世，蒋介石特派蒋经国赶来奔丧。

蒋介卿，蒋家的长子，蒋介石的同父异母哥哥。谱名周康，字锡侯，又字瑞生，号萧绪、甬安，年长蒋介石10岁。因蒋肇聪的哥哥肇海无嗣，蒋介卿很小即被过继在肇海名下，以承门户。1895年，蒋父肇聪身染时疫病故，蒋介卿18岁。蒋肇聪死前曾反复叮嘱蒋介卿要善待母、弟，蒋介卿也痛哭流涕地答应了这一要求。但蒋肇聪殁后第二年，蒋介卿即与继母分家另过。

蒋介卿曾考中秀才，后毕业于四明专科学校法政科，做过台州地方法院推事、广州地方审判厅推事。20世纪20年代初，因蒋介石任职于粤军故，蒋介卿被广东省公署政务公厅长古应芬推荐出任琼州（今海南省）文昌县知事。但是，蒋介卿未及赴琼上任，又调署广东英德县知事。他电告蒋介石后，蒋在日记中记载道：

“得兄电，已由文昌调署英德县知事，心虽愉慰，而不知其能尽职与否，则又转喜为忧矣。”果不出蒋介石所料，蒋介卿在英德没干半年，就被解职，只好返回奉化。蒋介石是在12月30日得知“胞兄英德任内，亏欠公帑陆千元。其会计竺某，为新任扣留”。对于此事，蒋介石在日记中说，他“不胜惭愧，吾唯有公事公办而已”。蒋介卿回家乡后，无所事事，终日招一些亲朋好友搓麻将取乐。他脾气暴躁，有时输了钱就与人争吵，甚至动手打人，别人慑于蒋介石的权势，只好让他三分，因而他仗势欺人之名，盛传闾里。

1927年12月1日，蒋介石和宋美龄结婚。事前，蒋介卿多次劝说蒋介石原配夫人毛福梅与蒋介石离婚，并代蒋答应了毛氏离婚不离家，仍做丰镐房女主人的要求。蒋、宋在上海举行婚礼时，因蒋母已去世，便请蒋介卿担任了男方主婚人，此事颇得宋美龄好感。1928年5月，宋美龄极力推荐他担任了浙江海关监督。这是头等肥缺，每月官俸360元，管辖镇海、象山、慈溪、海门等13个常关（后减缩为11个），每个常关照例要向监督“孝敬”，每月100元至300元不等，视关卡大小而定。蒋介石还委任他兼任了浙江省政府委员。1933年后，浙江海关将11个常关划归通税局管理，机构也大为缩减，成了清闲衙门。

蒋介卿一生有三种爱好：嫖妓、骂人、赌博。1930年前后，他用营私中饱的收入在宁波城里九曲巷购买精美住宅一处，先纳妓女程爱卿为妾，同居一年多后离去，后又纳一柯姓妓女。他买屋纳妓，声名很坏，蒋介石的“政誉”也受到了影响，因而引起蒋介石的不满。1935年7月，有一个曾任黄埔军校教育长的刘灏，

蒋介石在家乡与族人合影

系浙江镇海驷桥人，因患神经衰弱症，不堪军旅重任，要求改任文职，蒋介石就叫他接替了蒋介卿。刘灏来接任时，蒋介卿只叫秘书忻段昌将公事账册略加整理，草草移交了事。他下任后回到奉化，仍担任着省府委员的职位。后来宋美龄想叫他出任上海江海关监督，而蒋介石怕其兄在官场出丑，对蒋介卿说“此事暂缓进行”，以后就没有了下文。蒋介石在经济上尽量供他挥霍享用，却不愿放他去做大官。蒋介卿在溪口开设了一家公余钱庄，一直在家乡作威作福，成为当地的土皇帝。

1936 年 12 月发生了西安事变，张学良、杨虎城扣留了蒋介石。消息传到溪口时，蒋介卿正在武山庙吃酒看戏，他本来患有高血压，闻讯后惊骇过度，中风跌倒，不省人事，抬回家后便一病不起。蒋介石返回南京时，他已病危，其女华秀打电报向蒋介石陈述病况，蒋复电说：“昨日接到华秀电，长兄有病，在家静养，派人送参。”次日，果然送来人参 10 支，可是蒋介卿已病入膏肓，无法挽救，于 12 月 27 日不治身亡。

蒋介卿先后娶过 3 位妻室，原配孙氏，继配张氏和单氏。张氏生一子，单氏生一女。子名国柄（国秉），字宝华，宁波商校毕业后，入日本士官学校学习陆军，1932 年回国，曾在俞济时的 88 师任少校参谋、中校团副。后去庐山找蒋介石要官做，蒋叫陈诚安排，陈任命他为团长，带着委任状找他时，他已去汉口游逛。陈诚报告了蒋介石，蒋闻而大怒。蒋国柄原配石羊头村孙氏，后离婚，又娶萧王庙孙益甫次女孙维美，生一子四女，子孝伦，女静娟、志伦、环伦、明伦。他驻军镇海时，曾与一女演员恋爱，互论嫁娶，对方坚持其须与孙氏正式离婚，才肯嫁给他，但蒋介卿却极力反对。国柄所愿不遂，因受刺激而精神失常，成了一个疯疯癫癫的痴子。抗日战争期间，溪口沦陷，蒋经国接他去赣南居住。新中国成立前，又随蒋经国逃到台湾，1982 年 3 月病死。

蒋介卿女名华秀，毕业于之江大学经济系，经李宗仁介绍，嫁给白崇禧的外甥韦永成。韦为广西永福人，曾任过安徽省财政厅长、立法院委员。抗日战争期间，华秀随丈夫去重庆，委托律师黄荣昌将乃父在宁波九曲巷的住宅高价出售，有一投机商人，为了与蒋家通好，将此宅买下。1949 年，蒋华秀、韦永成全家迁往台湾。

蒋介卿死后，当时并没有安葬，只是草草做了处置。因蒋介石在西安事变时腰部受伤，需要休养，直到 1937 年 4 月 22 日，才举行了隆重的葬礼。国民党中央的一些显要人物如林森、冯玉祥、居正、何应钦、朱家骅、阎锡山等，还有杜月笙、金廷荪、王晓籁等都赶来参加，蒋介石亲自接待。祭奠灵堂设在蒋家祠堂，客人多住武岭学校，国民政府主席林森为主祭。为办丧事，丰镐房还备了斋饭，附近村镇，闻讯赶来吃斋饭的人在1000桌以上，送殡队伍长达2.5公里，丧葬费用都是丰镐房支出。蒋介卿之妻单氏认为机会难得，私下对总管蒋孝祥说："阿叔（指蒋介石）花钱是不在乎的，他帮我家的忙也只有这一次了，你在账目上可以多报一些。"所以报了棺木费3000元，出殡费9000元，共12000元，实际只用了8000元左右，单氏趁机捞了一笔钱。

蒋瑞莲，蒋介石的同母妹妹，生于1890年，死于1937年。1906年，蒋瑞莲出阁嫁与萧王庙后竺村竺芝珊为妻。当时，蒋介石正在日本，接到母亲的家书后，匆匆结束首次留学生涯，返国回乡为其妹主持嫁事。竺芝珊原来是玉泰盐铺学徒，与瑞莲青梅竹马，结成夫妻。他虽然文化不高，但后来亦因蒋介石的关系而发迹，曾担任过佛山筹饷委员、苏州税务局长、中国农民银行常务董事、津浦铁路车务总段长等重要职务。1949年新中国成立前夕逃到台湾，1971年病逝。其子竺培风，宁波商校毕业，与蒋介卿之子蒋国柄同年留学，国柄学陆军，他学空军。竺培风在英国皇家空军学校毕业，回国后在民航局任第一大队长。蒋介石对他期望甚深，钟爱如亲子。培风娶杨森女儿为妻，生有一女。竺培风在解放战争初期，因飞机失事殒命。死讯传至时，蒋介石正在批阅公文，闻报大恸，把手中握着的一支毛笔猛的一掷，停止办公。蒋瑞莲与竺芝珊尚有一女名培英，新中国成立后留居上海。

蒋介石、宋美龄与胞妹蒋瑞莲合影

蒋瑞菊生于1892年，蒋瑞青生于1894年，均在幼年夭亡。蒋瑞青幼时聪明伶俐，深得蒋母王氏疼爱。蒋介石在《先妣王太夫人事略》中记述："其居吾弟行为最末，而天赋殊姿，兄辈均莫能及，以故先妣爱之尤笃……而瑞青弟殇，先妣悲痛深至，精神与躯体因之乃大衰耗。"王采玉在他死后给他找了一个王姓夭折的幼女合葬，作为冥配，以后又以经国为嗣子。蒋介石也曾亲自撰写祭文，辞颇哀切。

## 不忘乡党情意

王采玉去世前曾嘱咐蒋介石要办一所学校，培育乡里子弟，之所以如此，是因为从前溪口只有私塾，贫苦人家的子弟上学困难。晚清以后虽然有了族众办的武山、溪西、西河3所国民小学，又都是初级小学，而升学必须外出。小时因家道衰落不曾入学而识字无几的王氏，深切体会没有文化的不幸和子女求学的不易，平时在热衷培育子孙的同时，也关心乡里子弟求学的问题，因而病中有此嘱托。她去世后的第二年，蒋介石资助原来的3所初级小学合并为禽孝乡完全小学，并暂以自家旧舍前屋做校舍，使镇上适龄儿童全部入学。

数年后，蒋介石又出资购置武岭西北侧的田地90余亩为校址，兴造了一座雄伟的大礼堂、3幢课堂大楼和医院、宿舍、饭厅等房屋，竣工迁入，改校名为"奉化县私立武岭农业职业学校"，又后自兼校长。他常说："中国以农业为主，创办这所学校，旨在培育农科人才。"校内设幼稚园、小学、中学、农专和实验场，并

蒋介石在家殷勤待客

招收外地学生，校舍规模之大、设备之全、师资水平之高，都是当时一般私立学校所没有的。蒋介石为了纪念母亲，还在母亲的生长地同时也是自己少时读过书的葛竹，出资兴建校舍，办起了武岭学校葛竹分校。武岭学校当年的某些学生，后来成了蒋经国的左右要员和骨干，人们称其为“武岭派”。

蒋母王氏遗愿中所嘱蒋介石要报答几家至亲好友的恩情，所指除了葛竹娘家外，主要是孙琴风和毛颖甫。

蒋父蒋肇聪原配无亲族，续弦孙氏有兄弟孙琴风，萧王庙人，是蒋介石的前母舅。孙琴风是个商人，能干且有眼光，在上海开设孙余生营造厂，在宁波浩河街开设森顺木行。他在蒋介石未发迹时，在经济上对蒋时有帮助。1906 年，蒋介石考取浙江武备学堂，因母亲不赞成他去学陆军，路费无着，只好悄悄拿了妻子毛福梅的首饰出走，到宁波后，去森顺木行与孙琴风商量，欲变卖首饰充作路费。孙当即给他现洋 100 元，叫他安心前去，并将首饰留下送还毛氏。后来，孙家还卖掉自家 20 亩田，资助外甥出国。

蒋介石铭记其恩，自己发迹后请出这位娘舅做丰镐房的管家，掌管银钱进出，很是信任。而且，蒋每次回乡必到萧王庙探望。孙无子，以侄儿孙经骧为过房养子，经蒋提拔为“农民银行”发行主任。孙经骧之子义宣，上海圣约翰大学毕业，留学美国威斯康星大学，初任侍从室助理秘书，去台湾后任“国际货币基金会”执事董事，“中央银行”副总裁兼“外汇局”局长、“中央信托局”局长、“交通银行”总经理。

溪口人毛颖甫，开毛太昌酒店，与玉泰盐铺是溪口镇上的同业，毛颖甫本人算来还是蒋介石父执。蒋在留日期间，曾得到毛颖甫的多次资助。在蒋离家出外期间，对蒋母王氏亦多有照拂，王采玉曾对蒋介石讲：“儿不在家，颖甫对我的关怀逾于儿兄（介卿）多矣。”要蒋介石不能忘恩。蒋发迹之后，很快就提拔毛颖甫长子毛庆祥为北伐军“总司令部”机要秘书，后又提升为“军委会”机要科长，成为蒋的亲信。毛颖甫本人是宁波政法学堂出身，也当上了国民政府“监察院”监察委员，在家坐享“清福”。新中国成立前夕，毛庆祥携带家属 10 余人先在香港做寓公，继而到阿根廷开办大农场。其子盛节，是台湾航空人员。毛庆祥弟庆善之子节夏，美国医学博士，在美国一家制药厂当工程师。

蒋介石敬爱他的母亲，对外婆家感情也很深厚。蒋介石在他的外公家、王氏宗祠，都送有匾额。王家堂前挂匾，上书“乡国望重”，落款为“外孙蒋中正”。祠堂里那块挂匾，中间题“音容宛在”，落款为“蒋中正”。蒋介石还为其外公、外婆分别修了两座坟墓。现在位于离葛竹村 1.5 公里的东家坑山上的王有则墓，仍完好如故。墓碑正中刻有“外王父有则公之墓”，上首标注时间为“中华民国十九年三月”，下首署名“外孙蒋中正敬题”。两边还有一副柱对，右边是“精神不灭，外王父王公千古”，左边是“教泽常存，外孙蒋中正敬书”。碑的上方扇形应栏上刻有“仁慈”两字，落款为“美龄敬题”。

王采玉的3个异母兄长均早年故去，两个胞弟贤钜、贤裕均为平庸之辈，故没有得到蒋介石的任用提携，倒是王采玉的两个堂兄王贤甲、王贤东得到蒋介石的重报之恩。

据说，蒋介石在反对袁世凯窃国称帝的当年，因北洋军阀政府缉捕甚急，曾到葛竹躲避，由精明能干的嫡堂舅父王贤甲领他翻山越岭，到幽僻的四明山的四窗岩隐匿，他在石室枕岩而眠，自谓得一履险如夷，旋即飞黄腾达的佳梦，此后经历，果然应验云云。王贤甲是王有金的长子，生得相貌堂堂，蓄长须，绰号小汤果。曾于1914年捐资在葛竹兴办凤翥学堂，得到浙江省民政长颁发的银质奖章。王贤甲有六子：良森、良朔、良季、良穌、良裕、良汉。良汉又名震南，浙江法政专门学校毕业，是蒋介石一手提拔起来的亲信，曾任国民政府军政部军法司司长、三战区军法执行分监、上海特刑庭庭长等职，在葛竹建造有一所规模颇大的住宅，缘山而筑，气派有过于溪口蒋宅的丰镐房。1939年，王贤甲死，王震南夫妇在重庆，不能回来治丧。抗战胜利后，王震南回葛竹给其亡父出丧，十分热闹。蒋介石自抗战后来葛竹扫墓，常住在王震南新建的住宅里。

王贤东是王采玉嫁到蒋家的介绍人，又长期为蒋家管账，深得蒋氏好感。王世和是王贤东的侄孙，又名忠淼。王贤东年老回乡时，由王世和的继父王良鹤继任玉泰盐铺管账，王良鹤托蒋母向蒋介石请求带其子世和去广东从军。王世和原在溪口天生咸货店当秤手。蒋叫王世和送一篮咸货来，当面看他举止如何。王世和送货到丰镐房，蒋命他吊在屋柱钉子上。王因人矮，取凳垫脚挂上，随即用抹布揩去凳上留下的脚印，把凳放回原处。蒋认为他做事小心，就面允带他去广东，初随蒋充勤务兵，军校招生时，批准他为第一期军校学生。毕业之时，家乡曾敲着12面铜锣向王良鹤报喜。1939年，王世和充任蒋介石侍卫大队长，1944年俞济时接掌74军，他任副军长，再进陆军大学将官班深造。因他嗜赌如命，常常误卯不到，蒋先前曾两次将他革职闲置。抗战胜利后，王世和在溪口开设五泰钱庄，初聘唐瑞福为经理，后由王世和自兼并在溪口大造住宅。

此外，葛竹王家因蒋介石的提携重用而飞黄腾达者，还有王惜寸。王惜寸族名时荣，按照葛竹王族贤、良、忠、时的排行说，他是小房的时字辈。但他曾在葛竹凤翥学堂教书，因蒋介石童年一度在凤翥读书，故乡人还是尊称他为荣先生。后来王贤裕的堂房姐姐在唐田请师教读其子女，贤裕邀惜寸同往受业。民初凤翥学堂成立，惜寸回乡任教师，以后又在康岭办中学，担任过嵊县政府秘书。蒋介

蒋介石还乡时父老乡亲相迎

石去广东办黄埔军校，邀王惜寸任军校秘书，北伐后被任为浙江省财政厅长和中国农民银行常驻监察委员。他的原配妻俞经香，生二子二女，长子智障，二女为王民嘉、王民华，均在上海；续娶沈鞠辉，生七子，一在北京，一在美国，其余在台湾。

王震南、王世和、王惜寸，是葛竹村里跟随蒋介石去台湾的3个母系至亲。王采玉的两个胞弟贤钜、贤裕虽然没有跟蒋外出做官，但在家乡却备受蒋家的关照。

蒋介石丧母后，仍常到葛竹村外婆家探亲，有准确时间可查的有这样几次：一是1921年10月31日，蒋介石在日记上写着“……往葛竹省诸舅氏，十一时启行，下午四时后到。”“十一月一日，下午至石门拜访单有德姨父母（蒋母王采玉的同父异母姐姐的夫家），傍晚，展谒外祖母墓。”二是1936年农历十二月二十六日，那天葛竹有新屋竖台门，蒋介石亲临祝贺。三是1937年3月，王贤钜70岁做寿，蒋介石因事不能到场，特请宋美龄做代表，到葛竹为娘舅做寿，送去两幅金字寿轴。四是1949年农历正月二十一日，同行的有蒋经国及其子女，在葛竹住宿了一夜，这是蒋氏父子离开大陆前夕最后一次向舅家告别了。

## 辞别家乡

蒋介石于1949年1月21日宣布下野后，当天即乘坐飞机离开南京，下榻于杭州笕桥航空学校的宿舍。

浙江省主席陈仪在西湖边的楼外楼餐馆设宴，为蒋介石洗尘接风。陪同的除陈仪外，还有陈诚、汤恩伯等心腹和蒋经国。

第二天，蒋介石在众人的陪同下，从杭州坐飞机到宁波，然后换乘防弹轿车，往溪口镇驶来。

车过武岭门，进入溪口镇。轿车沿街而行，最后在一座古色古香的宅院门口停了下来。这座大院就是蒋介石的老宅——丰镐房。蒋介石回到溪口的第二天早晨，陪同他来的一些国民党要员到慈庵内向主人告辞，蒋介石也做了一番布置。

蒋介石这次回到溪口，镇上的人们私下议论纷纷："听说总统指挥国军打了败仗，所以才回到老家。""听说总统要终老在溪口啦!"

蒋经国则对乡亲们说："这次回乡，是筹备修谱进谱大事来的，望各位乡亲父老兄弟多加关照。"

蒋经国说这次回乡是为了修谱进谱，这话也不完全是假的。蒋介石十分重视修族谱这件事。

《武岭蒋氏宗谱》是1918年纂修的，到1948年满30年时，又该重修了。30年修一次族谱，这是旧社会各姓各族的一个规矩。为了重修族谱，在抗日战争期间，蒋介石就让蒋经国派人从奉化故乡秘密将族谱间道携到赣州，再送至陪都重庆。1945年抗战胜利后，蒋介石亲自过问族谱的修纂之事，并派人查考蒋氏先世事迹有疑问的说法。当时任南京政府教育部秘书的沙孟海，被蒋氏父子请去负责重修族谱工作。有意思的是，沙的4个弟弟和弟媳都是长期从事中共地下党工作或在解放区工作的革命者。当然，蒋氏父子对此情况是不知晓的。

蒋介石修纂宗谱

在修谱过程中，对蒋介石原配毛氏与宋美龄等在宗谱中如何叙记成为修谱人员的一大难题。他们只好让蒋介石自己动笔写。蒋介石将亲自写成稿子交给修谱成员。其世牒原文如下：

> 周泰，原名瑞元，一名中正，字介石，肇聪次子。保定全国陆军速成学堂第一期肄业，考送日本振武学校毕业，高田野炮兵第十三团士官候补生。大元帅府参谋长、大本营参谋长、黄埔陆军军官学校校长、国民革命军总司令、陆海空军总司令、行政院院长、军事委员会委员长、中国国民党总裁、国民政府主席、第一任大总统。清光绪十三年丁亥九月十五日午时生。光绪三十三年加入同盟会。民国十九年十月受基督教洗礼。配毛氏，民国十年出为慈庵王太夫人义女。民国十六年继配宋氏美龄，美国韦尔斯莱大学学士，立法院立法委员、中国国民党中央执行委员，光绪二十五年己亥二月十二日生。子经国、纬国。

毛氏与蒋离婚，谱中没明说。两子是谁所生，亦未叙及。蒋经国生母毛氏没问题，蒋纬国生母是谁，社会上有不同传说，修谱人员也不好考查。在修谱期间，蒋纬国问修谱人员，谱中是否写上了他的母亲。他在得知谱中的说法是根据他父亲的手稿编列出来时，沉默良久，最后说："过30年再说罢。"

《蒋氏宗谱》修成后，交上海中华书局用聚珍仿宋版排印，大型线装，每部6大册。

蒋介石下野回到溪口后，大搞进谱仪式，打开祠堂门祭告祖宗，大摆酒席，宴请族中父老，但蒋已准备放弃大陆，把台湾作为反共基地。所以，进谱宴会，也就变成了告别宴会。

蒋介石这次在溪口，当得知有人考证出蒋氏祖先是北宋金紫大夫蒋浚明时，他脸上露出了自豪的笑容。自下野以来，他还从未有过这种笑容。

蒋介石回到溪口后，表面上装得像闲云野鹤，游山玩水，逛庙宇，实际上仍紧紧控制着国民党的军政财大权。

1月25日，回到溪口的第四天，蒋介石就召集顾祝同、汤恩伯等高级将领召开小型军事会议。会上，蒋把长江防线划为两大战区：湖口以西归华中军政长官白崇禧指挥，其兵力25万人；湖口以东归京沪杭警备司令汤恩伯指挥，其兵力45万人。会后，蒋派专人把作战方案交白崇禧，令其执行，但对湖口以东的具体作战计划则保守秘密。

1月底，蒋介石在溪口召见行政院秘书长黄少谷，私授其意，决定将中央党部先行迁至广州。随即，中央党部以"对国民党现状加以整顿，图根本改革"的名义迁到广州，这表明国民党总裁蒋介石不与南京政府的代总统李宗仁合作。

2月1日，蒋介石又亲笔下令：将中央银行库存的92万两黄金和一批白银、银圆全部转运台湾。这导致李宗仁手头空无分文，军饷无法维持。

另外，蒋介石还在关注着南京政府同中共的会谈，并定下了和谈的基调：第一，确保长江以南若干省份的完整，由国民党领导；第二，使双方在未来政府中保持同等的发言地位；第三，关于军队的改编，确定双方比例，“自行整编”。

蒋介石的这个算盘好是好，可是与中共提出的8项和谈条件相差十万八千里，中共当然不会答应。

李宗仁不满意这种“一国三公”的状况，派张治中、吴忠信到溪口劝蒋介石出国。蒋介石见到张、吴之后，气愤地说：“他们逼我下野是可以的，要逼我‘亡命’就不行！下野后我是个普通国民，到哪里都可以自由居住，何况是在我的家乡！”他这几句话，使张、吴再也不好说什么了。

蒋介石自知在家乡来日不多，便遍访亲友，以了平生心愿；祭祀先祖，以尽人子之道。

正月二十一日，蒋介石带着蒋经国和孙子孙女专程到葛竹外婆家扫墓探亲。

晚上，在其表弟王震南的小“洋房”里住宿一夜，给村里每户人家分了一份在宁波大有南货店定做的“对开”馒头。

葛竹村村中有一条葛溪，村两边是连绵不断的群山。进村没有马路可走，蒋介石是坐轿子去的。蒋这次到葛竹，与其舅父一起相叙时，话语间似有无限依恋之情，多次嘱咐他的表弟王良穆说：“良穆，你到溪口来，我在家等你。”

在离开葛竹，临别上轿时，蒋又重复了一遍。事后，王良穆说：“表哥这次来，特别客气，从来没有这样叫我到他那里去。当时我没有领会他的意思。直到他离开溪口，才知道原来他是想叫我跟他同行啊。”

告别葛竹后不久，蒋经国来到岩头外婆家扫墓辞亲。

他在村外拜祭外公外婆后，进村探望了大舅母张定根，并在她家吃了中饭。

张定根送给外甥一只大公鸡、一包长寿面、若干鸡蛋，并说：“经国，过几天就是你的40岁生日，这些东西表明舅母一点儿心意。”

蒋经国恭恭敬敬地接过舅母送的生日礼品，交给挑祭品同来的长工苗劳茂，对张定根说：“大舅母，我们就要走了，你是否同我们一起去？”

张定根问：“经国，到哪儿去啊？”

蒋经国回答：“我们到哪里，舅母也到哪里。”

张定根因放不下自己的家，终于没有同去，直到1984年病逝在岩头。

1949年清明节那天，蒋介石带了蒋经国夫妇和孙儿孙女，在白岩山鱼鳞岙祭扫蒋母墓。他在墓前躬身下拜，喃喃祈祷半天，老泪横流。

拜毕，蒋连声嘱咐儿孙“多磕几个头”。然而，蒋经国的俄籍妻子蒋方良却只在墓前鞠了一个躬，蒋介石见此大为生气，怒目而视，斥责“俄国人不懂礼节”。

接着，蒋介石又让堂弟蒋周峰和绰号“朱癞头”的族人挑了祭品，扛了供桌，到桃坑山祭扫父亲蒋肇聪的坟墓。

清明节过后，蒋介石又带着蒋经国到附近的雪窦寺、沙栋头、柳亭庵等一带地方游览告别。

蒋介石对雪窦寺有着一种特殊的好感。那是在1927年8月，蒋第一次下野回到溪口，来到雪窦寺听太虚法师讲经。太虚法师是一位远近闻名的高僧，精于相术，所言每奇中，但不轻易给人谈相，只有在他高兴的时候略谈几句，稍露即止，不愿多说。他见蒋来寺内，就把蒋引到方丈室内，奉承说：“总司令自广东出师以来，所向披靡，不到一年，就安定了长江流域。”又说：“令堂的陵寝，风水好，是一道龙脉。总司令不久还要发达。”

蒋听了，喜得笑逐颜开，转而回答说：“法师未免过奖了，我实在不敢当。我谈不上有什么功劳。我现在已是在野之身，不久就要出国去了。”太虚一听，皱眉思忖片刻，便问了蒋的生辰八字，掐指算了一阵，又拿起一本算卦书查了一番，然后走到蒋面前，双手合十，毕恭毕敬，面带笑容说：

“恭喜总司令，从此逢凶化吉了。论总司令的八字，今年流年是丁卯，犯天狗星，所以交秋之后冲动，不死也受伤，但正行运，后福无量，决无妨碍，远则两年，近则一年，必然东山再起。那时总司令的地位，要比现在高，贵不可言。明年流年戊年，非常顺利，东山再起，绝没问题。这是贫僧凭总司令的八字命运推算出来的，决无虚言，因此贫僧预为祝贺。”

蒋介石听了太虚一席话，十分高兴，连声称谢。后太虚病逝于上海，蒋派人取回一部分骨灰，到雪窦寺安建灵塔。

蒋介石这次回溪口游雪窦寺兴致颇高，可惜的是太虚法师早已亡故，只见到埋骨的石塔。而一份份传来的前方吃紧的军情电报，使他无法悠闲地尽情流连于雪窦寺边的风光。

奉化三岭，离奉化县城不到5公里，这里与蒋氏血统有密切的关系。据《武岭蒋氏宗谱》记载，元代的蒋仕杰从三岭迁居武岭，才繁衍出溪口的蒋姓。所以，蒋对三岭有一种特殊的感情。

清明节后几天，蒋介石带着蒋经国到达三岭村，拜了祖宗墓，在墓前拍了全家照，又进祠堂拜了神位，还到摩诃庵小坐喝茶。蒋介石对该村族长颇有礼貌，族长比蒋大一辈，蒋叫他为“阿叔”，族长则直呼蒋的小名“瑞元”。当卫士拦阻围上来的蒋姓族人时，蒋介石连连摇手说："不要拦，不要拦，都是自家人。"族长向蒋提出："摩诃庵已破旧，是否可以修修？"蒋介石满口答应，后因匆匆逃离溪口而未落实。

沙栋头在奉化城南十七八公里处，附近有名刹青莲寺。蒋介石一行到该村时，先到青莲寺拜了如来佛，在寺内吃了午饭。饭后进村拜了蒋氏宗祠，和一族人、房长、管账三人一起合影留念。蒋介石一一问了他们的名字，当其中一人回答叫"蒋兴宝"时，蒋幽默地说："你的名字掉个头，叫蒋包兴就好了。"

出了沙栋头村，蒋介石又来到葛岙村，并下轿步行。路上遇到一老者，蒋上前问他名字，答曰："姓王。"蒋听后觉得吉利，十分高兴，脱帽点头。到蒋家祠堂，一姓谢的乡绅想接近陪同，蒋问他："你姓什么？"答曰："姓谢。"蒋一听感到不吉利，就板起面孔，喝道："走开！"进到祠堂内，蒋同样脱帽行礼，并找族内长辈叙了话。

蒋介石还带着蒋经国来到宁波南郊的柳亭庵，祭扫了柳亭庵边的蒋姓祖坟，并给柳亭庵当家500元钱，嘱其管好坟墓。随后，去宁波东乡的小盘山，祭扫了弥陀寺旁的溪口蒋氏始祖"摩诃太公"蒋宗霸的坟，给弥陀寺当家果如和尚5石白米，托其经常供奉香火。此外，他还游看了宁波的天一阁藏书楼。

蒋介石如此一一拜别蒋氏祖坟，是他知道一旦解放军打到江南，他逃离家乡后，就再也没有祭扫祖坟的机会了。拜访和祭扫过程中，蒋介石尽管有说有笑，但心情是凄凉悲伤的。

1949年4月21日，人民解放军百万雄师横渡长江天堑，国民党江防部队大败而逃。

4月22日，蒋介石飞到杭州，约李宗仁、何应钦、白崇禧举行会谈。

4月23日，蒋介石回到溪口。

24日中午，蒋介石下令："把船只准备好，明天离开溪口。"

25日离开家乡之前，蒋介石、蒋经国父子两人乘坐剡溪渡船到达溪南，在新砌的石塥上缓缓步行，遥望对岸祖居，心怀难舍难别之情。随后从武岭门坐车启程。蒋经国在当天的日记中写道：

> 上午，随父亲辞别先祖母墓，再走上飞凤山顶，极目四望，溪山无语，虽未流泪，但悲痛之情，难以言宣。本想再到丰镐房探视一次，而心又有所不忍；又想向乡间父老辞行，心更有所不忍，盖看了他们，又无法携其同走，徒增依依之恋耳。终于不告而别。天气阴沉，益增伤痛。……且溪口为祖宗墓庐所在，今一旦抛别，其沉痛心情，更非笔墨所能形容于万一。

这段记叙，反映出蒋氏父子逃离溪口时悲伤凄痛的心境。

同日下午，蒋氏父子一家在侍卫人员的保护下坐车来到宁海县西庐乡团埃村，从这里下海出走。

蒋介石登上竹排坐定后，马上摊开地图，不时查问地名。他指着东北方向栖凤村问撑排的人："这是长河头吗?"答曰："不是长河头，是栖凤。"接着，蒋又指着另一个地方问："这是什么地方?"撑排的回答说："这是加爵科，土名喜鹊窝。"蒋介石听到这名字吉利，高兴地点了点头。

竹排约行半公里，即靠近事先准备好的汽艇。蒋介石、蒋经国等人弃筏登艇，再由汽艇送到"太康"号兵舰。

下竹排时，蒋介石赏给每个撑排的甲长一块银圆，但大部分落到了保长的腰包。

兵舰起航了。蒋介石站在甲板上，眺望着渐渐消失的故乡山水，眼睛里流出的泪珠禁不住滚到那张苍老的长脸上。

# 第二章 独裁总统蒋介石

# 一、早年投身革命

## 受过系统军事教育

蒋介石，原名瑞元，又名志清、中正，1887 年 10 月 31 日出生于浙江省奉化县溪口镇。

蒋介石生性顽劣。在溪口，每年农历正月初一，族人都要到祠堂参拜祖宗，蒋家也不例外。在蒋家祠堂参拜祖宗之后，可以领取芝麻糖饼，对于无知的孩童来说，这才是最重要的。清早，瑞元在父亲的带领下，来到蒋家祠堂，按习俗拜跪祖宗后，小孩子是有赏的，但必须得按次序领赏，可是小瑞元却偏要抢先去领，在别的孩子一致反对之下，瑞元不得不稍作退让，但他并不甘心，硬的不行，另有打算，他故意在泥滩里滚翻一阵子，弄得满身是泥，然后往人缝中硬挤，别人无奈只得退让，任他逞强。瑞元终于如愿以偿，但从此，人们都喊他“瑞元无赖”。

为了对他的顽劣性格有所束缚，也出于对瑞元前程的考虑，家人决定为他延师设塾。这样，瑞元 6 岁便入私塾，接受沿袭几千年的教育方式和正统的儒学思想的启蒙。

启蒙教师任介眉，是个老秀才，启蒙的内容是《三字经》《百家姓》。任介眉教书很是认真负责，只不过要求太严格，适得其反，瑞元无视家师，常顽皮撒野，冲撞先生，先生终于气不过，负笈而去了。

第二年，即1894年，蒋介石改入本地族人蒋谨藩所设私塾就读，学习《大学》《中庸》。1895年，又师从任介眉读《论语》《孟子》。同年6月，任先生染疾去世，又师从蒋谨藩学习，时间为4年，即从1895年到1898年年底止，共读完《礼记》《千家诗》《孝经》《春秋》《左传》《诗经》等课程，间习古文辞，学做八股文。

整个童年时期，蒋介石接受的都是典型的封建传统教育，这对蒋介石传统观念的形成起着决定性作用。所谓的仁义、道德、礼义、廉耻、忠孝、敬悌等道德观念在蒋以后的人生过程中都不同程度地体现出来。

这期间，3位亲人的先后离世，也使蒋介石开始尝到了人间的悲苦。1894年11月，蒋介石的祖父蒋斯千因年事已高而逝世，享年80岁。第二年，蒋介石的父亲蒋肇聪也因病暴卒。蒋父去世之后，蒋介石同父异母的兄长蒋介卿提出分家。1898年，蒋介石的幼弟瑞青夭折，年仅4岁。所幸的是，蒋母并没有被这一连串的家庭变故所打倒，而是克服重重困难，表现出其强大的人格魅力和出人意料的女性意志力。

1901年，蒋介石到岩溪村的勉庐书馆继续学业，由毛思诚任教，其间温习了《尚书》《诗经》《左传》，学习了《纲鉴易知录》。在这一年冬天，蒋介石迎娶了毛福梅为自己的发妻。这是由双方家长做主包办的旧式婚姻，毛氏是缠足的旧式家庭妇女，年纪比蒋介石大，长相也一般，因此，蒋介石对她很冷漠。

1903年，奉化县城设立了一所新学堂——凤麓学堂。蒋介石为接受新式教育，便不厌路途之遥，赴学堂学习。1905年，蒋介石又转学到宁波箭金学堂读书。

箭金学堂的老师顾清廉学识渊博，治学严谨，他除讲解经学外，对周秦诸子、《说文解字》《孙子兵法》《曾文正公集》等都一一讲解，对当时重要的时事，如孙中山蒙难伦敦等也加以介绍。

蒋介石对顾先生所讲授的东西表现出极大的兴趣，尤其是对《孙子兵法》，他时常向顾先生请教，得益匪浅。

不仅如此，顾清廉还向蒋介石灌输爱国思想，一再强调要想国家强盛，必须壮大国家军事力量，并勉励蒋介石将来出国留学，争取学到更多的知识。蒋介石正是受此影响，萌发了出国学军事的念头。

1906年4月，蒋介石来到日本。初到日本的蒋介石，像个没头苍蝇，四处碰壁。他要求上军校，但没有一所军校愿意收留他。因为在清政府与日本政府之间有协议：只有清政府军部的保送生，才有资格进日本的军事学校学习。无奈之下，蒋介石只好先到日本中国留学生所办补习日文的清华学校学习。

这一时期，蒋介石的生活一片黯淡，不知道该何去何从，感觉梦想离自己是那么遥远。每每想到这些，蒋介石就心急如焚，满怀惆怅。然而，就在这个时候，蒋介石通过他在凤麓学堂的老师周淡游认识了陈其美。

陈其美虽比蒋介石年长10岁，但两人在思想上却十分相近。因此，两人谈话十分投机，有一种相见恨晚的感觉。陈其美鼓励蒋介石说：有志者事竟成，暂时不能学军事也不要灰心丧气，先把日语学好，以备后用。出于关怀，陈奉劝蒋介石应回国重读，力报军校，方可有机会被派送日本。蒋介石考虑到在日本颠沛流离，前景难料，遂也产生回国重修的念头。这期间，两人过从甚密，经常在一起谈天说地，相叙甚欢。

结识陈其美，对于蒋介石的一生具有十分重要的影响。陈其美不仅是蒋介石加入同盟会的介绍人，也是他参加辛亥革命和二次革命反袁斗争的引路人。蒋介石后来对这位早年的恩师、挚友也一直感恩戴德，颂扬有加。

1906年冬，蒋介石收到母亲的来信，催他回国探亲，理由是妹妹蒋瑞莲要结婚，作为兄长必须回家参加婚礼。蒋介石遂赶归家园。当然蒋奔赴桑梓，最重要的原因是他想为自己创造一次考入军校的机会，而次年春，清廷保定通国陆军速成学堂要公开招生，这是一次大好机会。

回国后，蒋介石凭着对军事的热情和矢志不渝的精神，发奋备考。当时竞争十分激烈，据说当年浙江省仅招生60名，而且其中的46名都是由官府依照门第高低与官阶等级保送和递升的，也就是说真正在民间招生人数仅为14人，而考生达1000多人。在激烈的竞争中，蒋介石凭借自己的实力一路过关斩将，终于榜上有名，迈出了对自身发展至关重要的一步。

保定军校在当时开设有步、骑、炮、工、辎5科，蒋介石主修的是炮科。蒋介石在保定学校是很有名的，这得益于在此期间，他干了一件在当时同辈们之中颇视为有胆识的事。一次，一名态度傲慢的日本军医教官，在讲课时把一块泥土比作中国，然而又说这块泥土中有4亿个微生虫，正如中国的4亿人口。这种侮辱国格、人格的厥词，激起同学们的极大愤怒，但大部分学生只是敢怒不敢言。

就在此时，蒋介石挺身而出，据理反驳。只见他一个箭步冲上讲台，迅速把那块土块分块，对着那位骄横无理的教官讲道："日本有五千万人口，是否也像五千万寄生虫依附在这八块泥土中呢？"此言一出，大快人心，赢得大家的一致喝彩。再看那日本教官，被弄得目瞪口呆，面红耳赤。于是他恼羞成怒，以势压人，污蔑蒋是革命党，要学校严加惩罚。

当时该校校长赵理泰还算开明，有点儿民族气节，知道此事错在日本教官，不在蒋介石，但为了照顾外人脸面，将蒋介石训斥一番，便不了了之了。

事后，蒋介石在学校里名声大振，有志青年纷纷慕名主动接近他，希望与之结为朋友。包括校长本人也因此事对蒋介石印象深刻，后来蒋介石以非日语班学员得以参加赴日选拔考试，与校长的垂青也不无关系。

1908 年春，蒋介石由清政府官费资助，再次东渡日本，开始了新的从军报国之途。到了日本，蒋介石顺利地进入了东京振武学校，被编入炮兵班。这年夏天，蒋介石回国度暑假，经陈其美介绍，在上海加入同盟会。正是因为加入了同盟会，蒋介石才和正式意义上的资产阶级民主革命联系在一起，才同孙中山站在了一起。

振武学校学制为三年，校规相当严格和苛刻。蒋介石得以进入此校，也可谓如愿以偿，学习自然十分努力，并且安守本分，遵守校纪，倒显得生活过于平淡。

也正是因为蒋介石的循规蹈矩和明哲保身，帮助他顺利地度过了几年的预备学校生涯。1910 年冬，蒋介石在振武学校毕业，遂按惯例被派赴日本高田陆军第 13 师团野炮兵第 19 联队为士官候补生。

日本军中的生活，只能用“清苦”二字来形容。当时蒋介石最主要的任务就是洗刷拖炮的马匹，每天早晚要从马蹄马腿擦到马背，经过马背擦到马头马尾，任务繁重。

蒋介石在日本军营生活的一年时间里，对军营的许多生活细节都格外注意。在蒋介石看来，日本军营的许多习惯都是独具魅力的，与中国军队的纪律涣散、不务正业、游手好闲形成鲜明对比。给蒋介石印象极为深刻的是日本军队里的精

蒋介石与考取保定陆军学校的浙江籍同学合影

神教育极其严格，兵营的纪律以及生活的每一方面都充满了紧张感。

其实，在高田的兵营生活时期，蒋介石在把精神用于“吸收日本”，把身体用于“军事训练”的同时，也关心着国内局势的演变和趋向，时刻留意着来自祖国的消息。

## 辛亥革命前后

1911年10月10日，武昌起义爆发，全国响应。陈其美是中国同盟会中部总会的负责人之一，在上海发起革命的责任责无旁贷地落在他的肩上，他把自己主持下的民声报馆和马霍路德福里住宅捐出来作为联络机关，并不失时机地策动青帮、商团以及部分驻军，准备武装起义。同时他还向在日本学习军事并和他有密切关系的同盟会会员发出电报，催促他们早日回国参加革命。正在日本高田联队实习的蒋介石，接到陈其美的紧急电报后，立即回国。

1911年10月31日，蒋介石乘坐轮船抵达上海。下船后，蒋介石直趋陈其美住处，此时陈其美正在策划上海和杭州的起义。陈见蒋介石一路风尘仆仆赶过来，就让他先休息一下，随后再布置任务。但蒋哪里顾得上什么鞍马劳顿，迫切要求陈其美下达任务，陈于是便允许蒋参与杭州光复活动。

在蒋介石到达杭州之前，杭州起义的各项工作已在顾乃斌、童保煊等人的详细安排下准备就绪。10月12日，陈其美亲自赴杭，约集革命党人，督促其尽快起义。此后，又派黄郛、陈泉卿、姚勇忱等，不断来往于杭沪之间。等到蒋到来时，杭州革命只在弹药物资方面和在清军中做动员联络方面略有欠缺了。

此时也正逢招集的先锋敢死队抵达上海，先锋敢死队是10月21日陈其美派姚勇忱来杭州联络时，根据顾乃斌的提议成立的。敢死队由王金发和应梦卿从嵊县、奉化招募的会党成员和贫苦渔民一百余名组成，作为杭州光复起义先锋队。这一百余名先锋敢死队员到达上海后，被陆续输送到杭州，分散暂居于奉化会馆、高升客栈、大方旅馆、平安旅馆和仁和火腿栈等处。敢死队中大都是奉化、嵊县人，与蒋介石同乡，所以蒋介石亦即加入了先锋敢死队。

蒋介石到达杭州后，也与大家一起，住在奉化会馆。由于蒋介石是刚从日本归国的留学生，又懂得军事，自然受到大家的尊重，负责起草计划、文件等工作。

11月3日，陈其美领导的上海起义爆发，随即上海光复。消息传到杭州，杭州的革命志士们十分踊跃，当即决定于11月4日夜发动起义，分别从杭州郊外的笕桥和南星桥出发进城，分别以浙江巡抚衙门和旗营为主要攻击目标。先锋敢死队分成两队，一队由王金发率领，配合攻击旗营；另一队由张伯岐率领，配合攻击巡抚衙门。蒋介石参加了攻击巡抚衙门的战斗，并与张伯岐、董梦蛟、孙贯生等各率一组，分头前进。战斗打响后，先锋敢死队员个个争先恐后，奋勇杀敌，浙江抚署卫队见状未做抵抗，便投降了。11 月 5 日，杭州即告光复。

蒋介石完成使命，随即与他人返回上海，向陈其美复命，陈对蒋的表现较为满意，着实夸奖了一番。后来，沪军都督府成立，陈其美担任沪军都督兼都督府司令部长，任命蒋介石为沪军第 2 师第 5 团团长。

蒋介石从日军炮兵联队的实习生一跃而为团长，可谓平步青云，连升几级。蒋一方面感到侥幸有余，一方面感到底气不足，不知如何统兵部署。蒋介石到任后，老老实实秉承陈其美的旨意，协助整编军队，训练新兵，维持上海治安，还参与了一些机要事宜。

在工作中，蒋介石兢兢业业，不敢敷衍。蒋时常教导士兵相关革命观念，第一，推倒清朝，恢复中华；第二，为平民解除痛苦，至于权位二字未敢放在心上。那些新募的士兵，本是粗汉无赖和普通百姓，经过蒋的训练后，变成了一支具有较强战斗力的部队。陈其美以及其身边的所属要员、朋友都对蒋介石刮目相看，蒋的口碑甚好。

这一时期，蒋介石对陈其美表示了绝对服从，唯陈之马首是瞻，陈的事就是蒋的事，杀人放火，全听陈其美之一言。刺杀陶成章，也是为了替陈其美除去心头之恨。

陶成章，字焕卿，浙江绍兴人。他是光复会领袖之一，负责联络苏、浙、皖、闽、赣 5 省的会党工作，他与下层社会有着广泛的联系，曾多次组织发动武装起义，在国内外享有较大的名望和影响。

陶成章与陈其美积怨很深，陶曾当着众人的面讽刺过陈其美嫖妓的事情。辛亥革命后，浙江军政府成立，陶被选为省参议会议员。1912 年 1 月，浙江革命党人众议拥戴陶成章出任浙江督军，一向视江浙为自己势力范围的陈其美，自然对陶成章更为愤恨，欲除之而后快。

陈其美的心事，蒋介石自然是摸得一清二楚。他对陈其美素怀感恩之心，此时更觉得替盟兄除掉心头大患是自己当仁不让的责任，这也正中陈其美的下怀。

在暗杀陶成章一事上，蒋介石买通了光复会的王竹卿。王竹卿与同盟会早已暗中往来，他常拿光复会的机密做交易以捞取外快。蒋介石以此相要挟，王竹卿只得乖乖就范。

1912 年 1 月 16 日凌晨 2 时，蒋介石和王竹卿潜入广慈医院，将住院治病的陶成章杀害。

陶案发生后第二天，孙中山从南京致电陈其美，令其“严速究缉，务令凶犯就获，明正其罪，以慰陶君之灵，泄天下之愤”。陈其美当然不会“严速究缉”，便悄悄地打发蒋介石离开上海，避往日本。蒋介石此次赴日，从春到冬，整整一年。他在日本办了4期《军声》杂志。在主办《军声》杂志过程中，蒋介石学到了不少东西，初步形成了自己的一套治国安邦的谋略，并在后来的实践中，逐步将其完整化、系统化。

陶成章

但蒋介石毕竟是身在曹营心在汉，在日本，他亦不敢抛头露面，他将在日本的生活境遇向陈其美做了如实汇报，希望陈能早点儿让他回国。

1912年冬，蒋介石从日本回国，但仍害怕刺杀陶成章的罪行被人揭发，也不敢在上海政界中露面，如销声匿迹一般。直到全国上下一片讨袁之声，刺陶之事渐为淡化之际，蒋介石才又开始在陈其美的庇护下活跃起来。

二次革命爆发后，孙中山命令陈其美在上海起兵讨袁，响应全国。1913年7月16日，陈其美在上海揭竿而起，被推举为讨袁军总司令。18日，其发表上海独立宣言，通电全国。

蒋介石被派到袁世凯第93团做策反工作，第93团原本是辛亥革命时蒋介石任团长的沪军第5团，但此时该团团长陈其蔚已被袁世凯收买，他避而不见蒋介石。

蒋介石无奈，只说服了一个营的士兵参加讨袁。蒋介石随后率领这一营兵力，配合钮永建部，夹攻上海的军事要地——江南制造局。制造局驻扎着袁世凯的心腹——海军中将郑汝成率领的北洋精锐团，他倚仗有利地形，沉着应战，停泊在黄浦江上的海军舰队也用强大炮火支援郑汝成。

结果，讨袁军伤亡惨重，被迫纷纷后撤。经过一个星期殊死搏斗，讨袁军越战越弱，士兵伤亡散走大半，溃不成军，连蒋介石的营长张绍良也阵亡了。8月13日，上海讨袁军彻底失败。

讨袁之役失败后，陈其美、蒋介石不得不潜入地下，郑汝成四处张贴告示，悬赏2000元大洋捉拿要犯蒋介石。上海顿时风声鹤唳，蒋介石无法立足，只好再次逃亡日本避难。

蒋介石到日本后，马上与陈其美会合。此时孙中山正在日本筹划建立中华革命党，陈其美是他为数不多的心腹之一。经陈其美的引荐，孙中山会晤了蒋介石。

这天，蒋介石做了充分的准备，同陈其美一道前往孙中山住宅。陈其美走在前面，蒋介石紧跟其后，一同进到总理住房。孙中山见蒋介石着士官学校制服，意气风发，心中已有几分好感，然后就说道：“这就是蒋介石吗？见到你是我的荣幸。”然后3人落座，纵论天下之事，蒋介石早有准备，言谈之间，颇有见地。孙中山极为欣赏，谈论良久，夜深而不忍别离。临走之际，孙中山说蒋介石是不可多得的革命人才，这正是革命所最需要的；蒋介石将来必成革命之栋梁，革命之英雄。如此种种。蒋介石被召见后，情绪激昂，心情久久不能平静。

之后，蒋介石跟随陈其美东征西战，为革命事业奋勇向前。1914年初夏，蒋介石奉孙中山之命，从日本回到上海，准备再次在上海发动讨袁的军事行动。但后来因军事行动败露而失败。1915年，蒋介石在上海参与了制订刺杀郑汝成的计划。11月10日是日本大正天皇加冕之日，郑汝成前往恭贺。在白渡桥北墩，郑汝成被事先由陈其美派出的潜伏在那里的人袭击，当场毙命。

郑汝成被诛，上海敌人因群龙无首而陷入混乱，这正是起兵的绝好时机，陈其美、蒋介石等马上策划上海起义。蒋介石的主要职责就是负责筹划进攻计划，在蒋精心酝酿谋划之下，出台了《淞沪起义军事计划书》，提出首要目标是夺取肇和、应瑞、通济军舰，然后夺取江南制造局、警察局、电话局等，控制整个上海。但后来因为应瑞、通济两舰被当局收买，阵前倒戈，使得肇和之役以失败而告终。肇和之役虽然失败，但在全国反袁斗争中造成了很大的影响。孙中山评价道：“肇和一役，事虽未集，然挽回民气，使由静而动，实为西南义军之先导。”

1916年5月18日，陈其美被杀。陈其美逝世后，蒋介石虽然曾奉命去山东、北京等地从事革命活动，但他的心情仍未从四顾茫然中摆脱出来。政治上的靠山倒下了，经济上也开始拮据，事事不顺，大有今不如昔之感。蒋介石需要另谋生路，寻找新的依靠目标。他来到上海，找到了陈其美的盟兄、同是浙江老乡的张静江。蒋介石和张静江二人各有所需，一拍即合，1916年9月，蒋介石、张静江、许崇智三人结为金兰。以后的事实说明，正是张静江的举荐和资助，蒋介石才在孙中山领导的革命阵营中步步高升。

## 得到孙中山的信任

蒋介石和张静江结拜之后，虽然得到了他的资助，可是上海的生活五彩缤纷，要维持花天酒地、纸醉金迷的奢侈生活，仅凭这点儿资助是无论如何也实现不了的。为了让自己生活得自在、潇洒一些，在张静江的资助和指点之下，蒋介石开始涉足证券物品交易活动，并与张静江、戴季陶等人共同投资成立了名为“恒泰号”的交易所。开张之初，交易所生意兴隆，蒋介石作为重要股东，自然分红不少。

在这段时间，蒋介石通过张静江的关系结识了上海滩的商界巨头虞洽卿。在张静江与蒋介石结盟之后，虞、蒋二人有过几次接触，随后逐渐熟悉，两人的关系也进展到一定程度。在来往之中，多是虞帮助蒋，尤其是帮助蒋介石提供发财致富的机会。

张静江

虞洽卿是商界巨头，当然与青帮老大黄金荣的关系也非同一般。蒋介石在上海混了一段日子，也深谙上海世情，体会到黄金荣的青帮势力在上海滩的能耐和影响，自己必须与之搭上关系。当他得知虞洽卿和黄金荣的关系之后，就托虞洽卿介绍拜黄金荣为先生。后经虞洽卿的极力推荐，黄金荣同意由徐福生当传道师，举行拜师仪式。

蒋介石成为青帮的一分子之后，行情办事都有了另外一重保险。1922 年春，"恒泰号"因财力不支，彻底垮台，蒋介石自己也拖欠了很多债务，在黄金荣和虞洽卿的周旋之下，没有造成太多的威胁，但蒋终究是欠债赊情，最后重陷潦倒。在张静江、虞洽卿和黄金荣的共同资助下，蒋介石离开上海，直赴广东，这些债务慢慢地也就不了了之了。

护法战争开始后，从 1918 年到 1922 年，蒋介石先后担任"援闽粤军"总司令部作战科主任、第二支队司令和第二军参谋长等职，英勇善战，军事才能初露锋芒，在革命阵营中的地位已是举足轻重的了，"宁可失百将，也要得一人"。在此期间，蒋介石多次辞职，以退为进，捞取资本，屡试不爽。

1922 年 6 月 16 日，陈炯明发动"炮轰总统府"的武装叛乱。孙中山冒着枪林弹雨，突出重围，登上停泊在珠江上的宝璧舰，次日转登永丰舰。孙中山在逃亡过程中，一边率领 7 艘军舰组成的舰队炮击叛军，一边给蒋介石发加急电报：事紧急，盼速来。

蒋介石在接到孙中山 18 日的加急电报后，知道事情严重，遂于 25 日离沪赴粤，一路上披星戴月、快马加鞭。29 日，蒋介石抵黄埔，然后又马不停蹄直赴黄埔永丰舰晋见孙中山。孙中山见蒋介石危难之中不远千里，不畏炮火，勇赴虎穴，助其脱险，感动无比。

从那时起，蒋介石在孙中山心目中的地位重要起来了，孙中山是将他视作"救星"的，只听孙中山说了一句："蒋君一人来此足当两万援军。"其言语之分量，可想而知，随即委蒋以海上指挥全权。蒋介石表示在患难之中，随侍左右，安危共仗，生死相伴，孙中山更是感动得涕泪纵横。

蒋介石赴难登上永丰舰，使陈炯明感到格外惊讶，“面色发青”，说道：“他在先生身边，必定出许多鬼主意。”看起来，陈炯明对蒋介石是颇有几分忌惮的。

蒋介石确实并非浪得虚名，自他统兵应险以来，情势发生了逆转。针对陈炯明分化瓦解海军舰艇并以炮火威胁永丰舰的诡计，蒋协助孙中山率舰队移泊黄埔附近的新道河面，并决定率舰进驻白鹅潭。

7月10日，永丰、楚豫、豫章等舰攻击东歪炮台，冲过敌军炮火封锁，如期到达白鹅潭。蒋介石一路上陪同孙中山站立在舵楼中，当永丰舰遭受炮击受损后，蒋介石劝孙中山返回舱内，自己指挥战舰继续前进。陈军企图用施放水雷的办法谋杀孙中山，也未能得逞。在蒋介石的陪同下，孙中山安全到达上海。

永丰舰赴难后，孙中山完全信任了蒋介石，不遗余力地满足他的政治需求。永丰舰事件后，孙中山虽脱险离粤，但是广东局势仍然是陈炯明占有主动，操持着军政大权。叛军尚未清除，讨伐需要继续进行。但陈炯明背离孙中山实属叛逆行径，毕竟名不正、言不顺，所以粤军大为分化。

拥护孙中山的北伐军，由许崇智率领，继续东进，于10月12日攻克福州。孙中山即于17日将北伐军改组为东路讨贼军，以许崇智为总司令，蒋介石任司令部参谋长，随军出征。东路军计划取道闽南，直捣陈的老巢。由滇、桂、粤联合与西路讨贼军先行东下讨贼，12月东路军平定福建，指向广州。西路军控制梧州，也向广州进军。

1923年1月16日，陈炯明在东西两路讨贼军的联合攻击下，被迫放弃广州，逃往惠州。孙中山回广州续行大元帅职，正式成立大本营，随即任命蒋介石为大本营参谋长，蒋因治眼病不能前往广州，乃辞未就任。时值沈鸿英叛乱，孙致电蒋：“已发表参谋长，军事枢机不可一日无人。”蒋奉孙急电，返抵广州。

此后几个月内，蒋介石始终伴随孙中山左右，参佐军务，要么与孙中山同室谋划，要么陪同孙中山赶赴前线，慰问将士；抑或是替代孙中山，与众将领共谋起兵大计，在军事前线和战略后方，都能够看到蒋介石的身影。

在辅佐孙中山统领全军过程中，蒋介石出了不少行之有效的“好点子”。譬如：5月20日，讨贼军对陈炯明根据地——惠州发动攻击，但陈部出奇兵，迂回作战，将讨贼军包围起来，形势极为不妙，蒋介石献计，请孙中山亲赴前线督战，以挽战局，并随同孙出发，形影不离。因此在攻克惠州之前的6月16日，孙特任蒋介石为大元帅行营参谋长。

1923年7月，孙中山在广州同共产国际代表马林多次商谈后，决定派出代表团到苏联访问考察，蒋介石得知此消息后便主动写信要求担此重任。

孙中山得知蒋介石有此意图之后，考虑到他曾经学过一些俄文，另外，在国内蒋的处境也的确非常尴尬，遂于8月5日写信令蒋介石到上海与马林及汪精卫、张继等人商谈组织“孙逸仙博士代表团”到苏联考察。

蒋介石率领“孙逸仙博士代表团”于8月16日从上海起程，8月25日经满洲里入苏境，9月2日到达莫斯科。在历时3个多月的考察期间，蒋介石除了列宁没见到外，分别与齐契林、鲁祖塔克、加米涅夫、加里宁、托洛茨基等苏共高级领导人进行了会晤和商谈。在苏联，蒋介石活动频繁，参观军队、学校、工厂、农村等。此外，博览会、博物馆、苏联先进武器装置，蒋都有幸一饱眼福。通过频繁的、多方面的考察，蒋介石眼界开阔了，尤其是对苏联的党治建设比较赞赏。

11月25日，蒋介石参加了共产国际执行委员会的会议，并在会上致辞。11月28日，他又参加了共产国际执委会主席团专门讨论中国国共合作问题的会议，会上通过了《关于中国民族解放运动和国民党问题的决议》，并将其交由代表团带回中国。这个决议就如何在中国革命的新形势下重新解释三民主义，具体明确地阐述了看法。决议中的有关内容，成了即将召开的中国国民党第一次代表大会宣言的基础，对孙中山提出新三民主义起了促进作用。

蒋介石一行人于11月29日从莫斯科起程回国，12月15日到达上海。按常理，蒋回国之后，应该立刻拜见孙中山，详细汇报在苏联的考察情况。但蒋介石回国后的反应却让人费解，不似出访前那么热情了。他仅仅向孙中山呈送了一份《游俄报告书》，便径自回老家奉化去了。这确实令人费解。

蒋介石对俄国革命，在出访之前是极不熟悉的，所有的印象也只是从道听途说之中所产生的一点儿懵懵懂懂的好感，摆脱不了表面的“以俄为师”的流行思想的约束。他对苏联的看法随时都会因为接触到了真实的苏联社会而有所改变。

蒋在访苏过程中，对苏联实行的无产阶级专政以及对富农等敌对势力的镇压政策产生了强烈的反感。此外，在一些重要的具体问题上，中方代表与苏联领导人之间也存在严重分歧。当时孙中山希望在蒙古南部建立一支军事力量，并从该处进攻北洋军阀，控制直隶和北京。这一建议遭到同样也想染指蒙古地区的苏联政权的反对。

苏联否定了以蒋为首的代表团的根本性要求，并建议国民党应集中力量做政治工作，按照需要把军事活动减少到最低限度。这使得蒋介石对苏联的用意产生了怀疑，蒋认为苏维埃政治制度与“中国国民党的三民主义的政治制度是根本不相容的”。诸多情绪对立、立场矛盾最终导致了蒋介石对此次出访考察的低调处理和消极反应，所以回国后仅呈上一份《游俄报告书》，便返乡祭奠母亲去了。

# 二、在大革命洪流中

## 培植个人势力

国民党一大期间，孙中山决定筹建“中国国民党陆军军官学校”（即黄埔军校），设立筹备委员会，任命蒋介石为委员长，王柏龄、邓演达等7人为委员。

创校之初，面临着招生、经费和枪支弹药缺乏诸问题。摆在面前的问题多之又多，蒋一筹莫展，整日绞尽脑汁，左思右想，但成效不大。特别是刚闭幕的国民党一大选出的领导机构成员中，又没有蒋的位置，直到2月3日，蒋介石才被委任为中央执行委员会下设的军事委员会委员。蒋自然很不满意，而孙中山又指示他不要过问党务和军政大事，更让他觉得不受重用，人微言轻，对孙中山常有抱怨。况且关于黄埔军校校长人选之事也说法不一，有许崇智说，程潜说，还有李济深说，更使得蒋介石忐忑不安，灰心丧气，遂决定辞职。

3月2日，蒋介石复信孙中山，解释他辞职离粤的原因：受人妒忌排挤，积成嫌隙，由来者渐，非一朝一夕之故也。

蒋介石辞职后，孙中山、廖仲恺、胡汉民与他都有信函往来，劝其来粤赴职。蒋介石亦多方推辞，直逼得廖仲恺扬言，如蒋不到位，一切问题由自己解决。这样，3月27日，蒋致函王柏龄等，指示军校的筹办工作须遵从他所定章程。“多尽职务，少出主意”。28日，蒋又致电廖仲恺，称“必来粤”，并对校务提出意见。

4月3日，戴季陶听从蒋之意先行赴粤打探消息。戴在谒见孙中山后，致电胡汉民说蒋于15日前到粤。14日，蒋介石终于回到广州。21日，谒见孙中山。至此，蒋的辞职风波才得以平息。

孙中山对黄埔军校极为重视，亲自兼任该校总理，在总理之下，另设校长负执行之责。5月3日，正式任命蒋介石为军校校长，兼任粤军参谋长。9日，任廖仲恺为驻军校国民党党代表，组成校本部的最高领导，直隶于国民党中央委员会，下设教授部，主任王柏龄，副主任叶剑英；教练部，主任李济深，副主任邓演达；政治部，主任先后担任者是戴季陶、邵元冲、周恩来、邵力子、熊雄等；何应钦任军事总教官。

1924年6月16日，黄埔军校举行隆重的开学典礼。除全校师生外，还邀请了广东各高级将领、高等文官以及国民党中央执监委员等500余人观礼。孙中山以大元帅兼军校总理的身份亲自主持开学典礼，并致辞勉励全体师生："开办这个军官学校，独一无二的希望就是创造革命军，来挽救中国的危亡。"希望大家"都能相互担负救国救民的责任""要学先烈的行为，像他们一样舍身成仁，牺牲一切权利，专心去救国"等，明确地宣布了创办黄埔军校的宗旨，并对全校师生提出更高的期望。孙中山致辞完毕后，即将军校校印交给蒋介石。

蒋介石入主黄埔，兢兢业业，励精图治。首先与教官以及入伍新生进行多次谈话交流，嘘寒问暖，融洽关系。其次，蒋介石开始对军校军官和新生进行训话，加强思想教育，增强黄埔师生之理想信念和纪律观念。据统计，开学后的8个月中，蒋介石先后发表讲话46次，每次都是充满澎湃之情，慷慨之势，令人备受鼓舞。

纵观蒋介石在黄埔军校的教学活动可将其总结为两个内容：一是教育目的和教育理想。蒋介石认为教育目的在于造就奉行三民主义的革命军人。他说："本党要办这个学校，就是要训练我们在此风雨飘摇、千辛万苦之中来挽救这些衰败、剥削、凋残、横流的劫运，拯国民于水火之中，登人类于衽席之上。本党办这个学校的目的在于此，本校同志的责任亦在此。"蒋介石认为作为一名军人，应具备下列条件：勇猛威严、处危若安、临险如夷、坚韧不拔、不怕死的牺牲精神。二

孙中山、宋庆龄在黄埔军校开学典礼上

是教育方针和教育方法。蒋介石认为，黄埔教育是军事教育、政治教育和精神教育三位一体的教育。根据教育内容，教育编制可分成三个部：政治部负责政治教育；训练部主抓精神教育；教授部任军事上的智育及训育军事教育。

蒋介石在对学生进行教育过程中主要突出以下几点：一是思想教育。蒋介石主要是挖掘中国古代历史中治军的成功典型的营养成分，以《曾国藩和胡林翼治兵语录》为重要教材。二是日常生活。蒋介石把卫生建设放到很重要的位置，在对学生的多次训话中，都对卫生的重要性多次强调，要求大家重视卫生，甚至把卫生列为军队组织的三要素之一。三是教育与拉拢双管齐下。蒋介石在实际与学生交流过程中，非常注重拉拢人心。为此，他不失时机地树立自己的威信，包括端正自己的生活作风。蒋介石就这样以黄埔军校为基地，以一种“黄埔精神”为信仰，逐渐培养了一个庞大的以自己为核心的嫡系军事派别——黄埔系。

1924年10月，蒋介石率领黄埔军校“学生军”平定了广东的商团叛乱。广州商团成立于辛亥革命前夕，是商人的武装自卫组织，其宗旨是“防御内匪，保全生命财产，维持公安”，其首领是陈廉伯和陈恭受，他们与地方势力和帝国主义关系密切，面对日益高涨的国民革命，他们竭尽破坏之能事。在这种情况下，在孙中山的授权下，蒋介石指挥黄埔学生军配合政府军一举平定了商团的叛乱。平定商团叛乱是“黄埔军校初试啼声的革命军所面临的第一次考验”。黄埔师生在真枪实弹中得到了磨炼，将他们在学校学到的理论知识与校外实际初步联系起来。蒋介石也在这次平叛之中树立起了在黄埔师生中的个人威信。之后，蒋介石率领黄埔军校师生先后两次东征，讨伐陈炯明，平定刘震寰、杨希闵叛乱，南征邓本殷，为广东革命根据地的统一和巩固，做出了不可忽视的贡献。作为广东革命根据地统一和巩固过程中的最高军事指挥者，蒋介石的政治影响也伴随着军事地位的提高而日益提高。

1925年3月，孙中山逝世，国民党内出现权力真空，争权大战随即展开。在蒋介石面前，军界有粤军总司令、结拜兄弟许崇智，党内有汪精卫、胡汉民、廖仲恺等元老级人物，万难望其项背。世事难料，廖仲恺遇刺为蒋介石提供了绝好的机会。

1925年8月20日上午，廖仲恺在国民党中央党部门前惨遭杀害。案发当日，国民党中央执行委员会、国民政府委员会、军事委员会举行联席会议，推举汪精卫、许崇智、蒋介石3人组成特别委员会，“授予政治、军事及警察全权”，实际上取代了国民党中央政治委员会。权力中心的转移再次削弱了胡汉民的地位，而获得了擢升的则是蒋介石。蒋在办黄埔军校和东征过程中虽然扩展了他的实力，但当国民政府成立时，他还不是国民党中央执行委员和政府委员，而只是军事委员会委员，并未进入国民党中央领导圈内。但是因为这个“三人特别委员会”，使他介入了最高领导层。

经初步审讯，廖案与胡汉民之堂弟胡毅生和其部下有关。这使得胡汉民被迫以赴苏考察为名出走苏联。另外，廖案中又牵涉到许崇智的心腹梁鸿楷等将领，蒋介石自然不会错过这样一个排除异己的绝好机会。在蒋的步步紧逼之下，许崇智被强行“护送”出境。

蒋介石逐出了许崇智后，便出师再次东征陈炯明叛军，自任总指挥。由于得到共产党人、苏联专家的帮助和海陆丰等地工农民众的声援，第二次东征大获成功，彻底消灭了陈炯明叛军。蒋介石俨然是英雄豪杰，英姿飒爽、不可一世。1926 年元旦，在广州 30 万民众参加的庆祝集会上，他身披拿破仑式斗篷大衣登上主席台，接受群众的欢呼。

接着蒋介石出席国民党第二次全国代表大会，向大会做军事报告，概述两次东征的胜利和军事方面的其他成绩，着实炫耀了一番。在大会选举中，他当选为中央执行委员，仅比得全票的胡汉民少了一票，在一中全会上又被选为中央常务委员。接着他又被任命为国民革命军总监。之后，任国民党中央委员会主席，从而大大加强了他在国民党内的统治地位，在军事上代替了许崇智而成为广东国民政府的军事领袖。

## 排斥共产党

从 1926 年 1 月起，蒋介石的权力欲开始膨胀，不能安于现状，与苏联在华军事顾问以及汪精卫之间时常有口角争执和暗中争斗。中山舰事件的发生，则为他提供了一个打压苏联顾问和中国共产党的借口。

1926 年 3 月 18 日下午，外洋火轮被匪徒抢劫，为保证该舰安全，中山舰奉命于 19 日晨到达黄埔港待命。中山舰究竟是奉何人之命调往黄埔，至今仍是一个谜团。在整个过程中，右派分子从中作梗，致使蒋介石相信反蒋力量在利用中山舰制造兵变，遂于 20 日下令逮捕了海军局代局长李之龙（共产党员），派人包围省港罢工委员会，缴获部分工人纠察队枪支，苏联顾问驻地以及其他与苏联和共产党有关的地区也遭到包围。

中山舰

中山舰事件发生后，引起了国内各派势力的震惊和关注。国民党内部，汪精卫对整个事件的发生从始至终都被蒙在鼓里，作为国民党党、政、军最高领导人，发生这么重大的事件，竟然对此一无所知，倍感气愤。更糟糕的是，紧接着蒋介石派军包围了汪精卫住宅，弄得汪丈二和尚摸不着头脑，随后大发雷霆。共产党内，中共广东区委负责人陈延年以及毛泽东、周恩来等人主张对蒋介石采取强硬态度。但苏联顾问团却实行全面的妥协，做出以布柳赫尔代替季山嘉等人，放弃缓期北伐的主张，限制苏联顾问的权力等决定，处处迎合蒋介石的要求。中共领导人陈独秀也谨遵“圣命”发表文章，宣称：“蒋介石是中国民族运动中的一块柱石”，共产党人绝不会阴谋去推翻他。这篇文章是中山舰事件后，中共一个权威性的表态，它实际上给中共应该做出的反应定了格。随后，中共中央决定，“维持汪蒋合作的局面，继续对蒋采取友好的态度，并纠正广州同志们的一些拖延未解决的左倾错误”。同时，决定派张国焘赶赴广州，查明事实真相，执行这一妥协政策。

4 月 16 日，在国民党中央党部和国民政府联席会议上，蒋介石被选为军事委员会主席。他随即采取行动反对右派：17 日，与孙文主义学会干部谈话，要求取消其学会。23 日，与张静江、谭延闿、李济深、宋子文等密议，决定免去吴铁城的广州公安局局长职务。次日，命左派李章达带兵就任公安局长。蒋介石的这些做法使苏联顾问们觉得，他们“利用蒋介石”的策略是正确的。

通过中山舰事件，蒋介石可谓是一箭三雕，玩了个“帽子戏法”。既打击了共产党，抑制了苏联顾问，又逼走了汪精卫。但是鉴于自己的力量尚不够强大，下一步攫取全国政权还需要利用共产党和获得苏联物力财力的支持，因此，蒋介石在得手之后，不仅偃旗息鼓，打击右派，而且还采取“以退为进”的策略，自请处分，得到了各方面的谅解和支持。

不久，蒋介石又一手炮制了“整理党务案”。1926 年 5 月 15 日，国民党二届二中全会在广州召开。出席会议的共 40 多人，谭延闿、蒋介石、谭平山为主席团成员，蒋介石为主席。蒋介石宣布开会理由，矛头直指共产党，指责“自从先总理逝世之后，本党内部，日益纠纷，一般跨党党员，时有轨外行动”，“反客为主”，等等。随后，由蒋介石、谭延闿、孙科等 9 人，提出《整理党务案》，核心内容为四项原则：改善中国国民党与共产党的关系；纠正党内跨党党员之轨外行动及言论；保障国民党党纲、党章的统一权威；确定共产党员加入国民党之地位与其意义。

在《整理党务案》之外，蒋介石又单独提出国共“协定事项”八条：共产党应训令其党员，改善对于国民党之言论态度，尤其对于总理之三民主义，不许加以怀疑或批评；共产党应将国民党内之共产党党员全部名册，交国民党中央执行委员会主席保存；中央党部部长须不跨党者方得充任；凡属于国民党党籍者，不许在党的许可以外，有任何以国民党名义召集之党务集会；凡属于国民党党籍者，非得最高党部之命令，不得别有组织及行动；中国共产党及第三国际，对于国民党内的共产分子，所发一切训令及策略，应先交联席会议通过；国民党党员未受准许脱党以前，不得入其他党籍，如既脱党籍而入共产党，以后不得再入国民党；党员违反以上各项时，应立即取消其党籍，或依其所违犯之程度，加以惩罚。

以上四项原则和蒋的八条提案，是在改善和调整两党关系的表面文字之下，运用国民党的组织机制，通过中央的名义，公开地和全面地限制、排斥共产党，是在两党仍有合作关系的前提下，公然对共产党的污蔑、歧视和压迫，最后迫使共产党退让。上述两个提案在文字上略作修订，并分别正名为《整理党务第一决议案》及《整理党务第二决议案》，于5月17日获得通过。

5月18日，蒋介石又在会上提出《选举中央执行委员会主席案》。中央常委是国民党二大新设机构，由9人组成，而没有中央常委会主席之设置。当时大会秘书长吴玉章解释，这样做是为了使“此后凡百事务，当必以多数人负责之故，而进行敏捷”。蒋介石这个提案，含有改变国民党中央领导体制的意义，其用意是进一步从组织上排斥汪精卫。国民党人称整理党务案等4个决议案中，以这个议案为最关键和最重要，关系到本党组织历史重心的重建。这个提案被正名为《整理党务第三决议案》，获得通过，并“选举”张静江为中央常委会主席。张静江是国民党中央监察委员会委员，蒋介石为了使张当选，竟在其提案中规定可由“监委”委员任“执委”主席，这也是因人设置的一个典型事例。20日，蒋介石又在会上提出重新登记党员的提案，即《整理党务第四决议案》，进一步控制共产党员的活动。

5月20日，国民党二届二中全会闭幕。按照《整理党务案》的要求，在25日召开的第二十八次中央常务会议上，毛泽东（缺席）提出辞去宣传部代部长职务，林伯渠提出辞去常务委员会秘书及中央财政委员两职（未提辞农民部长职），谭平山（缺席）提出辞去常务委员会秘书职务（未提辞组织部长职）。28日，张静江主持第二十九次中央常务会议，“照准”3人辞职。张静江提议：由蒋介石任组织部长，顾孟余任代理宣传部长，甘乃光任农民部长。

同时，蒋介石加剧了向中共夺取中央和地方党权的攻势，于5月28日出任国民党组织部长，陈果夫被蒋介石任命为该部秘书。陈到任后，在4个月内，将原在组织部内工作的大部分中共党员“清洗”出去。原西山会议派的叶楚伧、邵元冲分别出任中央执行委员会秘书长和青年部长。

但是，蒋介石并未以此满足，他又超出《整理党务案》的范围，进一步要求共产党人承认国民党的领导地位，同时要求参加国民党的共产党员退出共产党。

5月27日，他对由退出军队的共产党人组成的高级训练班讲话，宣称“领导中国国民革命的是中国国民党”，“革命是非专政不行的，一定要一个主义、一个党来专政的”。

因此，他要求共产党做出“暂时牺牲”，以便辅助国民党强大起来，6月8日，他向鲍罗廷明确提出：“共产分子在本党应不跨党。”8月，他派邵力子代表国民党赴莫斯科参加共产国际执委第七次全会，要求共产国际接纳国民党，同时命邵转达：承认共产国际是世界革命的领导，但共产国际应承认国民党是中国革命的领导，而共产党实际上是不需要存在的。

7月13日，蒋介石以即将前往前线、无暇兼理组织部长职务为由，举荐陈果夫为组织部长。同时，他与陈果夫以及代理中央常委会主席的张静江策划了一套夺取省市党权的计划，意在篡夺地方党权，为“清党”铺路。

1926年10月，陈果夫决定改组广东省党部，并修改选举办法，在他的操纵下，广东全省代表大会的选举结果，只有3名共产党员当选为执行委员，改变了过去由共产党人和国民党左派占优势的局面，这无疑为各地右派篡夺地方党权做出了示范。从而为日后的全面“清党”扫清了障碍，铺平了道路。

## 北伐和“清党”

广州国民政府经过两次东征和南征，肃清了广东境内的军阀势力，取得了军政、财政等各方面的统一，进而又完成了对广东、广西两省的统一，形势大为好转，工农运动也蓬勃开展，广大民众迫切要求国民政府出师北伐，及早推翻北洋军阀的统治。种种迹象表明：广州国民政府有实力、有必要进行北伐，以安天下。

作为广州国民政府的实力派人物——蒋介石，经过东征、南征，发展壮大了自己的军事势力，并有了一定的影响，他早在东征归来后就主张北伐。1926年2月24日，蒋介石在“统一两广特别委员会”会议上，提出了“应早定北伐大计”的主张。这是因为他需要突出北伐的重要性，从而将自己作为军事最高负责人推上政治制高点。

此时的北洋军阀有3股军事势力：奉系张作霖占有东北和山东，直隶一部，控制津浦线北段，拥有兵力35万。直系孙传芳以江苏、浙江、安徽、江西、福建5省联军总司令自居，控制津浦线南段，有兵力20万左右。直系吴佩孚占据豫、鄂、湘3省及陕西、直隶一部，控制京汉全线及粤汉线北段，约有兵力20万。

1926年4月16日，政治委员会与军事委员会举行联席会议，决定由蒋介石、朱培德、李济深3人草拟北伐计划，由宋子文筹办军饷。恰在此时，赴湘联络唐生智的陈铭枢、白崇禧也圆满归来。这样，使原来对北伐持谨慎态度的将领也乐观起来了。在李济深、陈铭枢、李宗仁等人的一再催请下，军事委员会于5月29日开会决定，蒋介石命第7军立即出发援湘，北伐实际上开始了。

4月，由蒋介石等人参与制定的第一个北伐进军要点有：国民革命军同时向湖南和江西进军，西路占领长沙，东路攻占南昌，然后会攻武汉；以3个军（6个师）进攻江西，4个军（8个师）攻打湖南。这个计划的主要缺点在于与吴佩孚和孙传芳两股军阀势力同时作战；在向湘、赣进军的兵力部署上几乎是平均分配力量的，而闽、粤边界方面对孙传芳的进攻威胁没有多少防范。

1926年5月底，加伦第二次到广州后，军事委员会根据加伦的意见重新拟订了作战计划。首先打击吴佩孚在两湖的军队，攻占武汉，然后与冯玉祥的国民军会合，对孙传芳采取守势，同时固守广东根据地，留一部分兵力护卫闽、粤边境。这个方针被蒋介石最终采纳并实施。

6月4日，国民党中央执行委员会举行临时全体会议，通过迅行出师北伐案，并决定蒋介石为国民革命军总司令，于次日由国民政府颁令任命。国民革命军共有8个军：第1军军长何应钦，留守潮梅，由副军长王柏龄代，党代表缪斌；第2军军长谭延闿，副党代表李富春；第3军军长朱培德，党代表朱克靖；第4军军长李济深（留守广州），由副军长陈可钰代，党代表廖乾吾；第5军军长李福林，副党代表李朗如；第6军军长程潜，副党代表林伯渠；第7军军长李宗仁，党代表黄绍竑；第8军军长唐生智，党代表刘文岛。总司令部以李济深为总参谋长，留守广州，其职由总参谋次长白崇禧代，邓演达为总政治部主任，总顾问为鲍罗廷。全军共10万人。

蒋介石给总司令部规定了至高无上的权力，将军政大权集中于总司令一身。他派人拟定的《国民革命军总司令部组织大纲》规定：“国民政府特任国民革命军总司令一人，凡国民政府下之陆、海、航空各军，均归其统辖；国民政府原设有政治训练部、参谋部、军需部、海军部、航空局、兵工厂等均直属于总司令部。出征动员令下后，即为战争状态，为图军事便利起见，凡国民政府所属军、民、财政各机关，均需受总司令指挥，秉承其意旨，办理各事”等等。实施这个《大纲》的结果，便使蒋所在地就是国民党中央、

国民革命军总司令蒋介石

国民政府所在地，蒋就是国民党、国民政府，“威福之甚，过于中山为大元帅时”。

国民革命军正式出师是在北伐先遣队与第8军取得衡山、金兰寺战斗和安仁、攸县战斗的胜利后。国民政府根据新制订的作战计划，于7月1日颁发了动员令，部队集中计划和战斗序列亦同时颁发。

7月4日，国民党中央执行委员会正式发表了《中国国民党为国民政府出师北伐宣言》。《北伐宣言》发布后，7月9日，蒋介石宣告就任国民革命军总司令职。是日，在广州东校场举行了5万余人参加的北伐誓师大会和隆重的阅兵仪式，揭开了轰轰烈烈的北伐战争的序幕。

北伐战争首战湖南，再平湖北，又克江西、福建，随后光复浙江。浙江是蒋介石的家乡所在，夺得此地，稳固局面，对蒋有特别的意义。在不到半年的时间里，蒋介石统率北伐军击溃吴佩孚，打败孙传芳，占领了湘、鄂、赣、闽、浙诸省，把国民革命从两广推进到长江流域，取得了巨大胜利。

北伐军在中国南部的胜利，震撼了整个中国，鼓舞了所有渴望推翻北洋军阀统治的仁人志士的革命激情，基本上结束了北洋军阀在中国南方的统治局面，同时也沉重摧毁了北洋军阀妄想苟延残喘的梦想。所有长期从事民主主义革命事业的人都透过这次北伐看到了希望，看到了未来。蒋介石是此次北伐运动的领导者，虽然他并没有被视为可以取代孙中山或三民主义精神的新形象，但蒋介石一时之间也成为举国上下关注的焦点，蒋再也不是以前名不见经传、四处漂泊、徘徊徜徉的过客，也不再是家乡父老眼中的“无赖”。此时此刻，他成为名噪天下的英雄人物，被赋予了很多头衔，如“一个了不起的军事家”或者是“一个不负众望的革命家”等等。

北伐的节节胜利，使得蒋介石的势力越来越大。国民政府迁都武汉后，蒋介石决意不再与国民党左派和共产党合作，打算凭借自己的军事力量“搞个单干”。国民党二届三中全会后，中共、国民党左派与蒋介石的权力之争已达到白热化程度，蒋介石也开始了积极酝酿反共“清党”的过程。

为了实现自己政治分裂的愿望，蒋介石首先迫切需要建立自己的幕僚班子，团结一批忠诚可靠的心腹、亲信。为此，蒋除约集在南方政权中任职的张静江、陈果夫、戴季陶等到南昌密谋，还从北方招来了许多旧时好友，共商大计。蒋介石从河南召来了他留学日本的同窗张群，任命其为国民革命军总司令部总参议，主持南昌行营事务，两次致函在天津蛰居的黄郛，邀他火速南下，助其完成大业。

蒋介石在酝酿反共“清党”的过程中，还特别注重获取江浙财团的支持，其原因有二：一是江浙财团具有雄厚的经济实力，有联合之必要；二是蒋介石与江浙财团有历史的渊源，具备联合之可能。

此时，面对中国大革命的迅猛发展，英、美、日等帝国主义列强除了调兵遣舰，武装保卫既得的在华权益外，也在积极活动企图分化革命阵营。蒋介石暗中联络日本，同时通过多条渠道与美国接洽。在蒋介石同美、英、日国家暗地勾结的过程中发生了“南京事件”。1927 年 3 月 24 日下午 3 时，英美帝国主义借口保护侨民安全，下令停泊在下关江面的军舰向城内大举炮轰，死伤千余人，制造了南京惨案。南京惨案的发生，极大地影响了蒋介石与帝国主义合作协商的进行，但蒋介石对此事情的解决，又促成了他与美、日、英等国的进一步亲近。惨案发生之后，蒋介石派黄郛密告日本驻沪总领事矢田七太郎：南京事件是共产党为了打倒蒋介石一派而制造的苦肉计。后来，日、美、英、法、意 5 国公使也达成协议，认为中共和苏联应对南京事件负责。蒋介石对南京事件的处理方式，赢得了外国主子的一致欢心，加速了蒋介石集团与帝国主义的合流，并加速了蒋介石集团走上反共“清党”的道路。

收买和利用青帮洪帮是蒋介石“清党”反共的又一项重要准备活动。上海帮会组织主要是由青帮和洪帮组成的，20 世纪 20 年代，上海帮会已形成拥有万千徒众，几乎无处不在、无所不能的封建流氓团体。他们分段为霸，划地为王，其中，黄金荣、杜月笙、张啸林的实力最雄厚，成为上海帮会势力的代表。

蒋介石深知上海帮会势力的强大，他们不仅控制着社会下层的大批群众，拥有巨额财富，而且还有租界当局的支持，这些对急欲夺权和巩固统治的蒋介石集团来说无疑非常重要。因此，蒋介石盗用辛亥革命时期“国民共进会”的名义，令黄金荣、杜月笙、张啸林等组建“中华共进会”。通过这一筹组活动，他们迅速成立了一支人数众多的帮会势力武装，成为进攻上海工人纠察队的主力骨干、“急先锋”。

在做了上述充分准备后，蒋介石集团为掩盖其反革命行径，还假借“中央监察委员会全体会议”之名“决议清党”，并发表美其名曰“护党救国”的通电，为蓄谋已久的反革命政变披上“合法”的外衣。

1927 年 4 月 12 日凌晨，大批青帮洪帮打手，打着工人的旗号，携带枪械，从租界冲出，向分驻上海总工会等处的工人纠察队发动突然袭击，反动军队旋即以“调解工人内讧”为名，收缴双方枪械，2700 名配有 1700 支长枪和几十挺机关枪的工人纠察队员在几小时内就被解除了武装，队员们有的来不及反抗，有的虽拼死抵抗也不能幸免，几百名纠察队员被杀害。事变发生后，上海工人及各界群众发动总罢工和游行示威，表示强烈抗议，但遭到反动军警的疯狂屠杀和搜捕。到 4 月15 日，上海工人有 300 多人被杀，500 多人被捕，5000 多人失踪。这就是震惊中外的四一二反革命政变。

四一二反革命政变后，蒋介石又在东路军中进行了“清党”。首先是东路军前敌总指挥部政治部主任胡公冕被通缉，第 26 军党代表赵舒被迫辞职出走，东路军总指挥部政治部主任江董琴被迫到武汉避难；接着，赶走第 1 军第 1 师师长薛岳和第 21 师师长严重及所有左派军官，撤销、拘捕一切政治工作人员。东路军中的左派军官及其他下级军官愤而离职者，不下四五百人。到 4 月 20 日，从东南地区被迫回到武汉的政治工作人员已达三四百人，随后不久更多达千余人。

与此同时，在蒋介石“已克复的各省实行清党”的密令指示下，四川、江苏、浙江、广东、广西等省也发生了以“清党”为名，对共产党人进行大屠杀的事件。著名共产党人李启江、萧楚女、熊雄等都是在那时英勇就义的。

蒋介石终于结束了出于权力维护和升级的需要，不停地在反共、拉共、反苏、联苏中左右摇摆的两难境地，以及为掩人耳目实行的当面一套、背后一套的政治阴谋的束缚，可以“光明正大”、无所顾忌地按自己的意志为所欲为了。

# 三、南京十年

## 形式上统一中国

四一二反革命政变后，蒋介石控制了以沪宁为中心的东南地区。1927 年 4 月 14 日，蒋介石在南京召开在宁的中央执委和中央监委会议，会议决定于次日在南京召开国民党二届四中全会。4 月 15 日，会议如期举行。当时，国民党中央执监委员共有 50 余人，而在南京的中央委员仅有张静江、李石曾、吴稚晖、蔡元培和蒋介石等 10 人。由于不够法定开会人数，会议遂改名为谈话会。此次会议否认了武汉中央党部和武汉国民政府的合法性，决定在南京重建国民政府。

4 月 18 日，根据国民党中央政治会议第 73 次会议决议，南京国民政府在丁家桥前江苏省会议厅举行了成立典礼，这标志着以蒋介石为代表的南京国民政府正式成立。蒋介石、吴稚晖、张静江、胡汉民、柏文蔚、蔡元培等出席了庆典仪式。在成立典礼上，蔡元培代表国民党中央党部授印，印文为“中华民国国民政府”，胡汉民代表国民政府接受这方大印。在随后发表的演说中，胡汉民表示一致拥护蒋总司令，以巩固革命阵营。南京国民政府的成立，标志着蒋介石在中国内地长达 20 余年统治的正式开始。

南京国民政府成立后，国民党分裂成南京国民政府和武汉国民政府两个并立的中央政权。南京方面自恃反共有功，觉得应由他们继承国民党的正统；武汉方面则摆出国民党元老的资格，认为自己是国民党统治的当然继承者；西北的冯玉祥则在这种政治格局下迅速上升到有利的地位，三方围绕各自的利益展开了激烈的争夺。

宁汉双方均对冯玉祥采取拉拢的策略，为其提供经济支援。1927 年 6 月 20 日至 21 日，蒋介石、冯玉祥在徐州花园饭店举行会晤，双方就国内局势交换了意见。从商谈结果来看，冯氏在反共问题上倾向宁方，并明确表示不赞成汉方东征。之后，冯蒋联名发表通电，宣称："中正、玉祥与数十万将士，为三民主义而奋斗。凡百诱惑在所不顾，凡百艰险在所不避，凡百牺牲在所不惮。"

冯蒋的联合，对于武汉方面的各种势力派别都是致命的打击，它不仅宣告了他们历尽艰难才做出的西进决定的破产，同时也是对武汉方面自身生存的一次严重挑战。事实上，从决定西进开始，国民党与共产党的合作很大程度上是基于冯玉祥的支持给他们带来的希望之上的。如今，冯的态度把这种国共合作的基础摧毁了，进而转变成了一种强烈迫使国民党与共产党分裂的外部压力，这就把武汉国民政府从一个十字路口逼到了悬崖峭壁之上。

7 月 14 日，汪精卫在武汉召开秘密会议，悍然决定"分共"，次日举行国民党中央常务委员会扩大会议，正式宣布与共产党分裂，并指挥军队封闭了一切工会、农会和革命团体，大肆逮捕、屠杀共产党人和革命群众，轰轰烈烈的以国共合作

国民政府奠都南京典礼

为基础的国民革命失败了。

汪精卫叛变革命后，国民党阵营形成3个主要派系，以蒋介石、胡汉民、李宗仁为代表的宁派；以汪精卫、唐生智为代表的汉派；以张继、许崇智为代表的沪派，即西山会议派。蒋介石的真正对手是武汉方面，宁、汉、沪的争斗，起关键作用的是宁汉。

蒋介石指责汪精卫是勾结共产党的祸首，企图将汪置于被告席上，排斥于国民党中央之外，以消灭这个最大的敌人。汪精卫则抨击蒋介石是破坏党权的罪魁祸首，挟持军队、党部，实行个人独裁，使中国只知有蒋中正，不知有国民党。汪还联合唐生智组织东征军向南京进逼，蒋介石为对付汉方的进攻，一边与张作霖暗中通气，暂时休战，一边从徐州前线撤回部分军队，加强在安徽、江西省的防务，以防汉方东进。

宁汉抗争之际，日军乘机由青岛开入济南，公开参加中国内战，支持北方军阀。直鲁联军许琨、徐源泉部会同孙传芳部反攻南京军，7月24日，重占徐州，南京军损失重大，王天培的第10军败退安徽宿州，第2路军自鲁南急速向陇海线撤退到苏北。

徐州为苏北门户，军事要冲，徐州失守，苏北、鲁南全线动摇，蒋介石当即在南京召集军事会议，决定亲自北上，夺回徐州，但仍未挽回败局。徐州兵败之时，蒋介石在政治上也遇到了巨大的麻烦。为了确保自己的“正统”地位，汪精卫提出了蒋介石必须下野作为各方和解的强硬条件。

宁、汉、沪三方争执不下，蒋介石权衡利弊，决定采取以退为进的策略，于是在8月12日晚，宣布辞去国民革命军总司令等所兼各职，次日在上海发表下野宣言，随即乘船去奉化老家。这是蒋介石第一次下野。

9月15日，国民党宁、汉、沪各派系成立中国国民党中央特别委员会，改组南京国民政府和军事委员会，由谭延闿任国民政府主席。中央特委会的成立，标志着宁汉合流的完成。

下野后的蒋介石十分清楚，欲东山再起，没有帝国主义的支持是不行的。出于这种考虑，下野后不久，蒋介石就前往日本，寻求支持。

蒋介石在日本期间，发表《告日本国民书》，呼吁“中日亲善”，表示“中国革命之迟来，与日本之安危有密切关系”。他先是拜谒了日本黑龙会头子、著名的国际间谍、中国通头山满，并在住处写“亲如一家”的条幅，又接见当年在日本新野炮兵联队当见习官生时的师团长长冈外史，并为其书写了“不负师教”的条幅。蒋介石还通过头山满，与日本首相田中义一、陆军大臣向川义则、参谋总长金井范三及参谋次长南次郎进行秘密会谈。

蒋介石在日本的一系列活动，促使美国政府改变了原先的观望态度，积极拉蒋站在自己一边。美国外交代表在上海加紧与蒋方人员接触，驻日本使节直接与蒋介石谈判，双方达成默契。基本内容是：美国愿意全力支持蒋在中国建立政府，统一中国，蒋介石政府将尽力保障美国在中国所取得的一切权益。蒋介石在完成一系列政治交易后，取消原定的前往欧美的计划，于11月10日，径直返回上海。

1927年12月1日，解除了与3个妻妾关系的蒋介石终于与宋美龄喜结连理，在上海举行隆重的婚礼。婚礼是蒋介石的政治宣言。一方面，通过婚礼，蒋介石宣布自己已成为孙中山的合法继承人，与孙中山结为连襟，增加了蒋介石的政治资本。另一方面，通过婚礼，蒋介石宣布即将复出。

中央特别委员会是蒋介石重掌大权的一个严重障碍。蒋介石经过精心策划，巧妙地利用各派系之间的矛盾，先后除掉了操纵中央特委会的桂系、西山会议派的骨干，扫清了复职的一切障碍。1928年1月9日，蒋介石通电宣告恢复国民革命军总司令职务。

2月2日至7日，国民党二届四中全会在南京举行。四中全会在蒋介石控制下，改组了国民党党政军中央领导机构。通过改组，在党务方面，蒋介石当上了中常委兼组织部部长；在政府方面，他是南京国民政府委员，随后任政治会议主席；在军事方面，除恢复了国民革命军总司令职务，又是军委常委、军事委员会主席，使他的权力“合法”地扩大到党政军领导机关的各个方面。

然而，此时的南京国民政府仍面临着重重危机。各地军阀和地方实力派虽然表面上归顺了中央政权，但对蒋介石及其中央政权始终心怀戒意，决不容许蒋介石染指地方利益。为了实现全国的真正统一，从而进一步巩固和扩大自己的权力，蒋介石利用军阀之间的矛盾，凭借自身强大的军事、经济实力，开始了荡平地方军阀的过程。

由于当时二期北伐后，桂系军阀的迅速膨胀强烈威胁到蒋介石的独裁统治，因此，桂系便成为蒋在铲除异己时第一个打击的目标。蒋介石先是逼走白崇禧，后又用计争取李济深，拉拢冯玉祥。1928年3月31日，蒋桂战争打响了。此次战争在蒋介石做好了充分准备的前提下以彻底胜利而告结束。

蒋桂战争之后，冯玉祥掀起了倒蒋高潮，西北军两次倒蒋，但终因政治、军事实力远不敌南京方面的中央军，再加上倒蒋联盟各自为战，缺少统一指挥，军阀之间的分分合合却给了蒋介石可乘之机，最终使得蒋介石取得蒋冯战争的胜利。

蒋介石连续挫败和击溃了桂系、西北军的进攻后，更加盛气凌人，各派不服蒋的压力，寻找新的途径与之争雄。1930年5月11日，爆发了中国历史上前所未有的中原大战。蒋介石精心分析战局，随时变更军事战略，力求战术灵活，又极力拉拢张学良，最终迫使阎锡山、冯玉祥联合发表通电，“即日释权归田”。中原大战以蒋介石的全面胜利而告终。

中原大战后，蒋介石收复了北平、天津。此时，剩下的只有东北问题了。蒋介石考虑到若以武力继续北进，必将遭到日军直接干预，因此决定以和平手段解决东北问题，停止对关外用兵。日本一手制造的皇姑屯事件加速了蒋介石解决东北问题的进程。新疆、热河相继易帜后，1928 年 12 月 29 日，张学良通电全国宣布东北易帜。在东北易帜过程中，蒋介石和张学良相互沟通，相互配合，一致对外，为争取国家统一做出了贡献，东北易帜在最大限度上维护了东北人民的利益，赢得了全国人民的赞誉。此外，东北易帜的实现，使蒋介石名义上统一了中国，进一步巩固了南京国民政府的地位。

## 与汪精卫、胡汉民斗法

蒋介石建立南京国民政府之初，面临着各方面的挑战，其中就有汪精卫的政治反对派和以胡汉民为代表的国民党元老派，蒋介石与之进行了争斗，并最终取得了胜利。

1928 年 2 月，蒋介石操纵的国民党二届四中全会，通过了蒋介石、陈果夫提出的党务整理计划，在国民党党员中重新进行登记，规定 1924 年国民党改组前的党员才允许登记，登记后经过审查、训练才算是党员。汪派中除汪精卫等少数人外，大部是改组后入党的，因此被排除在国民党之外，这个规定给了汪派一次重大打击。蒋、汪积怨激化，汪派开始筹划反蒋。

汪精卫出国后，在国内的汪派人物陈公博等人，于 1928 年年初纷纷到上海，以法租界为基地，进行反蒋活动。1928 年 5 月，陈公博在《革命评论》杂志上首先提出“改组国民党”的口号。11 月 28 日，“中国国民党改组同志会”在上海成立，其成员被称为“改组派”。改组派的主要活动是创办刊物，宣传他们的政治主张。如陈公博主编的《革命评论》、顾孟余主编的《前进》、刘叔模主编的《呼声》、赵惠谟主编的《夹攻》、章乃器主编的《新评论》，以及上海的《灯塔》、天津的《暖流》、巴黎的《国民》，等等。

面对改组派的咄咄攻势，蒋介石十分恼火，1928 年 7、8 月间，蒋介石授意上海军警书面警告《革命评论》不得再印刷，并指使特务袭击、破坏代销该刊的书店书摊，毒打报贩。1929 年，国民党中央将查禁改组派刊物列为重点工作，24 种改组派报刊和其他反蒋报刊先后被取缔，接着又将海外的一些改组派报刊相继列入取缔之列。

改组派活动的高潮是反对国民党的三大。在南京召开国民党第三次全国代表大会会前产生的406名代表，由蒋介石指派的达221人，圈定者122人，这种包办代表的做法，激起了国民党内许多派系的反对，汪精卫、陈公博在上海发表《关于最近党务之宣言》，公开煽动南京等地的国民党员发动请愿，不少地方党部进行抵制，并拒绝出席。

1929年3月14日，即“三全”大会正式开幕的前一天，在南京夫子庙贡院礼堂召开南京市党员代表大会时，改组派在会上大肆活动。蒋介石派出他的特务和宪兵，到会场大打出手，大会代表7人被捕，多人受伤，这就是“三一四”事件。此后，改组派在南京不能立足，转移到上海，在法租界霞飞坊314号设立了联络点，建立外围组织“中国国民党各省市党部、海外总支部联合办事处”，集合了20多个反对国民党第三次全国代表大会的省市党部、海外总支部，继续进行反对蒋介石的斗争。

1929年3月19日，蒋介石控制的三全大会决定永远开除陈公博、甘乃光党籍，开除顾孟余党籍3年，给汪精卫书面警告。10月，国民党中常会以“勾结军阀余孽”“颠覆党国”等罪名，议决将陈公博、王法勤、顾孟余等10人，交国民政府明令缉拿，对其中有党籍者，送交中监委议处。国民政府正式下达了通缉令，国民党中央监委召开常会，议决将王法勤、柏文蔚、朱霁青、白云梯、王乐平、顾孟余、陈树人、潘云超、郭春涛9人永远开除出党。12月，国民党中常会又以“叛党祸国”开除了汪精卫党籍。至此，蒋介石通过组织措施和行政手段把改组派的头面人物都开除出党并通缉在案了。

在蒋介石的打击和破坏下，汪精卫的改组派趋于土崩瓦解。后汪精卫又试图武力反蒋，并组织了“护党救国军”，但也以失败而告终。另外，蒋介石还派人于1930年2月18日晚暗杀了王乐平。王乐平是改组派总部的实际负责人，是改组派各项活动的执行者，蒋介石对其恨之入骨。王乐平被暗杀，改组派遭到沉重打击，从此，总部处于瘫痪状态，一蹶不振。汪精卫和蒋介石的争斗也以汪的失败暂告一段落。

蒋介石在打击了以汪精卫为首的政治反对派之后，自以为异己力量已不能再起，更不能与之相抗衡，即准备召开国民会议，制定“训政时期约法”，以便利用民意机关和法律形式，巩固和扩大自己在国民党内的领导地位。但他的主张遭到胡汉民等人的坚决反对，从而发生了激烈的政争。

胡汉民是国民党元老，南京国民政府建立初期，他是支持蒋介石的。南京政府成立之初，他便出任中央政治会议主席和立法院院长，他的设想是自己主党，蒋介石主军政。但是，蒋介石召集国民会议和制定约法的主张，却意味着蒋介石要从他的手里抢夺对党的控制权。这是胡汉民所不能容忍的。

南京国民党的三届四中全会，是胡蒋斗争的第一回合。在国民党南京中央三届四中全会召开前夕，胡汉民发表文章指出：第三次全国代表大会，已经决定将孙中山的遗教定为国家的根本大法，无须再谈约法。可精明的蒋介石却不是把孙中山遗教搁开，而是高举“遵奉遗教”的旗帜，主张另定约法，以便自己问鼎总统的宝座。于是，胡、蒋之间展开了一场表面为要不要再另外制定约法，实质是权力之争的论战。

1930年11月12日，是孙中山的诞辰之日，这天，国民党三届四中全会于南京召开，当时参加会议的有中执委、中监委共55人。胡汉民致开幕词，蒋介石发表了《告中央同志书》，并在会上提出了两项施政的基本主张，一是肃清“匪共”，二是召开国民会议。胡汉民见蒋介石立法之心不改，却毫不退让，并且大肆渲染蒋介石的独裁图谋。

蒋介石对胡汉民的言行大为光火，却碍于胡在党内的地位，对他又无可奈何。由于蒋、胡在约法问题上争论激烈，全会在通过召开国民议会上达成一致，而没有提出国民会议是否要制定约法。胡汉民于此取得了一个小小的胜利，对其他问题，也就大大地向蒋让步了。这样，蒋介石在三届四中全会上，成功地修改了国民政府组织法，从而提高了国民政府主席、行政院长的职权。原行政院院长谭延闿于当年9月22日病逝后，即由宋子文一度代理，会上，正式推举蒋介石兼任行政院院长职务。

蒋介石在国民会议中致辞

四中全会后，蒋介石积极筹备国民会议。1 月 20 日，国民会议选举总事务所成立，以戴季陶为主任，孙科为副主任，负责国民会议的筹备工作。2 月 20 日，国民会议选举总事务所电令各省市，限各省市务必于 4 月 20 日前完成选举的各项准备工作。同时，陈果夫、陈立夫又往各地派员监督各地代表选举，收集各地选举动态，他们的目的在于保证各地代表由忠于蒋介石的人来当选。国民党中央常委开会，将全国划分为若干区，每区派中央委员一人，指导党部工作，所去之人实际上成了国民党中央的钦差大臣，事无巨细，无不干预。

蒋介石的这些频繁活动，胡汉民自然看得很清楚。蒋介石很明显违背了两人在四中全会上的协议，而沿着个人的愿望一意孤行，胡再一次觉得应该当仁不让了。

1931 年 1 月 5 日，胡汉民针对蒋介石以国民会议制定约法及选举总统的企图，公开发表谈话，专门论述国民会议的性质与任务，对蒋介石的约法进行理论上的批判。同时，蒋介石的独裁专横，在国民党内引起越来越多的人的不满，因此，胡汉民公开与蒋抗争，得到了党内不少人的支持。国民党元老派，孙科的太子派，部分中央执、监委员，立法院委员等大都倾向于胡汉民一方，不少地方党部也支持胡的主张。尽管蒋介石利用陈果夫、陈立夫两兄弟把持的中统特务机关到处活动，但也无济于事。

国民会议召开前夕，二陈根据各党部报上来的选情报告，得出的结论是：如果确要举行总统选举的话，全国各省市党部，除了蒋介石一派控制下的浙江、江苏、安徽、上海外，其他绝大多数选票都是支持胡汉民的。面对这种局势，蒋介石十分焦急，他必须把胡汉民排除在外，单独完成立法程序。蒋介石先是采用吴稚晖的建议，由吴去劝说胡，不要与蒋相争，胡汉民不仅严词拒绝，还痛斥吴是无耻之徒。一计不成，又生一计，蒋介石又采纳戴季陶的计谋，决定关押胡汉民以震慑胡派分了。

2 月 28 日夜，胡汉民参加完立法院会议后，乘车抵黄埔路中央军校蒋氏官邸开会。蒋介石乘机扣留了胡汉民。于是，胡蒋斗争的第二个回合结束，蒋介石的强权政治战胜了胡汉民的所谓民主政治。1931 年 3 月 2 日，国民党中央通过蒋介石提出的召开国民会议案，批准胡汉民辞去立法院院长职务，由林森继任。

胡汉民被扣后，孙科联合各派反蒋势力云集广州，反蒋运动愈演愈烈。1931 年 5 月 27 日，广州国民政府成立，与蒋介石的南京国民政府分庭抗礼。九一八事变发生后，在内外交困的情况之下，蒋介石被迫同意广州方面的要求，于 12 月 15 日，辞去国民政府主席、行政院院长、陆海空三军总司令之职，通电下野。孙科组织起新内阁，但由于财政拮据，一成立就陷于危机之中，难以应付危局。1932 年3 月1 日，国民党举行四届二中全会，主要任务是调整中央机构人选和决定蒋介石复职。在开幕式上，汪精卫以淞沪战役紧急，需要集中指挥为由，提议蒋介石出任军事委员会委员长。在会议的闭幕会上，中央政治会议又任命蒋介石为军事参谋部参谋总长。3月18日，蒋介石在南京正式就职。

蒋介石在与国民党内部反对派进行斗争的过程中进一步巩固了自己的地位，为其实现专制与独裁铺平了道路。

## 所谓的十年建设

二次北伐结束后，蒋介石宣布“军政时期”结束，“训政时期”开始。蒋介石宣布实施孙中山的“建国大纲”，提出了“统一军政”，“实施训政”和以党治国的口号。1928年10月3日，国民党中央常务会议通过了《训政纲领》，其要点为：“中华民国于训政期间，由中国国民党全国代表大会代表国民大会领导国民，行使政权”，国民党在全国代表大会闭会时，“以政权付托中国国民党中央执行委员会执行之”；中国国民党“训练国民逐渐推行”“选举、罢免、创制、复决”四权，国民政府总揽执行“行政、立法、司法、考试、监察”五项治权；国民党中央政治会议“指导监督国民政府重大国务之施行”，并修改及解释国民政府组织法。这些规定是训政时期国民党党政关系的最高依据。通过这一纲领，蒋介石作为国民党中央政治会议主席，其领袖地位得以确立。

随后，按照训政纲领的规定，各种行政机构先后建立起来。10月8日，国民党中常会任命蒋介石为国民政府主席兼海陆空军总司令，任命谭延闿、冯玉祥为行政院正副院长，戴季陶、孙科为考试院正副院长，蔡元培、陈果夫为监察院正副院长，同时产生了国民政府委员和各部部长。蒋介石正式集党政军大权于一身，拥有了极大的权力。

1929年3月15日，国民党在南京召开了第三次全国代表大会，会议正式宣布军政时期结束，训政时期开始，追认了《训政纲领》，并通过了《训政时期党、政府、人民行政政权、治权之分际及方略案》，规定由“中国国民党独负全责，领导国民，扶植中华民国之政权、治权”。由此看出，南京国民政府实施的以“以党治国”为核心的“训政”，完全体现了蒋介石“一个主义”“一党专政”的执政方略。

南京国民政府存在的有限时间里，其体制和制度也处在不断变化中，总的趋势是越来越具体、周到。这种体制的变化从根本上来说，反映了国民党上层以蒋介石为首的统治集团内部的权力斗争，权力之争的结果是制度的变迁，具体反映在《中央政府组织法》上，其中包括国民政府的《组织法》和总统府的《组织法》

蒋介石在十年内战中

的制定、修改，前后共达13次。其中，1928年2月13日颁布实施的《修正中华民国国民政府组织法》是南京政府的第一部政府组织法，1931年12月的《国民政府组织法》存在了较长时间。

1935年中国国民党第五次全国代表大会在南京召开，蒋介石在发表对外关系演说中表示："和平未到完全绝望之时，决不放弃和平；牺牲未到最后关头亦决不轻言牺牲。"这表明蒋介石有可能修改对日政策。大会宣言还提出"开宪治，修内政，以立民国确实巩固之基础"。1936年5月5日，国民政府公布了《中华民国宪法草案》，亦称《五五宪草》，共8章148条。这部宪法有以下三个特点：一是采取权能划分原则，即中央政权由国民大会行使，中央治权由总统和五院行使；二是总统对国民大会负责，行政院院长与各部会首长均由总统任免，对总统负责；三是国民大会为中央唯一政权机关。总体来说，国民党五大后，蒋介石及国民政府的政治倾向是较积极的，采取了一些较现实的政策，并逐渐向联共抗日方向转变，总趋势有所进步。

意识形态方面，南京国民政府时期可谓一手遮天。蒋介石及其政府对意识形态的控制极具特色，不仅继承了古代文化专制的手法，而且渗进了近代法西斯主义文化禁锢的措施，具有沉重"党化"色彩。主要通过强化思想管制，加强文化围剿，使教育党化来强化意识形态的管理。此外，"训政"期间，蒋介石还建立了庞大的特务系统，加强对国民党、国民政府和军队的控制，镇压共产党的活动，强化对民众的统治。蒋介石驾驭庞大的特务组织的方式主要有两种，一是开办各式各样的训练班，对大小特务进行严格训练，加强思想控制。二是恩威并济，严格管理，使各级特务组织为蒋介石的统治服务。特务组织成为蒋介石统治的重要支柱。

新生活运动是蒋介石在这一时期发动的又一项重要活动。1934年2月底，蒋介石在南昌行营举行扩大的（孙）总理纪念周大会，他在会上发表了《新生活运动之要义》的演讲，说："国家民族之复兴不在武力之强大，而在国民知识道德之高超"，而"提高国民知识道德，在于一般国民衣食住行能整齐、清洁、简单、朴素，过一种合乎礼义廉耻的新生活"。当天就在南昌成立了新生活运动促进会，蒋介石亲任会长，同时成立新生活运动促进会妇女指导委员会，宋美龄亲自担任指导长。1935年4月，新生活运动劳动服务团成立，分为军队、宪兵、警察、教员、学生、党部、机关、铁路等部门。这些团体多是在国民党官僚、党棍的命令下强迫组织起来的，其中励志社起了重要作用。改革生活习惯中不卫生、不文明的现象，应该说是一种进步的表现，是一个国家与民族同落后愚昧斗争和决裂的表现。但是所谓新生活运动实施的结果只在不随地吐痰、出门扣好衣扣等枝节方面做文章，根本解决不了任何实际问题。

经济方面，南京国民政府成立初期，蒋介石也采取了一些有利于民族资本经济发展的政策和措施。在农村，先是推行减租减息，进而制定了《土地法》，进行土地改革，制定保护国货的政策，繁荣民族经济，改革税制，废除厘金制度，进行币制改革等等，这些政策和措施一定程度上促进了社会经济的发展。此外，从1935年开始，蒋介石倡导的全国规模的国民经济建设运动，虽是想利用“建设统一”来保障他的“政治统一”，但客观上促进了整个社会经济的恢复和发展。在南京国民政府成立至全面抗战爆发，蒋介石通过各种政策和措施，建立了以蒋、宋、孔、陈为首的官僚资本集团。官僚资本发展成为垄断资本，严重影响了中国经济的发展。

外交方面，南京国民政府在抗战全面爆发前，围绕着国际、国内斗争的需要，开展了一系列的外交活动。南京国民政府成立不久，1928年6月9日，蒋介石宣布其对外方针：一、对外不采取暴力手段；二、在适当的时候提议废除不平等条约；三、打倒帝国主义，但不是排外性质。这是南京政府给列强的一个信号，虽不无权变的含义，但是至少使帝国主义减轻了对南京国民政府的敌意。南京事件和济南惨案的相继发生，在国内引起强烈反响。蒋介石为了弥补和纠正在处理这些事情上的不当，树立自己的领袖形象，采取了一些新的对外政策。1928年6月，新任外交部长王正廷正式提出了与西方各国的条约期限已满，应当废除，对于没有到期的，应当解除重订。所以，这一时期南京国民政府的外交活动主要围绕着关税自主权和废除领事裁判权进行，即“改订新约”运动。

1928年6月15日，蒋介石命令外交部发表对外宣言，声称作为一个独立主权国家，中国要摆脱不平等条约的束缚。7月7日，国民政府《关于重订条约的宣言》提出了一个对不平等条约的处理方案：第一，中华民国与各国间条约之届满者，当然废除，另订新约；第二，其尚未期满者，国民政府应即以相当之手续解除而重订之；第三，其旧约已经期满，而新约尚未订立者，应由国民政府另订适当临时办法处理一切。

南京国民政府废约宣言发表后，马上同各有关国家开始交涉，先是分别照会条约期满国，通过双边谈判，以正当外交手续废除旧约，重订新约。经过艰难的谈判和交涉，各国先后与南京国民政府签订关税协定，声明取消在中国的一切关税特权，承认中国有完全的关税自主权。1929 年 2 月 1 日，南京国民政府开始实施第一个国定税则。同时，经过近两年的废除领事裁判权的交涉，南京国民政府也取得了一定的成果，收回了上海公共租界内的临时法院，收回了镇江、厦门英租界，天津比租界以及威海卫英租借地。

在当时历史条件下，南京国民政府宣布废除不平等条约，采取和平手段，对列强在华特权逐项交涉，并取得一定成果，这是符合历史发展潮流的。然而，蒋介石出于意识形态的考虑，以及配合国际上的反苏潮流，不惜与苏联交恶。他指示张学良与苏摩擦，引发了“中东路事件”。1929 年 7 月 19 日，中国政府宣布与苏联断交。

## 反共和迫害民主人士

蒋介石建立南京国民政府之后，立即开始“清党”，白色恐怖笼罩全国。1927 年 4 月 26 日，南京国民政府通电中外，表示接受国民党中央政治会议咨请《查办共党分子案》。随后又发出《通缉共产党首要》的《秘字第一号命令》，明令缉拿鲍罗廷、陈独秀、吴玉章、徐谦、邓演达等共产党员，以及国民党左派人士和其他著名社会活动家 190 余人。5 月 17 日，国民党正式成立“中央清党委员会”，以邓泽如为主任委员。

接着又指派各省、市“清党”委员，组织各地方“清党委员会”，在全国普遍实行“清党”。5 月 21 日，国民党“中央清党委员会”颁布《清党条例》，将国共合作时期加入国民党的共产党员一起查办，“清除”出国民党。8 月 4 日，国民党中央执行委员会训令各级党部和军政机关全体人员，镇压和解散各地的共产党组织，逮捕共产党分子。

国民党反动派在“宁可枉杀千人，不可使一人漏网”的口号下，血腥屠杀共产党人和革命群众。全国共产党员的人数由国民革命时期近 6 万人减少到 1 万余人。在反革命屠刀下，许多著名的共产党员和工农运动领袖壮烈牺牲，革命群众组织被解散或封闭。

七一五反革命政变中，汪精卫占领了中华全国总工会和湖北全省总工会会所。全国各地共有 146 个工会被封闭或解散，剩下有组织的工人不到 3000 人，能影响的工人只有 1 万余人。1928 年 1 月至 8 月，有近 10 万工人被杀害，还有 1.7 万余工人被捕入狱，全国工会会员由国民革命时期的 280 万人下降到 3 万人。

在农村，农民协会会员在国民革命时期有 915 万人，这时，也大都被打散了，农民运动领袖被缉拿捕杀。有组织、有规模的工人和农民运动不复存在了。

蒋介石还把一切革命行动统统归之为“犯罪”，予以残酷镇压。1928 年 2 月 7 日，国民党二届四中全会通过了《防范共党扰乱阴谋案》，确定“共党之理论、方法、机关、运输”，“均应积极铲除或予以防范”。2 月底，国民政府公布了《暂时反革命紧急治罪法》，规定“意图颠覆中国国民党及国民政府，或破坏三民主义而起暴动者”，或“宣传与三民主义不相容之主义者”，均以“反革命罪”论处。8 月 1 日，国民党二届五中全会又通过《民众运动案》，规定组织任何民众团体，“必须受党部的指导和政府的监督”。1929 年 12 月 2 日，南京国民政府颁布了《反省院条例》，并依据这个条例，在各地普遍设立反省院，专门迫害共产党人和进步人士。这些法令的实施，把国民革命中人民群众争得的民主权利破坏殆尽。

南京国民政府还对中共首脑机关进行疯狂的破坏。据国民党官方的统计材料称，在国民革命失败后的 3 年，破坏中共中央机关及其有关组织 14 次，破坏当时中共省委之中最具实力的江苏省委机关 9 次，破坏北方最大的中共省委机关河北省委 4 次，破坏山东省委机关 3 次，其余中共省一级机关也有不同程度的破坏。中共的附属和外围机关也有相当大的损失，总工会被破坏 4 次，互济会被破坏 3 次，反帝大同盟和共青团中央各被破坏 3 次等等。

中国共产党的干部队伍遭受严重损失。中共有 3 位总书记被捕，有 111 名党团政治局委员和中央委员被捕，有 829 名省市委干部被捕，有 8199 名县市委干部被捕，有 15765 名区委、支部书记和委员被捕。闻名于世、成功处死过出卖彭湃的叛徒白鑫和王英，并且处决过许多丧失革命气节进而对中共形成威胁的变节者的中共地下特工组织“红队”，也在一次开会时，因走漏风声大部分人落入敌手，有 28 人被捕，被查出 37 支手枪、1 万发子弹和 1 箱手榴弹，以致中央机关和共产党在白区的工作无法开展，被迫迁入中央苏区。

此外，蒋介石还对国民党左派和民主人士进行迫害。1927 年国民革命失败后，国民党内部也发生了分裂。著名的国民党左派代表邓演达发起组织中国国民党临时行动委员会，即以国民党民主派为主体的第三党。1930 年 5 月，邓演达从国外回到上海。8 月，邓在上海主持召开了中国国民党临时行动委员会成立大会，会议推选邓演达为总负责人，通过了邓起草的政纲《我们的政治主张》，第三党正式成立。第三党的政治主张是反帝反封反蒋的，主要是反蒋。蒋介石对第三党的活动非常惧怕，悬赏 30 万元缉拿邓演达。1931 年 8 月 17 日，邓演达到上海愚园路参加临时行动委员会举办的各地干部培训班结业式，由于叛徒的告密，会场被国民党特务和外国巡捕包围，当场逮捕了邓演达，同时被捕的还有参加训练班的罗任一、刘魁、周竞西等共 11 人。11 月 19 日，邓演达被秘密杀害于南京城东麒麟门外沙子岗。

邓演达

蒋介石除了镇压异己，还积极致力于文化围剿，打击革命文化，摧残进步团体，迫害进步人士。1927 年 5 月，郭沫若因发表《请看今日之蒋介石》，揭露蒋叛变革命、屠杀工农等罪行，遭到通缉，被迫流亡日本。1932 年 12 月 17 日，中国民权保障同盟成立，由宋庆龄、蔡元培、杨杏佛、林语堂、邹韬奋、伊罗生、胡愈之 7 人组成临时中央执行委员会，宋庆龄为主席，蔡元培为副主席，杨杏佛为总干部。蒋介石视中国民权保障同盟为眼中钉，欲除之而后快。他委派陈立夫、徐恩曾、戴笠等特务头子，暗中杀害了杨杏佛、史量才等民主人士。

蒋介石最大的心腹之患是革命根据地的红军。为了彻底“剿灭”中共及其领导的军事力量，蒋介石从 1930 年 10 月到 1934 年 10 月先后五次对红军和革命根据地进行大规模的“围剿”。前 4 次均以蒋介石的军事失败而告终，在这四次“围剿”过程中，蒋介石陆续提出了一些“围剿”的方针和作战原则。主要是“三分军事、七分政治”“组织民众”“武装民众”等。“七分政治”方面，主要内容有：整饬政府纪纲，严惩苛捐杂税；推行二五减租；实施以工代赈，办理免息贷款；严肃驻军军纪，推行爱民运动；厉行保甲制度和“连坐法”；强化各级党政机关和地方武装等。“组织民众”，就是编组保甲。“武装民众”，就是组建反动地方武装。

前四次“围剿”失败以后，蒋介石重新做了战略部署，并认为，进攻红军时要攻守兼重，在战术上要取守势即以守为攻，战略上要取攻势即以攻为守。根据这套理论，蒋介石确定了对付红军的新方法——碉堡政策，就是在红军根据地外围一切要冲地点修筑碉堡，并用公路将较重要的碉堡点连接起来，形成碉堡公路网，站稳脚跟后，部队再前进；再筑碉堡，逐次向前推进。与碉堡政策相配套的是封锁政策。为了断绝红军的物质接济，蒋介石实行物质、邮电、交通三大类封锁，欲使红军“无粒米勺水之接济，无蚍蜉蚊蚁之通报”，以此来困死红军和红区民众。

1933 年 10 月 2 日，蒋介石在南昌召集“剿共”部队师长、参谋长以上将领会议，部署实施第五次“围剿”计划。根据赣南多山的特点，为使部队能指挥灵活，机动便利，决定改进“围剿”编制，将以往师辖两旅、旅辖两团或三团的编制，一律改为师辖 3 个团，减去旅指挥层次。力求充实团以下各级部队兵力，俾能保持持续战斗力；团以上各级部队，均增设侦探队，以加强情报收集；并扩大输送队，加强运输能力。蒋介石在会上做了《剿匪成败与国家存亡》的演说，要求各将领振作精神，服从命令，争取“剿匪”的胜利。由于实施了新的战略部署，再加之王明“左”倾错误在中国共产党内占统治地位，蒋介石的第五次“围剿”获得了成功。红军撤出中央革命根据地，被迫开始了长征。但蒋介石并未就此罢手，他积极部署军队，进行围追堵截，企图将红军彻底消灭。

## 停止内战，合作抗日

华北事变后，日本帝国主义加紧了侵略中国的步伐，中日民族矛盾日益尖锐，中华民族的抗日激情进一步高涨，退踞关内的张学良和东北军一致要求打回东北老家去。但蒋介石却继续执行“攘外必先安内”的政策，引起国内各方面的不满。

1936年10月31日，是蒋介石50岁的生日。29日，蒋介石离开西安去洛阳。30日，阎锡山去洛阳给蒋祝寿，特意绕道来西安与张学良密商要向蒋介石提一下团结抗日问题。

10月31日上午9时，各界在洛阳西宫军分校广寒宫礼堂为蒋祝寿，蒋介石发表了《五十生日感言》。庆祝活动一结束，张学良和阎锡山就去拜见蒋介石，希望能说服蒋介石抗战。但是蒋介石“剿共”决心已定，根本听不进二人的劝告。

张学良在洛阳几次向蒋诤谏均遭到拒绝和痛斥后，心情沮丧。回到西安后，他向杨虎城袒露心迹，杨虎城提出“挟天子以令诸侯”的打算，令张学良大吃一惊。

1936年12月4日，蒋介石带领大批高级将领从洛阳来到西安，驻临潼华清池，下榻于五间厅。蒋介石到达西安后，立即着手实施新的“剿共”计划。他把东北军、十七路军师长以上军官一个一个地请到华清池谈话、吃饭、照相，要他们服从命令，进攻红军。

12月7日，张学良请杨虎城到金家巷张公馆商量停止内战的办法。张学良主张再劝蒋一次，他再不听，就先礼后兵。当天晚上，张学良就去临潼华清池向蒋介石哭谏，希望他能以国家和民族大义为重，接纳抗日主张。但蒋介石却一意孤行，毫无所动。

劝说无效，张学良和杨虎城决定发动“兵谏”，逼蒋抗日。12月12日凌晨，按照张、杨二人商定的计划，东北军一部包围华清池，扣留了蒋介石。同时，囚禁了几十名国民党军政要员。这就是震惊中外的西安事变。

蒋介石被扣后，神情沮丧，在12月13日写了两封遗嘱式的电文。一份是给宋美龄的，全文如下：

美龄吾妻：

余决心殉国，经国、纬国吾子即汝子，望善视之。

蒋中正

二十五年十二月十三日

另一份是写给蒋经国、蒋纬国的，内容为：

经国、纬国吾儿：

余只承认宋美龄为余唯一之妻，务望汝等以生母待之，则余虽死于九泉下亦瞑目矣！

蒋中正

二十五年十二月十三日

西安事变发生后，南京国民政府一时乱了阵脚。在如何对待张、杨和营救蒋介石的问题上，出现了主战、主和两派的分化。

12 月 12 日午夜，南京政府要员召开临时紧急会议。当时除张、杨通电外，南京对西安方面情况茫然不知，连蒋介石是死是活都不知道。冯玉祥、孔祥熙、张治中等主张一切以蒋介石的安全为重，应以和平谈判解决问题，不要匆忙做出惩罚张、杨的决定。可是以何应钦、戴季陶、吴稚晖等为代表的讨伐派，在“不能过于瞻顾蒋公之安全，置国家纲纪于不顾”的旗号下，极力主张立即派兵讨伐西安，会议通过两项决议。

会后，何应钦开始筹建讨逆军司令部，临时抽调若干亲信干部担任各级幕僚，以军委会铨叙所所长林蔚任参谋长，以军委会高级参谋徐培根为参谋处长，以参谋本部三处处长钱贻士主管后勤等等。主战派的讨逆恶浪，使内战阴云笼罩。

与南京国民党中央政府一片混乱的同时，宋家上下乱作一团。为力保蒋介石安全，宋氏兄妹极力斡旋，并于 12 月 22 日亲赴西安。

西安事变发生后，中共从中华民族和中国人民的长远利益出发，确定了和平解决的方针。12 月 17 日，周恩来率领中共代表团来到西安。

23 日上午，双方代表在金家巷张公馆的西楼二层开始了第一次正式谈判。宋子文代表蒋介石，西安方面是张学良、杨虎城和周恩来。关于这次谈判的情况，周恩来在当天给中共中央的电报中记录如下：

我提出中共及红军六项主张：

子、停战，撤兵至潼关外。

丑、改组南京政府，排逐亲日派，加入抗日分子。

寅、释放政治犯，保障民主权利。

卯、停止“剿共”，联合红军抗日，共产党公开活动（红军保存独立组织领导。在召开民主国会前，苏区仍旧，名称可冠抗日或救国）。

辰、召开各党各派各界各军救国会议。

巳、与同情抗日国家合作。

周恩来表示这六条如能保证实行，中共将襄助蒋介石统一中国，一致抗日。宋子文表示承认这六条，但要先征求蒋介石的意见。下午，谈判继续进行，宋子文先就六项条件提出具体实施意见，并进行讨论。

第二天继续进行谈判。除昨日参加人员外，宋美龄也参加了进来。宋子文提出，只要蒋下令撤兵，就放蒋回南京。对此张学良表示同意，杨虎城和周恩来表示再考虑。至此，谈判结束。

这天，蒋介石将自己的意见告诉张学良，他将下令中央军退出潼关，离开西北；改组国民党，联俄、联英、联美等；要孔、宋与张商定名单，改组政府。另外，朱绍良及中央人员离开陕、甘，决令何应钦出洋；联红容共，现红军苏区仍不变，俟抗战起再联合行动，改番号。至此，蒋介石基本同意了西安方面的六项条件。

24 日晚，宋氏兄妹陪同周恩来去见蒋介石，蒋勉力坐起与周寒暄。蒋说："恩来，你是我的部下，你应该听我的话。"周表示："只要蒋先生能改变'攘外必先安内'的政策，停止内战，一致抗日，不但我个人可以听蒋先生的话，就连我们红军也可以听蒋先生指挥。"最后，蒋介石向周恩来表示了三点：

（一）停止"剿共"，联红抗日，统一中国，受他指挥。

（二）由二宋及张学良全权代他与周解决以前商谈好的问题。

（三）他回南京后，周可以直接和他谈判。

蒋介石与宋美龄西安事变后合影

至此，西安事变得到和平解决。

其实，早在九一八事变之后，面对日寇的步步紧逼，以蒋介石为首的国民政府就开始为抗战做了一些准备。如在红军长征到达陕北之后，蒋介石曾利用各种途径与中国共产党取得沟通联系，试图以政治方式来解决中共问题；发起新生活运动，更新社会风气，培育民族精神；军事上，筹划和整建江海防要塞，划分防区和构筑防御工事，整编军队和扩充军备，改革兵役制度和推行国民军训；经济上，制订重工业发展计划，整修交通；外交上，改善中苏关系，谋求欧美国家的经济援助等等。但是这一时期，蒋介石的重心是放在“围剿”红军和共产党方面的。1936年12月，西安事变的和平解决，则促使蒋介石由“剿共”向国共合作抗日转变。

1937年7月7日深夜，在卢沟桥地区进行军事演习的日军，借口一名士兵“失踪”，要求进入宛平县城搜查，遭到中国方面的严词拒绝，竟悍然向中国军队驻守的宛平县城发起了进攻，驻守宛平的中国军队奋起抵抗。

卢沟桥事变发生时，蒋介石正在庐山举办暑期训练团，自任团长，训练的对象为全国“各界文武同志”“全国公务人员”。7月9日，蒋介石在庐山暑期训练团开学典礼上发表了一个长篇讲话。一开头，蒋介石就说：“此次我们举办庐山时期训练团，如今全国各界文武同志，来此受训，其意义是在继全国统一之后，当外患紧迫之时，来发动一个举国一致救亡复兴的建国运动。”蒋介石并未在这次讲话中谈论卢沟桥事件和对日政策，他还需要时间去观察和进一步思考。

7月16日，日军在准备停当后，全力向华北发动大规模的进攻。平津危急！华北危急！卢沟桥事件连同华北危急的消息一同在庐山上传开了。

7月17日，蒋介石出席庐山第二次谈话会，发表了题为《对于卢沟桥事件之严正表示》的讲话。在讲话的最后，蒋介石说：

> 总之，政府对于卢沟桥事件，已确定始终一贯的方针和立场，且必以全力固守这个立场。我们希望和平，而不求苟安；准备应战，而决不求战。我们知道全国应战以后之局势，就只有牺牲到底，无丝毫侥幸求免之理。如果战端一开，就是地无分南北，年无分老幼，无论何人，皆有守土抗战之责任，皆应抱定牺牲一切之决心。所以政府必须特别谨慎，以临此大事；全国国民亦必须严肃沉着，准备自卫。在此安危绝续之交，唯赖举国一致，服从纪律，严守秩序。希望各位回到各地，将此意转达于社会，俾咸能明了局势，效忠国家，这是兄弟所恳切期望的。

庐山谈话，确定了抗战的方针，表明蒋介石已经接受了中共倡导已久的抗日民主统一战线主张。

两天后，蒋介石关于“最后关头”的讲话公开发表，次日，日本对南京国民政府彻底关闭和谈的大门。

# 四、奋起抗战

## 组织正面战场的抵抗

1937年7月底，平津失陷，时局更加灰暗。为鼓舞士气，7月31日，蒋介石发表《告抗战全体将士书》：

> 这几年来的忍耐，骂了不还口，打了不还手，我们为的是什么？实在为的要安定内部，完成统一，充实国力，到“最后关头”来抗战雪耻。
>
> 现在，和平既然绝望，只有抗战到底。那就必须不惜牺牲来和倭寇死拼。我们大家都是许身革命的黄帝子孙，只有齐心努力杀贼，驱逐万恶的倭寇。

华北的战事进展也使得蒋介石意识到，中日之间的这场战争在短时间内是不会有结局的。仅仅鼓舞军队的斗志远远不够，还要坚定民众的信念。华北不会是最后的战线，要准备打一场全国性的、持久的战争。为此，8月1日，蒋介石出席南京中央军校扩大纪念周时，做了题为《准备全国应战》的讲话，号召军民要“全国一致，发动整个应战的计划，拼全民族的力量，来争取最后的胜利，以保障国家民族的生存”。

随后，8月7日，决定国防大计的中国国防最高会议在南京召开。蒋介石、汪精卫、林森、中央各军事部门长官以及冯玉祥、阎锡山、白崇禧、刘湘、余汉谋等地方军政大员出席了会议。蒋介石还特别邀请了正在改编成国民革命军第八路军的红军总司令朱德等参加会议。如此之多的地方实力派首领，甚至中共红军领导人齐集南京，这是前所未有的。这些人中绝大多数都曾与蒋介石打过仗，不同程度地与蒋为敌。如今到了国家民族生死存亡的决定性关头，大家终于本着“兄弟阋于墙，外御其侮”的精神，捐弃前嫌，携起手来，共赴国难。

会议的气氛十分热烈。最后，主席宣布对和战决策以起立方式进行表决。所有与会者不约而同齐刷刷起立赞成对日作战，显示出一种同仇敌忾、举国一致的抗战决心。

1937年8月13日，淞沪会战打响。8月20日，国民政府组成了以上海为中心，包括苏南和浙西的第三战区。历时3个月的淞沪会战，是抗日战争爆发后的第一次重大战役，也是蒋介石主动出击，并且打破日军3个月灭亡中国的神话的战役。在整个战役中，蒋介石亲自组织和指挥，他亲自制订了作战计划，亲自调集了73个师参加这次会战，占当时蒋介石军事委员会能够指挥的部队的十分之一强，而这些部队都是蒋介石的嫡系部队。参战的70万大军，在蒋介石及军委会的统一组织下，不分派系，同仇敌忾，为保卫祖国而战，显示了中国军民坚定不移的抗战意志和不屈不挠的力量。

蒋介石发表庐山谈话

日军占领上海后，乘势分三路从东西南三面合围南京，企图占领这个当时的政治中心，迫使中国政府投降。南京危在旦夕！

3个月的淞沪会战，国民党军队损失惨重，无法短时期内在南京组织大规模的决战。南京是非战之地，古往今来，未曾有背靠大江，面向苏南平原，以守势作战而能成功之战例。但同时，南京是国家的首都，孙中山陵寝所在地，意义非同一般。权衡再三，蒋介石最终下定了“短期固守”的决心，他说：“南京守城，非守与不守之问题，在敌军火力优势，长江得自由航行之情势下，欲期保持，颇属难能，故只能希望较短时间之防守。”

在蒋介石的整饬下，唐生智率领部队与日军拼死奋战。日军凭借重炮猛轰和飞机轰炸，摧毁南京城垣多处，又以坦克掩护步兵冲锋。守军虽英勇无畏，终因寡不敌众，火力太弱，形势日益险恶。12月13日，南京城失守。日军占领南京后，血腥屠杀南京军民，前后共屠杀约30万人之巨。

面对意料之中的失陷和意料之外的悲剧，蒋介石在日记中写道：“倭寇在京之残杀与奸淫未已，似此兽类暴行，彼固自速其灭亡，而我同胞之痛苦极矣！”南京保卫战的悲壮在于“明知不可为而为之”，从一开始就注定是一场失利的战役，但它的意义却并未因失地、损兵和惨遭屠城而抹杀。

17日，蒋介石发表《告全国军民书》，书中说明了中国持久战的重心已由城市转入农村：中国持久战，其最后决胜之中心，不但不在南京，抑且不在各大都市，而实寄于全国之乡村，与广大强国之民心。同仇敌忾，步步设防，则国土以内到处可造成有形无形之坚强壁垒，以致敌之死命。……最后胜利必属于我。

1938年1月，蒋介石在开封召开军事会议，会上他再次强调说中国政府要继续抗战下去。并指出，高级将领要有坚持抗战的决心，并下令逮捕并惩处了擅自撤退的第三集团军总司令韩复榘。

1938年4月，国民党取得台儿庄战役的胜利。台儿庄一役共歼敌1.19万多人，毁敌坦克30辆，是中国抗战以来的空前大捷，也是日军的第一次大惨败。捷报传出，举国若狂，抗战前途露出一线曙光。因上海、南京沦陷笼罩在蒋介石心头的愁云一扫而光，他特意拨款30万元慰问驻守台儿庄的官兵。

日本侵略军不甘心其在台儿庄的失败，重新部署3个师团的兵力进攻徐州。为滞缓敌人西犯，消耗敌人的有生力量，蒋介石陆续调集各路军队增援第五战区，总兵力共达60万人。他希望坚守徐州，在台儿庄大捷的基础上乘胜与敌决战一场。但此时，日军南北夹击，已逼近徐州，并增调兵力构成数重包围圈，使国民党60万大军四面受敌，有全军覆没之危险。为了摆脱不利态势，保存抗战实力，蒋介石同意放弃徐州，向中原转进。李宗仁奉命指挥大军立即化整为零，分五路突围，冒着日机的跟踪轰炸，日夜兼程，突破了日军的重重围困，大都安全抵达皖西、豫东地区，为行将到来的武汉会战保存了必要的有生力量。5月19日，日军进占徐州，被围的数十万中国军队却连影子都不见了。当然，他们也终于打通了津浦线，截断了陇海线，把南北两个战场连接起来。

从南京沦陷到主动放弃徐州，蒋介石调集部队与南北夹击的精锐日军，在鲁南和津浦线周旋达5个多月，虽有巨大牺牲，但达成了以空间换时间的目的。从而使得抗战前期的正面抗日战场渡过了上海、南京沦陷后一度出现的军事危机，各军得以补充和训练新兵恢复并增强了战斗力。

随后，国民政府组织了抗战以来最大的一次会战——武汉保卫战。武汉位于长江中游，素有“九省通衢”之称，既有长江水路联络东西，又有平汉、粤汉铁路贯通南北。武汉是国民党的政治、军事、经济中心。徐州撤退后，中国军队的主力也集结在武汉周边地区，武汉成为继续指挥全国抗战的枢纽。在北平、上海、南京等大城市相继失守，大片国土沦陷的背景下，无论是从鼓舞民众斗志增强持久抗战信心，还是从消耗日军实力苦撑待变的国际战略来考虑，国民政府和蒋介石都不得不积极地组织动员保卫武汉的战役。

战役在6月中旬打响，真正激烈的大战在8月展开。蒋介石几乎调集了所有可以动用的部队，日军也调集了10个师团，后来又多次补充。中日双方在以武汉为中心的数千里范围内，展开了一场空前规模的大战。1938年10月25日至27日，日军先后占领汉口、武昌、汉阳。

武汉会战的战线之长，时间之久，兵员之多，规模之大，牺牲之重，是抗日战争中其他任何战役所不能比拟的。在会战过程中，中国军队动员120多个师，约100万人，伤亡、散失约60万人。日军伤亡、失散、被俘20万人，染病15万人。

以上数字，各家所说不尽相同，但有一点是无可怀疑的，即此役是抗战以来，日军遭受损失、付出代价最大的一役。

日军战略进攻之势从此衰落，深陷于对华战争的泥淖而不能自拔。日本帝国主义速战速决的战略至此完全破灭，妄图不战而屈人之兵的幻想再一次破灭。中国抗战至此，第一期抗战，即日本的战略进攻与中国的战略退却，到此结束；转入第二期抗战，即战略相持阶段。

## 坚持持久抗战

早在11月上海战事吃紧的时候，蒋介石就在国防最高会议上做了《国府迁渝与抗战前途》的讲话，明确宣布国民政府将迁移到重庆，由此开始了抗战时期的举国西迁。“国府迁渝并非此时才决定的，而是三年以前奠定四川根据地时早已预定的，不过今天实现而已。”国民党军队淞沪鏖战和短期固守南京，为人员、工厂、物资的内迁赢得了时间。

八一三淞沪会战及南京会战时，两地均有大量的人口西迁，但那个时候就离开的还多是些达官贵人。大量难民的西迁，是在南京失守之后，而社会下层的大量西迁人口，以邻近南京的安徽滁县、明光、凤阳、定远一带为多，“凤阳难民”或“安徽难民”在大后方一时成了难民的别称。这一带之所以有大量难民西迁，主要是由于日军在南京的大屠杀造成的。

如何迅速而有效地解决难民问题，便成为摆在国民政府面前的一项紧迫任务。针对严峻的形势，国民政府调整了已有的救济机构，制定了各项救济难民办法。

1937年9月，国民政府颁布了《非常时期救济难民办法大纲》等法案，规定难民须向当地赈济机构登记，由赈济机构发给白布印制的难民证，并根据难民的情况，予以饮食、住宿、医药等方面的救济。

为了保障人员迁徙的顺利进行，国民政府提供部分交通工具，组织难民集体迁徙，并专门制定了《非常时期运送难民办法》《赈济委员会运送配置难民总分站及招待所办事通则》等行政法规，同时在后方划定专门区域安置难民。国民政府在难民流经沿途设立运送配置难民总分站和招待所，以解决过往难民的饮食、住宿、医疗问题，行政当局救助难民的工作得到了民间的互助组织和社会慈善团体的大力支持。

蒋介石与国民政府是把难民当作一种战争资源和抗战力量来救济疏导的，在这方面蒋介石是很有远见的。在战争中，人口的数量、素质以及人心的向背，关系到兵源的补充、军队的素质和士气。因此，难民问题处理得当与否，对抗战事

战争引起的难民潮

业有巨大的影响。

难民救济使许多流亡群众免于饥寒死亡，这对于坚定人民抗战的决心，增强民族凝聚力起了积极作用，从而大大有益于抗日战争的进行。大批难民从东部和沿海来到后方，带来了比西部地区先进的生产技术和文化思想。妥善安排难民，也促进了落后地区的经济发展与区域开发。

工厂的内迁同样是国民政府面临的一项重大问题。抗日战争爆发前，中国现代工业主要分布在东部沿海及长江中下游一带，内地工业十分薄弱。据国民政府经济部统计，1937 年底，全国共有工厂 3925 家（不含东北地区），其中上海有 1235 家，约占总数的 30%；其他沿海各省共有 2063 家，占总数的 51%；内地各省工厂只占总数的 19%左右。抗日战争爆发后，华北和江浙一带首当其冲，为避免东部工厂被日军摧毁、占领和利用，同时为保存抗战的经济力量，东部工厂必须迁往内地。

事实上在全面抗战爆发以前，蒋介石与国民党当局便有了关于在中国中部内陆地区建立新的国防工业体系的设想和内迁兵工厂的计划，个别重要兵工厂全部或部分内迁拉开了工厂内迁的序幕。

九一八事变后不久，蒋介石接受钱昌照的建议，设立参谋本部国防设计委员会，进行工业资源调查和拟订开发计划，力图建立“国防工业”的新布局。

除了新建，在内陆地区建立新的“国防工业”体系的另一条思路，是将沿海兵工厂内迁。1935 年 6 月 25 日，蒋介石又专门密令兵工署署长俞大维：“凡各兵工厂尚未装成之机器应暂停止，尽量设法改运于川黔两省，并须秘密陆续运输，不露形迹，望速派妥员来川黔筹备整理。”

以调查为主要目的的国防设计委员会的使命在 1935 年也走到了尽头，接替它的是一个叫资源委员会的机构。资源委员会隶属军委会，在国防设计委员会的基础上组建，以建设国营企业尤其是重工业为中心任务。抗战爆发后，在工厂内迁的过程中，资源委员会起到了关键的作用。

八一三事变后，上海已成为战争的前沿阵地，这个问题更是刻不容缓。一些深感切肤之痛的企业界知名人士纷纷致函国民政府，请求政府协助工厂内迁。首先提出将上海工厂内迁的是大鑫钢铁厂总经理余名钰。7 月 14 日，他致函国民党有关当局，“呈请政府协助内迁”。7 月下旬，中华国货联合会代表所属 300 余家工厂、10 余万员工上书国民政府，要求政府迅速组织工厂内迁，并表示：“誓为我政府长期抗战做后盾，以争取最后胜利。”民营工厂内迁的呼吁，得到了国民政府的认可。

之后，国民政府所经营的兵工、军需工厂及其他厂矿在其主管部门的组织下，比较顺利地迁至内地，很多民营工厂也在国民政府的优惠政策的扶助下和战火蔓延逼迫下迁往内地。

但是，由于国民政府未能及早确定工厂内迁目的地，也致使内迁工厂蒙受了巨大损失。1938 年年初，迁至武汉的工厂相继复工。但随着形势危急，国民政府被迫下令再次内迁。惊慌中，迁至武汉以及武汉的工厂分成 3 路：一路向南，迁往湘南、湘西和桂林；一路向北，迁往陕西；更多的厂矿则向西，迁往四川。迁往四川的工厂、人员以宜昌为集散地，经川江入川。川江航道水急滩多，时逢枯水期，因此大批的物资、无数的人员被滞留。地面日军步步进逼，空中日机昼夜轰炸，形势异常危急。在这次内迁中，许多人员死亡，大批的物资损失，数量之大，实无法估量。仅参与抢运内迁人员和物资的民生公司就有 116 人献出了生命，16 艘轮船被日机炸沉。

武汉、广州沦陷以后，抗日战争进入战略相持阶段。与正面战场战事相对沉寂的同时，自全面抗战开始以来波澜迭起的工厂内迁的洪流，也逐渐平静下来。到 1940 年，内迁工厂“除小部分因在迁移途中失事，机件损失，无法复工外，有 70％以上的厂矿都已完成了它们的行程，在新地建厂复工”，工厂内迁至此基本完成。

蒋介石虽在抗战以来坚持对日作战，但并未放弃和谈的幻想，时刻准备与日本握手言和。硝烟背后，双方曾选择了德国扮演调停角色。然而，基于双方利益的冲突，最终使得德国驻华大使陶德曼的几次调停都归于失败。但中日密谈却一直未停，国民政府的军政要员曾通过多种渠道与日本秘密接触，进行“和平”试探和讨价还价。

在 1939 年秋至 1940 年 9 月，国民政府与日本进行了自抗战开始以来第二次重要的秘密谈判，日方称之为“桐工作”（“桐工作”是重庆和平路线的暗语），国民党称之为“宋子良路线”。

对于日本而言，征服和灭亡中国是日本对华最高战略，“和平交涉”同军事打击是日本实施其总战略交替使用的策略手段。在战略进攻阶段和战略相持阶段的前期，日本策动的“和平交涉”不是国际法上一般意义的“媾和”，其性质是政治诱降。因为日本政府的目的在于颠覆中国中央政府，全面争夺中国的国家主权，把中国变为日本的独占殖民地。

国民政府与日本的谋和密谈，有一部分并不是经过蒋介石同意后进行的。汪精卫、周佛海之流就以收集情报为名，派高宗武到香港与日本人秘密接触，高宗武还私自到日本去过一次。蒋介石与日本谈判有三个目的。一是希望通过和谈，做出有限妥协，结束战争。二是做给美英苏等国看的，从而得到他们的支持和帮助。三是拖延时间，等待国际形势的变化。正因为如此，蒋介石明知谈判不会有满意的结果，因为他不可能答应令自己丧失统治权的条件，但他仍然不放弃谈判。

由于中日在一些关键问题上存在着严重的分歧，中日谈判一直没有什么实质性的结果。1940 年 3 月 30 日，汪精卫在日本的扶持之下成立了伪政府。之后，中日双方先后举行了香港会谈和澳门会谈，但都未取得实质进展。1940 年 9 月，日外相松冈洋右又物色西义显（南满铁路公司总经理）同中国交通银行董事长钱永铭接触。这次谈判议案为：国民政府统一；日军全部撤退；日本和中国统一政府订立防共同盟条约。日本政府对以上提案却不答应。11 月 13 日，制定了“中国事变处理纲要”，要蒋单方面屈服，更不愿撤军，被蒋介石拒绝。11 月 28 日，“钱永铭工作”停止。11 月 30 日，日本承认汪伪政权。“钱永铭工作”在拖延日本承认汪伪政权的问题上还是收到了一定效果的。

国民政府与日本密谈的动机既有反共对日妥协的一面，也包含着延缓日军进攻步骤、阻挠和推迟汪精卫伪政权成立的目的，这也是蒋介石抗战两面性的具体反映。

## 抗战日趋消极

1938 年 10 月，日本侵占武汉、广州以后，中日双方的战略态势发生了一定的改变。从 1937 年 7 月卢沟桥事变到 1938 年 10 月武汉会战结束，共 15 个半月的时间，这是日本战略进攻、中国战略防御和战略退却的阶段。总观这一阶段的作战，从战役上来说，日军屡屡取胜，表现出较强的战斗力和组织指挥力，大多数战斗都能攻克预定目标，达成战役企图。中国军队不仅在火力、机动能力、训练和后勤保障等方面明显处于劣势，而且在指挥和协调上也有许多缺陷，因而屡屡失利和退却。

但是，从战略上来说，日军虽然占领了中国诸多中心城市、沿海港口和交通要道，其中包括南京、上海、武汉这样的政治中心、经济中心和交通枢纽，但日本所预言的速战速决的神话并未出现，而他们不曾设想，也最不愿看到的战争长期化的局面却摆在了眼前；中国虽然撤守了大片领土，却赢得了宝贵的时间，打破了日军速战速决的狂妄计划，使沿海大批工厂得以内迁。总之，日军在战役上攻城略地，在战略上却力不从心；中国在战役上屡屡失利，在战略上却初见胜算，因而证明持久消耗敌人，最后战而胜之的战略方针是正确的、可行的，增强了持久抗战的信心和力量。

然而，战场上的力量对比，日方仍占上风。日方虽无力继续战略进攻，仅能实施战役性的有限攻势，而中国也还不足以进行战略反攻，仅能在抗击日军有限攻势时实施局部反击。在此情况下，双方进入了战略相持阶段。

随着战争进入相持阶段，中日双方也开始根据国际、国内形势的变化调整自己的战略方针。根据中日双方在相持阶段的战略调整和实际的战役状况，相持阶段的抗战可以分为两个阶段。

1938 年 11 月至 1940 年，是中国抗日战争转入战略相持阶段的前期。这一阶段，虽然日本的侵华政策有了变化，但其军事进攻的重点仍然放在国民党正面战场，因为正面战场仍是中国抗战的主战场，国民党军在整体上抗战仍比较积极。

1938 年 11 月至 12 月间，日本近卫内阁连续发表声明，改变过去“不以国民政府为谈判对手”的立场，转而采取以政治诱降促其屈服；军事上实行有限度的军事进攻或打击，促其崩溃的两手政策。但由于国民党政府仍坚持抗战，因而，侵华日军进攻的重点仍然是放在国民党正面战场。从国民党方面来说，武汉失守后，其政策也发生了变化，在政治上加强了反共。但由于日军进攻的重点仍然对准正面战场，这在客观上逼迫国民党还必须用主要力量来抵抗日军的进攻。在军事上，国民党在 1938 年年底和 1939 年年初，先后在湖南南岳、陕西武功两地召开军事会议，决定要“发动有限度之攻势与反击，以牵制消耗敌人”，“转守为攻，转败为胜”。1939 年至 1940 年的两年里，正面战场上主要有这样几次战役。

南昌会战。1939 年 3 月 17 日，日军以 3 个多师团兵力在空军配合下进攻南昌，中国第九战区和第三战区部队在外围与市区同日军激战，27 日，中国守军终因伤亡过重撤出南昌。4月下旬，中国军队反攻南昌，一度攻克南昌东侧的飞机场和南昌火车站。5月7日，日军在飞机支援下不断反击，死守南昌外围。9日，中国军队奉命停止反攻，与日军形成对峙。

随枣会战。1939年5月初，日军以3个多师团在空军配合下向随县、枣阳地区进攻。5月1日至2日，日军连陷吴家店、万家店、高城。5月5日，日军又突破洋梓镇、长寿店、流水沟及附近阵地，8日攻占枣阳。随后又攻占湖阳、新野、桐柏和唐河，企图对桐柏山、大洪山实施大包围。此时，中国军队从豫西南下，向唐河、新野一带反击，日军自13日起被迫撤退，中国军队追击，14日克复唐河，19日收复枣阳。后又分别在大洪山、桐柏山予敌重创。到24日，日军除占领随县县城外，均退回原地区。中国军队基本收复已失阵地。

第一次长沙会战。为打击中国第九战区主力，确保对武汉地区的占领，日军于1939年9月调集4个师团2个旅团共10万人的兵力，从赣北、鄂南、湘北三个方面向长沙发动进攻。中国第九战区以17个军共32个师和3个挺进纵队约24万人的兵力配置在各个阵地，抵抗、消耗日军，挫败其进攻。

桂南会战。1939年11月15日，日本华南方面的第二十一军为了截断中国桂越国际交通线，集结3个师团和一部分海军陆战队在广东钦州至防城之间的龙门港登陆。24日占领南宁，后又攻下南宁至柳城的军事要地昆仑关。鉴此，中国军队除调集第四战区的广西、广东部队外，又调集第二、第五、第六、第九十九军等部入桂会战。到12月中旬，中国军队参战部队共达14万人，并开始反攻。12月下旬，在三角山等地歼灭日军一个旅团，击毙其旅团长。12月31日，收复昆仑山。1942年2月，中国军队攻近南宁。此后，中日双方军队继续作战100余次。9月下旬，日军一部进入越南，中国军队乘机发动攻势。10月28日克复龙洲，30日收复南宁。至此，经过1年的激烈战斗，日军被全部逐出桂南，会战结束。

枣宜会战。1940年4月中旬开始，日军调集3个师团共10万兵力集结于钟祥、京山、安陆、随县和信阳等地，准备向枣阳、襄阳、宜昌等地进攻。鉴此，中国第五战区军队近40万人，逐次抵抗后撤，并向外线转移。5月8日，日军攻陷枣阳，但合击中国军队主力扑空。相反，中国第五战区主力从外线对枣阳实行反包围。日军速从枣阳南进，中国军队前堵后追，日军又北上，再陷枣阳。是时，第五战区第三十三集团军总司令张自忠壮烈殉国。5月底，由随县进犯襄阳的日军渡过汉水，攻陷襄阳。同时，由武汉地区沿长江西进的日军，也相继攻占荆门、江陵地区。随后，两路日军分别进抵宜昌东北面和东面，并于12日猛攻宜昌。中国军队依城固守，伤亡惨重，被迫于当晚撤守，日军于14日占领宜昌。随后，中国军队虽未能收复宜昌，但军队分抵江陵、宜昌、当阳、钟祥、随县、信阳以北一线与日军对峙，直至抗战胜利。

总体上来说，正面战场在1939—1940年的两年里，对日军的进攻仍进行了较为坚决的抵抗，因而给日军以较大打击，共毙俘日军263251人，同时也付出了1019911人的重大伤亡，与1937年至1938年两年的伤亡人数大体相等，这也是国民党在这一阶段抗战较为积极的一个突出表现。

1941年至1943年，是中国战场完全的战略相持阶段，其特点是军事上的相持。日军作战重心逐渐由中国战场转移到南太平洋战场，对中国战场采取巩固占领区的方针，频繁对敌后抗日根据地实施大规模“扫荡”“清乡”，敌后战场开始独立承担抗击日军的重任，并逐渐成为中国抗日的主战场，正面战场的地位则开始下降到次要位置。国民党方面，蒋介石在日本诱降，德国劝降，苏、美、英支持中国抗战的形势下，执行既抗战、又反共的两面政策。太平洋战争爆发后，蒋介石则完全采取“保存实力，等待胜利”的方针，把中国抗战的胜利完全寄托在美英盟军身上，对抗日非常消极。这一阶段正面战场对日军的作战基本上采取“避战”“应付”的态度，即敌来我挡，敌退我停，很少主动出击。

1941年到1943年，正面战场进行的主要战役有豫南战役（1941年1月至2月）、上高战役（1941年3月至4月）、中条山战役（1941年5月至6月）、第二

1941年12月7日，日本海空军突然袭击珍珠港，太平洋战争爆发

次长沙战役（1941 年 9 月至 10 月）、第三次长沙战役（1941 年 12 月至 1942 年 1 月）、浙赣会战（1942 年 5 月至 9 月）、鄂西战役（1943 年 5 月至 6 月）和常德战役（1943 年 11 月至 12 月）。这几次战役，是日军为配合东南亚方面作战，切断中国东南交通线，摧毁美军在中国的空军基地，防止中国军队南下支援香港、缅甸的英军而发动的局部进攻。虽然上高会战（歼敌 1.5 万余人）和第三次长沙会战（歼敌 0.6 万余人）打得比较好，但没有一次是主动对日作战的，只是对日军“避战”无奈的情况下，才进行的有限抵抗。国民党军 1941 年至 1943 年的三年伤亡总数（共计 608518 人）不及 1940 年一年之多（计 673368 人）。这一事实也清楚地说明国民党对抗战的消极趋势。

此外，由于日本急欲尽快结束对华战争，对国民党蒋介石采取一打一拉的策略，以促成蒋介石、汪精卫合流，达到“以华治华”的企图。因而在蒋介石积极反共、消极抗日的影响下，国民党内的“曲线救国”投降理论甚嚣尘上，导致国民党军先后有 78 万人投敌，其中将级军官 67 名，充当伪军，配合日军进攻八路军、新四军。

由此可见，战略相持阶段正面战场的抗日应该分为前后两个阶段。在前一阶段，国民党蒋介石在正面战场的抗日相对仍是比较积极的，作战效果也较好；在后一阶段，国民党蒋介石在正面战场的抗日则日趋消极，只是“应战”，甚少主动出击。但是，我们也应当肯定的是，虽然日本在战略相持阶段一直对蒋介石政府采取诱降的政策，但蒋介石政府并没有像汪精卫之流一样，成为日本的走狗，而是一直坚持抗日，坚定地站在反法西斯的同盟里。尽管蒋介石政府在这一阶段的抗战中存在着种种战略或者政略上的失误，但他坚持抗日的民族主义立场和国民党军队所付出的巨大牺牲，仍然是不能被抹杀的。

## 先后发动三次反共高潮

日本开始了全面侵华战争后，中华民族面临亡国灭种的严重危险。在全国抗日救亡运动不断高涨和中国共产党倡议国共合作抗战的情况下，1937 年，国民党中央通讯社发表了《中国共产党为公布国共合作宣言》，国民党和共产党抛开了 10 年来的恩恩怨怨，携起手来，共御外侮。正面战场战斗打响后，中共积极协助。淞沪会战、太原会战中，中共方面予以了积极配合，在这期间，林彪、聂荣臻率领的一一五师取得的平型关大捷是全面抗战爆发后，中国军队的第一个歼灭战。忻口防御战，也是抗战以来蒋介石指挥国共双方军队互相配合，共同作战，有力抗御敌人的一次重要战役。在整个防御阶段，中共领导八路军、新四军及各界民众自卫武装，有力配合了国民党正面战场，尤其敌后抗日游击战争的展开，抗日民主根据地的建立，有力地支持了友军的正面防御。国共双方的团结合作，使得战争形势逐渐朝有利于中国的方向发展，顺利进入了战略相持阶段。

然而，进入相持阶段后，蒋介石对共产党的疑心也越来越重，想搞两党合并与统一。早在抗战前就存有的“溶共”心情，到抗战爆发后更为迫切。1939 年 1 月21 日至 31 日，中国国民党在重庆召开了第五届中央执行委员会第五次全体会议，主要议题是抗战和党务问题。关于党务问题，蒋介石做了《唤醒党魂，发扬党德与巩固党基》的报告。这次会议把中共力量的壮大及其政治地位的提高，视为国民党自身颓势的一个重要原因。于是，国民党确定了以“溶共、防共、限共”的手段来试图达到其壮大自身的目的，还设置专门的“防共委员会”。五届五中全会极力制造反共舆论，确立了“溶共、防共、限共、反共”方针。

有多年“剿共”经历的蒋介石，深知中共的力量源泉在于共产党的思想体系动员了广大的民众。所以，要“溶共”，除了组织上的合并或取消、军事上的打击与分化，还要从根本上否定中共及共产主义思想体系在中国存在的合理性，五届五中全会因而确立了“政治限共”为主的方针。

五届五中全会后，蒋介石先后掀起了 3 次反共高潮。

1939 年 11 月，国民党召开五届六中全会，实行把“政治限共为主”改变为“军事限共为主”的政策，并发出进攻八路军、新四军的密令，由此掀起了第一次反共高潮。12 月，胡宗南率部向陕甘宁边区进攻，占领了淳化、杨邕、正宁、中县、镇原 5 座县城，并集结部队，准备进攻延安。在山西，阎锡山则制造了晋西事变，在永和附近袭击抗日敢死队第 2 纵队之第 196 旅旅部，破坏永和、石楼、洪洞、蒲县等 6 个县的抗日民主同盟。后由于八路军的有效反攻和主动提出休战，第一次反共摩擦才告停止。

第二次反共高潮，即 1941 年发生的皖南事变，使得国共合作统一战线几近破裂。

1941 年 1 月 4 日，奉蒋介石密令北移的新四军军部及其所属皖南部队 9000 余人，在叶挺、项英率领下，踏上北上征途。6 日，行至茂林时，突遭国民党军 7 个师 8 万余人的袭击。新四军被迫还击，血战 7 昼夜，终因寡不敌众，弹尽粮绝，大部分壮烈牺牲，军长叶挺被俘，副军长项英遇害。这就是震惊中外的皖南事变。

1 月 17 日，蒋介石反诬新四军“叛变”，宣布取消新四军番号，还声称将叶挺交付军事法院审判。

皖南事变的真相被披露后，国内外舆论均对国民党进行指责，对共产党抱以同情和支持。沦陷区上海各人民团体发表通电，呼吁停止内战。在香港的进步人士宋庆龄、何香凝、彭泽民等，致电蒋介石和国民党中央，要求撤销“剿共”部署，保护抗日力量和抗日党派。香港的许多大学教授联名致电蒋介石，呼吁停止内战，加强团结。海外华侨也纷纷发表通电、文章，反对民族分裂，反对反共内战。在国际上，苏联提出，如果蒋介石不停地反共，苏联将不再支援国民政府的武器、物资和军事人员。出乎蒋介石意料的是，英美等国也不赞成国共分裂、中国内战。

在内外责难接踵而至的处境下，蒋介石被迫力图缩小事件的影响范围。1 月 27 日，蒋介石在发表“中央纪念周”讲话中表示：

> 政府此次制裁新四军，既然完全为整肃军纪，当然不牵涉其他问题，这次处置新四军，纯然为制裁违抗命令危害抗战的军队，对于其他遵守命令努力抗战的军队，因毫无关联，也绝无什么政治性质。现在抗战期间，凡遵守抗战建国纲领之一切个人团体和党派，政府绝对尊重，其应有人身自由与独立之人格，而予以法律之保障。只要不是利用武装军队抗拒法令的行为，即使有牵涉法律的问题，政府亦当根据法律正当手段来处置。

蒋介石的讲话，尽管仍在责难新四军“违抗命令危害抗战”，但事实上也被迫表明不再进行反共军事摩擦的态度。正当蒋介石等制造同室操戈、豆萁相煎的民族悲剧的时候，日军集中了 5 个师团以上的兵力，于 1 月下旬分数路包围汤恩伯、何柱国、李仙洲、李品仙的军队于平汉路以东，开始发动豫南战役。日军的这个军事行动打乱了蒋介石的反共部署，也给正在酝酿斗争策略转变的中共以重大影响。随着蒋用于包围陕甘宁边区中央军的部分东调增援，华中地区国民党军队处境困难，毛泽东进一步判断，国民党反共军事进攻已经终结，因而其“剿共计划已经根本打破了”，“内战已可避免”，国共两党“已开始有了妥协的基础”。

皖南事变后周恩来在《新华日报》上发表的题词

3 月 6 日，蒋介石在国民参政会上发表的演说虽然仍大弹其“军令”“政令”必须“统一”，但也不得不表示保证“以后决无剿共的军事”。此外，共产党参政员为抗议国民党制造的皖南事变，拒绝出席这次会议，但其他党派代表仍选举董必武为参政会常驻会员。蒋介石约请周恩来谈话，表示许多具体问题（如释放被扣的人、继续给八路军发饷及减轻对《新华日报》的压迫等）可以提前解决，这实际上是蒋介石被迫退让。至此，国民党内顽固势力制造的第二次反共摩擦被击退了。

皖南事变在日军无休止的攻势中虽然有了一个令双方都能基本接受的善后处理，但是它已经给抗日民族统一战线留下一道永远无法弥合的裂痕。统一战线之所以没有完全破裂，起决定作用的还是“一个民族敌人深入国土”这一事实。随着抗日战争形势逐渐的好转，国共之间的斗争将更频繁。

蒋介石在皖南对新四军从背后捅了一刀，但是皖南军事上的胜利却远远不能弥补事变造成的政治上的失利。中共坚决贯彻执行“有理、有利、有节”的斗争原则，获得了全国人民的同情和支持，博得了国际舆论的声援。国民党蒋介石破坏团结、破坏抗战的行径遭到了全国上下的一致反对，也促进了对蒋介石抱幻想的人们的觉醒。中间党派意识到联合团结的重要性，3 月发起成立了中国民主政团同盟。民主政团同盟成立后，为宣传抗战、民主，反对妥协、独裁，为平衡国共两党的政治势力，调解两党关系，做出了不懈的努力。中间力量开始向中共靠拢，也表明了国民党地位的降低和共产党地位的提高，是两党力量对比发生变化的重要因素之一。

第三次反共高潮则发生在 1943 年。1943 年 3 月，正中书局出版发行了一本由蒋介石署名的书——《中国之命运》。该书旨在说明三民主义是中国的灵魂，中国国民党是中国的动脉，而马克思主义及形形色色的西方思想均为中国发展的障碍，中国的命运取决于中国人民是否服从中国国民党及其领袖蒋介石的领导。在进行舆论攻势的同时，何应钦、白崇禧、胡宗南等于 6 月 9 日在陕西耀县举行军事会议策划进攻陕甘宁边区。针对蒋介石发动的新的反共企图，中共中央根据以往斗争经验，采取了针锋相对的斗争策略。对《中国之命运》的批判是政治思想战线上对第三次反共摩擦的痛击，也是政治思想战线上的一场大规模的革命斗争。同时，陕甘宁边区的警卫部队，在各解放区的密切配合及边区人民的支援下，一次次地击退国民党军的试探性进攻。这样，蒋介石发起的第三次反共摩擦只能胎死腹中了。

## 成为世界级领袖

全面抗战以来，蒋介石积极寻找抗战盟友，并一直寄希望于英美等国“主持公道”，期望它们干预和制止日本侵略。然而在初期的抗战中，英美等西方大国对日本的侵略采取绥靖政策，一度抛弃了蒋介石，使其陷入十分艰难的境地，蒋介石对英美的希望一再落空。

为了营造一个有利的国际环境特别是获得国际援助，蒋介石主动改善了同苏联的关系。卢沟桥事变发生后，英美等国的暧昧态度使蒋介石进一步向莫斯科靠拢，在国民政府的积极努力下，1937年8月20日，中国与苏联签订了《中苏互不侵犯条约》，奠定了苏联援华抗日的政治基础。1937年9月初，苏联运往中国的战斗机有72架，轰炸机54架，以及大量炮弹。11月1日，中苏双方又签订5000万美元借款协定。并于1938年、1939年两次签订信用贷款，总额共计两亿美元。苏联的援助不仅及时，而且作用巨大，帮助中国抵挡住了日本的战略进攻。蒋介石还成功地获得了苏联局部的暗中军事支持。整个抗战期间，苏联先后共派遣2000名空军志愿人员参加，并派出大批军事顾问来华。

随着日军和舰队移师东南亚，美国在东南亚的殖民利益受到损害，而中国的命运却开始和整个东南亚的命运联系在一起。美国逐渐放弃绥靖政策，废除《美日友好通商航海条约》，并开始援助蒋介石抗日，1940年12月，美国国会通过了提供给中国1亿美元贷款的议案。为抵制日本霸占东南亚，英国随后也贷给蒋介石政府1000万英镑。同时，史汀生和马歇尔同意调拨100架歼击机帮助包围缅甸公路。这些措施都旨在使中国能够继续战斗下去，而且最重要的是有助于制止日本向南攻击法国、荷兰和英国的领地。显然，美国开始将它的对外政策重点从日本转向了中国。

1941年1月6日，美国总统罗斯福向国会提出《军火租借法案》，此法案是为了援助英国而提出的，但国会允许总统向其认为对美国至关重要的国家租借武器和物资。美国国会刚通过租借法案，3月15日，罗斯福总统即发表讲话，表明军火租借法案适用于中国。后又批准4500万美元的对华援助，包括铁路、交通器材、卡车、汽车、兵工器材等。

1941年6月22日，苏德战争爆发，国际形势对日本有利。美国认为，日本无论是北攻苏联，还是南进东南亚、西进太平洋，都构成对美国的严重威胁，要解除这种危险，唯一的办法是“鼓励中国做出更大的努力反对日本，只要日本越来越深的陷入中日战争”，美国就能实现维持远东现状的目标，为此“千方百计地加速和扩大对中国提供租借物资”，是“美国自卫努力的一个十分重要的方面”。7月23日，罗斯福批准了居里根据蒋介石、陈纳德的要求拟定的：美国为一支有500架飞机的中国航空部队提供装备和人员。

1942年12月8日，日本偷袭珍珠港，美国太平洋舰队几乎全军覆没。同日，日军在亚洲也发动了攻势，入侵泰国，直逼马来西亚，强占了英、美在中国天津、广州、上海等地的租界。随后，美英对日宣战，全世界卷入空前大战之中。为配合美国行动，打击日本，12月9日下午7时，国民政府正式对日宣战。

1942年元旦，由美、苏、英、中领衔的26国共同在华盛顿发表《联合国家宣言》，各国约定“加盟诸国应各尽其兵力资源以打击共同之敌人，且不得与任何敌人单独媾和”，这标志着世界反法西斯统一战线正式形成。正是中国在战争中不可忽视的地位、以蒋介石为首的国民政府做出的积极姿态，才使中国在《联合国家宣言》签名序列中荣列领衔的前4位。宋子文代表中国正式签字后，罗斯福特向他表示：欢迎中国列为“四强”之一。蒋介石称这一宣言“实为人类反抗强权的革命精神之结晶”，中国“于此乃列为四强之一”。中国从此开始以大国的身份出现在国际政治舞台，走上通向联合国发起之路。

1942年1月2日，蒋介石复电罗斯福，表示自己对于担任中国战区统帅“自当义不容辞，敬谨接受”，竭诚欢迎美英立即派定代表，组织联合作战计划参谋部。1月3日，蒋介石被正式任命为中国战区最高统帅，负责中国、泰国及越南地区联合部队的总指挥任务。中国战区成立不久，美国就向中国提供了5亿美元的信用贷款。

蒋介石深知没有美国的支持和帮助，中国以及他本人不会有如此高的地位。因而为了进一步取得美国的支持和信任，蒋介石在担任中国战区最高统帅后，随即致电宋子文，请求罗斯福指定一高级将领来华担任中国战区统帅部参谋长。1月14日，美军参谋总长马歇尔向罗斯福推荐了史迪威，获得批准。1月29日，美国陆军部发布史迪威为中国战区统帅部参谋长的任命。

从珍珠港事变到蒋介石出任中国战区最高统帅不到一个月，虽时间短暂，但其意义影响深远。对世界而言，反法西斯阵营正式形成，各国互相配合支援，从组织上保证了对法西斯力量的打击。对中国而言，不仅中国的抗战成为世界反法西斯战争的重要组成部分，而且中国以四大国之一的身份出现在世界面前，以后中国大国的地位即发轫于此。至于对蒋介石本人而言，委任为中国战区最高统帅，其领袖地位以及作为世界大国首脑的地位都得到了世界的承认，内心的喜悦之情就可想而知了。

缅甸介于印度与包括泰国和越南在内的中国战区之间，滇缅公路是美国援助物资运往中国的唯一通道。缅甸的战略位置十分重要，一旦失守，不仅会直接威胁英印大陆，而且还会切断中国的战争补给线，更为严重的是，一旦中国因失去补给而被击垮，日本将可从中国战场抽出几十个师团的兵力南进或者西进。泰越两国均划入中国战区，蒋介石作为中国战区最高统帅，不论从中国自身考虑，还是从整个战区利益考虑，中国都不得不赴缅作战。

1942年1月20日，日本第15军越过泰缅边境线，侵入缅甸。日本发动侵缅战争，其意图固然是打击英军，切断中国的国际交通线以封锁中国，但从西线对中国施加军事压力，也是它的一个目的。在日军凌厉的攻势下，英缅军总司令胡敦感到形势异常严峻，1月23日，他直接向中国求援。2月3日，英方军事代表哈

中国远征军入缅作战

浦生再次来电请求蒋介石派军入缅作战。2 月 16 日，仰光告急。这时的英方不得不允许中国派大军入缅，日军的进攻迫使不列颠的绅士低下了高傲的头。

缅甸的危机牵动着蒋介石的心弦，甘丽初的第 6 军于 2 月间进入缅北地区。此时魏菲尔一反常态，不断地来电请求蒋介石增加援军。2 月 14 日，蒋介石命杜聿明任代理司令长官率远征军入缅，协助英军保卫缅甸。中国远征军统称为“中国远征军第一路军”，司令卫立煌（未到任，后改派罗卓英）、副司令杜聿明，史迪威兼任总指挥。中国远征军下辖 3 个军：杜聿明的第 5 军、甘丽初的第 6 军、张轸的第 66 军。中国远征军在极其艰苦的环境下救出被困英军 7000 余人。但后来由于中英军队无统一的战略部署和指挥系统、中美英三国战略目标不一致和驻缅英军背信弃义等原因，致使缅甸陷落，中国遭受巨大损失，近 10 万精锐部队折损过半，美式军械也大半丢失。但是中国远征军在缅甸战场上所进行的英勇卓绝的战斗和做出的巨大贡献却是不容抹杀的。

1943 年 7 月至 8 月间，世界反法西斯战争胜利的形势发展得很快。苏联红军在打击德国法西斯的战争中掌握了主动权并转入了战略总进攻，英美联军也先后取得了北非战役的胜利，击垮了意大利法西斯。德国占领下的法、比、荷、波、捷、挪威、丹麦、希腊、阿尔巴尼亚等国的民族解放运动有了蓬勃的发展。同年 8 月，美军在瓜达卡纳耳岛消灭了日本的全部守军，日军丧失了作战主动权，美军转入战略总反攻。

在这样的形势下，同盟国召开三国（中、美、英）首脑会议，讨论与中国和亚洲有关的重大军事、政治问题，包括联合对日作战计划和战后处置日本问题。这是第二次世界大战期间，同盟国召开的十几次最高级会议中唯一有中国参加的一次。能够参加中美英三国最高首脑会议，这不仅标志着蒋介石，也标志着中国世界地位的上升。

## 赢得抗日战争的胜利

抗战期间，蒋介石在维护主权和领土完整上曾做出过一些努力。首先是废除不平等条约方面取得了一定的成绩。

早在南京国民政府成立之初，蒋介石等国民党领导人就把废除不平等条约、改订新约作为政府主要的外交目标，并取得了一定的进展。但后来因为日本侵入中国东北，这件事情就搁置下来。

太平洋战争的爆发，给中国的废约运动带来了契机。中国正式对德、意、日宣战，同时宣布“所有一切条约协定合同”，有涉及中德、中意或中日间之关系者“一律废止”。这样，中国与日、意之间的不平等条约自行取消。由于中国战区在美英远东战略中具有重要的地位，蒋介石政府随即采取措施，要求美英先放弃在华特权，废除历史上签订的不平等条约。经过长时间协商，英美两国从实现其全球战略出发，同意废除对中国的不平等条约。美国于 1942 年 10 月 10 日声明放弃在华特权，美方宣称：美国将“立时放弃在华治外法权及解决有关国际问题之条约”。英国也于同一天发表声明，将“废除英国人民迄今仍在华享受之治外法权”。接着，加拿大、荷兰、巴西等国，相继表示了同样的态度。

正式宣布废除不平等条约之后，接下来的则是中美、中英改订新约的谈判了。经过艰苦的谈判历程，1943 年 1 月 11 日，“中美平等新约”在华盛顿签字，“中英平等条约”在重庆签字，美英两国正式宣布废除在中国的特权。随后，中国又与比利时、挪威、加拿大、瑞典、荷兰、法国、瑞士、丹麦、葡萄牙等国签订了类似的条约。这样，百年来资本主义强加给中国的不平等条约基本上废除了。

在收复失地问题上，蒋介石政府也做出了积极的努力。

在台湾问题上，蒋介石国民政府的态度是积极和坚定的。全面抗战爆发之后，蒋介石就曾在 1938 年 4 月 1 日的国民党临时全国代表大会上公开表态：“台湾是中国的领土。”太平洋战争爆发之后，中国抗日战争的国际环境大为改善，蒋介石和国民政府乘机把收复台湾的立场昭告中外。国民政府正式对日宣战后，1942 年 4 月，陪都重庆掀起了一场声势颇大的光复台湾宣传活动，国民政府一些军政要人如孙科、陈立夫、冯玉祥等，或发表广播演说，或出席宣传集会，或撰写纪念文章，阐述台湾对中国的隶属关系和收复台湾的意义。在1943年召开的开罗会议上，由中美英三国首脑签署的《开罗宣言》规定："使日本所窃取于中国领土，例如满洲、台湾、澎湖列岛等，归还中国。"《开罗宣言》的这些规定又在1945年7月26日的《美英中促令日本投降之波茨坦公告》中得到重申。1945年10月25日，台湾总督安藤利吉代表日本驻台湾军政当局正式向中华民国第一任台湾省行政长官陈仪投降。陈仪代表中国政府通过广播电台郑重宣布：自即日起台湾及澎湖列岛已正式重入中国怀抱。所有一切土地、人民、政事皆已置于中国主权之下。遂定10月25日为台湾的光复节，每年都要隆重纪念。

在新疆问题上，蒋介石几经周折收服了盛世才。1943年8月29日，国民政府下令撤销新疆边防督办公署，任命吴忠信为新疆省政府主席，所有驻新部队归中央军事委员会直辖。9月，盛世才赴重庆，结束了他在新疆的军阀统治。至此，新疆的行政权回归中央。

在西藏问题上，蒋介石与国民政府坚持西藏主权问题的不妥协态度，苦心经略西藏，缓和了汉藏关系，增进了汉藏感情。

在香港和东北问题上，蒋介石和南京国民政府虽做出了努力，但并未获得成功。1945年8月30日，哈科特率领的英国舰队驶入香港水域。次日，英军宣布在香港成立临时军政府。这样，香港就处于英国人的控制之下了。蒋介石对香港再次落入英国人手中，虽然愤愤不平，却也无可奈何。1945年年初，在雅尔塔会议

中、美、英三国首脑于开罗会议时合影

上，美苏英三国首脑拿中国做了交易：大连商港国际化，苏联租用旅顺港为海军基地，中东铁路与南满路苏中合办经营；虽然承认中国应保持在满洲的全部主权，但又规定苏联的优势权益须予保障。《中苏友好同盟条约》签订后，蒋介石原以为只要苏联信守条约，从苏军手中接手东北应是顺理成章的事，孰料，苏联出兵东北后，并未全部履行《中苏友好同盟条约》中支持国民政府的政策，而是采取两面手法使得国共双方对东北的争夺更加激烈。

为促成有利于中国抗战的局面，蒋介石在内政建设方面进行了一些努力。

抗战初期，由于战局未稳，大片国土沦陷，悲观怀疑情绪滋长。为了统一全党思想，坚定民众信心，改革以往施政纲领以团结所有抗战力量，1938 年年初，蒋介石严惩了一批抗战不力的将领；调整了党政军领导机构，辞去了行政职务专事军职，统率全国军队；连续召开军事会议，检讨前期抗战得失。此外，1938 年 3 月29 日至 4 月 1 日，国民党在武汉召开的临时全国代表大会在统一思想、振兴国民党方面也起了作用。

1938 年 11 月，蒋介石在南岳召开军政官员联席会议，希望此次会议能成为国军振兴的起点。会议主要议题是总结第一期作战经验教训，并确定第二期抗战的战略方针，全面整训军队也是此次会议的重要议题。南岳会议是在抗战主题下进行战略机制大调整的会议，蒋介石及时抓住了抗战形势的转化，极大鼓舞了全国军民的斗志，并把游击战提高到战略高度；将部队进行分批整训，恢复和强化了战斗力，正面战场的抗战也进入了一个新阶段。

汪精卫公开叛国投敌后，为澄清因汪精卫而引起的思想混乱，坚定民心，稳定军心，蒋介石加紧了建立自己绝对权威的步伐。1939 年 1 月，国民党五届五中全会召开，设立了国防最高委员会，蒋介石为委员长，确立了蒋介石对党政军一体化领导的高度集权体制。在当时内外交困时刻，蒋介石在加强专制独裁的同时，不失时机地在其构建的力行哲学中充实民族主义精神，发动“国民精神总动员运动”，以使思想意识的统一与权力的集中相一致。

蒋介石还利用抗战时机大张旗鼓地在西南地区统一军政，力图完全控制西南各省，为此努力经略西南地区为大后方。国民政府迁至重庆后，四川的重要性进一步突出，蒋介石千方百计度过一段艰难后，实现了芝麻开门的神话故事，将四川“中央化”。而当时仍处于地方力量割据状态的云南也是蒋介石一直以来的心病。随着战争形势的变化，云南的战略地位愈显重要。围绕云南的控制权，蒋介石与“云南王”龙云展开了一系列斗争。蒋介石采取了调出、派进和解决的三步法，逐渐将自己的势力渗透到云南各个领域，实现了云南的“中央化”。

在世界反法西斯战争形势大好的情况下，国民党军队却在日军于 1944 年发动的豫湘桂战役中全线溃败。为扭转战场上的不利局面，鼓舞士气，1945 年元旦，蒋介石在重庆发表《告全国同胞书》，称 1944 年为“危险最大而忧患最深的一年”。他要求全国军民“磨砺出新的力量，来争取必然到来的胜利”。

1945 年 4 月底，日军发起芷江战役，以夺取芷江飞机场为第一目标，进而进逼四川，威胁重庆。蒋介石与国民政府经过周密的部署和组织，取得了湘西大捷。湘西战役是日本投降前发生在中国正面战场的最后一战，以中国军队的全胜而告终，日军连芷江机场都没看见就大败而归了。从此，日军结束了在中国战场上的全部战略进攻。

6 月底，国民党军队收复柳州。为了大举反攻，也为了在日本投降时收复失地，中国陆军总部制订了反攻广州的计划：先以有力部队攻略桂林，夺取雷州半岛，再分别攻击衡阳、曲江，并牵制越南北部的日军，以主力沿西江流域攻略广州。所以，国军主力就在滇、桂、湘、粤 4 省活跃开来。8 月初，新组建的 4 个方面军都在按计划陆续向前推进，但是攻击部署还没有就绪，日本就宣告投降了。

1945 年 8 月 15 日，日本天皇通过广播宣布无条件投降。9 月 9 日，中国战区日军签字投降仪式在南京举行。仪式结束后，何应钦发表即席广播讲话：“敬告全国同胞及全世界人士：中国战区日军投降签字仪式已于本日上午 9 时在南京顺利完成。这是中国历史上最有意义的一个日子，这也是长期抗战艰苦奋斗的结果。东亚及全世界人类的和平与繁荣，亦从此开辟一新的纪元。”

抗日战争是一个东方大国的胜利，是一个古老民族的新生，它说明，中华民族是不可战胜的，任何企图灭亡中国的迷梦注定要失败。

# 五、兵败大陆

## 决意发动内战

日本行将投降的消息传来，蒋介石立刻发出了 3 道命令。一道给他的嫡系部队，命令其“加紧推进”，“勿稍松懈”；另一道是给待降的日伪军的，命令其“维持现状，并维护所在地的秩序和交通，听候何总司令的命令”，同时不得向他所指定的部队以外的部队投降；第三道是给共产党领导的第十八集团军及新四军等抗日武装的，命令其“应就原地驻防待命”，“勿再擅自行动”。

面对蒋介石的无理要求，中国共产党进行了针锋相对的斗争。8 月 13 日，朱德、彭德怀联名致电蒋介石，责问他违背了中华民族的利益，表示中共军队将坚决地拒绝这个命令。

国共双方各不相让，小规模的冲突已遍及各接收区，8 月 13 日，毛泽东为新华社写了一篇评论，提醒全国人民："蒋介石在挑动内战。"这种情况，引起了全国民众的担心。各民主团体、人民群众纷纷发表言论，要求和平建国，呼吁"胜利已经来临，让战争成为过去"。8 月 15 日，民盟在紧急呼吁中，提出了"民主统一，和平建国"的主张，并要求执政的中国国民党，同时也要求有土地、有人民，也有武装的中国共产党对其主张"给以充分的考虑"。

不仅中国人反对内战，就是世界舆论也都希望中国战后实现和平，尤其是对中国政局具有重大影响的美国和苏联，也都不希望看到中国再爆发内战，各国人民都讨厌战争了。况且当时国军精锐还在大后方，要立即发动全面内战武力"剿共"，尚有许多难以克服的困难，因而蒋介石不得不考虑改变策略，决心打出和谈旗帜。

1945 年 8 月 14 日至 8 月 23 日，蒋介石接连 3 次电邀毛泽东赴重庆谈判。他本以为毛泽东不会也不敢来赴谈判，这样可以取得和平攻势。没想到蒋正在为自己导演的这出戏暗自叫绝时，毛泽东于 24 日复电，接过了蒋介石扔给他的带刺的橄榄枝。谈判尚未开始，蒋介石便输了一着。本欲扛起和平大旗，压倒共产党，没承想弄巧成拙，骑虎难下。

1945 年 8 月 28 日，毛泽东抵达重庆，谈判于第二天正式开始。蒋介石精挑细选了张治中、张群、邵力子、王世杰作为自己的谈判代表。谈判的焦点围绕军队和政权两个根本性的问题。双方进行了几次会谈，均毫无进展。不管共产党做出多大让步，国民党代表坚持要中共交出军队和取消解放区。

尽管在军队改编和解放区政权的问题上双方分歧严重，谈判一度陷入僵局，但在其他问题上，如召开政治协商会议等，经过双方多次磋商，找到了一些共同点，双方本着求同存异的精神，决定将未解决的问题留待以后继续商讨，并且同意签订一个会谈纪要，使这次最高级谈判暂告一个段落。

10 月 10 日下午，曾家岩桂园客厅，《政府与中共代表会谈纪要》在这儿举行签字仪式。经过 43 天艰苦的马拉松式的谈判，难产的《双十协定》终于问世，尽管双方并没有就解决中共军队问题和解放区政权问题达成协定，但这个协定还是有许多积极方面的条款。如大家"一致认为中国抗日战争业已胜利结束，和平建国的新阶段即将开始，必须共同努力，以和平、民主、团结、统一为基础，并在蒋主席领导之下，长期合作，坚决避免内战，建设独立、自由、富强的新中国，彻底实现三民主义。双方又认同蒋主席所倡导之政治民主化，军队国家化及党派平等合作，为达到和平建国必由之途径”“一致认为应该迅速结束训政，实施宪政，并应先采取必要步骤，由国民政府召开政治协商会议，邀集各党派代表及社会贤达协商国事，讨论和平建国方案及召开国民大会各项问题”。因此，舆论界对此抱着乐观的态度。

《双十协定》只是国共双方最高领导人搭起的一个各方面都能接受的框架，细节问题还需要进行谈判。10 月 20 日，国共在重庆开始了第二轮商谈。共产党方面的代表是周恩来、王若飞，国民党方面是张群、王世杰、邵力子。商谈的主要内容是有关政治协商会议的组织问题，双方一致同意，政协代表的名额为 36 人，其中国民党、共产党、民盟和无党派社会贤达四方面各 9 人。

但是在军队停止前进、恢复交通、召开国民大会以及承认解放区等问题上，双方相持不下，谈判再度陷入僵局。这时蒋介石所关心的只有两条，一是所谓恢复交通，一是缩编共产党的军队。前者便于他运兵，继续强占战略要地，同时也便于他们分割解放区。后者，是为了达到不战而削弱乃至消灭共产党军队的目的。

毛泽东与蒋介石在重庆谈判期间的合影

之后，双方代表又进行了多次会商，但仍然没有达成共识。就在此时，美国派出马歇尔为总统特使赴华调处国共分歧。最后，在马歇尔的斡旋之下，1946 年 1 月 10 日，双方达成停战协议，宣布从 1 月 13 日午夜起停止一切战斗行动，停止中国境内的军事调动，停止破坏和阻碍交通线的行动。此外，还规定在北平成立一个军事调处执行部，以确保停战协定的执行。

停战协定签字的同一天，由各党派和无党派人士参加的政治协商会议在重庆正式开幕。蒋介石以国民政府主席的身份致开幕词。会中，蒋介石宣布一要确保人民之自由，二要确保政党之合法地位，三要实行普选，四要释放政治犯。在国民党实行专制统治的中国，这 4 条民主原则也可谓是个奇迹。会议通过了关于政府改组、施政纲领、军事问题、国民大会、宪法草案 5 项议案。

政协会议闭幕不久，蒋介石便表现出了悔意。2 月 2 日，政协会议陪都各界协进会等 19 个团体举行“庆祝政协成功大会”时，国民党当局立即策划进行破坏。

在得到蒋介石默许的前提下，2 月 10 日上午，特务打手七八百人冲进会场，对与会成员大打出手。李公朴头部被铁尺打伤，胡子被扯掉半边。郭沫若也遭毒打，马寅初身负重伤，沈钧儒亦遭暴徒追逐，到会群众当场负伤和失踪的就有 60 多人。这场肆意践踏人民民主权利的大血案表明，蒋介石无心构建和平，就这样亲手撕毁了政治协议。

其实，在日本投降后，到全面内战爆发前，包括双方谈判期间国共双方军事较量从未停止过。这一时期，国共双方的军事较量主要集中在华北、东北和华东地区。到 1946 年 6 月底，仅在关内蒋介石就使用兵力 258 万人次，向中共发动进攻 3675 次。在关外，中央军更是公开、全面向东北民主联军进攻。从国共双方在 1946 年 1 月 13 日发布停战令到内战爆发，蒋介石违反国共及美国三方达成的协议，不经军调部，调动两个兵团、42 个军、108 个师、两个炮兵团，共 130 万人到内战前线。

在抗战结束后的 10 个月中，关内中共方面是实施自卫，保卫解放区，基本策略是守，对来犯敌人坚决打击。关外是占领中、小城市和农村，总体上是“退”，退向有利于人民革命力量生存和发展的地区。所以，蒋介石在关内是进攻解放区，关外是攻占大城市和交通线，一再挑衅，挑起内战。

在国民党方面发动的 3600 多次进攻中，中共方面丢失一些根据地的边缘村镇和城市，在自卫反击中却也消灭了不少中央军。南京政府得到了一些城池，特别是攻占城池的“喜”掩盖了损兵折将的“忧”，损失的兵力又无伤内战资本——中央军的筋骨，所以蒋介石下定“战”心，打全面内战。

1947 年 2 月底，国民党当局通知中共代表团全部撤离。2 月 27 日，重庆警备司令部孙元良要求中共在渝人员及其眷属务必于 3 月 5 日前一律撤出重庆。接着，南京城防司令部致电中共驻南京联络处代表，要求中共代表团必须于 3 月 5 日前全部撤离南京。就这样，蒋介石以一纸驱逐令和进攻延安的隆隆炮声，宣告了中国国民党与中共的彻底破裂。至此，国共之间的和谈彻底破裂，第二次国共合作落下帷幕。

## 军事上迅速失败

重庆谈判仍未能驱散笼罩在神州大地上空的内战阴云，蒋介石一面与毛泽东握手言欢，一面向他的部下发出强占战略要地、进攻解放区的密令。于是，两幅色彩完全不同、极不和谐的画面，同时出现在世人的眼前。台上，锣鼓喧天，和谈之剧正演得绘声绘色；台下，枪炮齐鸣，两军对垒，正打得难解难分。终于，在一切准备停当并取得苏联和美国的默许之后，蒋介石撕下了“真内战，假和平”的面纱。

1946年6月26日，国民党不顾全国人民的强烈反对，以围攻鄂豫边宣化店为中心的中原解放区为起点，向解放区展开大规模的进攻。内战打响后，蒋介石首战中原，实施其作战计划的全面进攻。发动内战之初，蒋介石和国民党均对军事前景持乐观态度，陈诚曾在南京公开宣布：完全有把握在5个月内解决共产党。计划是在6月用48小时消灭中原解放区，在7月用两个星期占领苏皖解放区，在8月用3个星期打通津浦线和胶济线，在9月消灭冀热辽解放区和晋冀鲁豫解放区，然后摧毁整个中共根据地，最后“让解放区成为历史上的名词”。然而，中原解放军胜利突围国民党铁壁合围的“围剿”，使蒋介石48小时结束中原战役的计划成为泡影。从7月起至9月止，国民党军队先后向苏皖解放区、山东解放区、晋冀鲁豫解放区等大举进攻。在刘伯承、邓小平的统率下，解放军进行了同蒲路南段阻击战及晋西南、汾孝、临浮、巨野战役等，有力地迟滞了国民党军的疯狂进攻。

继张家口保卫战、易满战役及保南战役的失利后，蒋介石的注意力不得不回到华东战场。1947年2月20日至23日，莱芜战役打响。此仗把蒋介石打得直跳，他一气损兵6万余人；二气李仙洲等大批军官将领无能；三气韩练成竟为中共特工，暗中支持共产党。莱芜战役标志着国民党的全面进攻已经全面失败。在发动全面进攻的8个月中，南京政府损失总兵力达71万人，在此打击下，虽说兵力继续增加，但可以用于一线作战的机动兵力已由117个旅降至85个旅。国民党士气也急剧下降，完全丧失了进攻能力。

从1947年3月起，蒋介石被迫改变战略，由全面进攻改为重点进攻。重点进攻地区为山东和陕北两个解放区。蒋的战略意图被形象地称为“哑铃攻势”，意图很明显，西攻延安，打击中共首脑机关和军事总部，断其中枢；东攻山东，把华东中共武装赶到胶东半岛，予以全歼，解除对长江三角洲、徐州、上海、南京的威胁，保住国民党的首脑机关。然而，在其实施重点进攻的4个月中，蒋介石不仅在陕北和山东遭受重大挫折，在其余战场也同样一再败北。

苏北战场有淮沭及李堡战役，晋冀鲁豫战区有豫北攻势战役、晋西南攻势战役，华北有正太战役、青仓战役，东北有夏季攻势战役，等等，其中的正太战役中人民解放军共歼敌3万多人，东北夏季攻势战役则收复县城40余座，歼敌8万多人。

国共双方军事力量对比也发生了较大变化。国民党方面的正规军已从430余万人降到373万人，正规野战军从200万人下降到150万人，机动兵力下降到40个旅，这表明国民党军队已不再具备组织大规模进攻战的能力。相反，中共军队则从120万人增加到200万人，而且机动兵力已超过国民党军队的机动兵力，武器装备也有了较大的改观，解放区也在不断地恢复、巩固和扩大。自从蒋介石由进攻转为防御，中共则成为把握战场主动权的一方，中共方面决定在解放战争第二年，主力打到外线去，举行全国性反攻。

在全面进攻和重点进攻相继失败之后，蒋介石重新部署兵力，针对中共由内线向外线的作战方案的转变，组织重点防御。在中原，华东战场上，将兵力分配在信阳、徐州及附近地区，并加强济南、胶州等战役重点防御。然而，蒋介石对战局的认识多少有些盲目乐观。他没认识到解放军已由防御转入反攻了。1947 年6 月30 日，刘邓率 4 个纵队 13 个旅 12 万大军，在鲁西南张秋到临濮 300 里长地段，强渡黄河，揭开了战略反攻序幕。刘邓大军顺利挺进大别山，无疑向国民党统治心脏插了一把尖刀。在解放军三军配合、两翼牵制作战战略下，蒋介石战略要点纷纷丢失，令其头痛心痛不已。蒋的“重点防御计划”告于破产。

蒋介石“重点防御”计划遭到打击后，华北、华东解放区连成一片，这为解放军伟大的战略决战创造了有利条件。此时，东北战场上，国民党军节节败退，已被分割包围于长春、沈阳、锦州及周围据点里，成了无法协调的孤立之旅。蒋介石三易东北主帅，最终也难以挽回东北颓势。战略决战的时机已成熟了。1948 年 9 月 12 日，辽沈战役首先在北宁路山海关、唐山段打响。从一开始，解放军就迅速切断北宁路，占领辽西走廊，将国民党军压缩在锦州、锦西两个孤立的据点。东北野战军经过 6 天苦战，夺取了锦州。随后，国民党军困守的长春、沈阳也不堪一击，11 月 2 日，沈阳解放，随之，营口也被解放军攻破。辽沈战役结束，国民党军被歼灭 47.2 万人，东北换了主人。据说蒋介石在听到沈阳城被攻克的消息后，悲痛得吐了两次血。

济南战役后，蒋介石精心构筑的“重点防御计划”被击破。蒋暴跳如雷，为挽救危局，决心固守徐州，确保南京外围。于是国共两党又在中原地区展开了中国历史上规模空前的大决战——淮海战役，蒋介石称之为徐蚌会战。淮海战役是在以徐州为中心，东起海州，西至商丘，北起临城，南达淮河的广大地区进行的。1948 年 11 月 6 日，战役打响，至 22 日这一阶段中，华东野战军在碾庄圩地区歼灭黄百韬兵团约 10 万人，兵团司令官黄百韬被击毙。中原野战军于 11 月 15 日攻克宿县，切断徐蚌线，完成了对徐州的包围。11 月 23 日至 12 月 15 日，战争进入第二阶段。中原及华东野战军一部，在宿县西南的双堆集地区包围并歼灭黄维兵团约 12 万人，生俘兵团司令黄维。杜聿明率 30 万人向西突围时，被华东野战军歼灭，其中孙元良兵团约 4 万人。12 月 16 日到 1949 年 1 月 10 日，战役进入第三阶段。杜聿明的几十万人被压缩在南北宽 5 公里、东西长 20 公里的狭长地带，终因军事上被围，心理上的降服，使蒋军成批成批地走向解放军阵地。1949年1月10日下午，战斗结束，杜聿明部被彻底歼灭。淮海战役结束，人民解放军共歼、俘敌军55.5万余人。此战役打开了通往国民党统治中心南京的门户。辽沈战役后，蒋介石加强了石家庄、北平、天津、塘沽的防卫，保证西撤或南逃的通路。1948年11月29日，华北野战军开始包围张家口，平津战役开始了。到12月上旬，傅作义的5个师被歼，被包围在张家口、新保安地区。1949年1月14日，解放军对天津发起总攻，15日全歼国民党军13万余人，解放了天津。天津解放后，90万人民解放军兵临北平城下，经解放军和中共北平地下组织的耐心工作，傅作义接受了解放军提出的和平条件。1949年1月22日，《关于和平解放北平问题的协议》实施，北平宣布和平解放。1月31日，人民解放军进驻北平，平津战役结束。平津战役共歼灭和改编国民党军52万余人，华北、东北两大解放区连成一片。

1949年4月，蒋介石乘"太康"号军舰赴上海

自1948年下半年以来，国共两党经过辽沈、淮海、平津三大战役的决战，人民解放军在北起松花江、南抵长江的广大土地上，前后经过142天的连续作战，消灭国民党军队173个师，共154万多人。

三大战役给了蒋介石反动派以毁灭性打击，其军队主力已被消灭，蒋介石赖以发动内战的资本基本上输完了，长江中下游以北的广大地区得到解放，蒋介石反动统治的基础从根本上瓦解了。

## 政治、经济走向总崩溃

抗战胜利后，在国共两党之间还存在着第三种势力，他们的政治观点非常明确，那就是用民主手段改造国家政治，用和平手段解决国内政治争端。尽管他们对中共不是十分了解，但对于中共没有利用在抗战中发展起来的百万雄兵与国民党再打内战以争天下、主张和平建国这一深明大义的举动十分佩服。但是他们在国内的政治斗争中从来不为国民党所看重，在重庆谈判和政治协商会议上，由于中国共产党力争，才使他们成为中国政治舞台上的重要力量，以政团和政党的身份加入抗战胜利后善后事务的处理，所以在政治上比较倾向于共产党的主张。

蒋介石对这一部分的力量并不看重。相反，民主力量的种种政治要求与蒋介石想要实行国民党一党专制的想法是背道而驰的。因此，蒋介石利用特务对民主党派的活动进行了镇压，先后制造了几起反民主事件，如暗杀李公朴、闻一多事件，下关惨案和一二・一惨案。

不仅如此，1947 年 5 月，国民党称与他们不合作的民主同盟、民主建国会、民主促进会、三民主义同志联合会等民主团体已为“中共所实际控制”，成为“中共之新的暴乱工具”，这表明蒋介石已下决心对民主进步力量大力镇压。10 月，南京政府宣布中国民主同盟为非法团体，取缔民盟成员在各地的一切活动。

取缔民盟，使那些曾对抗战胜利后的国民党抱有一丝好感的中上阶层中的不少人彻底绝望。蒋介石打击中间党派，等于“为渊驱鱼，为丛驱雀”，把这股政治力量全部推向中共，很快在国统区内形成了爱国反蒋的第二条战线。

蒋介石对国统区的人民也实行法西斯统治，利用大大小小的特务进行恐怖统治，引得天怒人怨。1946 年 7 月，上海市政府就以“妨碍市容，有碍观瞻”为名，明令取缔全部摊贩，这种做法严重损害了民众的利益，遭到了市民的抵制。在中国的美军更是肆无忌惮，他们以占领者的骄横姿态横行中国，任意欺辱、凌辱甚至残杀中国人民。仅美军军车横行出事一项，1945 年 8 月至 1946 年 7 月，便轧死中国人民 1000 余人，而击毙岗警、枪击学生、殴死黄包车夫等事件，也是层出不穷。这些，早已激起了中国人民极大的愤怒。1946 年 9 月下旬，中国各大城市举行了“美军退出中国”活动，反对美军驻华和政府的外交政策，进而掀起了大规模的“抗暴”运动。

蒋介石发动的内战给人民大众带来了巨大灾难，到 1947 年 5 月，不堪忍受的民众在全国更广泛的范围内掀起了“反饥饿、反内战、反迫害”“反对前方打内战、后方打学生”的抗议运动。5 月 20 日，来自京沪杭等地区的 16 所大专学校的学生，举行挽救教育危机联合大游行。国民党当局出动大批军警进行镇压，学生被打伤118人，被捕20余人，这就是震惊全国的五二〇惨案。广大爱国学生的鲜血和激情，换回来的是民众的觉悟和斗争的勇气，“反饥饿、反内战、反迫害”的呼声响彻全国。

作为国民党来讲，其本身也是派系林立，缺乏自我革新能力。国民党在组织运行方面，遵循的是以蒋介石为中心的派系分权规则，即中国各种政治、军事力量的名义上的团结和统一不是以国家民族利益为核心形成，而是以当时的政治军事强人蒋介石为核心的，可以说，离开蒋介石，国民党就会陷入群龙无首的境地，从而在激烈的派系斗争中土崩瓦解。尽管国民党的历届会议都一再强调党的意志和组织的集中统一，反对派系政治，但事实是派系又以某种半合法的形式悄然存在，并通过派系内和派系外的利益交换，形成国民党实际的运行机制。另外，国民党衰败的另一个重要体现就是其自我革新能力的丧失，这主要表现为政学系、CC系和黄埔系改革国民党的努力的失败。从1946年到1948年，他们曾经分别做过改革国民党的努力，但都以失败而告终。

为了标榜自己的正统地位，蒋介石急于召开国民大会。1946年10月12日，国民党组织的制宪国大在南京举行，制宪其实就是通过国民党的根本大法。会议最关键的是制定《中华民国宪法》，11月26日，大会主席团向全体会议提交《中华民国宪法草案》，经大会讨论意见集中后呈送审查委员会逐条逐句审查修正，然后再交综合审查委员会整理后提交大会讨论，到12月25日，即大会的闭幕日，正式通过了国民党的这一根本大法。

北平学生“反饥饿、反内战、反迫害”大游行

制宪国大召开以后，蒋介石便着手改组政府的工作，做出准备行宪的姿态。为此，1947年3月15日至24日，召开了国民党六届三中全会。会议的中心议题是研讨如何结束训政，促进宪政，做好行宪的各项准备。1948年3月29日“行宪国大”开幕，1679名代表出席。蒋介石主持会议并致开幕词，他认为这次大会是“中华民国实行民主宪政的开始”。在这次大会上，蒋介石如愿登上了民国总统的宝座。

“行宪国大”，实际上是蒋介石实施宪政的重大失败，蒋介石玩弄的“行宪”把戏，不仅未能稳定国民党的统治，反而促使其内部更加分崩离析，促使中间派转向革命阵营，进一步加深了蒋介石统治的政治危机。

与政治危机同步的，是国统区的经济正走向崩溃。以蒋介石、宋子文、孔祥熙、陈立夫、陈果夫为代表的四大家族，不仅是南京国民政权的垄断者，也是中国国民经济主要命脉的垄断者。土地革命时期，他们从控制政权入手控制财权，通过财政手段控制金融，把原有的大批官营资本变成四大家族官僚资本，获得了巨额财富。抗日战争胜利后，四大家族在实施财政垄断、金融垄断以至于全面经济垄断的基础上，大肆吞占日寇在中国的产业，使得四大家族官僚资本发展到了顶峰。到新中国成立前夕，四大家族官僚资本约占中国全部工业资本的三分之二，已占全部近代产业资本的80％，控制了国家的经济命脉，把国民政府的经济机构变成了他们发家致富的工具，根本不顾及生产的协调和产业的平衡发展，加之他们的剥削欲壑难平，导致了中国经济的畸形发展，民族工业日益萎缩，引发了国统区严重的经济危机。

从南京国民政府建立一开始，蒋介石的军事活动就未停息过。巨额的军费开支成为国家财政的无底洞，最高的1933年，军费开支竟然占到国家财政收入的一半。为了维持财政费用，国民政府只能增加赋税。高额的工商赋税、农业赋税和各种苛捐杂税，加重了人民的负担。另外，在内战的背景下，国民政府的征兵征粮，进一步加剧了农村经济的衰败。在征兵方面，1946年，全国征兵50万人，1947年，增至150万人。强征民兵更是无法统计，大量青壮年农民被抓兵拉夫，未被抓的又相率逃亡，农村劳动力大大减少，造成土地荒芜，直接影响农业生产。在征粮方面，1946年，各地农村普遍歉收，粮荒严重，但是，当年国民党统治区的田赋征收数字较1945年的5900万担仍增加了1倍以上。

巨额的战争费用引起了巨大的中央财政赤字。1946年，国民党政府全年支出为法币8万亿～10万亿元；1947年，全年支出为法币100万亿元，收入只有13万亿元；到1948年，财政赤字更为惊人，竟高达900万亿元。为了弥补巨额赤字，国民党政府的一贯做法是加大现钞发行量。国民党政府在滥发钞票的同时，还大量举募内债，以掠夺财富，1947 年 3 月发行短期库券美金 3 亿元，发行美金公债 1 亿元。这就导致了法币币值的进一步下跌，物价暴跌形成恶性通货膨胀。

通货膨胀和物价飞涨，像是一剂毒药，国统区的社会经济更加恶化。工商业的大量倒闭和破产，使国民党统治区百业萧条，社会生产严重萎缩，根本无法支撑国民党反动内战的开支和社会消费。

进入 1948 年，国民党的经济状况，因军事上的失败和政治上的困境，越来越糟。在这种情况下，1948 年 8 月 19 日，蒋介石以总统的名义颁布《财政经济紧急处分令》，下令进行币制改革。为了保证这次币制改革的顺利进行，还制定了《金圆券发行办法》《人民所有金银外币处理办法》。

币制改革的关键是保证金圆券的币值，而保证金圆券币值的关键是保证兑换率，严格控制物价。但因金圆券的发行没有足够的保证金，自然也就没有"十足币值"，所以金圆券的兑换率与市场上的物价也就无法稳定和保证。最终，币值改革也只是演变成一场对民众的"合法"洗劫。1949 年 7 月，国民党残余势力又在广州发行所谓"银圆券"。但是，银圆券比金圆券失败得更快，同样没能挽救国民党经济的总破产。

## 下野和败走台湾

解放战争发展的局势显然出乎蒋介石的预料，军事上的迅速失败，党政的腐败与派系间无止境的倾轧，以及国民经济的萧条不振，引发了国民党统治集团内部的新矛盾。

在抗战胜利后，美国一直是蒋介石重要的援助者，伴随着蒋介石在解放战争中不断失败，美国方面也开始寻找新的代理人，而这场戏的主要导演是美国驻华大使司徒雷登以及负责考察中国的魏德迈。他们将目标锁定在桂系身上。桂系这时已经决心倒蒋，美国的支持则又成为一个关键的因素。而且李宗仁身为副总统，只要蒋介石下野，按照《宪法》规定自然成为蒋介石的接任者；白崇禧手下有 30 余万大军，成为逼蒋下野的实力因素；黄绍竑作为老牌桂系首领自然要为桂系夺权帮腔呐喊。因此，桂系逼宫主意已定，基本方案是李宗仁在南京城内活动，白崇禧在武汉呼应，黄绍竑居中联络和争取社会各界的支持。

在这种情况下，1949 年元旦，蒋介石在南京总统府邸举行了新年团拜会。在《新年文告》中，蒋介石总结了解放战争中自己的责任，并且规定了和谈的基本框架，同时暗示自己将下野。1 月 21 日上午 10 点，蒋介石召开决策圈成员会议，宣

1949年元旦，蒋介石发布《新年文告》

布正式“引退”，由李宗仁代理总统。蒋介石、李宗仁在蒋的引退文告上签字画押。这一文告说：

中正毕生从事国民革命，服膺三民主义，自十五年由广州北伐，以至完成统一，无时不以保卫民族，实行民主为职志。先后二十年，只有对日之战，坚持到底；对内有时不得已而用兵，均不惜个人牺牲，一切忍让，为国从事，斑斑事迹世所共见。战事仍然不止，和平之目的不能达到。决定身先引退，以冀弥战消兵，解人民倒悬于万一。

蒋介石引退离开南京之后，当天飞到杭州，第二天在陈诚和汤恩伯的陪同下到溪口家中，开始了为期3个月的隐居生活。但他没有停下来，而是继续统筹国民党的军政要务，部署、指挥长江防卫便是其主要的一个内容。

1949年4月1日，以中共中央提出的8项条件为基础，国共双方代表在北平开始了和平谈判，中共为了达成停战协议，曾一度推迟了渡江战役发起的时间。但双方经过艰苦的谈判，仍无法达成协议，直至4月20日，国民党谈判代表仍然拒绝签订和平协议。4月2日，中共领导人毛泽东和朱德向各野战军全体指战员和南方各游击区人民解放军，发出了《向全国进军的命令》。1949年4月23日，解放军三野第八兵团于黄昏时分进入南京城，登上总统府，南京胜利解放，这标志着一个旧王朝的终结，一个新时代的到来。在此期间，4月17日，四野一部进占武昌、汉阳，至5月25日攻占湖北通城，四野先遣兵团渡江作战结束。至此，解放军整个渡江作战胜利结束，此次战役一举突破国民党陆、海、空军联合组成的长江防线，解放了长江两岸，使蒋介石的大部分兵力趋于溃散，为解放军进军南方奠定了基础。

东南地区是中国的富庶地区，也是四大家族及外国在华利益的根本之所在，蒋介石固然不会轻易放弃。

5月7日，蒋介石从老家溪口抵达上海。京沪杭警备总司令汤恩伯、上海警备司令陈大庆、上海防守司令石觉赶忙去蒋处汇报战况，并协商部署相应的防御情况。5月12日，淞沪战斗打响。光是外围争夺就进行了几昼夜。第一线部队打得异常顽强激烈，双方都付出巨大伤亡，但是这个局面并未能持久，攻防战进行7天后，上海防御体系的致命弱点就暴露了出来。孤立据点难以久守，就是互相连接的防区也常常因为弹药储存少，补给不济，或因通信不畅而误事。后援部队上不来，伤员送不下去，没有地方包扎，没有止痛药物。在这种情况下，5月21日，蒋介石终于正式下令放弃淞沪。

淞沪大撤退从5月22日开始，解放军的最后总攻击于20日发动，25日在市中心跑马厅会师，当晚，在通明的路灯照耀下插进国民党残存不多的几个阵地，同时打进吴淞要塞。5月26日，掩护撤退的总指挥刘义昌在苏州河畔的一座楼里接受解放军条件，下令缴械。蒋介石的淞沪决战草草收场，汤恩伯的第二阶段任务也告完成，20万官兵只有4万运到台湾。6月1日，解放军第25军由吴淞起渡，登上崇明岛，国民党军队3700余人投降。6月2日，解放崇明岛，上海战役结束。

福建为台湾前沿阵地，蒋介石深知其重要。上海战役结束之后，他便匆匆赶往福建，一是调解军队内部和军队与地方的矛盾，二则是为部下打气。

7月下旬，人民解放军三野十兵团叶飞部抵达建瓯，福州在8月17日宣告解放。朱绍良、李延年乘机逃跑。在人民解放军第十兵团的打击下，国民党守军7万余人全部被歼，连10天都未守住，蒋介石“死守福州”的计划就这样全部落空了。

在解放军强大攻势面前，蒋介石自知华南无望，又不甘心彻底失败，遂企图盘踞西南地区，连接华北地区，把维持残局的希望寄托于西北地区的40万国民党军队，特别是马步芳、马鸿逵的骑兵队伍，妄想垂死挣扎，东山再起。因此，西北战场在中国解放战争的整个棋盘上是十分重要的。

当时西北战场的形势同全国的形势一样，发生了根本变化，1949年5月，古城西安宣告解放。接着，中国人民解放军第十八兵团、第十九兵团归入第一野战军建制，投入西北战场大决战的行列。

西北野战军在彭德怀司令员的指挥下，以迅雷不及掩耳之势，发起全线猛烈攻击。胡宗南的部队猝不及防，一天之内即被强大的人民解放军团团包围，陷入绝境。激战两昼夜，除部分残敌越秦岭溃逃外，解放军歼敌 4 个军，共 4.3 万余人，解放县城 8 座，这是西北战场在解放战争中空前的大胜利。之后，西北野战军又先后解放了兰州、西宁、银川等西北重镇。接着，1949 年 9 月 19 日，董其武及其所部 4 万多人于绥远通电起义，绥远宣告和平解放。

至此，蒋介石在西北剩下的只有新疆了，当时在新疆主政的是国民党少壮派之一的陶峙岳。彭德怀曾经说过：陶峙岳虽然是个国民党军人，但具有高度的爱国主义精神。陶峙岳深受张治中的影响，明晓国家民族大义，基于这种情况，中共希望通过和平方式解决新疆问题。经过各方面的努力，9 月 26 日，新疆省政府主席包尔汉通电同广州国民政府脱离一切关系，即日起接受中国人民政治协商会议的领导。10 月 10 日，中国人民解放军进军新疆，20 日，进驻新疆省会迪化，新疆和平解放终于实现了。12 月 12 日，新疆省人民政府成立，包尔汉任主席。12 月 30 日，起义部队被改编为人民解放军第二十二兵团，陶峙岳任司令员，王震兼任政治委员。至此，蒋介石国民党政权在大陆仅留下西南一隅了。

1949 年 8 月 5 日，程潜、陈明仁及 30 多名国民党军政要员签署的起义通电正式发表，表明要正式脱离广州政府，加入中共领导的人民民主政权，为建立新民主主义新中国而奋斗。蒋介石失去了湖南。10 月 6 日，解放军进占粤北重镇曲江，守敌拼命南逃。大军兵分两路，直奔广州城，形成钳形夹击之势。10 月 10 日，“代总统”李宗仁宣布：国民党“政府”“迁都”重庆。10 月 13 日，广州城已能听到枪炮声。素有“小诸葛”之称的白崇禧被解放军一路追击，一直退到广西，企图依托广西进行顽抗。毛泽东采用大迂回、大包围的战略对其进行彻底打击，第四野战军在林彪的指挥下，彻底捣毁了桂系老巢，解放了广西全境，白崇禧不得不逃往台湾。

蒋介石很迷信，据说有人对他讲过：胜在川，败在湾，有过抗战在重庆胜利的辉煌，他又到重庆来故技重演，但这一次历史没有给他机会。人民解放军攻占贵阳，直逼重庆。蒋介石不得不于 11 月 30 日逃离重庆，最后仓皇逃遁到成都，仅在此停留 10 天。1949 年 12 月 10 日，蒋介石在成都凤凰山机场乘“中美”号专机向台北飞去。从此，蒋介石的双脚再没有踏上大陆。

# 六、在台湾的日子

## “反共”和“反攻大陆”

蒋介石在大陆军事大溃败后，其主力部队撤退到台湾和东南沿海的一系列岛屿上，总共约60万人，其中三分之一留守台湾，其余三分之二分散在厦门岛、金门岛、海南岛、舟山群岛和万山岛一线，组成台湾岛的外围防线。在人民解放军的隆隆炮火中，蒋介石兵败如山倒，连连失利，最终除金门岛外，其他岛屿全部失守，至此，蒋介石只好将可调动之兵力悉数收缩到了台湾本岛。

为了抵御解放军对台湾的进攻，蒋介石还制订了代号为“磐石”的防卫计划，并对人事做了精心安排。他让陈诚出任“行政院”院长，亲美的吴国桢任台湾省“主席”，亲美的孙立人也受命于危难之时，被任命为“陆军总司令”兼台湾“防卫总司令”。

为“保卫台湾”，蒋介石在沿海加紧建筑碉堡防御工事，夜以继日，不眠不休。防空演习，组织训练民众备战，闹得鸡犬不宁，甚至效法第二次世界大战末期日本法西斯的“神风队”故技，发动组织“反共敢死队”。

面对危局，台湾向美国发出呼救，要求美国派遣两个中队的战机进驻台湾，以及从冲绳速运上万吨武器弹药支援台湾，但美国对此反应冷淡。

正当蒋介石陷入叫天天不灵、叫地地不应的境地时，国际、国内形势发生了变化。由于“二战”之后美苏冷战的开始，台湾对美国在亚洲的战略意义上升，加之苏联和新中国的结盟进一步刺激了美国，使得美国逐步改变了对台湾的“袖手政策”。随着朝鲜战争的爆发，杜鲁门政府重新卷入中国事务，美国第七舰队侵入台湾海峡，使得中国共产党解放台湾的计划暂时搁置了下来。

蒋介石一面防御解放军进攻台湾，一面也在部署以台湾为基地来“反攻大陆”。事实上，蒋介石一到台湾，便把“反共”和“反攻大陆”作为一切工作的核心。在台湾，他操纵下的各种宣传机器极尽一切能事大肆喊叫，整个台湾变成了一架反共大机器。

蒋介石最早开出“反攻大陆”支票的时间是1949年6月26日，此时国民党在大陆已遭到彻底失败，但其军队及权力中枢尚未全部退台，下野总统不甘心自己的失败，遂于台北召开东南区军事会议，并发表《本党革命的经过和失败的因果关系》的讲话，提出经过整顿党、政、军各部门，不出3年，就可以消灭中共。

在这里，蒋介石界定他的“反攻”准备为半年，一年后开始反攻，3年内完成。然而时隔不到一年，蒋不但没有完成反攻准备工作，反而被赶到四海茫茫的孤岛之上。惊魂未定的蒋介石在复任“总统”职后的《复职的目的与使命》中，再度界定反攻时间表，改半年整训，一年反攻，3年完成“一年整训，二年反攻，扫荡共匪，三年成功。”就是说，从现在起，少则3年，多至5年，完成“反攻复国”使命。

但是，国民党军溃不成军，海南岛失守后，蒋介石不得不再次修改时间表，“一年准备，二年反攻，三年扫荡，五年成功”，复兴“中华民国”。1954年，蒋介石开始改了点儿说法，把“反攻大陆”变成“光复大陆”，虽然换了个花样，有了新鲜感，但到1955年，“反攻大陆”的最后一年，蒋介石仍然没有成功。后来，蒋介石1959年还开过“再过10年便反攻复国”的时间表，可是他超过了越王勾践10年生聚、10年教训的20年，仍然未能兑现自己的诺言。

蒋介石在不断开出“反攻大陆”时间表、大造反攻声势的同时，派出武装力量大肆进犯大陆，企图返回大陆。蒋介石的“反攻大陆”，主要着手在两个方面：先是在新中国成立之初，利用其在大陆潜伏下来的特务搞暗杀和破坏活动；其次就是在大陆周边组织其正规军败退后的散兵游勇，盘踞一块地方，在大陆边界上不断骚扰。蒋介石把这种武装势力称为“反共游击军”。蒋介石所组织和操纵的“反共游击军”，影响较大的是中国云南省境外缅泰交界的金三角地区所盘踞的国民党残部。在蒋介石的授意下，金三角“反共游击军”多次进犯云南边境地区，严重影响了边境人民的生活和生产。

蒋介石除了将金三角作为较固定的反共基地外，还屡次从台湾本岛及沿海岛屿对大陆进行侵犯。蒋介石不断派出小的武装偷袭大陆沿海，展开同人民解放军的“游击战”。据记载：

1951年6月至9月，蒋军800人分6股分别向广东、福建两省沿海隐蔽登陆，企图偷袭，但部队一上岸便被解放军全歼。

1951年9月4日，“福建反共救国军”的“泉州纵队”“永安纵队”共370人在福建晋江地区登陆，化装成解放军企图内窜，结果3天内被解放军全歼。

蒋介石在金门太武山远眺大陆

1952年后，蒋介石扩大了偷袭大陆的规模，采取“以大吃小，速进速退”的新战术。

1952年3月28日，大陈岛千余名国民党部队突袭浙东临海县白沙山岛，未果。

1952年6月，胡宗南亲率蒋军1200余人袭击浙江温岭县的黄焦岛，在损失310人之后溃逃。

1952年10月11日，金门岛国民党军900余众，在“海军”舰艇和飞机的掩护之下偷袭福建省南日岛。当人民解放军准备反击时，偷袭的国民党军已经全部撤离。

1953年7月15日，国民党金门守军1万多人在海、空军的配合下，由金门防卫司令胡琏亲自指挥，发动了对福建东山岛的大规模武装进犯。因国民党军有海、空军支援，战斗相当激烈，解放军守岛部队在打退数十次国民党军的进攻后，坚守住了核心阵地。此次战斗国民党军空投了480名伞兵，企图切断东山岛与大陆的联系。但伞兵未着陆，就遭到守军的猛烈射击，空降兵死伤惨重。待人民解放军增援部队赶到后，胡琏匆忙率兵撤退，因解放军没有海、空力量，无法对撤退金门的国民党守军实施拦截，致使大部国民党军退至金门。此次战斗共歼灭进犯东山岛的国民党军3379人，取得了反击偷袭作战的巨大胜利。

总之，从1950年年初至1954年8月，据不完全统计：蒋介石指使国民党军对大陆沿海地区共偷袭约42次，动用兵力近13万人。1950年至1953年，仅浙江、福建两省，遭国民党军上千人乃至上万人规模的偷袭就达5次之多。从朝鲜战争爆发到1955年9月，台湾空军共出动飞机3500多批，6200多架次，袭击和骚扰大陆地区。台湾海军在台湾海峡共劫夺各种船只470艘。1951年至1954年，台湾军事情报机关向大陆空投特工230多人，电台96部，各类枪支近千支，弹药18万发。同时，蒋介石逃离大陆时，留下了大批地下“反共游击队”，有百万人，至1950年6月，还有40万人仍在有关地区活动。1962年，大陆破获国民党地下组织事件249102件，同年逮捕国民党伞兵2237名。1967年“文化大革命”后，蒋介石派飞机越过珠穆朗玛峰，空投藏文传单和收音机，遣送特务人员入境，蒋介石的侦察机还深入西藏、新疆等内陆地区拍照。

蒋介石在对大陆进行军事进攻和特务破坏的同时，也发动宣传攻势。蒋对大陆的宣传战，主要是对大陆使用4个波力强大的电台，每天24小时以8种方式向大陆播送特别节目，短、中、长波，可达新疆、西藏和内蒙古地区。内容主要是国民党的文告、新闻、国际大事和台湾人民生活等。

其次是传单，1970年，蒋介石指使在大陆的地下特务组织散布了340万张传单、220万张标语和7.7亿份报刊。但蒋介石也因此损失了1780名特务。之后，蒋介石派飞机向大陆空投约3.25亿份小型报刊、100万张晚报、22万本小册子。以后又改以军舰将气球从南朝鲜（今韩国）或金门，顺风向大陆发放传单，每个气球可携带90公斤传单。1967年空投传单约1.75亿份，1970年约4200万份，1971年增长至2亿份。其中1971年10月31日，蒋介石84岁生辰时，空投100万份印有蒋介石像的标语。

自1950年至1967年夏天，共投2.08亿万份“慰问与希望函”和14.32亿包生活必需品，甚至有的地区还空投药品。

“文化大革命”期间，大陆处于浩劫之中，台湾特务机关趁机寄包裹到大陆，内有仿印的《北京青年》和其他当时大陆的刊物，刊载介绍台湾的文章，对大陆起了添乱的作用。他们利用香港向大陆派遣特务建立情报网和设立地下组织，探得中共一些重要机密。如1971年9月13日林彪坠机事件，台湾当日就已知道。1971年秋，台湾特务机关在大陆仍有70种“地下报刊”，并每月以《自由之声》《反攻日报》和《革命》等名义发行。

从1949年12月蒋介石兵败大陆，退到台湾，到1975年他梦断台湾孤岛，其间整整26年，他始终念念不忘的就是“反攻大陆”。然而，他没有能够如愿。

## 稳定台湾的措施

国民党败逃台湾时，200多万人逃到台湾。这么多的人一下子挤进台湾，使得原本就乏善可陈的台湾社会治安情况急剧恶化，直接影响到国民党在台的统治能否稳固，蒋介石为此不得不全力以赴进行整治。

在这一时期，蒋介石整治社会秩序的步骤是台前打好宣传战，台后则以恐怖政治为辅助。蒋介石确定的宣传重点：一是煽起一股疯狂的反共情绪，拼命吹捧蒋介石；二是千方百计使人们相信“反共复国”能够成为现实，极力宣传“反攻大陆”计划是“一年准备，二年进攻，三年扫荡，五年成功”；三是夸大军事战绩；四是鼓动人们为把台湾建成“反攻基地”“复国典范”而做出牺牲。

在正面宣传的同时，蒋介石在岛内全面推展特务工作，保密防谍。20世纪50年代初，蒋经国手下的特工已达5万人之多。蒋经国遵照父旨，为“台湾存亡的必要，实施铁腕政策，只要行动可疑，经人检举，一概列入危险分子，格杀勿论”，白色恐怖笼罩全岛。为了使“保密防谍”工作更加行之有效，1950年年初，台湾“行政院”颁布了《反共保民总体战纲要》，规定动员全岛的人力和物力，实施各种反共战略，并规定台湾公民必须宣誓：“我自己决不通匪，并不容他人通匪，如违反此誓言，愿受民众大会制裁。”之后，蒋介石还下令颁布“戡乱时期检肃匪谍条例”。

为强化对台湾人民的统治，确保孤岛偏安，早在1949年5月溃败前夕，陈诚就秉承蒋介石之意通过台湾“警备司令部”颁布“戒严令”，宣布台湾地区处于“战时动员状态”。台湾从此开始了长达38年之久的戒严时期，创了中外历史上戒严时限的纪录。

根据“戒严令”规定：戒严时期禁止工人罢工和集会游行，严格出入境手续，实行宵禁，禁止张贴标语，禁止散布非法言论，禁止藏匿武器弹药，人员外出必须携带身份证，等等。尤其严厉的是，规定戒严时期禁止党外人士进行组党活动，如有违反者，将以军法惩处。

在颁布“戒严令”的同时，台湾又制定了一系列法规、条令，使军事戒严和高度集权的专制独裁进一步强化。诸如“台湾地区戒严期间防止非法集会、罢业等规定实施办法”“台湾地区戒严时期新闻杂志图书管理办法”“动员戡乱时期新闻杂志图书管理办法”“动员戡乱时期国家安全会议组织纲要”“妨害国家动员惩罚暂行条例”等，花样达100多种。

蒋介石的法西斯统治，引起人民的日益不满，工人罢工、商人罢市、农民抗捐税接连不断。1957年5月24日，台湾爆发了震撼世界的反帝爱国大示威，台北市3万多示威群众愤怒地捣毁了美国驻台湾的“大使馆”和“新闻处”。同时，以“民主自由”自诩的美国人对蒋介石的这种高压政策也多有指责。

为了讨好美国人，争取更大的美援以维持蒋家小朝廷，同时，也为了平息众怒，转移人民不满的视线，避免重蹈引发台湾人民“二二八”起义的覆辙，蒋介石在实行法西斯专制的同时，也不妨搞点儿“民主”做点缀。其表现，一是允许中国青年党和民主社会党“合法”存在，二是实行“地方自治”。

实际上，中国青年党和民主社会党的党员极少，又无群众基础，在政坛上力量不足，无法发挥作用。它们的存在，仅是蒋介石为了标榜自己实行的不是“一党专政”而已。在蒋介石的集权统治之下，台湾人民毫无真正民主可言，“地方自治”不过是摆摆样子、走走形式而已。

蒋介石退守台湾初期，以廖文毅为首的境外“台独”势力活动猖獗。“台独”主张直接威胁到蒋介石政权的生存空间。加之，“台独”的总部虽设在国外，却不断派人潜回台湾，进行反国民党宣传，挑拨台湾籍人与大陆各省籍人的关系，有些激进的“台独”分子还在岛内进行爆炸等破坏活动，这对动荡不安的国民党政权来说无异于雪上加霜。

蒋介石对“台独”活动的日益猖獗气恼已极，擒贼先擒王，通缉廖文毅，查封并没收了他的全部财产。

到20世纪60年代中期，蒋介石对“台独”分子的策略稍有变化，在严厉谴责的同时，发出暗示：在共同反共的前提下，可既往不咎，实行合作。在国民党“九全大会”上，蒋介石建议成立由海内外各反共政党团体、人士等组成的“反共建国联盟”。并称：“在反共建国过程中，非举国意志，更加集中，才智更加发挥，行动更加一致，不足以迅赴事功，加速胜利。九全大会允应掌握时期，恢弘襟袍，以与海内外仁人志士才智俊彦，推诚合作。”在1964年“元旦文告”中，蒋再次向“台独”分子伸手，提出：“不是敌人，都是同志。”

为了制服“台独先锋”廖文毅，台湾有关部门制订了详细的计划。1965年3月6日，廖文毅终于同意向国民党当局输诚，使海外的“台独”势力元气大伤。20世纪60年代末，日本的“台独”组织已江河日下，“台独”大本营的地位已发生动摇，“台独”运动的中心渐渐转移到岛内和美国。

对于岛内的“台独”活动，蒋介石历来毫不手软，他绝不会让眼皮底下翻船。对于岛内大大小小的“台独”小喽啰，一经查知便一网打尽。

蒋介石在台主政时期，不管他是不愿看到中国分裂也好，还是妄想“反共复国”也好，他始终对“台独”采取打击策略，“台独”在台湾也始终没有取得任何公开的生存机会。

失去大陆，蒋介石认为“是党的失败，而党的失败主因，是一般党员对三民主义信仰的动摇，其应特别警惕者：（一）曲解三民主义；（二）毁弃革命领袖”。因此，蒋介石下定决心要改造国民党，把台湾建成“反共复国的基地”。

1949年9月20日，蒋介石发表《为本党改造告全党同志书》，号召全党研讨改造方案，提出彻底肃清失败主义毒素，痛除派系倾轧，铲除官僚主义作风问题，从而明确了此次改造的宗旨。

1950年7月2日，在国民党中常会上，蒋介石发表《关于实施本党改造之说明》。该会通过了“党务改造案”，决定：中央委员会暂停行使职权，成立中央改造委员会；开除认为不合格的党员，成立“中央评议委员会”；提出在“反共救国”中吸收新党员，在政治改革中提拔干部。8月5日，国民党成立由陈诚、张其昀、张道藩、谷正纲、蒋经国等16人组成的“中央改造委员会”。知名地理学家张其昀被任命为秘书长，该委员会取代了“中央执行委员会”的职权，成为“太上内阁”，正式开始对国民党的改造。在国民党中央改造委员会第二次会议上，通过《中央改造委员会大纲》。会后提出中国国民党改造纲要，称为《本党改造纲要》。

1950年8月16日，台湾“行政院”通过《台湾省各县市行政区域调整方案》。第二天，国民党中央改造委员会通过《中央改造委员会各处组会组织章程》，依据

蒋介石监督国民党改造委员宣誓就职

新的行政区划重建党的地方组织。

1952年10月10日国民党“七大”开幕，历时两年3个月的国民党改造运动完成。经此改造，蒋介石基本上取得了两项成绩：

一是重新整顿了国民党组织。蒋介石通过对国民党的改造，肃清了非蒋派势力。对党员训练加强，改造了党部，从而使蒋介石对国民党的控制加强。

二是削弱了国民党内非蒋派别的政治力量。蒋介石总结以往经验，借“改造”之机，把一大批异己力量压了下去。对统军的，解除其兵柄；对从政的，剥夺其实权。

在“改造”运动中，损失最大的当数长期把持国民党组织大权的陈立夫、陈果夫及其牵头的CC系。同时，蒋介石还通过设立国民党“中央评议委员会”，把那些过去有势力的党内元老供起来，实际上是架空他们。

当然，通过改造，蒋介石也安置了一批忠于自己的人，其典型表现一是让他的儿子蒋经国进入国民党中央决策机构，二是让他的得意门生陈诚扶摇直上，三是让名不见经传的严家淦崭露头角。

轰轰烈烈两年多的国民党“改造”声势渐渐平静下去，国民党内部权力结构进行重新组合，蒋介石在台湾稳住了阵脚，在台湾的国民党小朝廷再也没有一支政治力量可以和蒋介石“对话”了，他自然也不会再担心被迫辞职下野，可以得心应手地在台湾大搞其独裁专政了，这一回由于地方小，人员少，再加上他已积累了丰富经验，通过改造，加强了国民党为其服务的能力。而且，蒋介石将儿子蒋经国扶持起来，准备接这小王朝的班。这是蒋介石改造国民党的两个最大收获。

## 改善民生

蒋介石兵败逃到台湾以后，吸取在大陆失败的教训，采取了一系列有利于发展生产、改善民生的措施，以巩固其统治基础。

首先进行的是土地改革。实施土地改革，对国民党当局而言是一箭双雕的大好事，既可以施恩于民，巩固统治基础，又可以削弱台湾地主的经济地位，间接打击“台独”分子和台湾地方势力。加之，国民党退台后，实权人物陈诚、蒋经国等又都是土地改革的坚定支持者。因此，蒋介石将土改列为首要的问题。国民党在台湾的“土地改革”是分三步进行的：第一步：“三七五减租”。由此揭开了台湾土改的序幕。第二步：“公地改领”。日据时期，日本殖民政府和日本移民占有大量土地，台湾光复后国民党政府接收了这些土地，名曰“公地”。公地放领的实施，将“国有”耕地的所有权转移给农民所有，既调动了农民的生产积极性，又增强了农业生产基础。第三步：“耕者有其出”。台湾的“土地改革”通过层层递进的“三部曲”，对台湾的农业、工业及至整个社会都产生了十分重大的影响，主要表现在：首先，土改使台湾农村的阶级结构发生了显著的变化，大量的无地农民成为自耕农。其次，农民的生产积极性大大提高。但也有其不足之处，比如地主阶级的利益在一定程度上得到保护，“土改”实际上是以自耕农的小土地私有制取代地主的大土地私有制。

台湾的“土地改革”虽有一定的局限性，但毕竟成功地使台湾农业迅速恢复到战前最高水平，并带动了台湾工业经济的恢复。正如台湾当局所称，这种“温和的土改”是一次“合理的、不流血的革命”。蒋介石也认为，这种“土改”方法“使经过‘土改’后的地主，能同时参与国家的工业建设”。台湾“土改”虽是国民党政权乱中求稳的权宜之计，但也不失为蒋介石的明智之举。

除了土地改革以外，在经济领域的另一方面金融业，蒋介石也开始了大刀阔斧的改革。第一，改革币制。为了稳定台湾的货币金融体系，蒋介石命令陈诚以从上海运来台湾的中央银行库存的80万两黄金作为币制改革基金，着手进行第二次币制改革。1949年4月，台湾银行宣布台币不再与金圆券挂钩，而直接与美元挂钩，台币与美元的汇率为80000∶1。1949年6月15日，台湾省政府颁布《台湾省币值改革方案》和《新台币发行办法》，规定了币制改革的主要内容，由此币制改革正式开始。币制改革以后，虽然通货膨胀未能彻底消除，但在一定程度上得到缓和，囤积居奇与高利贷盘剥现象也大大减少。第二，高利率政策。1950年

3月，台湾银行创办了优利储蓄存款的特别制度，制度规定：该存款每次存进金额不得低于300元；每次存储期间不得少于1个月；利率定为月息7%；各银行收受该项存款后即转存台湾银行，由台湾银行办理放款业务。在高利率政策的刺激下，存款量激增，定息和储蓄存款总额增长很快，同时，“政府”将这些巨额游资通过银行放款业务，扶持了一些迫切需要发展的部门，从而有助于台湾经济的恢复和发展。第三，黄金储蓄政策。为了多渠道地回笼货币，稳定物价，弥补财政赤字，建立币制信誉，台湾制定“台湾银行黄金储蓄办法”，蒋介石政府对此政策加以修改，虽回笼了黄金，但有点儿得不偿失，当局遂于1950年12月27日终止了这一政策的实行。第四，加强外汇管理，实行复式汇率制。1949年6月，蒋介石在授权陈诚、尹仲容进行币制改革的同时，配套加强外汇市场的管理，实行新的结汇证签发放办法，规定新台币与美元的比价为5∶1，并采用单一汇率制。随之，还公布了《台湾省进出口贸易及汇兑管理办法》。但此种措施无法遏止通货膨胀，美金黑市继续上涨。虽多次调整汇率，仍然无济于事。

新金融措施实施后，复式汇率与外汇审核制度相结合，有利于平抑物价、稳定汇率和节省外汇，复式汇率也使企业在进口重要生产器材原材时，可按较低官价汇率申请外汇，而其他一般货物则按较高的结汇证价结汇。这就发展了民营企业，使其在台湾本土飞速发展，保护了台湾民族工业，这无疑有利于台湾经济的发展。

在财政方面，面对一直入不敷出的境地，蒋介石责令国民党“财政部”采取新的举措，谋求财政收支平衡。“经济部”“财政部”和“生管会”等部门遂联手合作，果断采取措施，挽救财政下滑局面。一是整顿税制。1951年，台湾当局颁布《台湾省内中央及地方各项税捐统一稽征条例》，实行统一、严格的税收制度。之后，税收大幅度增加，由1950年的6.9亿元新台币增至1951年的11.4亿元新台币，1952年，猛增至19.4亿多新台币。税收成为台湾弥补财政赤字、回笼货币的一条重要渠道。二是发行公债。1949年，台湾当局制定了《爱国公债条例》。1950年2月到11月底，共售出“爱国公债”1.537亿万元新台币。1968年4月，又制定《证券交易法》，股票交易迅速发展。三是压缩财政支出。为了压缩财政支出，蒋介石开始简化行政机构，裁汰冗员。蒋介石对这些庸官、闲官毫不手软，“行政院”的各“部”“会”等下属机构，前后裁撤84个单位，裁退5000余人；对“立法院”下属机关也一次裁掉、合并几十个。这在一定程度上减轻了财政负担。通过这一系列财政金融方面的改革，台湾经济逐渐走上有序运转的转道，从而有助于国民党政权在孤岛上站稳脚跟。

在蒋介石时代，台湾的工业发展大致分为两个阶段：第一阶段从1953年至

1960年，为工农业平衡发展时期。第二阶段从1960年至1972年，为工业起飞阶段。在第一阶段实施的举措主要有：一是以农养工，以工促农；二是发展以耐用消费品生产为中心的进口替代工业；三是官民企业并举，鼓励民营企业。

进入20世纪60年代，在"军事反攻"无望的情况下，蒋介石开始提出"建设台湾，反共复国"的口号，同时将施政重点集中于建设台湾、经营台湾。如何建设台湾？蒋介石提出："必须先经由现代化政治、现代化经济、现代化教育、现代化社会和现代化生活的建设，才能确实根基。"对于如何建设现代化经济，蒋介石提出的唯一途径就是发展"实业计划与国民经济建设运动"。其方针是："由初期的以农业为重点建设，安定农村经济，支持并助进工业的发展，乃进而至于以工业为重点的建设，促进农工商事业，并以促进国民经济建设。"

据此，在20世纪50年代经济充分发展的基础上，到20世纪60年代，国民党政权又采取一系列加速工业发展的策略，即从发展内向型经济为主转向发展外向型经济为主，大力发展劳动力密集型出口加工工业，拓展对外贸易，以带动整个经济的发展。由此，台湾工业进入第二阶段——起飞阶段。在此阶段内工业发展的具体措施主要是以下几点：一是进口替代转向出口扩张。20世纪50年代后期，当局决定将进口替代的内向型工业转向出口扩张的外向型工业，并通过健全金融体系、降低台币定值、简化汇率结构、税收优惠等政策鼓励出口。结果到20世纪70年代初台湾工业顺利完成了这种转变，出口急剧增长，农产品的出口由1964年的6.5亿美元增至1973年的33.76亿美元，工业产品的出口也相应地由18.4亿美元增至379.5亿美元，出口总额由43.3亿美元达到448.3亿美元，至此，台湾的海岛型经济初具模型。二是创立加工出口区。1965年1月30日，台湾当局颁布《加工出口区设置管理条例》。至20世纪60年代末，台湾共建成3个加工出口区：高雄加工出口区、楠梓加工出口区和台中加工出口区。加工区的设立取得了巨大的经济效益，到1978年加工区共有企业295家，投资额为2.55亿美元，出口值达9.48亿美元，进口值为5.58亿美元，增加就业7.73万人。加工出口区带动了整个台湾经济的飞速发展。三是引进外资和外国先进技术。为引进外资、侨资到台，台湾当局先后颁布了《华侨回国投资条例》《外国人投资条例》《奖励投资条例》和《技术合作条例》等，建立起完备的投资法律体系，从法律上对外资或侨资在出资比例、税收、建厂用地、公共设施等方面给予各种优惠和保障。通过以上种种政策措施，大量侨资、外资涌入台湾投资市场。

台湾经济得以在20世纪五六十年代迅速发展，除美国的援助、良好的国际环境、大量的黄金储备等因素外，蒋介石吸取在大陆失败的教训，并采取正确的经济发展策略，也是其中重要的原因。

## 走不出去的“外交部”

蒋介石政权偏安台湾一隅后，在“外交”方面越来越陷入困境。先是苏联在中华人民共和国成立的第二天就宣布与新中国建交，1950 年 1 月 6 日，英国也宣布正式“承认”中华人民共和国政府为中国法律上的政府，并中止了它同国民党政权的正式外交关系。与此同时，美国对国民党在大陆的溃败深感失望，采取弃蒋政策。一时间，蒋介石政权处于风雨飘摇之中。但随着世界局势的发展和美国远东战略的变化，特别是朝鲜战争的爆发，促使美国改变了对台政策。

朝鲜战争爆发后，美国抛出“台湾地位未定论”，放弃了战后初期采取的“袖手”政策。随之不仅派第七舰队进入台湾海峡，而且还操纵联合国大会通过议案，组成联合国军开赴朝鲜。几日后，第七舰队司令史枢波到台北访问，随后贾纳德少将出任“驻台军事代表”，美国走上了扶蒋保台的路子，此后，大量的军援和经援源源不断地运到台湾。有了美国人撑腰，蒋介石腰板硬了很多，他企图参加到朝鲜战争中，从而打回老家。蒋介石曾 3 次向美国提出出兵朝鲜，但都遭到美国政府的拒绝。

由于朝鲜战争的爆发，美国修改了它的远东政策，派重兵入侵台湾海峡，而中国不可能在同一时间在两个地方与美国打仗，解放台湾的任务只好往后拖延。此后国际国内形势的发展，使得台湾问题的解决一拖再拖，而蒋介石得以在台湾苟延残喘。

1954 年 12 月 2 日，美台签订《共同防御条约》，条约大意规定：

一、双方各自以自助及互助之方式，维持并发展各自及双方的能力，以抵抗武装攻击，保护领土完整及维持政治安定。

二、双方承认，“对在西太平洋区域内任一缔约国之领土上之武装攻击即将危及其本身之和平与安全，兹并宣告将依其宪法程序采取行动”。

三、就“中华民国”的领土而言，应指台湾与澎湖；就美利坚合众国的领土而言，应指西太平洋区域在其管辖下之岛屿领土。

四、台湾当局同意美国有在台澎及附近为其防卫所需要而部署其陆海空军之权利。

五、此条约并不影响台美在联合国宪章下之权利义务，或联合国为维持国际和平与安全所负之责任。

“台美共同防御条约”的签订，不仅使“蒋家小朝廷”获得了美国的保护伞，而且使美国在台湾的驻军长期“合法”化，“台美”关系进入“蜜月”期。

蒋介石在酝酿签订"台美共同防御条约"之时，也想伺机进一步加强与南朝鲜的关系。1953年11月27日，南朝鲜（今韩国）总统李承晚访问台湾。蒋介石亲率"行政院长"陈诚、"外交部长"叶公超、"国防部长"郭寄峤、"参谋总长"周至柔等党、政、军要员前往机场迎接。28日上午，蒋、李举行正式会谈，宋美龄和双方"外交部长"叶公超、卞荣泰在座。双方重申了反共的共同立场，倡议建立亚洲"反共联合战线"，并在当日发表了《联合声明》。蒋介石通过此次与李承晚一行的谈判磋商，进一步密切了台湾与南朝鲜（今韩国）之间的关系，对于制造反共舆论，加剧亚洲地区紧张局势，破坏朝鲜停战协定的执行，都起了推波助澜的作用。

在亚洲、太平洋地区建立一个包括美、日等国在内的，以对抗中华人民共和国为目的的"反共军事同盟"，来增加国民党"反攻大陆"的力量，这是蒋介石自败退台湾以来一直梦寐以求、并为之奋斗的目标。但由于美国的暧昧态度，无论在朝鲜战争还是在越南战争期间，台湾均被排斥于任何亚太地区的军事集团之外。蒋介石不甘心仅局限于政治活动，他总是在寻找建立军事同盟的适当时机。

1966年6月14日至16日，亚太地区9"国"（日本、南朝鲜、南越、菲律宾、马来西亚、泰国、新西兰、澳大利亚和台湾）外长第一届年会在汉城召开。会议的目的，就是筹组亚太地区"反共军事联盟"。南朝鲜（今韩国）、台湾为促成会议起了主要作用。在开幕式上，朴正熙呼吁建立一个亚洲暨太平洋大同盟，并产生一个具有永久性的组织，并称"对付共产主义非使用武力不可"。台湾"外长"魏道明声称"用谈判来对付共党的挑战，是绝对不适当的"，只有全体"自由国家"都拿出"坚决而协调的防卫行动"来，国际共产主义运动才能被扼制。南越和菲律宾亦主张组织一个永久性的区域联盟。但是日、马、泰、澳均不主张成立这类军事组织或联盟。

尽管在汉城筹组亚洲"反共军事联盟"的计划流产，蒋介石并不甘心，而是利用"外交"途径频繁地进行。如加强与泰国的关系，争取澳、新、菲、马等国的支持，继续加强同"反共盟友"南朝鲜（今韩国）、南越的关系，继续利用"世界反共联盟""亚洲反共联盟""亚洲国会议员联合会"等组织来促成亚太"反共军事联盟"的成立，等等。但是由于美国态度的消极和日本强烈反对，蒋介石所有的努力都是徒劳的，他筹组亚太"反共军事联盟"的计划以失败而告终。

"世界反共联盟"是一个国际性反共组织，它的成立是蒋介石和朴正熙精心策划的。1967年9月25日，"世界反共联盟"第一届大会在台北阳明山中山楼举行。来自73个国家和地区及13个国际反共组织的代表、观察员200余人出席了大会。

很明显，成立“世盟”是蒋介石“全球反共战略”的一个组成部分，他是通过“世界反共同盟”这一组织，通过掌握组织大权的谷正纲来贯彻其反共政策的。可惜的是，“世盟”的成立不仅未能“促进”世界反共高潮的到来，相反，却使许多西方主要国家政府对其避而远之，蒋介石所期待的世界“反共体系”始终无法形成。

随着新中国国际地位的提高和国际形势的变化，美国对新中国的政策有所松动，对台政策也有所改变。肯尼迪上台后，“台美”关系开始降温。约翰逊继任后，对华政策更有了明显的改变。1965 年 6 月 30 日，美国停止了对台湾的经济援助。次年 4 月，美国宣布对中华人民共和国的 10 点声明。10 月，约翰逊访问亚太地区 6 国时，有意不安排访台。

1968 年 11 月，尼克松当选美国总统。美国从全球争霸的战略出发，为了对抗苏联，它要利用中国做杠杆对苏施加压力；同时，美国陷入越战的泥潭中不能抽身，它要尽快结束越战，必须取得中国的谅解；加之，随着中国力量的壮大，美国与中国对立已付出了巨大代价。鉴于以上种种原因，尼克松决心从根本上改变对华政策。1972 年 2 月 21 日，尼克松到北京，进行“改变世界的一周”的访问。尼克松北京之行，彻底打破了蒋介石“反共复国”的梦想，蒋介石大骂“尼克松不是个东西”，同时声明，《上海公报》协议无效，台湾不予承认。蒋介石从此卧床不起，直到去世。

随着尼克松对华政策的改变，美国开始改变反对新中国进入联合国的政策。

1972 年尼克松访华，毛泽东与尼克松握手

1971年2月25日，尼克松在国情咨文中表示："美国期待中华人民共和国在国际组织中扮演一种建设性的角色，从而建立一个安定而和平的国际环境。"虽然后来美国提出"双重代表"案，试图制造"两个中国"，但在阿尔巴尼亚等国的坚定支持下，中华人民共和国加入联合国的提案终于在第26届联大上获得了通过。与中华人民共和国加入联合国的提案获得通过的同一天，台湾"外交部长"周书楷宣布台湾退出"联合国"。

在联大驱蒋之后，几乎在一夜之间就有20多个国家与台湾当局"断交"，转而承认中华人民共和国。截至1973年2月，仅有39个国家和地区同台湾当局保持"外交"关系，到1991年，同台湾保持"外交"的国家和地区进一步减少到30个左右。时任台湾"外交部长"的周书楷深感无"外"可"交"，"外交部"也被人讥为"断交部"。

## 在台湾悬棺未葬

蒋介石不吸烟、不饮酒，甚至不喝茶，饮食起居极有规律，所以，在20世纪70年代之前，也就是他85岁之前，除了1962年做过一次前列腺肥大切除手术外，几乎没有得过什么大病。

然而，70年代之后，蒋介石的身体每况愈下。1971年春，蒋介石开始尿血，紧接着血管硬化的病状也开始显露出来。蒋介石的身体因血管硬化而不断恶化，走路打晃，拄拐杖有时都不顶事，常要人搀扶，双手颤颤抖抖，不要说写字了，连点眼药、剪指甲都要人代劳。

7月上旬，蒋介石、宋美龄夫妇与往年一样，从"士林"官邸搬到了阳明山官邸避暑。当蒋介石的车队以快速经过仰德大道岭头附近的弯道时，不幸发生了车祸。手握拐杖、正闭目养神的蒋介石的身体猛烈地向前抛去，撞到了前面的玻璃隔板上，蒋介石的胸部当场受到了严重的撞伤，嘴中的假牙也飞了出来。汽车相撞时，宋美龄正坐在蒋介石的左侧，就在她随汽车的撞击力量整个身体向前冲的一瞬间，她的双腿撞到了前面的玻璃隔板上。宋美龄当时疼痛万分，厉声叫喊，呼天抢地，好不凄惨。

车祸一发生，现场一片慌乱，警笛厉叫，救护车随即赶到，军警封锁了现场，并尽快疏散过往车辆，蒋介石夫妇立刻被送到医院急救。侍卫长官立即向"行政院长"蒋经国汇报，并且急忙命令手下通知各哨卡拦截肇事的那辆军用吉普。阳明山、台北市甚至整个台湾岛一时间空气紧张得让人喘不过气来。蒋经国闻报后，当即指示情治当局，要想方设法查到已经逃离现场的军用吉普。随后，蒋经国立即驱车赶赴医院看望蒋介石夫妇，并指挥抢救工作。

阳明山车祸后，蒋介石在医院小住几日，做了些治疗后，很快出院了。但车祸后，蒋介石连病带惊，一蹶不振，身体状况急剧变化。有一次，他在会见一位国民党老将军时不无忧伤地说："自从这次阳明山车祸后，我的身体受到很大影响，不但腿不行了，身体也不行了。"

1972 年 6 月，蒋介石被查出患有心脏病，7 月 22 日，突然昏迷，因抢救及时，幸免一死。8 月初，蒋介石住进"荣民总医院"为他特设的六号病房。

蒋介石这次住院不比寻常，身边的工作人员和医护人员 20 余人一同住进了六号病房，宋美龄、蒋经国、孔二小姐在六号病房内还开了单间住下，以备不测。在"总统医疗小组"和宋美龄等亲属的精心照料下，蒋介石的生命又得以维持了近 3 年的时间。

1975 年清明节（4 月 5 日），蒋介石走完了自己的一生。蒋介石病逝后两小时零 10 分，"行政院"于 4 月 6 日凌晨 2 时发布经主治医师签字的医疗报告及蒋介石遗嘱。

蒋在遗嘱中称：

> 余自束发以来，即追随总理革命，无时不以耶稣基督与总理信徒自居。……实践三民主义，光复大陆国土，复兴民族文化，坚守民主阵容，为余毕生之志事，实亦即海内外军民同胞一致之革命职责与战斗决心。唯愿愈益坚此百忍，奋勉自强，非达成国民革命之责任，绝不中止，矢勤矢勇，毋怠毋忽。

台湾当局对蒋介石的遗嘱极为重视。就在蒋介石病逝第二天早晨 7 时，国民党中常会召开临时会议，会议对蒋介石的遗嘱决议如下：

> 全党同志，敬谨接受总裁遗嘱，并愿全国军民，共同以反攻复国之决心，团结奋斗，完成总裁遗志，亦即实践三民主义，光复大陆国土，复兴民族文化，坚守民主阵容，誓达目的，毋怠毋忽，谨此决议。

1976 年 11 月国民党"十一大"召开时，又通过了《全党奉行总裁遗嘱决议文》，宣称：

> 我们誓言，坚决奉行总裁遗嘱——实践三民主义，光复大陆国土，复兴民族文化，坚守民主阵容，以此为全党党员革命的职志与战斗的决心。承担并完成艰苦奋斗的革命任务。以上慰总裁在天之灵！

在"十一大"重新修订的《中国国民党党章》中，蒋介石遗嘱写入党章，以使国民党员“遵行”。修订党章云：

总裁遗嘱所示：“实践三民主义，光复大陆国土，复兴民族文化，坚守民主阵容”四大革命任务，为总裁毕生的志事，全党同志自应奉为共同的革命职志与战斗决心，努力贯彻实现，故本草案拟予纳入总纲第二条，期以相互勉行，并使革命民主政党之含义更为具体而明显。

国民党当局的上述做法未免过于牵强，如果接任国民党中央主席职位的不是蒋经国，恐怕对蒋介石的遗嘱未必如此重视。

严家淦在蒋介石病逝7个多小时后便继任“总统”，时间之快为历史罕见。严继任“总统”后的第一道命令就是：

特派倪文亚、田炯锦、杨亮功、余俊贤、张群、何应钦、陈立夫、王云五、于斌、徐庆钟、郑彦棻、黄少谷、谷正纲、薛岳、张宝树、陈启天、孙亚夫、林金生、沈昌焕、高魁元、赖名汤等21名大员组成治丧委员会。

与此同时，“行政院”宣布3件事：

(1) 自4月6日起，历时一月为“国丧”期，“国丧”期间停止娱乐、宴会及各项庆祝集会（后改为4月6日至17日）；

(2) 军公教人员一律着素色服饰并佩戴2.5寸宽的黑纱；

(3) 蒋介石遗体停放中山纪念馆5天，供民众瞻吊。

蒋介石灵堂

4月6日凌晨2时，蒋介石遗体由官邸移至“荣民总医院”，4月9日，蒋介石灵柩移至中山纪念馆。移灵时，由于蒋经国在蒋介石遗体前一次又一次地“长跪志哀”，并把照片登在报纸上，于是，他手下的一批人也就纷纷上行下效，率领各自手下在灵堂或路边跪祭蒋介石。为了证明蒋介石得到民众的拥护，《中央日报》刊登了“省政府主席”谢东闵率各县市长长跪蒋介石灵前泣悼的照片。在20世纪70年代号称民主社会的台湾，竟然出现了穿西服官员匍匐跪地“吊祭先王”的场面，实在是可悲又可笑。从4月9日起，严家淦和全体治丧大员轮流在中山纪念馆为蒋介石守灵。

4月16日是蒋介石的大殓日，8时5分仪式开始。8时8分45秒，蒋介石灵柩的棺盖放在7尺铜棺之上。之后，由张群、何应钦、陈立夫、薛岳、谷正纲、黄少谷、黄杰、谢东闵8位中国国民党中央评议委员、中央常务委员将一面青天白日旗覆盖在灵柩之上。接着，严家淦与“五院”院长、“行政院”副院长徐庆钟、“总统府资政”王云五、“光复大陆设计委员会”副主任于斌等在灵柩上覆盖了青天白日满地红“国旗”。然后，严家淦恭读祭文。

礼毕后，台湾当局还怕蒋介石不能升“天堂”，又在蒋介石的大殓日，以基督教仪式行之。牧师周联华为蒋介石主持了追思礼拜与安灵礼。

其后，周联华领读经文诗篇第23篇，读启应文。追思礼拜结束，响起圣乐，纪念馆外鸣礼炮21响，接着，蒋介石的灵柩在执绋人员的护送下，停放在灵车之上。

灵车前身用20万朵深黄色的菊花装饰，两边各有几条白绋，车前挂一青天白日“国徽”及鲜花十字架。灵车队99辆由宪兵队开道车在前领道，包括“国旗”车、“党旗”车、统帅旗车、奉行蒋介石遗嘱令车、捧勋车、遗像车。车队后面是宋美龄挽蒋介石的大型黄菊十字架，家属随其后。2000多执绋人员缓缓驶向蒋介石灵柩的暂厝地——慈湖。

据报载：在蒋介石灵柩驶往慈湖的路上，当局发动了成千上万的学生在灵车所经途中“迎灵”。绝大多数行业停止营业，鲜红的建筑一律奉命改漆素色。不合哀悼气氛的广告，也一律修改。交通路口则搭牌楼，各家要挂挽额，平常失修的马路和未铺柏油的路面一律要整修，害得沿路各商家和修路工人日夜赶班，满肚子的怨言无处申诉。当日，治丧委员会的大员们还想出“路祭”这个名堂，沿途分配各机构行号另设供桌，同时规定灵车经过时不许迎灵的人抬头正视。此外还要求民众在大典鸣炮之时，在原地悼念3分钟。

下午1时10分，安灵礼在慈湖宾馆完成。蒋介石的灵柩停放在正厅中央的灵堂上，灵堂是以漆黑光亮的花岗石建造的，长3.2米，宽1.8米，高1.43米。灵堂上镶着青天白日徽，灵台基层四周缀满白色雏菊。正厅东侧，蒋介石原卧室房内一切布置保持原状，靠窗子的地方有一张深咖啡色的书桌，桌上有一架蒋介石生前使用的电话机、大理石笔筒和一个白色的碗，书桌南侧有一台黑白电视机，还有蒋介石的鸭舌帽和眼镜，并排放在电视机上，北面靠墙地方有一个书架，放着蒋介石生前读过的各种书籍，墙上挂着一幅宋美龄画的画。在卧室的茶几上，放着一张蒋介石生前用红铅笔写的便条："能屈能伸。"

安灵礼完成后，蒋经国对参加大殓的大员表示答谢。

至此，蒋介石的丧礼才算完毕。蒋介石丧事排场之大，实为古今中外所少有。

丧事处理完毕，国民党中央于 1975 年 4 月 28 日举行会议，商讨党权归属问题，会议做出三项规定：

（1）接受蒋介石遗嘱，并即具体规划，坚决执行；

（2）保留党章"总裁"一章，以表示对蒋介石的"哀敬"与"永恒之纪念"；

（3）中央委员会设主席一人，推选蒋经国担任。

蒋介石病逝后，遗体做了防腐处理，他的灵柩一直停放在慈湖"行宫"，不断有人前去参观，台湾当局为了永久纪念蒋介石，决定筹建"中正纪念堂"。

1980 年 4 月 5 日蒋介石病逝 5 周年之际"中正纪念堂"完成。"纪念堂"坐东朝西，遥望大陆；平面用方形，以寓"中正"之意；堂顶八角，造成多数之"人"字形，聚于宝顶，上与天接，以寓"天人合一"之思想；屋顶用天坊宝蓝玻璃瓦顶，蓝中带紫，顶上有青天白日"国徽"。"纪念堂"高 70 米（三层台阶高 14.5 米，主体墙高 24 米，斗拱至宝顶尖 31.5 米）。内部隔为上、下两层，上层为正堂，平面为 40 米见方，四角各突出 7.5 米。后方居中矗立蒋介石坐姿铜像，铜像高 6.3 米，厚 6～12 厘米，全重约 21.25 吨，由陈一帆承铸，台座高 3.5 米。铜像基座正面刻了蒋介石遗嘱，大理石壁上，正中刻有蒋的遗墨"民主"二字，左右两边分刻了"伦理"和"科学"。在正厅两侧的大理石壁上，刻着两句蒋介石所谓的"嘉言"："生活的目的在增进人类全体之生活""生命的意义在创造宇宙继起之生命"。"纪念堂"下层为展示室，陈列着蒋介石的遗物、文献及喜读书目；放映室放映蒋介石的所谓"功绩""生活电影与录音"。

距"纪念堂"中心线 470 米处竖立一高 30 米，横、宽、长 67 米的正牌楼，一列大小 5 个拱门，象征"五权宪法"。牌楼正中匾题置 4 个大字"大中至正"。

在纪念堂南北两侧，竖立两座格式相同的高 13.8 米、长 19.7 米的牌楼，一为"大忠门"，一为"大孝门"，寓意"大中至正"的蒋介石是一个"忠""孝"两全的人。

# 第三章

## 原配、小妾和妻子

# 一、原配毛福梅

## 毛福梅比蒋介石大5岁

毛福梅是蒋介石的结发之妻，生于1882年，卒于1939年。从19岁进蒋家门到45岁被休，她与蒋介石的夫妻名分维持了26年。

毛福梅是奉化岩头人，毛家是岩头一带的望族，其祖是清代恩贡，遗有田产，工字形的独院是她家老屋，坐落在溪西。其父毛鼎和是族中长辈，素有声望，擅经商理财，开着一爿祥丰米行和一家南货店，家底殷实，人称“祥丰先生”。他娶万竹箭岭村人王氏为妻，生有儿女各二：长子毛怡卿，次子毛懋卿，长女毛英梅，次女毛福梅。

蒋介石、毛福梅在奉化的旧居

毛福梅原名馥梅，后来乡间人叫不惯这文绉绉的名字，就叫她福梅、福美或福妹。毛福梅出生时，算命先生说她是一颗“福星”，因此自幼深得父母宠爱，被视为掌上明珠。毛福梅长大成人后，出落得亦颇有“福相”，宽眉大耳，且性情随和，事亲极孝。毛鼎和一心想为她挑一个门当户对的世家子弟，但此穷乡僻壤中，欲遂此愿谈何容易！因此，直到毛福梅年届 19，尚待字闺中。

毛福梅之所以嫁给了蒋介石，中间有一个颇为曲折的故事。蒋介石过于顽劣，王采玉实在对这个野马一般的儿子难以训教，便在 14 岁那年将其送到榆林村表兄陈春泉办的私塾去读书。

蒋介石到陈春泉的私塾读书后，学业上倒有些进步，人也渐渐长大懂事起来了，不过，14 岁的孩子，竟想讨堂表妹毛阿春做老婆。

风声传到溪口王采玉耳中，她就把这件事去同母亲诉说。这位外婆听了，不光不气恼，反而喜滋滋地说："阿玉哟，这是喜事，外孙既有这种心思，就会听女人的话了。你何不早点儿娶个媳妇来，给这匹小马套上笼头，以后就野不到哪里去了。"

王采玉仔细一思忖，觉得母亲的话也有道理，就立即行动，托了一个媒人到岩头阿春的母亲蒋赛凤处提亲，蒋赛凤一向对蒋介石印象不佳，视此事为辱，一口回绝媒人："瑞元这个无赖，他娘还当作宝贝似的，我看以后是个不成器的败家子，我的女儿岂能嫁给他？"话说得很不中听。王采玉一向"望子成龙"心切，遭此讥讽，深受刺激："你是蒋家自己人，不愿把女儿嫁给我儿子，倒也罢了，为何还要出言相讥。我倒非要在岩头毛姓中择一门户相当、人品俱佳的闺女为媳妇不可。"当下，王采玉即去榆林拜访表兄陈春泉，请他帮忙物色。

陈春泉在乡间颇有声望，与岩头士绅之家多有交谊，几经斟酌，择定毛鼎和之次女毛福梅，并做成此媒。毛鼎和之所以同意这门亲事，有他自己的打算：蒋家早年曾是溪口缙绅首户，如今虽已家道中落，但名望犹在；蒋介石 6 岁读书，性虽顽劣，但人极聪明，前途不可限量；蒋母为人厚道贤德，教子有方，蒋介石事母孝顺，有其母必有其子。而王采玉之所以接受大蒋介石 5 岁的儿媳，也是考虑到早娶一个懂事能干的大媳妇，既可为家务分劳，又可帮助自己管束顽劣的儿子，还可早日抱孙子，一举三得。

王采玉高高兴兴赶回溪口去操办彩礼，准备择吉下聘，张罗成亲。1901 年冬天，14 岁的蒋介石结婚了，举行了盛大的婚礼。

溪口丰镐房为蒋介石的结婚典礼忙得不亦乐乎。早在吉日良辰选定前，丰镐房就已张灯结彩，宾客盈门，一提提贺礼挑进门，账房忙着登记礼单。溪口一条街上，家家户户都在谈论蒋介石的婚事，都拥在蒋家祠堂门口争着一睹新娘子的风采。

毛家也忙开了，择定吉日以后，毛家的内亲外戚、新朋旧友，送贺礼的送礼，帮着操办嫁妇的办嫁妆。毛鼎和夫妇务必要在嫁妆上争点儿面子，以免女婿将来瞧不起女儿。

出嫁那一天，长长的山道上是一列流彩溢金的队伍。当一长列嫁妆抬进溪口的街上时，观者塞途，无不啧啧称赞。

唢呐声中，一乘四人抬的雕花帔彩的花轿来了。毛福梅凤冠霞帔，端坐在花轿之中，怀里紧紧裹着近百只红鸡蛋，手中抱着一只首饰箱。轿外乐声沸天，爆竹震地，好不热闹。

这个时候，蒋宅丰镐房的老屋里早已红灯高照，贺客云集，一齐等候在门口，翘首望着山道方向，等待花轿到来。

蒋介石已穿戴停当，伫立在母亲面前，听她最后一次吩咐。

爆竹齐炸，人声喧哗，毛福梅在喜娘和引轿娘子的搀扶下走出花轿，踏着花毡，低垂着头跨进蒋氏祠堂。

这一天，最自在的要数新郎官蒋介石了。毕竟还是个孩子，他见由于自己成亲，竟邀集了那么多亲朋好友来他家热闹，大家都把他当成了太阳一般围着转，好不自在。

只是有一点使他不高兴，拜堂时不能由着自己的性子拜，得听赞礼生的指挥。他习惯于指挥别人，在各种场合都要显出自己超过别人。今天这种场合正该露一手给别人看看，如今反而听别人指挥，真没劲。要不是娘一再告诫，他才不这样顺从哩。

好不容易等到拜完天地，赞礼生刚刚唱完："新郎、新娘入洞房!"毛福梅就像个温驯的小绵羊，在伴娘的搀扶下向新房走去，新郎却一转眼不见了。

蒋介石没有陪新娘进新房，而是把戴在头上的新红顶瓜皮帽一摘，提起紫红色新绸切花长袍的前襟，塞在大红腰带里，一溜烟儿冲出大门，跑到街上去抢爆竹了。

街上，吹鼓手和执事们正在门口一面吹打，一面放爆竹，引得一群小孩子你抢我夺快活得不亦乐乎。没想到蒋介石来到这群孩子中，抢得比谁都欢。

这时候，王采玉已被总管请到喜堂正中的红木交椅上，两旁依次坐着蒋介石的各房长辈。大家正襟危坐，显得威严而又神圣，准备接受新郎引着新娘双手奉献的蜜糖桂花茶。这是奉化旧式婚礼中的一个重要环节：新娘献茶。能在这个场合里吃茶的固然十分荣幸，但代价也是够大的：人人手里得攥一份厚厚的见面钱，在新娘献完茶之后，新郎端着茶盘来收空杯子时，把见面钱放在茶盘上。

王采玉和长辈们在堂上左等右等终不见新郎引新娘进堂来献茶，十分纳闷儿。王采玉出去一看，这个不争气的小冤家正在和一群孩子抢爆竹头。奉化风俗"新郎拾蒂头，夫妻难到头"。

见到母亲生气，蒋介石知道事态严重了，急忙丢下爆竹，回到上房，跪在娘的面前。

王采玉本想用竹片狠狠打他一次，可见他跪在自己面前心又软了。

毛福梅虽端坐在新房的床边，低着头不说也不笑，但进进出出的女宾们还是把外面的情形传了进来。当她听说自己的丈夫不领着她去向长辈敬茶而到街上去抢爆竹时，她真是惊愕失望。丈夫虽然比她小5岁，不像大人那样懂事，但万万没料到竟是这样一个不懂礼仪的顽童。

新婚之夜，席终人散，蒋介石才进新房来。进房以后，把门重重地关上，就和衣倒在床上。看来他这一整天已在这场结婚游戏中玩得精疲力竭了。

夜阑人静，街上传来清脆的梆子声。蒋介石在床上睡得很熟，发出香甜的鼻息声。毛福梅轻轻地叹了一口气，望着睡在床上的丈夫，委屈的眼泪夺眶而出。她只好衣衫不解，默默地靠在椅子上恍恍惚惚地度过这新婚之夜。

奉化风俗，男女成亲之后，开春正月初二那天，新女婿须去岳家拜岁，岳家族里照例要请“生头女婿”吃饭，叫作“拨食”。这一礼节男女双方都十分重视，男方必须带去许多礼物，如桂圆、红枣、糖果、糕点等，馈送给女方的长辈，做岳父母的则要备办丰盛酒席招待。然而，玩心甚重的蒋介石并没有把第一次登门看得十分重要。他随蒋氏家族的花灯会从溪口到各村“串演”，直到傍晚才到了岩头，而且所有礼物也都放进了向各村族长拜岁的红仓堆里。

毛鼎和见读了9年书的蒋介石也混杂在此“打秋风”的队伍里，恼怒异常，劈头盖脸地训斥了“生头女婿”一番：“你这个没出息的东西！还有脸上门来出丑？蒋毛两家的门风都给你败光了！”当然，毛鼎和的这番辱骂，也惹恼了生性梗倔的蒋介石，自此，翁婿失和。虽然以后双方面上还一直保持着客套，但蒋介石在心底里一直未曾释怀。蒋介石发迹之后，有一次回家乡，在雪窦山妙高台别墅休养，毛鼎和曾坐轿去探视，蒋介石却推故未见，只吩咐侍卫官转告毛福梅，送2000块银圆作答。

## 毛福梅一直是丰镐房的女主人

毛福梅嫁给蒋介石，是由双方家长做主包办的旧式婚姻，毛氏又是缠足的旧式家庭妇女，年纪比他大，长得又不是秀外慧中。因此，结婚以后，夫妻二人感情极其一般，蒋介石对她很淡漠。所幸毛福梅心地宽厚，性情柔顺，“大姐姐”般地悉心照顾心无定性的小丈夫，事夫唯谨，同时尽心尽力地辅助蒋母操持家务，极具孝道，深得王采玉疼爱。1903年以后，蒋介石到县城凤麓、龙津两个新式学堂学习，接受新学知识。王采玉同时把新媳妇也送到县城伴读，并让她进入作新女校学习文化，以利于相夫立业。这样，21岁的毛福梅开始了她的“蒙童”生涯。

1905年，蒋介石到宁波箭金学堂从学于顾清廉时，再次携毛福梅同往陪读。这一时期，是蒋介石、毛福梅夫妻生活中最值得回味的一段“蜜月”，朝夕相处，感情颇为融洽！可惜，好景不久，1906年，蒋介石考入浙江武备学堂，再入保定军校，后又出洋留学，回家乡相聚的时日就为数不多了，他又恢复了以往对毛福梅若即若离的态度。

蒋母为蒋介石娶年龄大一些的媳妇，原有早日抱孙之心，但多年不见其生育，未免有些心焦。后来知道毛氏终于有孕了，她喜形于色，关怀备至。那时蒋介石在日本留学，寒假归来探亲，夫妻之间偶尔因故争吵，毛氏顶撞几句，他一时性起，竟拳打脚踢。当时毛氏怀胎已七八个月，被踢之后悲伤已极，倒在床上哭泣，开始不觉十分疼痛，片刻之后加剧了。王采玉闻声赶来，大骂蒋介石，命他赶快请医生诊治，服药安胎，但已无效，当夜就小产了。蒋母伤心至极，痛责蒋介石，晓之以“不孝有三，无后为大”的道理。蒋介石素对母亲敬重，只有跪下听训。过后，王采玉又请人替儿子媳妇排流年，算子息。

1909年暑假，蒋介石由日本回国，滞留上海，王采玉亲自送媳妇前往。为了促使其夫妻和睦相处，王采玉长哭训子，陈以家庭痛史，并以死相胁，闹着要跳黄浦江。蒋介石跪地求饶，发誓不再与妻子争吵，并邀好友张静江、戴季陶同来劝解担保，留毛氏在沪居住。王采玉回乡前夕，还去托付在沪乡亲随时探询儿子媳妇相处情形。后来得悉媳妇再次怀孕，又亲自前往，延医诊脉，说是男胎。这时蒋介石已返校受训，婆媳就一同回乡。到翌年农历三月十八日毛氏分娩，生下个儿子，乳名建丰，谱名经国，面相极似其母。这时王采玉46岁，蒋介石23岁，毛福梅年已28岁。结婚将近10年，得一经国，婆媳欢喜异常，十分疼爱。

1911年以后，蒋介石浪迹于上海滩，花天酒地，娶娘姨出身的姚冶诚为侧室，并一度把姚氏带回溪口老家。毛福梅明媒正娶，当然不会喜欢上海来的新客，可是丈夫纳妾，在流行多妻制的旧中国，比比皆是，更何况蒋介石再非昔日之顽童，早已混出了头脸，沸腾于乡里，毛氏除了予以容忍，宽宏雅量，哪里还敢存反抗之心？同时，毛氏为了讨丈夫的欢心，对姚冶诚极为笼络，嘘寒问暖。蒋介石曾经说过“娶妾为人生最不道德之事”，他在决定携姚氏还乡的时候，也准备丰镐房将醋海兴波，甘受责难。没想到妻子竟能如此委曲求全，逆来顺受，率先认同纳妾事实。他一方面心存感激，但同时也越发轻贱毛氏。

到了1921年，蒋母逝世前的一段时日，蒋介石对毛氏的嫌弃之心日甚一日。虽然慑于王采玉的家威，蒋介石与毛福梅至少在表面上还得维持一个夫妻形式，但休妻之念已生。然蒋介石一心舍妻，母亲却处处“作梗”，这使他十分恼火，又不好发作，便以冷脸相对。为了早日甩掉毛氏，蒋介石还曾一度萌生出家为僧的念头。

知儿者莫如娘，王采玉对蒋介石的秉性再清楚不过了，她眼看自己没有多少日子好活，她要蒋介石亲口向她认错，并向她保证在她死之后，要与毛氏好好过日子。蒋介石见母亲身体日渐衰颓，为免使母亲伤心，他一一答应下来。当夜深人静时，蒋介石扪心自问，也觉得有些事做得过分了。他在 1921 年 5 月的日记中写道：“我待毛氏已甚，自知非礼。”“以后，对母亲及家庭问题，总须不出恶声，无论对内对外，愤懑无比之际，不伸手殴人，誓守之终身，以赎昨日弥孽也。”

1921 年 6 月，蒋母王采玉溘然长逝，毛福梅成了丰镐房名副其实的女主人。虽然外有总管，内有账房，但她事无巨细，均插手过问，里里外外一把手，深得蒋家上下之敬重。然则，蒋母逝世，毕竟使毛氏失去了最强有力的依傍，使原本就不满于这桩旧式婚姻的蒋介石更加为所欲为。11 月，蒋母的丧葬大典方毕，蒋介石就正式向毛福梅提出离异的要求。

原来，在姚冶诚之后，蒋介石在上海又觅了新欢陈洁如。蒋母在世时，他们已经同居，蒋介石怕惹麻烦，引起王采玉不快，故秘而不宣。蒋母既殁，便无所顾忌。他招来毛福梅与蒋经国、姚冶诚与蒋纬国，宣读了他早已拟好的与妻妾脱离家庭关系的声明。随后，又写信给毛福梅的二哥毛懋卿，提出与毛福梅离婚。

由于毛福梅坚决反对，乡里亲朋故旧均不认可，加上蒋介石此时并未最后下定决心与毛氏脱离关系，只是为了对新婚夫人陈洁如有个交代，所以，“离异”之说仅走了一下形式，并没有采取实质性的行动。受阻后，由于陈洁如不再坚持，也就不了了之。但是，蒋介石与陈洁如的事实婚姻，迫使毛福梅不得不接受她与蒋介石离婚的事实，她只能默默地在溪口丰镐房老宅操持家务。

毛福梅

1927 年，蒋介石登上了中国政治舞台的中心位置，决定向才貌双全的宋家三小姐宋美龄求婚。但宋家有言在先：蒋介石以往的一切婚约必须解除，然后“蒋宋联姻”才可付议。蒋介石再次面临着废糟糠之妻的难题，令他颇感棘手。

蒋介石事母极孝，毛福梅是王采玉亲自做主包办的明媒正娶之结发妻子。自古有训：糟糠之妻不下堂。而且毛福梅又为蒋介石生了正宗嫡嗣蒋经国，名正言顺。毛福梅入蒋家 20 余载，上敬长者，下慈晚辈，对于蒋介石的屡屡“外遇”，亦多息事宁人，委曲求全。蒋介石休妻再娶，于情于理，均无以论。蒋介石也自知心亏，只能寄望毛氏再一次“顾全大局”。

蒋介石首先致函奉化县长：“请许可与夫人离婚。”随后亲自回溪口强迫毛氏办理离婚手续。为了有回旋的余地，由蒋介卿代表蒋介石出面和毛福梅以及毛家商谈，但遭拒绝。毛氏表示：坚决不出蒋家老宅！毛家亦态度明确：“福梅是嫁出去的囡，泼出去的水，嫁鸡随鸡，嫁狗随狗，活着是蒋家人，死了是蒋家鬼。”

事情闹成僵局，蒋介石只得请出毛福梅以及毛家一向敬重的孙琴凤来做说客。最后，由孙琴凤两头担保，达成了离婚协议：仅是名分上的脱离关系，离婚不离家，毛福梅仍是丰镐房之主妇，蒋经国依旧为正宗嫡嗣，记于毛氏名下。毛福梅抱着“宁可人负我，我不负人”的态度，在协议上签了字。在此之前，姚冶诚、陈洁如也都被蒋介石所弃。1927 年 9 月 28 日、29 日、30 日 3 天蒋介石在上海《民国日报》等报刊上刊登了一则《蒋中正家事启事》：

> 各同志对于中正家事，多有来函质疑者，因未及遍复，特此奉告如下——民国十年，原配毛氏与中正正式离婚。其他两氏，本无婚约，现已与中正脱离关系。现除家有二子外，并无妻女。惟传闻失实，易滋淆惑，特此奉复。

并在奉化县政府备案。蒋介石终于如愿以偿，迎娶宋美龄为新婚夫人。

蒋、毛协议离婚后，毛福梅被孙琴凤接到萧王庙暂住，待蒋、宋上海新婚大典后，毛福梅又回到丰镐房，主持家务，生活由蒋介石供给。逢年过节，亲友往来，一应乡俗依旧，以毛氏为正宗。当然毛氏在蒋家的这种特殊地位，并非蒋介石的宽宏与恩赐，而是毛氏以自己的实际行动争来的。她在溪口 20 余年，被公认为典型的贤妻良母，相夫教子，以礼尽心，足称楷模，蒋氏族人无不敬重。何况毛氏吃斋念佛，乐善好施，修路、筑桥、平粜、赈灾，从不后人，乡邻莫不感恩。蒋介石离弃结发之无情无义之举，溪口乡人与蒋氏族人均不以为然，虽无人敢明言不是，但“腹诽”者甚众。在他们眼里，人情重于法律，毛福梅过去是、现在是、将来也仍然是蒋介石的原配夫人，是丰镐房理所当然的主妇、当家人。

另外，毛氏在蒋家这种特殊的尊崇地位之所以得以维持，还有一个重要的原因，那就是蒋经国的态度。蒋介石与姚冶诚、陈洁如结合均没有生育，领养的纬国非血亲，仅有与毛氏所生之经国，是唯一的正宗嫡嗣，而蒋介石又是血缘观念极重的旧式人物，他无法漠视蒋经国的存在。蒋经国出生后，蒋介石长年在外，很少尽父亲之责，蒋经国从小由毛氏抚养，母子间感情甚深。蒋经国长相和为人随母而不似其父，他从小就十分敏感，性格内向。

父母亲间的不断争吵，尤其是父亲对母亲的歧视和虐待，给蒋经国幼小的心灵留下了抹不去的阴影，他对父亲只有畏惧之感，而无亲近之心。在蒋介石面前，蒋经国总是十分拘谨、沉闷，在毛氏身边则有说有笑。蒋经国对经常以泪洗面的母亲深为同情，每当父母发生冲突时，他总是站在母亲一边，母子俩相依为命。毛福梅在与蒋介石感情破裂后，绝望之余，把全部的希望都寄托在儿子身上。蒋经国的童年时代，有很多时间是在母亲的娘家度过的，岩头风光，给他留下了难以忘怀的美好记忆。

蒋经国成人后，常对人说："生我的是溪口，养我的是岩头。"但是对于蒋经国的培养，蒋介石则有他的一番苦心，他希望蒋经国能够走自己走过的路。所以，在安排蒋经国师从周东、顾清廉、王欧声等儒生，接受"孔孟之道"的传统教育"以正其本"之后，很快又把他送往县城，送往上海、北京、广州等地进新式学堂，接受新知识，见识大世面。到 1925 年，蒋经国 15 岁那年，蒋介石再送蒋经国远赴莫斯科，出洋留学。这样，蒋经国就彻底离开了母亲，独自一人在外面闯天下了。这对于毛氏来说，无疑是最沉重的打击。

毛福梅自从嫁到溪口蒋家之后，王采玉待她如亲生女儿，她在蒋母的熏陶影响之下，也开始皈依佛教。蒋母故后，尤其蒋经国离开家门之后，她一人更是心虔意笃，早晚诵经不辍，祈愿儿子早日归来。蒋经国身虽在外，心却放不下家中的母亲，不断来信加以劝慰。1927 年 4 月，在蒋经国留学苏联将近两年之时，蒋介石发动了四一二反革命政变，用共产党人的鲜血浇铸自己独裁政权的宝座。蒋经国在莫斯科发表了谴责蒋介石背叛革命的公开声明，并宣布脱离与蒋介石的父子关系。同时，他给母亲写了一封信，说："母亲多年不幸遭遇，做儿的非常清楚。只要一提起家里的事，我心中便充满了难以形容的烦恼和痛苦。从今天起，我决不再写信，如果有天我回到家，我答应母亲，哪里都不去，一定先到溪口来看望您。"从此而后，音讯皆无。毛福梅青灯孤守，礼佛诵经成了她唯一的精神寄托。

1928 年，蒋介石首次携新婚夫人宋美龄回溪口老家拜认祖先。为避免毛氏发难，令宋美龄尴尬，蒋介石先请蒋介卿去丰镐房化解，同时宋美龄也示好于毛氏，送上人参、狐裘大衣等物品做见面礼。毛福梅以不变应万变，泰然处之，将丰镐房收拾一新以待新客。后来，蒋介石、宋美龄住在乐亭别墅。在新人滞留溪口之时，毛福梅每天都叫丰镐房的厨师蒋小品烧制几道蒋介石平素爱吃的家乡菜送至乐亭。如鸡汁烤芋艿、霉干菜烧肉等。还有"米焙浆"，制法是把糯米炒熟，磨成细末儿，然后放上鸡油、麻油、胡椒、笋丝、蛋丝等，用沸水冲调，吃起来香糯爽口，余味无穷。

宋美龄平素吃西餐，乍尝到这些乡土美味，不禁胃口大开，赞不绝口。自有人乐颠颠地转告毛氏，毛氏感到一种尽了地主之谊的快慰。当新人离乡回转之际，她特地命人拣了一袋最好的芋艿送宋美龄做路彩。据说，宋回到南京公馆，也让厨师烧芋艿吃。可是，烧熟后一放进嘴里便吐了出来，连说“不对，不对”。蒋见了大笑，说：“芋艿是对的，不过烧法不对。鸡汁烤芋艿是我家丰镐房的拿手菜，一般人是烧不出这种滋味的。”后来，蒋曾派飞机到宁波，命丰镐房烧好芋艿以专车送到宁波，送上飞机，带回南京，以供宋美龄再饱口福。

以后，无论是蒋一人回家乡，还是携宋美龄同来，虽然都住在乐亭或慈庵，但毛氏每次都一如既往，精心准备，将丰镐房整饰一新，并以家乡菜相待。而蒋介石似乎与毛氏亦形成默契，每天早晨利用宋美龄睡早觉的习惯，踱回丰镐房看望旧人，用过早点后方回乐亭。毛福梅见到蒋介石，只提一个要求，那就是尽快将儿子经国送回来。

## 被日本飞机炸死

1936 年 12 月，震惊中外的西安事变爆发。以此为转机，全面内战结束，国共两党开始就实现第二次合作以建立抗日民族统一战线问题进行谈判。经过国共双方的努力，斯大林同意送滞留苏联 12 年之久的蒋经国返国。当蒋介石把这一消息告诉毛福梅时，毛氏惊喜得几乎不能自持。

1937 年，蒋经国携妇挈子返回祖国，到上海后，才知晓了父亲弃离生母另觅

毛福梅与怀抱长子孝文的蒋经国

新欢的详情。作为亲生儿子，他能想象得出母亲心中有多少哀怨积压着，他恨不能立即去溪口拜见日夜思念的母亲。但是，12 年曲折坎坷的国外生活，使他懂得了世道的艰辛，他学会了“忍”。他首先向蒋介石这位他 10 余年一直视为“革命敌人”而口诛笔伐的父亲负荆请罪，求得宽宥。接着，又顺从蒋介石的意志，先行拜认宋美龄为“妈妈”，违背了当初做出的回国后第一件事就是返乡跪拜母亲的承诺。好在毛福梅并没有计较这些，只要母子能团聚，她已心满意足了。当蒋经国回到阔别 12 年的溪口旧镇，迈进丰镐房大门时，母子相见，抱头痛哭。苦尽甜来，毛福梅终于熬过来了。

蒋经国为母亲带来了俄罗斯媳妇芬娜、孙子爱伦和孙女爱理。毛福梅认为，儿子虽在国外成了亲，孙子、孙女也有了，但回来了，还得照中国规矩，补办婚礼，这样才能为族众所承认。因此，她一面到各处庵庙烧香还愿，一面大摆酒席，而蒋经国为讨母亲欢心，亦欣然重新做新郎，再举大礼。

蒋经国回国后，蒋介石为了清除他在旅苏期间所受的思想影响，继续按照自己原定的模式重新教育儿子，特意在溪口给蒋经国一家新修了别墅，为他延聘了国文教师，嘱他在家乡潜心读书，修身养性。这样，蒋经国也就有较多时间与母亲团聚在一起了。蒋经国多次去岩头、葛竹、萧王庙寻访旧迹，拜见长辈。毛福梅变着法子给儿子、儿媳和孙子、孙女做好吃的家乡点心菜肴，一家人尽享天伦之乐，其乐融融。

然而，好景不长，蒋经国返国后不久，抗日战争即全面爆发。武岭虽好，终非桃源。蒋经国毕竟是热血男儿，向父亲请缨抗战，被蒋介石派往国民党江西省主席熊式辉手下去历练。这样，母子再度分离。蒋经国再三劝慰：等他在江西安顿下来，立即接母亲同去任所。毛福梅则表示，除了短期随去小住几天之外，不愿意终生离开丰镐房，她坚信她的虔诚祈祷会给儿子消灾祸。为使蒋经国有帮手，她动员了姐姐毛英梅的两个儿子宋继尧、宋继修，二哥毛懋卿等，随蒋经国去江西任职。大哥毛怡卿的孙子毛彭初在军校读书，蒋经国也从军校把他调来做助手。

蒋经国到了江西，先任赣州保安处副处长，继之又擢升为江西省赣州行政督察专员。蒋经国上任初期，毛福梅舍不得母子再次别离，曾随儿子去赣南住过几天。蒋经国新官上任，百废待兴，忙得连吃饭时间都没有，毛氏闲住着，感到孤单乏味，于是叫儿子送她返乡，蒋经国无奈，只好依从。后来，蒋经国屡次要接母亲前往江西团聚而不果。

当时溪口虽无战火，但正常的生产、生活已大受影响，粮食匮乏，米价暴涨，溪口民众叫苦连天，大家请求毛福梅设法救荒。毛氏就和溪口镇镇长蒋立祥商量办平粜，最后派丰镐房账房唐瑞福去江西，在蒋经国处分两次办来了 2500 石米，使家乡暂时渡过了难关。受惠人千恩万谢!

后来，随着战火的蔓延，日本侵略军日益迫近，溪口随时都有沦陷的危险。蒋经国放心不下，连连急电相催，并派表兄宋继修前往迎接。然而，就在这个时候，不幸降临在毛福梅身上。

1939年12月12日，日军的6架飞机突然出现在溪口上空，滥施轰炸，以蒋家故居丰镐房和武岭头文昌阁乐亭别墅为主要目标。毛福梅本来逃出房外，发现房门钥匙未带，又急忙回去取。待她再次跑出后门，刚到后墙弄，3枚炸弹便在她周围炸开了，与毛氏同时遇难的还有担任丰镐房账房的外甥宋涨生和其他六七人。

最初大家不知毛氏被炸，日本侵略军飞机去后，逃出在外的人都先后回去，唯独不见毛氏，有人以为她暂时躲避在亲友家中，立即分头去寻找。找了两天，葛竹、岩头、萧王庙……到处没有踪迹，溪口镇长蒋立祥只好向国民党奉化县政府求援。奉化县县长何扬烈、县党部书记汪坚心等闻讯驰赴溪口，得知毛氏失踪，一面向省府报告，一面进一步寻找。经分析，丰镐房后门被炸墙壁倒塌处有疑，于是雇用了20个民夫，动手扒挖瓦砾。这时，浙江省政府秘书曹钟麟奉秘书长李立民之命，代表省府主席黄绍竑，乘车赶到现场。下车后即参加挖掘、寻找。夜幕降临，首先发现了血肉模糊的董姓教师的尸体，接着，又发现一只胳膊，上面戴有金镯，有人想到胳膊戴有金手镯的就是毛氏。于是点起灯火继续挖掘，果然挖出毛氏的遗体，情状极惨，大腿裂断，肠子外流，估计是中弹负伤后又被压在倒塌的墙下边窒息而死的。

经过商量，请学过医务的武岭学校校务主任张恺的岳父梁祖光为之整理、包扎、化装，停放在摩诃殿。当地风俗，若是死在室外的人，不得在家祠或家堂停尸，否则便是犯了族规，即使贤德如毛氏，权贵如蒋门，也须遵循不违。好在毛氏生前的大半善举，如施僧、放斋、念经等，多行于此，与摩诃殿正有不解之缘。

蒋经国在赣南接到“家里房子被炸，师母下落不明”的急电后，于12月14日坐汽车，由司机两人轮流驾驶，日夜兼程赶回溪口。他一下车，就奔至灵前，抚尸大哭，几番昏厥过去。据蒋经国泣诉，本已准备遣人派车迎奉母亲去赣州居住，不料稍迟数日，遂致母亲遭难，哀悔终生。尔后，蒋经国索要了纸笔，噙泪疾书“以血洗血”4个大字，命人刻在石碑上，立于其母罹难处，发誓要报日本侵略军杀亲之仇。日本侵略军占领溪口后，将此石取走，捣毁。抗战胜利后，由国民党奉化县党部书记王思本摹写一块竖立，此碑现放在文昌阁“小洋房”内。

时值烽火遍地，狼烟四起，蒋经国不忍草率处理母亲的后事，准备将毛氏灵柩暂厝摩诃殿内，待时局稍定再办丧葬事宜。他把这一计划向蒋介石报告，其父谕批：“鉴于战局动荡，总以入土为安。”这12个字，也替代了蒋介石对发妻毛氏的一纸祭文。

蒋经国既要对母亲负责，又不能违父亲旨意，只得在有限的条件下尽力而为了。他请多名风水先生踏勘风水宝地，但均无合意之处。有一位杨寿祺先生说："高山见平地有大地，平地见高峰也有大地。"于是，蒋经国听从了继任丰镐房账房唐瑞福的建议，决定葬母于摩诃殿所在地松养园，并请亲娘舅毛懋卿、大姑丈宋周运、小姑丈竺芝珊等人出面，操持丧仪，从简完葬。

但是，对于蒋经国的意见，毛懋卿等人表示反对，认为毛福梅总归要与她丈夫合葬的，还是暂厝摩诃殿为好。蒋经国拗不过，只好再发电请示，获得蒋介石的首肯，将毛氏灵柩暂厝摩诃殿内，雇了一个姓李的成童每天上香献茶，以待清平再行丧葬大礼。

由于是在战时，加上公务在身，蒋经国不可能长期滞留在家乡，在溪口盘桓月余后，便返回赣南。1940年，蒋经国在赣州举行了盛大的"蒋母毛太夫人追悼大会"，还在赣江上造了一座"忠孝桥"，以示悼念。

1941年夏，奉化沦陷，蒋经国4年不得返乡。1945年11月，蒋经国在所著《五百零四时》一文中说："先母罹难，此余一生最痛心之事，且六年以来，迄未安葬，为人子者，既不能为先母立德业，又不能早日办妥安葬大事，其何以慰先母之心于九泉之下也。深夜自省，饮泪自痛。"直至1947年冬，蒋经国回溪口亲自操持办理了母亲的丧葬大事，才遂了使母亲"入土为安"的心愿。

毛氏之墓筑在摩诃墓前侧，为一圆形黄土坟，周围用淡红色块石砌成。正面竖一块约两米高的石碑，碑上刻着7个大字"显妣毛太君之墓"，是国民党元老吴稚晖手笔，落款处题着"男经国敬立"。

蒋介石没有参加祭奠，宋美龄、陈洁如也没有出场，仅有姚冶诚派人送了一盒佛经到溪口，在灵前奠化。蒋经国率妻子儿女跪在灵前向致祭的客人还礼，蒋纬国、石静宜夫妇亦从上海赶来，披麻戴孝。

1948年，蒋家重修族谱，再次发生麻烦：毛、宋两人，如何排列？经国、纬国二子又如何上谱？几经权衡，最后采取了李代桃僵之策，把二子挂在宋美龄名下，作为宋氏所出，而毛福梅则是王采玉的"义女"，即成为蒋介石的"义妹"。对于这件事，蒋经国既肯默认，蒋纬国因为不是毛氏所生，自然更无话可说。

蒋介石与毛福梅的婚姻，以喜剧始，以悲剧终。综观毛氏一生，算不上"红颜"，只能说是"薄命"。假如，她当初嫁给一个门当户对的庄稼汉，生儿育女，也许能太太平平过一辈子。可是命运却把她与蒋介石拴在一起。她对蒋介石可谓一片赤诚，从一而终。也许正鉴于此，蒋介石对毛福梅心头偶尔也会闪过一丝内疚与同情。毛福梅去世以后，蒋介石也曾亲往墓前悼念。

## 二、小妾姚冶诚

### 姚冶诚是细作娘姨

姚家祖籍安徽，兵乱中逃难迁移江苏，历有数代，族谱称谓是吴兴郡南熏堂。姚冶诚生于1887年，其父姚阿宝只有这么一个独养女儿，从小视若掌上明珠。姚冶诚小名阿巧，眉清目秀，聪明伶俐。但不幸的是，其初谙世事，父母便双双故去，为叔叔姚小宝收养。

姚冶诚到及笄之年时，姚小宝膝下并无所出，遂将侄女认作女儿，并托人撮合，将在漕湖畔上方港村以种租田为业的沈家次子沈天生招入姚家，与阿巧成婚，沈天生也随即易姓叫姚天生。姚天生与姚冶诚婚后夫妇感情尚好，双双去上海谋生。姚天生在西藏路八仙桥一带跟随叔父奇祥、云祥从事殡葬、脚力等体力劳动。这时的姚天生生活较为宽绰，常到浙江路宁波路口“朝阳楼”吃茶，吸食鸦片烟。他渐渐地染上这些恶习后，既花尽了血汗钱，又耗身损志。喝醉了酒，稍不如意就对姚冶诚拳打脚踢，毫无怜惜之情，由此夫妻感情日益恶化。

随着烟瘾越来越大，姚天生入不敷出，终至穷困潦倒。姚冶诚无依无靠，只得到上海五马路群玉坊的一家堂子做娘姨，又称小大姐。那爿堂子只有一个“先生”（对高级妓女的称呼，这种妓女能诗会词，善弹唱应酬，有一定的文化修养），有两个娘姨服侍她，姚冶诚负责管理“先生”的衣物首饰，为“先生”梳头，并做招待客人等轻巧活儿，称细作娘姨。这时，她的花名叫怡琴，冶诚是结识蒋介石后为蒋所改的名。“冶”取自姚氏出生地吴县冶长泾河，“诚”则取最诚恳真挚的意思。虽然姚冶诚称不上是绝代佳人，但是其皮肤白皙，面目娟美，体态丰腴，修长适度。加上她待人随和，心灵手巧，不少居沪之闻人名士争相与之相识。

关于蒋介石与姚冶诚的结合，1927年10月18日天津《益世报》曾有过如下报道：

> 女士出身寒微，当南北和议告成时，蒋氏随陈其美居沪，陈每过北里，蒋亦与偕往，怡琴在法租界某妓处作房侍，在筵席间见蒋氏，刻意奉迎，终至以身相托，被蒋纳为妾室。

蒋纬国与邱爱伦搀扶姚冶诚

蒋介石与姚冶诚做了露水夫妻之后，居住在上海法租界蒲石路新民里 13 号蒋介石的秘密住所。但此事很快为姚小宝知悉，他为自己招赘续嗣考虑，坚决不同意姚冶诚与蒋介石的结合，为了避免事端，姚冶诚四处避着姚小宝。当时，姚小宝的堂房哥哥姚云显在上海做裁缝，生意兴旺，乡下家属也陆续到了上海，他的大女儿姚月英嫁给了做房地产生意的富商殷能章。有一次，姚月英在某戏院包厢里看戏时，恰巧碰到姚冶诚。经过姚月英等人的从中调解、劝说，姚小宝承认了这门亲事，并由蒋介石出面补办了喜酒，姚氏遂正式成为蒋介石的侧室。

毛思诚在《民国十五年前的蒋介石先生》中也不讳言“纳妾姚氏”这一事实。姚小宝自姚冶诚嫁给蒋介石后，为了后继有人，又把姚云显哥哥的儿子姚春芳立作嗣子，长住在堂侄女姚月英的家里，天天早晨要去“长乐”茶馆吃茶，生活费用由姚冶诚补贴。

姚冶诚嫁与蒋介石后，姚天生复姓仍叫沈天生，作为补偿，蒋付给沈一笔巨款叫他重讨一个老婆。沈再婚后不久，夫妻即反目，新妇离沪去杭。沈沉湎于鸦片之毒不得解，很快死去。姚冶诚与蒋介石婚后感情甚好。辛亥革命后，蒋介石奔波于各地，筹措反袁事宜，踪迹不定，姚氏不仅安心随蒋，而且用平时省下的积蓄资助他。因此，姚冶诚虽然出身低微，又没文化，但蒋介石对她始终怀有感激之情。

那时，蒋介石在上海与戴季陶、张静江过从甚密。蒋介石花天酒地，挥霍无度，家中雇用一个厨子（蒋小品）、一个当差（毛延寿）和一个女佣翠娥，工资常常发不出来。蒋介石友人中，以张静江为最富。张是湖州（今浙江吴兴）南浔镇四大豪门之一，浙江财界著名人士。蒋介石在上海活动的经费及其个人的生活费用，均靠张静江资助。据说由蒋介石经手向张静江陆续支用的钱，竟达 10 余万。后来蒋介石暗使姚冶诚拜张静江为过房爷，从而使张对这笔钱无法开口，遂不了了之。

蒋介石与姚冶诚结合的第二年，由于蒋在上海生活动荡，便将姚氏送回溪口，与毛氏同住。因为姚氏不识字，蒋介石聘请刚从湖州育婴师范毕业的陈志坚为家庭教师，教姚氏学文化。那时蒋介石尚未发迹，住的仍是两间一弄祖遗老屋，姚氏随蒋母王采玉住在后半间，陈志坚与毛氏同房。毛氏与陈志坚原有同学旧谊，自然极表欢迎。

姚冶诚与蒋介石结婚后，一直没有生育子女。后来蒋介石在上海收养了戴季陶过继来的儿子蒋纬国。1919 年蒋纬国 4 岁时，被送回奉化溪口，交由姚冶诚抚养。

相较而言，蒋介石更喜欢乖巧伶俐的蒋纬国，对此毛氏颇为不满，加之丰镐房添丁加口后已显拥挤，蒋介石便将姚氏和纬国迁居奉化城内，后又相继迁往宁波、上海等地，陈志坚也一并随往，同时兼做姚氏母子的家庭教师。

就在这一时期，蒋介石与姚冶诚的夫妻关系开始出现矛盾。蒋介石性格暴戾，说一不二；姚氏出入风尘，难免好玩好赌，语出失利，于是两人吵骂时有发生。蒋介石暴跳如雷，几次欲甩掉姚氏。由于张静江、戴季陶等人从中劝解，尤其是考虑到纬国要有人抚养，蒋介石考虑再三，终未马上与姚冶诚分道扬镳。

## 在台湾去世

在姚冶诚携蒋纬国搬至上海，住在张静江的别墅时，蒋介石的新欢陈洁如也在上海。蒋纬国有时去陈洁如处，称她为“庶母”“陈家姆妈”。

自从蒋介石新娶三夫人陈洁如后，尤其是 1924 年蒋介石出任黄埔军校校长离沪赴穗，与陈氏长住广州，姚氏带纬国留居上海，蒋介石便对姚氏彻底疏远、淡忘了。姚冶诚有时为了见蒋介石一面，不得不略施小计。她知道蒋介石钟爱纬国，于是就给蒋纬国拍了一张照，并用纬国的名义写了一封信，一同给蒋寄去。信中说：“我已好久没有见到亲爱的爸爸，心里非常想念，如果我能插上翅膀，我一定飞到广州探望您老人家了。”

蒋介石接到信后，读了又读，颇受感动，拍电报要蒋纬国立刻到广州来。这样，姚冶诚就带着纬国堂而皇之地住进蒋公馆。姚氏的到来，令原来的女主人陈洁如十分难堪。最后蒋从中周旋，说服陈洁如先回上海，让姚氏暂留广州照顾蒋纬国，才把这个难题解决。但是，姚氏虽可暂代主妇之位，在社交场合则无法随蒋抛头露面。没过多久，蒋介石就把陈洁如从上海接回。姚氏无可奈何，又惮于兵荒马乱，被迫回了奉化。

1927 年，蒋介石为了和宋美龄结婚，先行宣告与毛福梅、姚冶诚、陈洁如仳离。从家庭关系上说，蒋纬国是蒋介石的儿子，不能让姚氏带走，故托养给吴忠信，拜吴忠信及其夫人王唯仁为“干爹”“干娘”。这样，姚冶诚就离开上海，移居苏州，事实上仍与蒋纬国生活在一起，由蒋介石负担生活费用。姚氏初到苏州时，先暂居凤凰街吴忠信宅第里，后来她在南园的蔡贞坊选中了一块地皮，建造了新居。1929 年，新居落成，姚氏迁入，当地人称之为蒋公馆。

蔡贞坊是十全街南端的一条小巷，因弄口有块牌坊而得名。蒋公馆在蔡贞坊门牌是第七名，占地 10 余亩，有前后两个大门。前大门正对木杏桥，一泓碧水潺潺萦绕，河对面是宽广的农田。后大门在公馆的西侧，除斜对面有一爿小型的益华布厂外，居民寥寥无几，姚氏一家一般都从这个门进出。大门旁还有扇小门，有苏州警察局派来的两名门警值岗。蒋公馆的主建筑为三层楼三开间的青砖洋房，二楼东西两间是卧室，中间是会客室，姚氏和蒋纬国及其亲属均住在二楼；底楼的东房间为书房兼重要宾客的休息室，西房间为西餐厅和食品间；三楼较低矮，放置物品。主楼的北面有座天桥通另一栋楼房。楼上为女佣的住房，楼下为炊事

姚冶诚晚年与在台亲属合影

房和就餐室。楼房东侧建有自来水塔一座，水塔东面建有3间平房，是姚氏念经的佛堂。主楼周围环有3个大小不等的荷花池塘，数个假山亭子，还有一个花园，遍植果树及花卉。

蒋公馆的人员不多，除姚氏、纬国母子俩外，还有姚冶诚的侄子姚金和为蒋纬国伴读，以及家庭教师陈志坚。

姚冶诚在苏州居住期间，与蒋介石经常有书信往来，也见面有接触，但不同居。有时蒋介石路过苏州，姚氏即携纬国去车站与蒋面晤小聚。1937年蒋经国携妻挈子由苏返国回奉化家乡时，姚氏特地带纬国赶往溪口丰镐房团聚。姚氏本一字不识，但经陈志坚指点教授，进步很快，佛经和书信一般都看得懂，但字写得歪歪斜斜。姚冶诚给蒋介石的信，一般都叫蒋纬国写。

抗战爆发后，姚冶诚携蒋纬国随蒋介石去重庆，住在南温泉。蒋介石不时以探望纬国为名，与姚氏母子聚首。1945年抗战胜利以后，姚冶诚又搬回苏州南园居住。此时，蒋纬国在国民党部队服役，姚金和在上海工作，姚氏的生活就由次侄姚觉和负责照料。

姚冶诚与蒋介石结合不及10年即遭遗弃，其内心的痛苦是可想而知的，唯一给她安慰的是养子蒋纬国。她一向视纬国为己出，悉心抚育，而蒋纬国与养母感情深厚，事母极孝。

1947年8月26日，为姚冶诚60寿辰，那时她和蒋纬国住在上海。祝寿之日热闹异常，蒋纬国夫妇以及丰镐房账房唐瑞福夫妇等均赶来参加。

1949年，国民党败退台湾，姚冶诚在蒋纬国安排下一并前往，同行的尚有姚冶诚的侄子姚觉和、侄媳王桂宝。姚冶诚到台湾后，先住在桃园大秦纺织厂附近，与她的亲家石凤翔为邻。石静宜难产惨死后，姚氏即迁往台中。蒋纬国再娶后，住在清泉岗基地，与姚氏住处相距不远，便于就近照顾。姚冶诚于1966年病逝。

出于维护蒋介石和宋美龄形象的考虑，姚冶诚的丧礼由蒋纬国主持，秘密举行，对外也严格封锁了消息。直到1990年，蒋介石、蒋经国都已过世，蒋纬国在台北的善导寺为其养母姚冶诚举行了百岁冥诞纪念追悼会。公开纪念蒋介石的侧室、蒋纬国的养母姚冶诚，这在国民党执政史上还是第一次，因此颇受各方注意。台湾舆论指出，此举可见宋美龄明于时势，体恤人情，而不得不默许。

# 三、妻子陈洁如

## 陈洁如 15 岁时嫁与蒋介石

陈洁如是蒋介石继毛福梅之后，第二个正式结婚的妻子。从 1921 年与蒋介石结合，到 1927 年被蒋介石抛弃，陈洁如与蒋介石夫妻一场，共同生活了 7 个年头。

陈洁如原名陈凤，1906 年出生在浙江镇海，自小随父亲到了上海，住在西藏路 33 号。经同乡虞洽卿的介绍，结识了上海滩的大财阀张静江，生活上多受其扶持、资助。陈洁如于 1918 年 12 岁时被母亲吴氏送进位于海宁路由蔡元培创办的爱国女子学校学习文化。正是在这一期间，陈洁如与后来成为张静江续弦的朱逸民结为密友。

1919 年朱逸民正式成为张府的女主人后，陈洁如经常应邀前往相聚。在那里，陈洁如第一次见到了蒋介石。当时，陈洁如虽年仅 13 岁，但由于身材高挑、丰满，已给人以成熟之感。蒋介石对陈洁如可谓一见钟情，从此苦追不舍，几近疯狂，结果，屡遭拒绝。陈洁如父母明确表态：阿凤年龄尚幼，又正在读书期间，加上蒋介石已有妻妾，不足以托终身。对蒋介石很不客气。

然而，天有不测风云。1921 年秋，陈洁如的父亲陈鹤峰因心脏病突发不及施救而亡，家中顿失支撑，生活陷入困顿。一直未曾死心的蒋介石不失时机地托张静江夫妇亲自出面做月老，玉成其事。陈洁如在其母亲的安排下，答应了蒋介石的求婚。结婚仪式于 1921 年 12 月 5 日在上海永安大楼大东旅馆的大宴客厅举行。证婚人张静江，主婚人戴季陶，经办律师是江一平。订婚时，蒋介石为陈凤改名为陈洁如，寓纯洁脱俗之意。时年，蒋介石 34 岁，陈洁如 15 岁。

蒋介石与陈洁如新婚不久，即应孙中山电召，举家南下广州。从那时起直到 1927 年北伐胜利前夕，无论是蒋介石在粤军高级将领任上，还是在黄埔军校校长任上，直至最后领衔国民革命军总司令期间，陈洁如始终相伴在侧，独享夫人风光。由于陈洁如受过中等教育，中、英文俱佳，各种社交场合，无不应付自如，蒋介石也深以为荣。夫妻两人的感情此时也比较深，蒋介石几次大的政治风波和磨砺，陈洁如都曾与之携手同履，生死与共。

蒋介石与陈洁如1921年结婚请柬正面

1922年陈炯明叛变，炮轰总统府，蒋介石与陈洁如涉险同登永丰舰，侍卫在再度成为流亡者的孙中山身边。以后蒋介石领导东征、南征，以及率军北伐，陈洁如都曾随往，形影不离。“蒋校长夫人”“蒋总指挥夫人”“蒋总司令夫人”，陈洁如之名，一时无人不晓。也就是在这一期间，陈洁如结识了一批国民党的军政要员及他们的夫人，如廖仲恺、何香凝夫妇，汪精卫、陈璧君夫妇等。据李仁宗说，蒋介石与他换帖结拜时，“蒋在金兰帖上签名后，附带一条尾巴：‘妻陈洁如’字样”。1926年7月，国民革命军正式出师北伐，那张流传甚广的广州黄沙车站北伐送行照片，陈洁如即出现其中，她旁边是何香凝。当然也就是在此期间，陈洁如认识了后来取代了她的夫人位置的宋美龄。

陈洁如与蒋介石结识时，年纪尚幼，她对蒋介石与其说是爱慕，不如说是崇拜。蒋介石当时对陈洁如倒是真心相爱，一往情深。1925年陈洁如去广州，4月18日清早，蒋介石亲自到码头迎接，没有接到，非常懊恼。次日早晨又去接，接到了自己的爱妻，内心十分高兴，丝毫没有责怪陈洁如头一天的失约。1925年11月27日，姚冶诚带蒋纬国去广东，陈洁如正好在汕头，蒋介石陪姚氏母子路过该地时，生怕妻妾相遇，引起陈洁如不快，他在日记中写道：“上午同冶诚将经汕，心殊怦怦，恐洁如不悦也。”宠爱之情，溢于言表。

陈洁如为人敦厚，与蒋介石结合后，对蒋介石原来的两个儿子均加以善待，尤其是对于遭遇不幸的毛福梅母子寄予了深深的同情，并多方面予以帮助。陈洁如在上海、广州或南昌时，总是尽可能地省下费用，接济远在乡下的毛福梅。蒋经国1922年离开奉化进上海万竹小学和浦东中学就读期间，一直在陈洁如身边，由她照顾，称她为“上海姆妈”。

1925年蒋经国欲赴苏联留学，蒋介石起初并不赞成，经陈洁如一再说情，方予放行。蒋经国到苏联后，生活拮据，陈洁如曾将私蓄2000元委托陈果夫汇给蒋经国，鼓励他坚持学习。对于称她为“庶母”的蒋纬国，陈洁如同样视若己出。无论是在上海还是广州期间，陈洁如也都是倾其爱心，关怀备至，从而受到蒋经国、蒋纬国两兄弟的敬重，也深化了与蒋介石的夫妻感情。由于陈洁如与蒋介石结婚后一直没有生育，在广州期间，经何香凝的介绍，领养了一个女婴，征得蒋介石的同意后，取名“蓓蓓”，既与英语“婴儿（baby)”同音，又希望她能带来一个弟弟做陪伴，“蓓蓓”后来由蒋介石取名瑶光。

1927年，是蒋介石政治生命发生历史性转折的重要一年，几经沉浮，蒋介石终于登上中国政治舞台的中心位置，掌握了全国的最高统治权。为了实现这一目的，蒋介石可谓用尽心机，不择手段，其中包括为了得到江浙财阀和亲美势力的支持，而与宋美龄进行的政治婚姻。“中”“美”合作，牺牲者则是3个不幸的女人：毛福梅、姚冶诚、陈洁如。

蒋介石追求宋美龄，正是在他与陈洁如结婚后不久的1922年，由此可见，蒋介石从来没有把陈洁如视为自己的终身伴侣，陈氏充其量只是他感情生活中的一个较为亮丽的泡沫，而泡沫迟早是要破碎的。

1926年年底到1927年年初，围绕着国民政府的迁都问题，设在南昌的北伐军总司令部与设在汉口的国民党中央之间发生了激烈的冲突。在此过程中，蒋介石听从了孔祥熙、宋蔼龄的劝告，开始筹划与宋美龄的联姻。在九江，蒋首次向陈洁如披露了他的这桩婚姻的计划。蒋要求陈从他的长远前途考虑，做出自我牺牲，赴美留学，退让5年给宋美龄——俟中国统一大业完成，蒋介石执掌国柄，即恢复与陈洁如的夫妻关系。

陈洁如深为震惊，愤而离开蒋介石返回上海家中。1927年8月，蒋介石第一次下野，加紧了“蒋宋联姻”的步伐。下野前夕，蒋介石亲赴上海陈宅，做陈洁如及其母吴氏的工作，劝说陈氏出国，并发出重誓：“自今日起五年之内，必定恢复与洁如的婚姻关系。如果违反誓言，没有将她接回，祈求我佛将我殛毙，将我的南京政府打成粉碎。如果十年二十年之内，我不对她履行我的责任，祈求我佛推翻我的政府，将我放逐于中国国外，永不许回来。”陈洁如看到蒋介石此事蓄谋已久，势无更改，只得“相信”并“服从”蒋介石的“安排”，同意赴美留学。

1927年8月19日，蒋介石委托杜月笙安排陈洁如出洋“考察”，临行前给了陈洁如10万元旅行费，叮嘱陈：“要好好学习，回国后可以更好地尽到总司令夫人

1926 年 5 月，蒋介石与陈洁如在黄埔军校

的职责。”陈洁如在蒋介石的侍从秘书陈舜耕以及张静江的两个女儿张荔英、张倩英的陪同下，乘坐美国大来公司“杰克逊总统”号轮船起程赴美。在浩渺的太平洋航程中，陈洁如听到了无线电播放的上海各报所载《蒋中正家事启事》。直到此时，陈洁如才明白了蒋介石的真实企图！她痛不欲生，几次欲跳海自杀，幸为护送人员劝阻未遂。同年 12 月 1 日，蒋介石如愿以偿，与宋美龄在上海举行婚礼。不久蒋介石复出，重新掌权。

蒋介石在“启事”中说他与陈洁如“没有正式结婚”，显然是谎话，说他已与陈“脱离关系”，也不符合事实。陈洁如赴美前，蒋从未提过离婚的事。直到与宋美龄结婚几个月后，即 1928 年春天，蒋才派出江一平律师与陈洁如洽谈离婚条件，经虞洽卿从中劝解，陈洁如看木已成舟，才被迫同意与蒋分手，正式离婚。

## 21 岁时被蒋介石抛弃

陈洁如出国时，年方 20 出头。由于遭此感情悲剧，矢志终身不再嫁人。留美 5 年多，她以全副精力深造，苦修英文、养蜂和园艺，并在哥伦比亚大学教育学院获得硕士学位。1933 年，陈洁如返回上海。养女瑶光，在蒋陈离异后改从母姓，与陈洁如生活在一起。在上海期间，陈洁如闭门谢客，悄然隐居。她曾给蒋介石去过几封信，蒋未回复，只是派人送来几万元钱，但蒋经国则一直与“庶母”陈洁如有联系。1937 年，蒋经国由苏联返国后，曾与夫人蒋方良一起去上海看望过她。以后蒋经国在江西以及上海等地任上，也时常去陈洁如寓所探望。

抗日战争全面爆发不久，上海沦陷，租界成为孤岛。隐居在法租界巴黎新村的陈洁如，犹如临渊履薄冰，更是深居简出。然而，1941 年 12 月中旬的一天，陈洁如外出购物时，被汪精卫夫人陈璧君发现。陈璧君在广州时即与陈洁如相熟，她也知晓蒋介石与陈洁如“悲欢离合”的种种内幕，因此力邀陈洁如“抛头露面”，“报被蒋介石遗弃之仇”，参与“曲线救国”，出任汪伪政府的侨务委员会副主席，劝陈洁如以民族大义为重，抛却个人是非恩怨，但其婉言相拒。她为了摆

1932年，陈洁如和同学在美国的合影

脱陈璧君的纠缠，只身秘密潜离上海，经第三战区司令长官顾祝同的安排，奔赴重庆。

陈洁如抵渝后，被秘密安置在离陆军大学蒋介石官邸不远的吴忠信公馆里。蒋介石旧情复炽，经常去吴公馆与陈氏幽会。虽然行踪秘密，但终究未逃出宋美龄的耳目，一时醋海兴波，闹得沸沸扬扬。传说蒋介石被宋美龄打了一个耳光，又一说蒋的脸都被宋抓破了，致使蒋无法接见外国来客。内情究竟如何，外人不得详知。1942年11月，宋美龄离开战时的中国，去美国疗养和访问，有人推测其中也有负气出走的因素，而这样一来蒋介石和陈洁如之间的活动也就方便自在多了。

据传有一段日子陆军大学的游泳池常有陈洁如的身影，而蒋介石则坐在池边观看。当时蒋介石演出的这桩风流故事不胫而走，人言啧啧，盛传“委员长另有新欢”，人皆称之为“陈小姐”，在山城成了人们茶余饭后的热门话题。然而言人人殊，以讹传讹。有的说蒋介石宠爱的这位“陈小姐”是陈布雷的女儿，有的又说是陈立夫的侄女，多少年来神秘莫测，殊不知乃是当年“校长夫人”鸳梦重温而已。

但是，宋美龄毕竟非寻常女子，她在美国滞留半年有余，于1943年6月回到重庆，继续与蒋介石并肩出入种种重要场合，展现她非凡的风采和魅力，陈洁如自是难以望其项背，只得隐退于吴公馆蛰居。

抗战胜利，陈洁如返回上海。1946年，养女陈瑶光与国民党第三方面军少将参议陆久之结婚。陈洁如送给陆久之的见面礼是一块金怀表。这块表表壳上刻着“敬赠蒋介石总司令”，下款具名：“鲍罗廷赠”，为陈洁如多年珍藏之物。

## 新中国成立后，先居上海，后移香港

1949年国民党败退台湾，陈洁如在与共产党有着密切联系的女婿陆久之的帮助下，决意留在上海，开始新的生活。陈洁如的明智选择，受到了上海市人民政府的尊重和欢迎，她被推选为上海市卢湾区政协委员，每月领有200元的生活补助费。20世纪50年代末60年代初，由于政治、经济形势日趋紧张，陈洁如感到压力甚大，于是提出了移居香港的请求。

1961 年 12 月 7 日，陈洁如应中共中央统战部的邀请北上北京。12 月 26 日，周恩来和邓颖超在西花厅设宴招待陈洁如，中共中央统战部部长徐冰及廖承志夫妇等作陪。周恩来在国民革命时期，就与当时的“蒋校长夫人”陈洁如相识，一直颇为敬重，以“师母”尊称。陈洁如 1949 年后在上海的生活，也是由周恩来亲自过问，妥善安排的。在这次谈话中，周恩来明确表态：陈洁如若愿意，可以去香港居住，并对她讲：“你来去自由，如在香港住不习惯，随时可以回来。”

经周恩来亲自批准，陈洁如于 1962 年只身一人移居香港，住在铜锣湾百德新街，改名陈璐，闭门隐居，平日的消遣仅是搓几圈麻将牌，对于往事则绝口不提。因此，她在香港所结识的一些女友，直到她死之前，几乎无人知晓她是曾在北伐时期出尽风头的“蒋总司令夫人”。

陈洁如到香港后，蒋介石、蒋经国赠了一笔 10 万美元的巨款，为陈洁如在九龙太子道买了一层大楼，但陈洁如并未去住，而是用来出租，收取租金，自己仍住在百德新街按月付房租的房子里。蒋氏父子通过戴季陶之子戴安国，每月接济她 500 美元。同时始终派人跟踪，可以说是“保护”，也可以说是监视。

1962 年，蒋介石经由戴安国转给陈洁如一封亲笔信。信中称道，她“为人一向温良敦厚”，又说：“曩昔日风雨同舟的日子里，所受照拂，未尝须臾去怀。”这也许是眷恋之情的一点流露吧！然而与他给陈洁如一生造成的痛苦相比，又算得了什么呢？陈洁如在香港孤身一人，无依无靠，又年老多病，心灵上和生活上的艰难是不难想见的。

1971 年 2 月 11 日女友去看望她时，再三叫门不应，喊人来一起破门而入，发现她横卧地下，已经溘然长逝，终年 65 岁。周恩来得悉陈洁如在香港病逝的消息后，亲自批准陈洁如的养女陈瑶光赴港奔丧，料理后事。

陈洁如临终前，最后一次致信蒋介石，道出了心中长期的积郁之情：“三十多年来，我的委屈唯君知之。然而，为保持君等家国名誉，我一直忍受最大的自我牺牲，至死不肯为人利用。”

陈洁如与蒋介石共同生活在一起的 7 年，不仅是蒋介石个人政治生涯中最值得回味的“大起大落”的非凡年代，同时也正是中国现代历史上最值得大书特书的“大动荡、大变革”的重要时期。陈洁如把一生最美好的青春岁月奉献给了蒋介石，然而，却招致被遗弃的命运。更为不堪的是，蒋、陈离异后，为了维护“权威人士”蒋介石的形象，陈洁如蒙受了来自各方面的种种不实之词的诬蔑和侮辱。

移居香港后，她孤身一人，不仅要应付生活艰辛的磨难，还要承受外部的压力和折磨。陈洁如当年在蒋介石身边，受蒋的影响和鼓励，养成了写日记的习惯，留下了那一段沧桑岁月的翔实记录。在朋友们的鼓励下，陈洁如决定以此为素材，撰写一部回忆录，客观地记述她为“蒋夫人”的真实情况，以还历史的本来面目。这样，从20世纪50年代开始到60年代初，历时十数载寒暑，先是中文自传手稿成型，后是英文回忆录定稿，陈洁如完成了这部“心酸史”。

后来公开发表的陈洁如的回忆录，系用英文写成，是李荫生、李时敏两兄弟与陈洁如共同完成的。陈洁如提供口述、日记和中文的自传手稿，李荫生主要执笔，李时敏负责编制人名与地名的注释表。撰写的时间，是在1961年陈洁如移居香港以后。李氏兄弟是蒋介石的老朋友，20世纪20年代初蒋介石、陈洁如曾到香港游玩，就是由李氏兄弟招待的。他们世居香港，父亲李博是爱国华侨，曾大力资助孙中山的革命事业，颇受孙中山、蒋介石的敬重。李荫生从医，曾经在上海经商，晚年移居纽约。李时敏曾在香港一家银行任职，据说曾教过蒋介石和陈洁如英文。

1991年12月，台湾《传记文学》月刊在收到一位“神秘”的“提供者”写的陈洁如回忆录的英文原稿和署名“金忠立”的中文译稿部分稿件之后，于1992年1月开始分期连载，标题是《蒋介石、陈洁如的婚姻故事》，副题是《改变民国历史的陈洁如回忆录》，并于连载完毕后，出版了陈洁如回忆录的全译本，约21万字。与此同时，台湾的《新新闻》周刊亦不甘落后，1992年2、3月间以《我做了七年的蒋介石夫人》的醒目标题，分4次登完了陈洁如回忆录的摘要，并抢先出节译本，11万字。

陈洁如回忆录的公开发表，在海内外引起巨大的震动。对于它的历史价值，各界贬褒不一，反应各异。一种认为，陈的回忆录是“改变民国历史的书”，是“还历史本来面目”的“一部真史、信史”。另一种意见则认为，陈洁如回忆录揭露了大量蒋介石的私德秘闻，当年让国民党大为恐慌，不得不以高价收购，但回忆录对民国初年的一些重大政治事件或者语焉不详，或者描述失实，破绽百出，甚至歪曲史实，难逃编造历史之责。回忆录还美化自己，攻击别人，自揽功劳，等等，其可靠性和历史价值实在值得商榷。两种见解几乎针锋相对，孰是孰非当然有待于史学家们去进一步研究。

陈洁如回忆录的命运，同陈洁如本人的命运一样，充满了曲折和坎坷，几近尘封。然而，历史毕竟不会被永远掩埋！在陈洁如身后20多年，回忆录的公开，对她的在天之灵应是一大告慰吧！

# 第四章 终身相伴的宋美龄

# 一、美人爱英雄

## 父亲宋查理是一个传教士、工商业者和革命者

宋美龄1897年出生于上海，祖籍广东省文昌县（今海南省文昌县）。若认祖归宗的话，宋美龄本不姓宋，而姓韩。宋美龄的祖父韩鸿翼，是一位颇有文化修养的商人。当地人称商人为老板，唯有见了韩鸿翼称先生，在文昌，韩姓大都经商。其先人可追溯到春秋战国时代的韩国之君。韩国位于河南相州安阳，传说是暴秦灭韩后，一位韩国公子不愿臣秦，便以货殖为业，这是韩家最早的开业祖先。族中相传有两条族规：一是习贾不参政，二是处事须刚毅。不过，韩姓商人与别的商贾世家不同，家中都请儒师教授子弟，使之知书达理，所以韩姓商人历代有儒商之称。

北宋时，大臣韩琦就是相州安阳人，他抵御西夏入侵，立有显赫功勋，被封为魏国公。后北宋衰亡，韩家被迫南迁，族人韩显卿曾任广东廉州太守。1197年，韩显卿抱宗谱南渡琼州，定居文昌县锦山，成为韩姓渡琼第一代人。以后韩姓家族就在海南岛繁衍下来，世居昌洒镇古路园村（今牛路园村）。宋美龄的祖父韩鸿翼有三子一女，即韩政准、韩教准、韩致准和韩三。韩教准即宋美龄的生身父亲。

韩教准，1866年出生，乳名阿虎。七八岁时，因父亲韩鸿翼、母亲王氏身染久治不愈的慢性病，被迫卧床，药剂入口，银钱出门，家境日渐窘迫。1875年侨居美国波士顿经营丝茶店的阿虎的舅舅（其婶婶宋氏之弟）返乡，收养了阿虎做嗣子，并将他带到了美国，在宋氏商号北美华商先锋号里当学徒。从此，阿虎改姓为宋，养父给他取名高升。1878年，因与养父发生矛盾，阿虎离家出走。在外漂泊流浪之际，被一个名叫查理·琼斯的美国老人收养，并把他推荐到一艘名叫“阿尔贝特·加伦汀”号的美国海岸警备缉私艇上当水兵，以后又转至“科尔法克斯”号工作。不久，艇长加布里尔逊上尉又把阿虎交由北卡罗来纳州维尔明顿市监理会牧师汤姆斯·佩奇·里考收养。

1880年，阿虎在佩奇·里考牧师的主持下接受了洗礼，正式皈依基督教，教名查理·琼斯·宋。在这之后，他在北卡罗来纳州达姆市的富豪朱丽安·卡尔的资助下，先后入圣三一学院（后改名杜克大学）、万德·比尔特大学的神学院学习。1886年，阿虎被美国监理会派遣回中国上海，随中国布道区教长林乐知在华传教。上海《万国公报》主笔、中西学院掌教沈毓桂为他重新拟名拟字：名耀如，字嘉澍。“耀如者，如日月之明辉也；嘉澍者，加惠济世之甘霖也。”然而，回国后的宋耀如受到了其他在华的美国传教士的排挤，郁郁不得志，遂转而经商。

宋耀如于1890年在上海筹建了华印书馆，印刷《圣经》和西方书籍，盈利颇丰，很快致富。宋耀如办印刷业发迹后，又开始经营面粉、烟草和纺织业，并兼做进口机械的代理商，成为中国较早的买办商人，从无到有积聚起大量的财富。1892年宋耀如彻底辞去传教士的工作，而以极大的热情和精力投入中国基督教青年会的创立与组织活动中，成为主要的负责人。

在美国期间，宋耀如深受资产阶级民主自由思想的影响。1892年前后与孙中山结识后，即成为密友，同情并鼎力支持其反清革命，是孙中山早期革命中最主要的财力后盾。后来，孙中山曾高度评价宋耀如：“彼从事于教会及实业，而隐则传革命之道，是亦世之隐君子也。”

1887年，宋耀如与倪桂珍在上海三马路与泥城桥路之交的监理会教堂举行了婚礼，结为夫妻。倪家的祖先远在明代时娶了大学士徐光启的女儿，由于徐光启一家是上海最早的天主教信奉者，倪家从此也成了虔诚的天主教徒，并世代相传，从无例外。然而，到了倪桂珍的父亲倪韫山这一辈则改宗新教，放弃信仰天主教而信基督教。

18岁的倪桂珍与21岁的宋耀如结婚时，除带有一份丰厚的妆奁外，娘家优越的社会地位——工商界、金融界以及军政界里的各种社会关系也带进了宋家，对宋耀如帮助甚大。宋耀如与倪桂珍结合后，先后生育了三子三女：长女宋蔼龄、次女宋庆龄、长子宋子文、三女宋美龄、次子宋子良、三子宋子安。

宋氏三姐妹在威斯里安女子学院

宋耀如倾尽心力用西式教育培养他们成材，1918 年当宋耀如溘然而逝时，他已经给现代中国留下了一笔极其宝贵的财富，他的儿女们已经或正在进入政治舞台，成为左右历史进程的至关重要的风云人物。尤其是宋氏三姐妹，蔼龄嫁给财阀孔祥熙，庆龄嫁给“国父”孙中山，美龄则嫁给军阀蒋介石，“一个爱钱，一个爱国，一个爱权”，深深影响了他们的那个时代。宋家王朝史几乎就是一部中华民国史——当然，若认真考究的话，应该说是“韩家王朝”！

宋美龄出生时，上面已有比她大 9 岁的大姐蔼龄，大 6 岁的二姐庆龄和大 5 岁的哥哥子文。宋耀如由于经商有方，积聚起大量的财富，成为上海滩的豪族。宋美龄从小即在十分优裕的环境中生活，又因为是姐妹中最小的一个，自然备受宠爱，养成极端自负、任性的性格。幼年的宋美龄矮胖胖、圆乎乎，尤其是在冬天，她穿着母亲倪氏给她缝制的厚实的棉袄，一步三摇，跌跌撞撞，显得很笨拙，但因为衣着厚，身体胖，所以从未跌伤过。人们看她的样子，既可笑又可爱，给她起绰号叫“小灯笼”。倪氏着意打扮她，给她梳当时小女孩最流行的“螃蟹眼”发型，将她头顶的两根小辫子用红绸子扎住，然后卷成圆环。还给她穿花布制作的、背后开口系扣的短上衣。至于鞋子更是独一无二，看上去像个猫头，两旁伸出只猫耳，还绣着猫的胡须和眼睛。

由于和教会的深厚关系，宋耀如先后把 3 个女儿送到位于上海汉口路，由美国监理会中国教区创办的“马克谛耶女子学校”上学，宋美龄入校时仅 5 岁。以后，宋耀如先后把 3 个女儿送到美国去留学，安排她们进入由卫理公会创办的全美第一所女子学院——乔治亚州梅肯的威斯里安女子学院就读。

1907 年，年仅 10 岁的宋美龄到美国后，先随姐姐庆龄住在新泽西州的小镇萨米特，在一座由克拉拉·波特温小姐办的学校里补习了一年的功课，然后于 1908 年到乔治亚州的山城德美雷斯特入皮德蒙特学校念书。1909 年，12 岁的宋美龄作为“特别生”进入威斯里安女子学院，与二姐庆龄做伴读书。当了 3 年“自由旁听生”之后，宋美龄于 1912 年正式成为大学一年级学生。1913 年春季学期结束，宋庆龄毕业回国，宋美龄就从乔治亚州转学到马萨诸塞州的韦尔斯科学院，以便就近得到当时在哈佛大学读书的哥哥宋子文的照顾。

1913年秋到1917年夏，宋美龄在韦尔斯科学院度过了她在美国的最后4年大学生活。她主修英国文学，副修哲学。在大学四年级时，宋美龄得了“杜兰特学生”的称号，这是韦尔斯科学院授予学生的最高荣誉称号。在韦尔斯科学院就读期间，由于担心回国后会被家里包办婚姻，宋美龄先与一名来自江苏省的哈佛大学学生李彼得宣布过订婚婚约，但只持续了几个星期，即告解除。临毕业前，宋美龄又与另一位哈佛大学的学生刘纪文确定了恋爱关系。此后10年缠绵，直到1927年由于蒋介石介入，才分手。

从1907年到1917年，宋美龄连续在美国生活了10年，受到了系统的美式教育，思想意识、行为方式乃至生活习惯完全西方化了，她自我解剖的名言是：“唯一还能认出来我是个东方人，就只剩我的脸孔。”

1917年6月，20岁的宋美龄从美国韦尔斯科学院毕业，7月返回中国。刚刚回到上海时，宋美龄对一切都感到不习惯，包括在霞飞路的新居，她感到又狭小又陈旧，责怪父亲为什么没有买一栋比较排场的大房，这颇令宋耀如伤心。后来一位朋友问宋耀如，应不应该送自己的女儿去美国留学？宋耀如半真半假地劝阻说：“不要送你的孩子出国”，不然“他们回国后会觉得什么都不够好，他们想把一切都翻个个儿”。

但是，宋美龄的适应能力很强，她很快就意识到：必须一切从头开始！她抓紧时间学习汉语，改穿中式服装，并投身到种种公益事业中。几年之中，宋美龄就以其独特的魅力，成为上海社交界的名媛，赢得了社会各界的青睐。她参加了基督教女青年会，经常发表演说，并被上海市议会聘请为童工委员会的成员。在此之前，还没有一个中国人得到过这样的职位。

在宋美龄回国之前，大姐宋蔼龄、二姐宋庆龄已先后出嫁，分别与孔祥熙、孙中山结合，成为社会上备受瞩目的风云人物。对于宋庆龄与父辈的孙中山的婚事，宋美龄与全家均持的反对意见不同，表示了极大的羡慕和支持，她曾多次向二姐庆龄表示：“非英雄不嫁！”

1918年5月3日，宋耀如因患胃癌在上海病逝。他临终前，蔼龄、庆龄、美龄都随侍在侧，亲视入殓。这一次姐妹的团聚非常难得，此后便各奔东西，劳燕分飞了。两个姐姐各自回到自己丈夫的身边，宋美龄则随母亲倪氏搬到了西摩路的新居。这幢房子宽大而新潮，宋美龄从美国回来后，就一直渴望能够住进去，但遭到宋耀如的坚决反对，如今父亲去世，她才如愿以偿。

## 宋美龄要寻一位英雄式人物

蒋介石结识宋美龄是在 1922 年，是通过宋庆龄与孙中山的关系。是年 12 月初，蒋介石在上海参加一项由宋子文主持的社区基督教晚会，地点是在莫里哀路的孙中山寓所。这是蒋介石第一次见到年轻漂亮、气度非凡的宋美龄，立刻为之倾倒，决心不惜一切代价，要娶宋美龄为妻，相伴终生，并由此开始了长达 5 年的锲而不舍的求婚历程。

1922 年 12 月底，蒋介石应孙中山的急召前往广州。见面后，他首先向孙中山求情，向孙中山解释，他已“休掉”发妻毛福梅，并已与侧室姚冶诚脱离了关系，请孙中山将妻妹宋美龄介绍给他。孙中山听后未置可否，回家后把蒋介石的意思转告给了妻子。宋庆龄立即加以拒绝，她态度坚决地说：宁可看到妹妹死去，也不愿意让她嫁给一个已有妻妾且喜在外拈花惹草的荒唐男人。但是，孙中山并没有把宋庆龄的话转达给蒋介石，只是劝蒋“等一等吧”。蒋介石也自知时机不成熟，答应耐心等待。在孙中山逝世以前，蒋介石又曾两次提起这门亲事，然而每次得到的答复都是“再等一等吧”。但蒋介石痴心未改，一有机会总要向宋家表明心迹。

蒋介石求婚进程取得实质性的突破，是在 1927 年。此时，蒋介石已不复是

婚前的蒋介石和宋美龄

5年前的那个前途不定的普通青年军官，而是统率着千军万马、号令天下的国民革命军总司令了。1927年3月，当蒋介石抵达南京、上海时，犹如英雄凯旋，万众瞩目，他在宋美龄心目中的地位发生了急剧的变化。

3月26日，蒋介石征尘未洗，即至西摩路的宋宅登门拜访，重申求婚之意。对此，宋家反应不一。虽然宋氏家族大多数人对于蒋介石的求婚仍持异议，其中态度最激烈者是宋美龄的母亲倪氏和姐姐宋庆龄、哥哥宋子文。倪氏以传统的目光看待此事，她认为自古军人社会地位低下，且蒋性残嗜血，名声不好；蒋又有妻有妾，有关女人的丑闻不断；最主要的，蒋介石不是基督教徒，信仰有异。

而宋子文则是以现代的观点力持异议。他认为，满脑袋封建思想的守旧人物蒋介石，与完全西方化的宋美龄之间没有任何共同点，蒋向美龄求婚，如同袁世凯之流梦想娶一名美国明星一样滑稽，除了政治上的利用和占有欲外，根本就不存在爱情，何况他深知，宋美龄正与自己的哈佛同窗、现为国民革命军总司令部军需处长的刘纪文打得火热。另外，宋庆龄的反对态度也一直未曾改变。

自然，宋庆龄、宋子文之所以激烈反对，也与当时宁、汉对立，宋庆龄、宋子文效力于武汉革命政府，而蒋介石在南京另组反革命政权，双方政见不同有直接关联。但是，宋蔼龄则力排众议，坚决主张接受这门婚事。她认为自古“美人配英雄”，而未来中国的领袖非目前已呈强人之势的蒋介石莫属，与蒋氏的联姻，必能加强宋氏家族在未来中国政治舞台上的地位和影响力。因此，在宋蔼龄的精心安排下，蒋介石利用四一二反革命政变后，南京国民政府成立，国民党中央“批准”给他10天休假的机会，邀宋美龄同游江苏镇江焦山。

在此之前，宋子文的态度也已发生了微妙的变化。宋子文本是武汉国民政府的财政部长，是在3月为筹款和谋求江浙财阀的财力支持而返回上海的，不期然刚下飞机即被蒋软禁，而且，蒋介石在征得宋蔼龄的同意后，又下令驻广州的部队没收了宋子文的南方政府银行的所有财产。在宋子文走投无路之时，宋蔼龄出面劝说他改变主意，转而向蒋介石“输诚”，并同意小妹美龄与蒋的婚事。宋子文无奈，只有应允从命。时人公开嘲笑说：“蒋介石与宋美龄求婚，实质上是向宋子文求爱。”

焦山，位于江苏镇江东北长江中，与南岸象山对峙，山高150米，周约2000米，因东汉陕中焦光隐居山中而得名。又因满山苍松翠竹，宛如碧玉浮山，故又名浮玉山。山东北有二小山雄峙，名松寥山，古人称为海门。焦山如中流砥柱耸立滚滚白浪之中，气势雄伟，自古以来即为游览胜地。

焦山之游，使蒋、宋之间的感情迅速升温，关系得以正式确立。据野史载，两人分手之际，曾有一君子协定：各自清理历史陈账，以自由之身再论婚嫁。具体而言，宋美龄需割舍昔日情人刘纪文，蒋介石必须与以往的妻妾毛福梅、姚冶诚、陈洁如彻底脱离关系。

1927年8月，蒋介石第一次下野。为了以退为进，东山再起，蒋介石把“蒋宋联姻”视为重要资本，加紧筹划，频频向宋美龄发动“攻势”。1927年10月19日的天津《益世报》曾披露过8月蒋介石给宋美龄的一封求爱信，其文“情挚意切”：

> 余今无意政治活动，惟念生平倾慕之人，厥惟女士。前在粤时，曾使人向令兄妹处示意，均未得要领，当时或因政治关系。顾余今退而为山野之人矣，举世所弃，万念灰绝，曩日百对战疆，叱咤自喜，迄今思之，所谓功业宛如幻梦。独如女士才华荣德，恋恋终不能忘，但不知此世所弃之下野武人，女士视之，谓如何耳？

蒋介石下野后，曾在上海和奉化各滞留了一段时间。在溪口隐居期间，经过软硬兼施，从发妻毛氏那里拿到了签了字的“离婚协议书”。9月返回上海后，蒋介石又拿出5万元安置姚冶诚去苏州静养，拿出10万元安排陈洁如出洋留学，了却了后顾之忧。在这样的情形下，“蒋宋联姻”的主要筹划者宋蔼龄，于9月16日在上海西摩路宋宅召开记者招待会，把蒋介石与宋美龄一起介绍给新闻界，并宣布：“蒋总司令即将与我的三妹结婚。”海内外各大新闻媒介争相报道了这一消息。17日的美国《纽约时报》以醒目标题刊出：“蒋介石和孙夫人的妹妹结婚”，并配发了这一对新人在宋宅花园合影的照片。

但是，对于蒋介石的求婚，宋家有一关键人物一直未答应允，那就是宋母倪氏。当时，倪氏为了避免蒋介石的纠缠不休，远走日本“养病”。蒋介石丝毫不懈，决定亲往日本再度向宋母求婚。

9月29日，蒋介石与宋子文等离开上海去日本。蒋介石此行，除了有研究日本国情及对华政策并争取日本政府支持，以助他重新上台的目的外，另外一个重要“使命”，就是为了打通宋母这一最后关节。蒋介石到神户后，即与宋子文一同前往宋母倪氏正在疗养的有马温泉，复申前请。倪氏见事已至此，且宋美龄心意已决，一人再反对亦无回天之力，遂提出最后一个条件以为“放行”的前提，即宗教信仰问题。

蒋介石自小随母亲王采玉礼佛，心虔意笃，这是众所周知的事实。但当倪氏并不抱太大的希望，提出一个认为蒋会十分为难的问题“你是否愿成为基督教徒”时，蒋介石却出人意料地十分痛快回答：“我可以试试，我将努力研究《圣经》，但我不能未经体察就随便允诺接受基督教。”倪氏对蒋介石的回答很满意，于是将宋耀如的遗物，一本宋耀如临终前嘱咐交与未来三女婿的《圣经》交与了蒋介石，事实上已经同意了蒋介石与宋美龄的婚事。第二天，蒋介石便给宋母倪氏送上宋美龄的订婚戒指。

## 蒋宋婚礼一共举行了西式的和中式的两次

1927年11月10日，蒋介石从日本返回上海，鉴于当时国民党内各派系仍然纷争未已，蒋拒绝了各派请他出山复职的要求，决意静观其变，先全力完成与宋美龄的结婚大事。

蒋介石、宋美龄1927年12月1日在上海的结婚典礼，分两次进行。先举行基督教的西式婚礼，后举行中国传统式的婚礼。

基督教婚礼是在西摩路宋宅楼下会客厅内举行的。客厅面积虽不大，布置却非常华丽，正中悬宋父耀如的油画遗像，两旁扎以新鲜竹枝，交叉成半圆形，下陈芭蕉小树，庭柱上绕凤尾草，两侧摆满各色花篮，下铺红色地毯。婚礼原拟请宋家老友、卫理公会教堂牧师江长川主持，但江认为蒋介石不是自由再婚，拒绝主持，只好请中华基督教青年会全国协会总干事余日章主持，而余并非牧师。

下午3时婚礼开始，证婚人余日章，介绍人谭延闿、何香凝、王正廷、李德全，主婚人蒋介卿夫妇、孔祥熙夫妇先到。外宾有美国驻上海总领事克银汉夫妇、美国审判长普台及英国总司令邓坎等。蒋介石由刘纪文陪同先进入礼堂，后宋美龄挽着宋子文的手臂，在女傧相郭玉珠等人前导下步入礼堂。蒋先为宋戴戒指，并宣读誓词说：

> 我蒋中正情愿遵从上帝的意旨，娶你宋美龄为妻。从今以后，无论安乐患难康健疾病，一切与你相共，我必尽心竭力的爱敬你、保护你，终生不渝。上帝实临鉴之，这是我诚诚实实应许你的，如今特将此戒指授予你，以坚此盟。

接着宋美龄宣读誓词说：

> 我宋美龄情愿遵守上帝的意旨，嫁你蒋中正，从你为夫。从今以后，无论安乐患难康健疾病，一切与你相共，我必尽心竭力爱敬你、保护你，终生不渝。上帝实临鉴之，这是我诚诚实实应许你的，如今特将此戒指授予你，以坚此盟。

然后给蒋戴上戒指。仪式过后，两人立即赴戈登路大华饭店出席中式婚礼。

礼堂设在大华饭店跳舞厅，四周缀以鲜花，中间悬挂孙中山遗像，两旁是“国旗”“党旗”。台前陈列花篮甚多，左侧设亲族席、记者席，右侧设女宾席。参加婚礼的有1300多人，凭事先发出的请柬入场，请柬编有号码，并盖有宋子文的私章，以防他人混入。来宾到后，先在门前签名登记，发给结婚纪念章一枚，悬挂胸前，以资识别。出席的有证婚人蔡元培、谭延闿、王正廷、余日章、何香凝、李德全等6人；来宾有汪精卫、吴稚晖、邵力子、陈果夫、杨树庄、张定璠、褚民谊、周佩箴、陈德徵、冷欣、冷隽、王晓籁、沈田莘、缪斌、叶惠钧等；外宾有日本总领事矢田、正领事清水、美国总领事克银汉、比利时总领事汪和德、挪威总领事亚尔等，真可谓极盛一时。宾客都由陈希曾、陈立夫等殷勤招待。

下午4时，蒋介石、宋美龄等乘坐3792号花车来到大华饭店，先在花园洋房内休息。4时25分，乐队奏起了门德尔松的结婚进行曲，蒋介石身穿大礼服，胸悬彩花，由男傧相刘纪文、孔祥熙陪同走出。5分钟后，宋美龄挽宋子文的手臂走出，前有郭、王、孔、倪4位小姐做女傧相。宋美龄身穿银色旗袍，白色乔其纱用一小枝橙黄色的花别着，斜披在身上，头戴一个用花蕾编成的小花冠，手捧一束粉红和雪白相间的玫瑰花（一说是淡红色的麝香石竹花），10岁的孔二小姐珍妮和少爷孔路易随在身后司纱。

婚礼开始，由邵力子任司仪，先请证婚人入席，蔡元培居中，何香凝、李德全站在两旁，再右为谭延闿、余日章，左为王正廷，随之主婚人蒋介卿、宋子文入席。全体向孙中山遗像三鞠躬，由蔡元培宣读证婚书，文称：

盖闻宝树延辉，异彩耀玉台之镜，早梅布馥，华楣迓翟茀之车。两姓联欢，一堂结约。兹者蒋中正先生与宋美龄女士，举行结婚礼于春江大华礼堂，良辰吉日，六礼靠民，瑟好琴耽，双心默契。所愿宗熙三径，论协十篇。吉今兹约批发钤章，用证鸳鸯之牒，卜他日齐眉益算，覃敷鸾凤之祥。元培等忝作证人，乐观嘉礼，爰缀吉语，藉贡欢枕，是为证。

1927年12月1日，蒋介石、宋美龄在上海结婚

接着由证婚人、主婚人、结婚人依次用章。再由新郎新娘相对一鞠躬，向证婚人、主婚人及来宾一鞠躬，婚礼在乐曲声

中宣告完成。两人到花园摄影后，返回宋宅。

据野史记载，宋美龄与蒋介石结婚典礼前，曾提出三个条件，以为双方共守的“信约”：第一，蒋介石必须信奉上帝，受洗礼成为基督徒。因宋美龄是虔诚的教徒，两人必须有共同的宗教信仰。第二，宋美龄不生小孩，以保持形体。第三，宋美龄以蒋介石私人秘书身份，对外从事政治活动，不担任政府公职，不参加正式的高层决策会议。

据说，第一、二条，蒋介石慨然应允。第三条，是蒋提出，也为宋所接受。后来，蒋、宋婚姻史大体也印证了这三条。由是观之，这“约法三章”似乎也并非都是捕风捉影的“无稽之谈”。

## 二、活跃中国舞台

### 西安事变，只身救夫

婚后，蒋介石在上海拉都路 311 号设置了新居。蒋、宋原计划去美国度蜜月，后因蒋忙于复职活动，未能成行。12 月 3 日，也就是新婚后的第三天，蒋介石亲自召开了国民党中央二届四中全会预备会，拉开了蒋复职再出的序幕。1928 年 2 月 2 日，国民党中央二届四中全会在南京召开，蒋介石被各派共同“推举”为国民党中央执行委员会常委、军事委员会主席、国民革命军总司令。2 月 23 日，被选为国民党中央组织部长。3 月 7 日，又被委任为中央政治会议主席。从此蒋介石把党政军大权又重新集中到自己手中，宋美龄也就成了名副其实的“第一夫人”。

蒋介石重新上台后，宣布继续进行北伐，指挥四路大军直逼平、津。新婚燕尔的宋美龄首次以蒋夫人的身份随军行动，相伴于蒋介石身边。1928 年 6 月，张作霖被日本军国主义分子炸死，张学良于 12 月“易帜”表示归附国民政府和国民党中央，蒋介石实现了全国形式上的统一。

也正是在婚后第二年，蒋介石携新人宋美龄回奉化老家省亲、祭祖，正式确定名分。虽然蒋家族人也曾在丰镐房内特地为宋美龄布置了一间西式卧房，但囿于毛福梅事实上的主妇之位，宋美龄一直随蒋介石居于乐亭别墅或慈庵，直到抗战胜利后，毛福梅已于 1939 年离开人间，宋美龄与蒋介石回溪口才搬回丰镐房。

1930 年，蒋介石在宋美龄的一再督促下，接受江长川牧师的洗礼，正式皈依基督教，兑现了他早先向宋美龄求婚时对宋氏家族的承诺。

毋庸置疑，作为妻子，宋美龄对于蒋介石的影响力，远远不限于婚姻生活。婚后，宋美龄虽然未在国民党政权中担任任何具体官职，但她以“第一夫人”与蒋介石“私人秘书”的身份成为蒋介石处理内政外交的助手和高参，直接介入国民党统治的最高决策层。

1934 年 2 月，蒋介石和宋美龄在南昌街头

“蒋宋联姻”之际，正值南京国民党政权初创、根基未稳的“艰难”时期，宋美龄不仅动员了宋氏家族成员倾全力支持蒋介石，为其内助、外援，她自己更是把整个政治生命押在“蒋家王朝”的前程上。她亲随蒋介石奔波于全国各地，从军阀混战的战场，到“剿共”前线，无处不有她的身影。

为了解除国民党官兵为蒋介石卖命的后顾之忧，宋美龄创设了“革命遗族学校”和“励志社”，与国民党军队之间建立起密切的联系。宋美龄还一度被蒋介石委任为国家航空委员会秘书长，为筹建现代化的国民党空军出谋划策，立下了汗马功劳。至于蒋介石倡导的所谓“新生活运动”，实乃出于宋美龄的提议，当然她更是身体力行，积极推广，组织实施，并借此成为全国妇女界的领袖人物。同时她还被推选为国民党中央执行委员和国民政府立法院立法委员。

1936 年 12 月，震惊中外的西安事变爆发，蒋介石被主张“停止内战，一致对外”的张学良、杨虎城实行“兵谏”，扣押于古城西安，张、杨通电全国提出八项抗日主张。事变发生后，在国内外引起了强烈而复杂的反响。南京国民党政权中的亲日派何应钦等人力主“武力讨伐”，蓄意扩大事态，并电邀亲日派领袖汪精卫从意大利返国主政。全面内战一触即发！

西安事变爆发时，宋美龄正在上海治病。对于蒋介石的被软禁，她追悔莫及，长叹说：“年内，委员长出巡各省，余必相随，此次独因病未果，深觉怅然。盖余每自信，倘余在西安，局势当不致恶化至此。”为了确保蒋介石的安全，宋美龄返回南京后立即周旋于国民党各派之间，消弭内乱。她据理力争，阻止亲日派欲借机加害蒋介石的“轻举妄动”。

宋美龄决定亲自赴陕，与张学良、杨虎城进行谈判，以设法营救蒋介石。她先派出原为张学良顾问、后为蒋介石顾问的澳大利亚人端纳，以及“励志社”总干事黄仁霖去西安探听虚实。同时，还带去一封信给蒋介石，劝慰他保重身体，并告知“南京方面戏中有戏”。黄仁霖从西安返回南京后，带回了蒋介石给宋美龄的一封信：

> 余决为国牺牲，望勿为余有所顾虑。余决不愧对余妻，亦决不愧为总理之信徒。余既为革命而生，自当为革命而死，必以清白之体还我天地父母也。对于家事，余无所言，唯经国、纬国两儿，余之子亦即余妻之子，望视若己出，以慰余灵。但余妻切勿来陕。

宋美龄看到此“遗书”更为不安，又请宋子文赴西安，并捎给蒋介石一封信：“如果三天之后子文还没有返回南京，我就到西安和你生死共存。”12 月 22 日，宋美龄在了解西安方面并无伤害蒋介石的意图以及中国共产党和平解决西安事变的方针后，亲赴西安。她形象比喻：“西安的形势是：端纳先生已打好了地基，子文盖起了墙壁，只有等我去铺房顶了。”

在西安，宋美龄、宋子文兄妹代表南京方面，代表蒋介石，与张学良、杨虎城以及周恩来进行谈判，基本上接受了西安方面和中共代表团提出的“停止内战，一致抗日”的主张，并说服蒋介石以“领袖人格”担保实现承诺。宋美龄还巧妙地利用了张学良个人极强的英雄主义弱点，软硬兼施，终于使张学良私自决定放走蒋介石。12 月 24 日，张学良亲自送蒋介石、宋美龄回南京，从此失去自由。

关于西安事变的全过程，当事人多有亲历记或回忆文章刊行于世，其历史功过，史家亦有定评，这里不再冗述。值得注意的是，宋美龄在和平解决西安事变中的特殊作用。在事件突发、形势陡然严峻、前景未卜的情形下，宋美龄冲破亲日派欲借此“难”，酿全面内战之祸的重重阻力，在国民党决策层中率先倡言和平解决，并亲赴西安进行调解，打破僵局，救蒋介石“危驾”安然返还，充分表现出一个女政治家的不凡识见、才干和胆魄。以西安事变的和平解决为契机，随后出现的 10 年内战终结、第二次国共合作形成及抗日民族统一战线建立的新局面，宋美龄于其中所起到的作用不可小视。

当然，宋美龄也借此历史舞台的出色表演，大大强化了她在国民党政权中的地位和影响力，增加了作为蒋介石“内助”的分量和发言权。“患难见真情”，蒋介石历此磨难而转危为安，对挺身而出的宋美龄感念于怀，夫妻关系经受住了一次严峻的考验，在日后处理“党国”大政方针时越发倚重宋美龄。宋庆龄曾对埃德加·斯诺说：蒋宋两人“开始并没有爱情，但是我认为现在有爱情了。美龄真诚地爱蒋，蒋也真诚地爱她”。宋美龄更进一步介入国民党权力中枢。

西安事变和平解决后，蒋介石为了粉饰自己这段“败走麦城”的历史，下令刊行由他口授、“文胆”陈布雷执笔的《西安半月记》。而在这千载难逢的机遇中风头出尽的宋美龄，也没有放过这绝好的自我塑造的机会，撰写了影响后世的《西安事变回忆录》，并公开发表。在这两篇文章中，蒋介石、宋美龄都成了这一历史事件中“扭转乾坤”的传奇人物。加上一些与蒋家、宋家有关的国外记者大肆渲染，蒋介石、宋美龄成为这次改变了中国历史轨迹的西安事变中的唯一胜利者，蒋介石与宋美龄的照片印在美国《时代》杂志的封面上，被选为“新闻人物伉俪”，在国际上重新树起强有力的中国领袖形象，成为引人注目的世界名人。

## 活跃在外交舞台上

如果说，西安事变的和平解决，是宋美龄政治才识的“偶尔露峥嵘”的话，那么在国民党政权的外交舞台上，宋美龄则长期无可争议地充任主角，是蒋介石对外交往中其他任何人都无法替代其特殊地位和作用的主要助手。

抗战全面爆发后，宋美龄全力协助集国民党党、政、军权于一身的“中国抗战领袖”蒋介石策划对日作战。她亲自出面召集全国各界妇女领袖开会，制定“全国妇女参加抗战工作计划纲领”，并决定以她所领导的“新生活运动促进总会妇女工作指导委员会”为战时全国最高妇运指导机关。宋美龄还亲自抓大后方难民的收容救济工作，组织建立“慰劳总会”，并在各省设置分会，从事劝募和劳军的活动。同时，宋美龄还经常亲随蒋介石奔赴各抗日战场，视察抗战前线，慰问抗日官兵。同时，宋美龄还为中国抗战争取国际社会的支援而从事繁重的对外宣传与外交工作。

抗日战争开始时，西方国家对中国的态度十分冷淡，美、英政府甚至还借中日战争的机会发“战争财”。宋美龄广泛收集了日本军队的侵华暴行，写文章，发表讲话，通过报纸杂志、通信和广播对西方国家广为揭露，说明中国抗战所面临的艰难处境。宋美龄不留情面地抨击英、美的“恐日症”，她警告西方世界，中国不过是第一个遭到法西斯攻击的民主国家，坐视中国孤军奋战反抗侵略，看不到日本侵略对西方国家造成的威胁的“精神近视”，必将导致不可估量的严重后果。

在抗战时期，宋美龄事实上成为中国对外宣传的总播音员。1940 年至 1941 年间，宋美龄对外宣传文字的 3 部汇编本《战争与和平中的中国》《我们是我们的中国》《中国即将复兴》，以多种文字刊行于海内外，在西方社会尤其是美国引起极为强烈的反响，美国朝野一致呼吁西方世界改变对华政策，全力援助中国抗战。海外华人也纷纷捐款捐物，甚至亲自回国奔赴抗战前线，支援对日作战。

为了牢固树立“中国抗战”的国际形象，赢得世界各国对中国抗战的广泛支持和援助，宋美龄还积极介入抗战以来国民党政权的历次重大外交活动。

宋美龄通晓6国语言，尤精于英语，蒋介石与英、美等国来访者的任何会见，均由宋美龄来翻译，既是夫人，又是助手，于公于私，都是蒋介石不可或缺的“内助”与“外助”，人们视宋美龄为蒋介石对外交往中的代言人及国民党外交的权威人士。

抗战期间，宋美龄在外交舞台上最辉煌的演出莫过于1942年至1943年出访美国及1943年出席开罗会议。

美国人对宋美龄没有陌生感。早在震惊中外的西安事变中，宋美龄就已经树立起传奇般的形象。抗战开始后，宋美龄对美的越洋广播，使更多的美国人认识了这位“抗战夫人”。1941年，美国作家埃米莉·哈恩（中文名字项美丽）写了《宋氏三姐妹》一文，更是大大提高了宋美龄在美国的知名度。

宋美龄是在1942年11月由重庆飞抵纽约的。此前，蒋介石曾致函罗斯福：“内子非仅为中正之妻室，且为中正过去十五年中，共生死、同患难之同志，对中正意志甚明了，当非他人所能及。故请阁下坦率畅谈，有如对中正之面专罄也。”宋美龄先进入美国医院治疗多年来缠身的各种疾病，进行疗养。身体康复后，宋美龄就开始以国民政府代表及蒋介石特使的身份对美国进行国事访问。“宋美龄旋风”就此而起！

宋美龄刚到美国，罗斯福总统的夫人埃莉诺就亲自到医院探望，并说了那句后来为宋美龄广为炫耀的话：“我真想帮助她，照料她，把她当作我自己的女儿一样。”宋美龄出院后，罗斯福总统邀请她到海德公园的总统别墅小住了两个星期。1943年2月17日，宋美龄抵达白宫，成为罗斯福总统的上宾。18日，宋美龄应美国国会的邀请，在埃莉诺陪同下，对参、众两院发表演说，强调中美两国人民的历史友谊，呼吁美国朝野对中国抗战予以更有力的支持和援助。宋美龄在国会上的演说为当时美国四大广播网现场直播，全美各大报纸亦全文登载，并加特写，《纽约时报》还以“中国第一夫人”为题发表社论。19日，宋美龄在罗斯福总统的陪同下，在白宫椭圆形办公室举行了有近200名新闻记者参加的招待会。3月1日，宋美龄的照片再次刊登在美国《时代》周刊的封面上。

1943年，宋美龄登上《时代》杂志封面

接着，宋美龄展开全美巡回演说。3月1日，宋美龄出席纽约市长主持的欢迎会，并接受“荣誉市民”的称号。3月2日，宋美龄在纽约麦迪逊广场发表演说，美国东部9个州的州长均到会参加，1.8万名纽约市民到会聆听。3月3日，在纽约的中国侨胞假卡奇尼大会堂举行欢迎大会，虽然是暴风雨交加，会场内外仍挤满近万名听众，盛况空前。

3月6日，宋美龄离开纽约，由美国战时海军妇女辅助团团长、前韦尔斯科学院院长麦克菲女士陪同回母校访问。3月7日，宋美龄在韦尔斯科学院校友会向全体师生发表演说，同时由无线电向全美广播。3月19日，宋美龄抵达芝加哥，该市市长向她赠送金钥匙。3月22日，在芝加哥体育场，宋美龄对2.7万名来宾发表演讲，呼吁拥护罗斯福总统倡导的“四大自由”，并声明中国将为世界文明而抗战到底。3月31日，宋美龄在洛杉矶市政厅演讲。4月4日，在洛杉矶好莱坞影城举行盛大的欢迎会。

在此期间，加拿大首相也专程赴纽约，会见宋美龄，并邀请她赴加拿大。4月14日，宋美龄自纽约奔赴加拿大首都渥太华做三日访问。4月16日，宋美龄在加拿大国会发表演说。从加拿大返回纽约后，宋美龄于6月24日，三度访问白宫。6月25日，赴乔治亚州接受宋家三姐妹的共同母校威斯里安学院赠予的荣誉博士学位，并代表宋蔼龄、宋庆龄接受该大学的同样学位。6月29日，宋美龄离开美国，7月4日抵达重庆。

宋美龄在美国长达7个多月的访问，折冲樽俎于美国上层，并以其非凡的个人魅力征服了众多美国人的心，使她成为全美家喻户晓的人物。她这一次访问所造成的深远影响是，直到1967年为止，宋美龄每年都被列为美国人最崇拜的10位女性之一。在宋美龄所到之处，都掀起了对华救济捐款的热潮，而随宋美龄之后回国的，是数以亿计的援助，有力地支持了中国的抗战。蒋介石曾对新闻记者称赞宋美龄说：她的价值相当于20个师！

1943年冬，宋美龄又亲随蒋介石远赴埃及，出席有美国总统罗福斯和英国首相丘吉尔参加的开罗最高首脑会议。会议通过了《中美英三国开罗宣言》，明确规定：“三国之宗旨在剥夺日本自1914年第一次大战开始以后在太平洋所夺得或占领之一切岛屿；在使日本窃取中国之领土，例如满洲、台湾、澎湖群岛等归还中国。”蒋介石、宋美龄带着获得世界四强之一的领袖地位的自豪感凯旋。

大国地位和蒋介石的领袖尊严煞费苦心，相当程度上缓解了蒋介石由于无知与无理而出现的外交困境。开罗会议后发表的与会各国最高首脑的合影中，宋美龄赫然位列其间。这张举世闻名的照片，左起第一人是蒋介石，挨着蒋的是身着黑色西装的罗斯福，罗斯福以高超的技巧侧身面向蒋介石，好像在跟他说话，蒋介石的脸上露出微笑，好像他懂得罗斯福所说的话。第三位是丘吉尔，他身着一套白色西装，一双白色皮鞋，最后是宋美龄，她穿着黑缎旗袍，外面穿一件白色短外套，在与丘吉尔谈笑风生。事后，丘吉尔曾对罗斯福讲："这位中国女人可不是弱者!"

在开罗会议上，风头最健的应属宋美龄。她周旋于各国政要之间，纵横捭阖。为维护中国的开罗会议，可以说是蒋介石、宋美龄政治生涯的顶峰，他们的领袖地位和威望在国内外都升至了平生所能达到的最高点。自此而后，"蒋家王朝"就开始由盛转衰，蒋氏夫妇的政治生命开始走下坡路。

1944年，宋美龄再度赴美，一方面继续治病、疗养，另一方面为寻求美国方面加强援助中国抗战。宋美龄在美国一直滞留到1945年8月抗战胜利，方才返国。

## 因鼻子最美当选为"世界十大美女之一"

抗战结束之后，蒋介石冒天下之大不韪，悍然发动全面内战，欲圆统一天下之梦。由于民心难违，蒋介石"搬起石头砸自己的脚"，短短几年时间内，国民党政权基业尽失，在政治、经济、军事上全面溃败。在此危难之际，蒋介石于1948年再遣夫人赴美，欲再现1942年至1943年间宋美龄访美所创造的奇迹，寻求美国的支持和援助，为已奄奄一息的"蒋家王朝"输血打气。

然而，1948年的形势毕竟不是1943年的再版。当时罗斯福总统支持的是"抗战的中国"，而现在杜鲁门总统无法对一个气数已尽的"内战的中国"无止境地援

1947年，蒋介石夫妇与美军顾问团团长巴大维

助。蒋介石政权的腐败，在美国朝野人士中已不是什么秘闻，何况蒋介石在1948年的美国总统大选中，全力襄助杜鲁门政敌杜威的竞选，早引起后来当选总统的杜鲁门的不快。因而，1948年宋美龄的访美没有什么“旋风”可刮，也就不是什么意料之外的事情了。

在宋美龄赴美之前，杜鲁门通过马歇尔通知中国方面，蒋夫人只能是以“私人资格”接受邀请，而不能若以往那样代表“国民政府”。1948年11月28日，宋美龄乘美国国务院派来的海军专机由上海飞往美国，12月1日抵达纽约。

斯特林·西格雷夫在《宋家王朝》中指出：这次，华盛顿没有给宋美龄铺红地毯，没有邀请宋美龄在白宫过夜，也没有邀请她向国会讲话。杜鲁门用挖苦的口吻说：“她到美国来是为了再得到一些施舍的。我不愿意像罗斯福那样让她住在白宫。我认为她也不太喜欢住在白宫，但是对她喜欢什么或者不喜欢什么，我是完全不在意的。”

1948年12月10日，杜鲁门夫妇在白宫约见了宋美龄，他们很客气，也很冷淡，杜鲁门给宋美龄半小时为自己的要求进行辩解。宋美龄旧话重提，要求美国发表支持南京政府反共救国的正式宣言，派遣高级军事代表团来华主持反共战争的物资供应与战略制定工作，提供30亿美元的军事援助。

杜鲁门说：“美国只能付给已经承诺的援华计划的40亿美元，这种援助可以继续下去，直到耗完为止，美国不能保证无限期地支持一个无法支持的中国。”杜鲁门不仅没有给宋美龄面子，而且不客气地向报界发表一篇声明，透露美国向蒋介石政权提供的援助总额已超过38亿美元。

宋美龄此行，被美国舆论界讥之为“秦廷之哭”，与1942年的访美形成鲜明的对照。由于蒋介石在中国内地的政权气数已尽，民心尽失，蒋夫人虽然个人魅力犹存，然而却是风光不再。时势使然也！

由于杜鲁门“见死不救”，宋美龄千里乞援一无所获，“有辱使命”。看到再也无法创造奇迹，宋美龄愤而离开华盛顿，躲到纽约孔祥熙别墅隐居起来，从此再没有踏上大陆之土。

作为对宋美龄访问受到冷落的补偿，全美艺术家协会公布：蒋夫人美龄当选为“全世界十大美人之一”。她何以天生丽艳而美冠群芳的呢？请看《纽约时报》的电讯：“蒋夫人之鼻列为世界最美。”且莫小视这一“殊荣”，据美国艺术家协会秘书长柯纳宣称：“此项选举系由会员投票，内有美国著名艺术家多人。鼻以越不凹越美，蒋夫人鼻内部与面部其他各点完全调和，故能入选。”再看看其他同时入选的美人亦非等闲之辈，他们是：杜鲁门总统的女儿玛格丽特的耳朵最美；英国玛格丽特公主眼睛最美；温莎公爵夫人的额头最美；影星列达·希赫芙的嘴唇最美；影星伊素丽丝的大腿最美；影星莲达丹妮的小腿最美……

宋美龄此次访美期间，曾于1948年12月6日、1949年1月15日，连续两次发表公开声明，呼吁美国朝野人士一如既往，救助危难中的国民党政权，以免“大陆彻底沦入中共之手”。然而，回应者寥寥。正是在宋美龄访美期间，杜鲁门政府为推卸国民党政权失败责任，断言国民党政权已腐败无能和无可救药的《美国与中国的关系》白皮书于1949年8月5日公开发表，为美国对华政策辩护。当然，美国策动的由李宗仁取代蒋介石的“换马”策略也未能挽救国民党政权在中国大陆彻底覆亡的命运，“蒋家王朝”被迫败退台湾。远在美国的宋美龄只能隔洋长叹！

1950年1月8日，宋美龄发表离美前的最后演说：“本人已经极疲惫，要求和平与休息之心，较要求米饭与面包更为迫切，美国对华援助，应出自美国人的良知。”她对新闻记者“不服输”地宣称：“你们也许用红墨水标志中国部分，但我们必定要把这些颜色，滴滴点点，一步一步抹去的。”

## 三、在台湾和纽约的日子

### 到台湾后，曾与蒋经国争权

1950年，宋美龄两手空空地结束了长达两年的滞美生涯，回到了孤岛台湾，与蒋似是而非地同做起“反攻大陆”的幻梦，担任“中国妇女反共联合会”会长，当选为国民党中央评议委员及主席团主席。她发现，随着她对美国的影响力日益减弱，她在民国党政权中的地位和作用也逐渐降低，虽然“第一夫人”的身份仍受人尊崇，然而已不复有昔日“蒋宋联姻”之初时的威权。蒋介石扶植亲子接班早已不是什么秘密，蒋经国由蒋介石的助手身份一步步介入台湾国民党权力中枢，全面接掌党、政、军、特大权。尤其是在蒋介石晚年，蒋介石放手让蒋经国在台前处理台湾的一切事务，宋美龄则彻底被架空，以往“代言人”甚至“继承者”的位置均由蒋经国取代，宋美龄不得不为自己政治生命的延续而苦斗。

宋美龄与蒋经国“斗法”的唯一资本，仍是她同台湾国民党政权的主要支持者美国之间的深远而密切的联系。从1950年宋美龄回台湾到1975年蒋介石死的25年间，宋美龄几乎每隔一两年总要到美国逗留一段时间，以蒋介石私人代表或特使的身份做“亲善”访问，探望故旧，积极活动，为偏安一隅的蒋家王朝寻求支持，游说援助。然而，宋美龄所取得的能够炫耀的成果为数并不多。如果说20世纪50年代，宋美龄在美国尚能从国会“院外援华集团”那里得到强有力的支持，那么进入六七十年代，宋美龄访美所能产生的影响力则已经是微乎其微了。

晚年蒋介石和宋美龄在一起

随着蒋介石日渐暮年，蒋经国大权独揽，宋美龄的“第一夫人”的位置日益礼仪化，除了必不可少的迎来送往的社交应酬及重大庆典时的象征性点缀，宋美龄即使出席各种会议也大多不具有实质性意义。

由于没有了所谓的“公务”缠身，宋美龄有了充足的闲暇陪伴在蒋介石身边，形影不离。在蒋介石晚年，人们经常可以看到蒋、宋二人挽着手，漫步在台北“士林”官邸的花林掩映的山间小道上。他们也经常邀集儿孙辈前来相聚，尽享天伦之乐。

在台湾的25年，由于政局相对稳定，蒋介石和宋美龄的生活也相当有规律。每天早晨6时整，蒋介石就会起床，走到阳台上，做一个小时的体操，一边做，一边唱“国歌”。也许是长年的习惯所致，蒋介石的这套动作十分守时，到7点时，他会自动停止唱歌，而“士林”官邸的服务人员也以“总统不唱”了，作为开早饭的标准时间。吃早饭的时候，宋美龄总是两眼惺忪而准时地出现在饭厅里。她的习惯是每天夜里一两点才睡，先睡几个钟头，爬起来陪蒋介石吃早饭，吃完早饭，等到8点钟蒋介石上班，再回去补睡两三个钟头，这就是官邸里人所共知的“回笼觉”。蒋介石早饭一般吃些清粥小菜，为了补充营养，还要吃一个荷包蛋。宋美龄则是“洋式”，一般以牛奶、面包为早餐。

中午12点，两人开始吃午饭。蒋介石吃米饭，再加几样可口的家乡菜，每个礼拜还要吃只炖母鸡，不过，他的一副假牙只允许他喝汤。宋美龄则是以牛排、猪排为主食，由于有顽疾，在皮肤病发作期间，她只好喝牛奶、外加鸡蛋。吃午饭时，是夫妻俩交流最多的时候，开始，孝文、孝武、孝勇、孝章等“孝”字辈的孙儿女是谈话的主要内容。后来，友梅等“友”字辈的重孙儿女成为这对老夫妻的心肝宝贝。

中饭吃完，蒋介石仍然去上他的班，宋美龄则找来一帮朋友，或听音乐，或打麻将，给一向沉寂的“士林”官邸带来不少生气。不过她们都会在蒋介石6点下班之前离去，以免让生性多疑的老蒋怀疑她们是在走“夫人路线”，反而对自己夫君的宦途产生不利影响。

蒋介石和宋美龄刚结婚的时候，双方除了对权势的追求，没有多少共同兴趣。结婚几十年后，两人终于培养出一些共同的爱好，国画就是其中之一。据一些行家评论，宋美龄的国画水平在中等偏上，尤其是竹，特别有水准。有时候，宋美龄作画，蒋介石就从办公室里走出来，站在一旁静静地看，宋美龄也不说话，两人在静谧的氛围里体味时光的流动。据说，每逢此时，侍卫们除了绝对紧急的大事，绝不会进去破坏其中的情调。

蒋介石与宋美龄在台湾最后相守的25年间，关系基本上是融洽的，但也曾闹过别扭。1954年，在轰动一时的“吴国桢事件”中，由于蒋介石查出是宋美龄私放吴离台赴美，迁怒于宋美龄，夫妻两人一度失和，宋美龄负气出走，几个月后才重修于好。

1975年4月5日，蒋介石在台北“士林”官邸因肺炎引起心脏病发作而于23时50分去世。在蒋介石弥留之际，宋美龄与蒋经国、蒋纬国均随侍在侧。4月7日，国民党中央常委会决议，将蒋介石的灵柩“暂厝慈湖”，待“光复”后奉安大陆。

蒋介石的去世，对宋美龄的打击是极为沉重的。从1927年“蒋宋联姻”携手共建“蒋家王朝”，宋美龄与蒋介石“风雨相伴”近半个世纪，宋美龄也因此成为现代中国社会最具权势的“非凡”女性，成为国民党政权“永远的第一夫人”。虽然蒋介石与宋美龄之间也有矛盾、冲突，也曾有离心离德，但总起来观，蒋介石对宋美龄的“正牌夫人”地位还是极力维护的，他们之间的夫妻感情也还是比较深厚的。在蒋介石平生四桩婚姻中，“蒋宋联姻”是最为持久、稳定的，是唯一“善始”且“善终”的。蒋介石在世之时，尽管国民党内部许多人，包括尊称宋美龄为“妈妈”的蒋经国，一直对宋美龄飞扬跋扈、颐指气使的霸道作风深为不满，然而囿于蒋介石的权威，敢怒不敢言。如今，蒋介石这棵“参天大树”已倒，“蒋夫人”的“失势”只是时日长短的问题了。

蒋介石生前，蒋经国就对宋美龄敬而远之，明争暗斗不已。虽然宋美龄对他也曾极力笼络，但蒋经国对这个替代生母位置的“蒋夫人”却一直无法培养起亲近之感。加上宋美龄的过强的权力欲，对蒋介石架空夫人、授权于子大为不满，横加干预，使蒋经国对她不能不深怀戒心。蒋介石去世后，宋美龄与蒋经国的矛盾公开化，目标都在最高统治权。蒋介石大殓日不久，宋美龄就开始策动人马，四处活动，欲谋原来由蒋介石担任的国民党“总裁”一职。当然，宋美龄并没有能够如愿，后来接替蒋介石位置的人是蒋经国而不是她。不仅如此，蒋经国还乘胜追击，连旧时蒋介石封给宋美龄的空军“四星上将”头衔亦予剥夺。这样，宋美龄在失去蒋介石的依傍之后，在国民党政权中，既没有地位，更无发言权，平时只能用“蒋夫人”身份接见外宾，而世界各国当时又纷纷与台湾断交，无宾可接，宋美龄的凄苦心境可想而知。在此情形下，宋美龄决定称病赴美，远走他乡。

应该说，这是一个颇为明智的决定。因为如果宋美龄继续留在台湾，她的身份、角色、地位都将十分尴尬。有“蒋夫人”在侧，蒋经国做任何事，都会感到碍手碍脚，何况蒋经国又非是容易受人摆布、喜欢被人指手画脚的弱者。即使没病，宋美龄也应明白“此处不留人”。

1975 年 9 月 17 日，宋美龄乘坐她的“中美号”专机离开台北前往美国。

宋美龄的专机抵达纽约后，除了台湾当局“驻美”代表沈剑虹夫妇在机场迎候外，只有一个所谓的美国政府“代表”在场，没有一个“中央级”甚至“地方级”的官员相迎，宋美龄难免不有人间沧桑、世态炎凉之感慨！

1976 年 4 月 2 日，宋美龄为了“追思”蒋介石去世一周年，特地返回台湾。蒋经国虽然知道她返台后会在政坛重掀风浪，但表面文章还得做足，亲自与夫人蒋方良一起到机场迎接宋美龄。宋美龄从蒋经国那里，感觉到了客气却无敬重，她自己也很清楚与蒋经国之间的利害关系，因此，在“追思”礼过后不久，她就再度束装赴美，自此长居美国。

蒋介石、宋美龄与家人的合影

## 逐渐淡出台湾事务

1978年，蒋经国就任第6任“总统”，曾敦请宋美龄从美返台湾参加就职大典，并参加蒋介石去世3周年的祭悼活动。宋美龄虽一度心动，但终究没有成行，原因是不言而喻的：大权旁落的“第一夫人”再不愿“睹物伤情”了。

宋美龄在美一住就是11年，除了个别时间外出就医外，长年居于纽约长岛和曼哈顿区的两处别墅。平时除了读书、看报、写字、绘画，就是见见前来探望的蒋家晚辈，生活异常平静。宋美龄对于蒋介石的两个儿子，亲纬国而疏经国。宋美龄在美期间，蒋纬国曾几次专程前往探望，蒋纬国的夫人邱爱伦则长年陪伴在宋美龄的身边。1986年6月，蒋纬国出任台湾“国安会议”秘书长，宋美龄曾特电致贺。在蒋介石去世后，台湾当局党政军官员升迁变动获得如此殊荣的，蒋纬国是独一人。同年10月，蒋纬国因病住院，宋美龄急电相询，当电报送至“荣民总医院”蒋纬国手中时，据说蒋纬国至为感动。

在蒋家第三代中，最受宋美龄宠爱的是蒋孝勇。蒋孝勇几乎每年都要前往纽约拜见宋美龄一次，而台湾岛内蒋氏家族任何需要传递的讯息，则必经蒋孝勇。由于宋美龄对蒋孝勇的倚重，致使外界传言，震惊中外的“江南血案”，可能就是宋美龄用来斗垮蒋经国、蒋孝武父子的一着狠棋。“江南血案”的杀机之一是有关《蒋经国传》的续篇将揭露蒋经国传子计划，宋美龄设计让蒋孝武指令暗杀江南，一则除掉江南，二则以“江南血案”使蒋经国、蒋孝武父子陷入泥淖，以便她和蒋孝勇坐收渔利。

但是，宋美龄隐居美国，并不意味着对台湾事务的彻底淡出。相反，她对于台湾岛内的政局的关心程度，不亚于任何人。虽然她不担任国民党的任何实际职务，但由于“永远的第一夫人”之位，她对于台湾政局、对于台湾党政军各界人物有着不可低估的影响力。宋美龄在美国与台湾岛内保持联系，最主要的两条热线是时人戏称的宋美龄中文和英文的两个机要“秘书”。

中文机要“秘书”是“台湾故宫博物院”的院长秦孝仪。秦孝仪早年做过蒋介石的侍从秘书，后来当过国民党中央副秘书长。他的声名大噪乃是蒋介石遗嘱之赐，“秦孝仪承命受记”，从此成为他的注册商标。遗嘱内容无论用典、用词都一度是人们茶余饭后的笑资。对于秦孝仪，宋美龄颇为赏识和信任。宋美龄在美11年，中文方面的文件大多出自秦孝仪的手笔。例如，1982年8月，为了回应廖承志于7月致函蒋经国进行“统一战线”工作，宋美龄也致函寥承志，以“春秋大义”规劝廖承志做“总理的信徒”，要廖承志“幡然醒悟”。1984 年 2 月，宋美龄又致函邓颖超，劝其信服“三民主义”。这些文件均由秦孝仪代笔。宋美龄的英文机要“秘书”是国民党“中常委”“总统府”秘书长沈昌焕。

由于有秦孝仪、沈昌焕这两位重要人物做耳目，宋美龄虽然人在美国，台湾政坛的些许风吹草动，她都了如指掌，可以进行遥控。有一个不是笑话的笑话：当沈昌焕的朋友祝贺他就任“秘书长”重职之时，沈昌焕直言可掬：“我主要是在这里接电话的。”闻者莞尔。沈昌焕“接电话”颇得宋美龄“欢心”：你说上海话，我答上海话；你英文，我亦英文。应对自如！

1986 年 10 月 25 日，89 岁的宋美龄乘坐台湾“中航”包机，从她美国纽约长岛别墅的隐居地，返抵台北。宋美龄结束长达 10 余年的客居生活，忽然返台，缘由何在呢？

有人认为，宋美龄在美深居简出已逾 10 年，乡愁浓烈，思乡之念日甚一日。1985 年 6 月，台湾“县、市长夫人访问团”访美时，曾去纽约拜见宋美龄。宋在一次晚宴上，曾向该访问团透露，她有意翌年返台。因为 1986 年是蒋介石的百年诞辰，她想回台亲自主祭是可以理解的。

此外，还有人认为，促使宋美龄结束客居生活的，是《宋家王朝》风波。《宋家王朝》一书的作者是美国作家斯特林·西格雷夫。20 世纪 40 年代他出生在中缅边境地区，曾到亚洲许多地方采访，为一些重要报刊写过文章。他构思此书达 15 年之久，为撰写此书曾向美国国务院、联邦调查局、国家安全局和美国陆军总部借阅了数万份档案材料，翻阅了时代出版公司和国会图书馆的许多资料，走访了不少有关人士并阅读了大批信件。这部书从辛亥革命前宋耀如的发家写起，直至 1975 年蒋介石去世、宋美龄移居美国和 1981 年宋庆龄逝世为止，历史跨度约百年。书中以宋氏三姐妹、三兄弟的变迁为主线，实际上叙述了 20 世纪这一大变革时期的历史。书中对宋氏家族的隐私有颇多揭露。

《宋家王朝》1985 年在纽约出版后，立刻受到美国报刊和学术界的广泛注意，尽管人们对它评价不一，但它很快成为美国、香港和东南亚一带的畅销书。台湾国民党当局对此书的出版相当不满，先是保持沉默，接着是动员 7 名历史学者发表了“严正声明”批判此书，并在《纽约时报》《华盛顿邮报》等报刊出广告刊登他们的声明，同时发动一些亲台文人发表文章进行围剿，最后由台湾警备司令部宣布此书为禁书。斯特林·西格雷夫在江南在美遇刺身亡后，担心遭到同样厄运，一度远走他乡，隐居避祸。由于《宋家王朝》一书的笔墨官司在美国闹得沸沸扬扬，使得书中唯一活在人世的主人公宋美龄再度成为舆论界关注的焦点，宋美龄欲隐居亦不得，处境十分尴尬，于是决计回台。

百岁宋美龄

不过，比较客观地分析，宋美龄返台，主要不是蒋经国的“恳请”。蒋经国晚年疾病缠身，上台后不久即筹划接班事宜，在传子受阻后，转而谋“集体接班”，并择定李登辉为“法统”继承人。由于台湾岛内派系斗争严重，自己百年之后能否保持政局稳定、顺利实现权力交接，蒋经国自忖无十分把握。因而蒋经国决定向宋美龄求援，欲以宋美龄在国人心中至为尊崇的地位和影响力，调和各派之间的矛盾，显示台湾各方面的团结。蒋经国希望宋美龄能够捐弃前嫌，以国民党在台湾“统治”的“大局为重”，共渡危难。

当台湾当局得知宋美龄愿返回台湾之后，就开始将武陵农场蒋介石行馆和“士林”官邸重新进行整修。早在半年前，秦孝仪曾致函宋美龄邀请她回台躬亲参加蒋介石百年诞辰纪念活动。宋美龄接函后，正中下怀，复信表示1986年10月下旬返台，为参加蒋介石百年诞辰纪念活动而归，将不过问任何实际事务。

1986年10月25日，宋美龄回到台北，蒋经国夫妇亲至机场迎接。10月30日，宋美龄在蒋经国夫妇及其他蒋家晚辈的陪同下，一起到台北西南的慈湖为蒋介石扫墓。10月31日，宋美龄在台北“中正纪念堂”举行的蒋介石百年诞辰纪念大会上，首次公开露面。宋美龄拉着蒋经国的手进入会场，并发表了简短的致辞，以示对蒋介石的“追思”和对后人的“策励”。

1988年1月13日，蒋家在台湾实施“统治”的最后一代强人蒋经国因病逝世。此距宋美龄自美返台不过一年多的时间。91岁高龄的宋美龄坐着轮椅从侧门进入蒋经国的灵堂，哀戚满面。虽然宋美龄与蒋经国长期不睦，但是毕竟有着名分上的“母子关系”，何况蒋经国承接蒋介石权柄，延续着“蒋家王朝”在台湾的“统治”。而蒋经国之死，虽然并不意味着现时蒋家影响的彻底消亡，蒋家还会在一定时期内左右台湾的政局，但是事实上“蒋家王朝”已经宣告终结，台湾历史将迈入一个“不复姓蒋”的崭新时代。对此，宋美龄心里是十分清楚的，即使心有所不甘，然大势所趋，也是回天无力了！

蒋经国病逝当晚，国民党中央常委会召开紧急会议，宣布蒋经国遗嘱，并决定由李登辉继任“总统”。李登辉是国民党迁台后的第一位台湾“总统”，他宣誓就职后，立即去拜访宋美龄，执弟子礼，得到了这位“永远的第一夫人”的认可和支持。

蒋经国病逝后，台湾国民党当局原定不推举中央主席，但是由于局势变幻严峻，李焕等人在征求国民党高层意见后，决定推李登辉代理党主席。对此举，宋美龄深为不满。她虽然年届九旬，但对权力斗争的内幕仍看得十分明晰，意识到李焕等人急匆匆地推举李登辉当国民党主席，是借李登辉阻蒋家的旧班底俞国华、沈昌焕等人的出台，是要夺“夫人派”的权，李登辉在台前，李焕在幕后！在得知国民党中央常委会将于1月27日通过代理党主席事宜后，宋美龄于26日晚急信致李焕，表示此时选举国民党代主席时机不当，理应推后，应该在国民党“十三全”时决定才比较合适。她还表示由李焕取代李登辉将是最佳人选。

李焕等人经过紧急磋商后，决定婉拒宋美龄要李焕出任代理国民党主席的建议，一切仍按原议进行。1月27日的国民党中央常委会，由与李焕关系密切的国民党中常委余纪忠主持，副秘书长宋楚瑜首先发言，宣称：外界对主席继任人选问题议论纷纷，从“党国”利益出发，实不能再拖，应在此会议讨论原定议题。经此提议，多数与会者表示赞同李登辉出任代理主席。俞国华在会上虽欲奉宋美龄旨意行事，无奈孤掌难鸣，大势所趋，只得顺从众意。李登辉顺利当选。是年7月7日，国民党“十三全”举行。会议召开之际，宋美龄到会，她用微弱的声音向与会者讲了句“各位同志，你们好吗?”随后李登辉代她宣读了一篇“老干新枝”的讲话稿，试图施加影响，然而收效甚微。李登辉仍被选为正式主席。至此，国民党围绕中央主席一职的权力角逐告一段落，宋美龄遭受重大挫折。

在“夫人派”人物纷纷落马、备受排挤之际，宋美龄又把重振权威之希望寄托在蒋家最后一个强人蒋纬国身上。从国民党“十三全”蒋纬国竞争中央副主席，到第一届“国民大会”第八次会议蒋纬国竞选“副总统”，背后都有宋美龄的影子。然而，天不遂人愿：蒋纬国在党、政两条路上均被封杀出局，且已永无出头之日。“李登辉时代”毕竟容不得“蒋家王朝”的任何意义上的延续。

宋美龄虽是雄心犹在，“无可奈何花落去”却是不能不承认的冷酷现实。终归是垂垂老矣！

1986年，宋美龄回到阔别11年的台湾，然而其后5年间，她先后遭逢3次家变：先是蒋经国辞世，继之蒋孝文病故，后来蒋孝武又离开人世。端的是“老干”犹存，但“新枝”却一一凋零，白发人送黑发人，情何以堪?

宋美龄回台后的5年里虽然深居简出，对政治发展仍具相当影响力，尤其是蒋经国死后台湾政坛波涛汹涌，不甘寂寞的她扮演了一定角色。其“我将再起”的演说词及“老干新枝”的讲话稿，成为引人注目的话题。

然而，随着蒋家最后一位强人蒋纬国在台湾政坛上的失势，随着蒋介石铜像的到处被涂黑、毁坏，甚至竟有人要以“台湾共和国”来取代“中华民国”，而台湾省当局则明里暗里支持“台独”或“独台”，宋美龄虽欲“力挽狂澜”，却是回天无力。在此情形之下，百般无奈的她也只能是再度远避异乡了！

1991年9月21日，中秋节前夕，台湾“永远的第一夫人”宋美龄出走美国，“长期休养”。台湾“总统府”官员表示，宋美龄这次飞往美国，并未像前两次那样由“总统府”安排，而是由孔二小姐负责一切事宜。国民党《中央时报》国际版以显著位置刊登了有关宋美龄赴美的两则消息。一则的黑体字标题为“蒋夫人日内赴美长期休养”，另一则主标题为“蒋夫人选择恬淡宁静”，眉题是“留居国内近5年，看尽兴衰分合”，当局对宋美龄离台赴美的态度由此可见一斑。据台湾报刊透露，“华航”为送宋，将头等舱改造为卧铺及专机，租费达1500万新台币。台湾有关团体曾就此笔巨款由谁支付，要求相关单位说明，并控告宋美龄“侵占公家资源”，此事后来虽不了了之，却已足以使昔日威加台岛的蒋家人士“心寒”。“今愁古恨入丝竹，一曲凉州无限情”。

## 98岁出席了华府为她举行的敬酒会

据蒋介石的贴身侍从副官回忆，宋美龄1991年赴美定居的消息，曾引起台湾朝野的一片哗然，人们议论的重点是她究竟从“士林”官邸带了哪些金银珠宝去美国，于是便有了这么一种形象的说法：“香港有九七大限，宋美龄有九七大件。”但是，据知情人士估计，宋美龄带走的宝贝应该不止97箱，她至少带了100多箱的东西离开台湾，当然里面也包括随员们的行李。

宋美龄到美国后，仍住在长岛及曼哈顿的住宅中。但这两处房子都属宋美龄的亲戚所有，她不过是“借住”亲人的房子而已。1997年已过百岁生日的宋美龄一直视住了40多年的台北为自己的家，台北“士林”官邸的陈设也大都维持原状，随时准备迎接老主人的到来。

没有了早年台北的官式应酬，宋美龄在美国过着“一般人的家庭生活”。每日早上八九点钟起床，一日三餐都很固定，菜式简单，中西兼备，而中餐则以江浙口味为主。除定期查体、疗疾外，读《圣经》、祈祷、阅读是宋美龄每日的功课。天气好时，她会在家中庭院、附近的公园散散心，有时也到海边走走。

在台湾生活了40多年，出于对台湾的情感，在美休养的宋美龄依然十分关注台湾的情况，但对政治，也仅止关心而已，很少发表意见。

亲人团聚，共享天伦之乐，给客居的宋美龄的晚年生活平添了一抹亮色。事实上，宋美龄在美国的亲人比在台湾的多，孙辈如在旧金山的蒋孝章、在蒙特利尔的蒋孝勇；侄辈如孔令伟、孔令仪、孔令侃都住在纽约，孔令杰则在德州；蒋纬国的儿子蒋孝刚未迁居台湾时，也在纽约工作。每逢重要节日，如春节、圣诞节，或是宋美龄的生日，大家都会来纽约相聚。蒋纬国素为宋美龄喜爱，虽远在台湾，仍常来看望；蒋孝勇夫妇及他们的孩子友柏、友常、友青亦时常来纽约探望；孔令仪、孔令伟姐妹由于和宋美龄住得最近，常过来和宋美龄做伴；而一向备受宋美龄宠爱的孔二小姐孔令伟有时就住在宋美龄那里。

在美国的蝗虫谷，宋美龄依然过着寂寞、孤独的日子，似乎比从前更不关心政治了。

据《联合报》报道，她每天不但定时阅读各种报纸、杂志、书刊和《圣经》，还经常接见一些来自美国当地及台北的访客，闲时常在护理人员和家人陪伴下，到花园或草坪散散步。

宋美龄每天休息时间均有一定规律。早晨起床后，梳洗后即用早点，而后休息片刻，接着阅读各种英文报纸、杂志及《圣经》，偶尔也看看台湾方面的通讯，了解岛内政情的发展变化。

宋美龄对台湾的政情也仅止于关心，一些前往长岛寓所的客人和她见面时都不谈及敏感的政治领域，只是叙旧和问候。

但是，1995 年 7 月 26 日，宋美龄却不畏骄阳，进行了她人生旅程上的另一次“历史性华府之旅”。她应美国国会之邀，前往华盛顿国会山庄，出席庆祝第二次世界大战胜利 50 周年而为她举行的敬酒会。

98 岁的宋美龄，重临旧地，风光程度虽不比 1943 年 2 月 18 日应邀分别向美国国会两院演说的“中国第一夫人”，但人们从布置在国会参议院罗素大楼致敬会场及双橡园的历史镜头里，仍可一睹她当年的风采。

她从步出专机的那一刻起，就展现了过人的体力，在平地上她时不时地从轮椅上站起来，向致敬的人们招手致谢。步出户外，她在孙子蒋孝勇及外甥孔令杰之子的搀扶下，高声向美国各地侨界及台湾来的听众问安，并不时含笑挥舞手帕，还以飞吻致意。

下午 2 时左右，宋美龄进入双橡园休憩，并进午餐。刚接受 700 多侨界人士夹道欢迎的她心情特别好，胃口亦佳，吃完一份牛排。

下午 5 点，宋美龄在人们的扶持下步入会场，她身穿枣红黑底条纹旗袍，外罩黑白相间的披肩，胸前别着蝴蝶形翠玉，搭配翡翠耳环与手镯，神情愉快。美国参众两院议员及来宾们列队向她致意，她坐定后，先由共和党总统候选人多尔趋前向她致敬。

致敬会主人赛蒙在致欢迎词时表示，很荣幸能在第二次世界大战结束 50 周年时，有机会向第二次世界大战硕果仅存的重要人物致敬。他说，宋美龄的光临让大家得以重温历史旧梦。

距离上次在美国国会的演说，已经 52 年，此次宋美龄在国会致敬会上的致辞“返璞归真”，没再使用当年令美国新闻记者都得去翻字典的晦涩用语。

致敬会现场的一位美联社的资深记者说：“我觉得她的腔调及咬字比撒切尔夫人的演说还要吸引人、有力。”

美国前总统尼克松之女翠西亚在夫婿陪同下，也参加了致敬会。

翠西亚回忆大约 30 年前，尼克松出任美国副总统时，宋美龄曾到她家拜访。当时她大概只有 9 岁，她请宋美龄在宾客签名簿上签字，宋美龄特别在上面写上了“给我的小朋友翠西亚”。

7 名热爱中国的飞虎队成员，26 日也出席了国会为宋美龄举办的致敬会。他们个个精神饱满、兴致勃勃，曾任 14 航空协会会长的当年美国空军上尉副官黎满伦，在会场拿着宋美龄当年给的中文名片献宝，他还带来飞虎队队员给宋美龄的纪念牌。

宋美龄在华盛顿这一天，并没有遇到任何不愉快的场面。不论在国会大楼外或是双橡园内，围绕在她身边的都是敬爱她的黄埔、“妇联会”、官邸旧属及支持台北执政当局侨社的人士及他们的下一代，台湾新党也发动了上百位群众加入了欢迎阵营。

傍晚，宋美龄出席国会山庄的致敬会后，再回双橡园，一向被认为很神秘、老是避开群众的宋美龄此刻又走向了群众。

台北“驻美代表处”在双橡园楼底入口处铺设了一条长长的红地毯，以便宋美龄能在前往欢迎的侨胞及新闻界视线所及处，由礼车右后门下车，接受鲜花。但宋美龄却选择从礼车左后门下车，在孙女蒋孝章及孔令杰之子的搀扶下，走向“妇联会华府分会”的代表。

来自美国侨界的代表和台湾来的故旧们来到双橡园。“妇联会”秘书长章严倬云、“中国国民党妇工会”主任林澄枝和“黄埔同心会”代表，分赠礼物、纪念品给宋美龄。她接过这些礼物，非常开心，直说不敢当。

美国国务院曾表示，行政部门将不会有任何官员参加这项致敬活动。实际上，若干在战前出生的华裔美国政府人士，曾以个人身份出现在国会致敬现场。克林顿政府也已做出决定，不反对来自台湾的民间人士以战时盟友的身份应邀参加9月在檀香山举行的第二次世界大战结束 50 周年纪念活动。

宋美龄返回纽约寓所后，特别交代孙子蒋孝勇代她向国人及旅居美国的侨胞诚恳致谢。蒋孝勇事后说，宋美龄很感动，内心非常欣慰，并由衷祝福大家。

1997 年 3 月，宋美龄在纽约迎来了她的百岁生日。外甥女孔令仪与夫婿黄雄盛特地在他们位于中央公园东侧的寓所，邀请了蒋、宋、孔家在各地的家族成员，以及昔日追随蒋介石的老部下，为宋美龄的百岁寿辰开启香槟。

为宋美龄祝寿的蒋家人有：从台湾赶来的蒋孝文的遗孀徐乃锦，蒋纬国的夫人邱爱伦、爱伦的儿子蒋孝刚一家；从旧金山来的蒋孝勇的遗孀方智怡和小儿子友青，蒋孝勇的大儿子友柏、二儿子友常也放下功课，来为曾祖母贺寿；宋子安的儿子宋仲虎一家，孔令仪的弟弟孔令生的独子孔德麟也从德州的休斯敦赶来。获邀前来祝寿的还有“总统府”资政俞国华、沈昌焕夫妇、郝柏村、台北“故宫博物院”院长秦孝仪、蒋介石生前的医生熊丸、振兴医院院长魏峥、华兴学校校长茅钟琪、“妇联会”秘书长章严倬云和夏功权夫妇等。出于礼仪，李登辉也指派台湾“驻美代表”胡志强前来祝寿，当面呈送李登辉拍发的祝贺电报、赠送的人参和象征百岁的100朵红玫瑰。国民党副主席俞国华亦应主席李登辉之托率特使赴美，并赠送一幅“山高水长”的国画作为礼物。

1997年蒋纬国辞世，蒋氏家族因最高统治权的易主，而不得不淡出台湾的政治舞台。曾长袖善舞、被誉为“政坛常青树”的宋美龄，晚年亲眼目睹了蒋氏家族的衰落，备尝屡失亲人的凄楚，对生死该已看得很淡。出身于基督教家庭，晚年更以宗教为“引导”的宋美龄在自己的百岁喜宴上不觉疲倦地对身边人说：“这一切都是上帝的恩典，我内心是真正的快乐!”

## 安葬于纽约上州芬克里芙墓园

1998年3月10日，是宋美龄101岁生日，看破红尘的宋美龄不想把生日搞得太隆重，不想引起媒体的注意，婉言谢绝了很多人为她祝寿的提议。

但是，美国一些报纸上还是出现了介绍宋美龄的文章，透露了她鲜为人知的一面。

1997年11月，获得美国国家科学奖章的数学大师丘成桐曾希望宋美龄能够捐款，成立科学发展基金。

丘成桐透露，他曾向诺贝尔奖获得者李远哲私下提议，希望能带美国国家科学院院长艾伯特去专程拜访宋美龄，请她向这个科学交流基金会捐款，目的是鼓励台湾和美国之间的学术交流，并由美国国家科学院每年给优秀人才颁奖。

然而，这件事最后不了了之，丘成桐遭到了人们的嘲笑。美国和台湾的媒体说，丘成桐只知道宋美龄腰缠万贯，拥有数不清的钞票，但他不知道这位“百岁寿星”却是一个一毛不拔的守财奴。

一位熟悉宋美龄的记者说，她过去在慈善和公益事业上所花的钱，并不是从她的腰包里掏出来的，也不是从她的银行账户上提出来的，而是花台湾当局的钱。

宋美龄也许不像法国历史上的玛丽·安东尼王后那样刻薄，但“士林”官邸过去的侍卫官翁元说，宋美龄是个小气的人，巧克力在冰箱里存放不知多少年后，才对下人说：“这些糖你们拿去吃吧。”

宋美龄虽然人在美国，2003年台湾“总统府”还是为其编列了3位事务工作人员和两名司机，共416万元（新台币，下同）预算。而派驻美国的医疗人员，每人每月的薪水至少有5万元，再加上节假日奖金，一年6个人至少得600万元。所以为了照顾宋美龄，一年支出至少1000万元。

据了解，派到美国照顾宋美龄的护理人员需要经过严格筛选，除了本人自愿外，还要有相当的经验。台湾振兴医院挑好后，“士林”官邸还得再面试一次，英文是很重要的考虑依据，因为宋美龄平日讲的多是家乡话和英文，如果英文听不懂，沟通就难了。考虑到宋美龄年事已高，身旁工作人员不能换得太勤，所以前往照顾她的护理人员至少要待两年。

此外，振兴医院隔三岔五还要打包一箱箱的药品和医疗器材寄往美国，包括降血压药、助眠药、点滴针管等，提供给宋美龄和官邸工作人员之用。

不久前，美国老作家、画家兼杂志发行人弗洛尔·考尔斯出版了一部《交友录》，谈到了她的老朋友宋美龄。但在封面图片和书内所附的数十帧友人照片中，却独独把宋美龄漏掉了。

宋美龄在纽约寓所喜迎百岁华诞

宋美龄和弗洛尔过去关系非常密切，她曾为弗洛尔取了个中国名字：梅花，并送她一枚刻有“梅花”的印章和一幅国画。弗洛尔在1978年曾出版《朋友与回忆》，书中专门谈到了宋美龄，然而，时过境迁，《交友录》已把宋美龄遗忘到一个角落。很多书评家认为，弗洛尔这样安排，或许是因为今日世界已很少有人知道“蒋夫人”了。

弗洛尔的社交面很广，她把朋友分成10种类型，把宋美龄与菲律宾的伊梅尔达、阿根廷的庇隆夫人和印度的甘地夫人等女强人相提并论，说她属于“权力型”的女人。

宋美龄喜欢兜风和吃冰淇淋。钟爱民侍卫说：“我们到蝗虫谷的第二天就开始大扫除。光是一个仓库我们就足足整理了半个月。她很喜欢兜风，大约每个星期都要叫我们带她兜风一次。每次我们出去就是好几部车，宋美龄每次都叫司机把车开得很远，或带我们去吃冰淇淋。”

宋美龄在美国的日子过得很悠闲，她晚睡晚起，作息规律。

宋美龄在1949年刚到台湾时曾经学过一段时间钢琴，后来则跟黄君璧学画，从未间断过。原本抽烟是她的唯一嗜好，但是蒋介石过世后她就下决心把烟给戒了。

宋美龄住在长岛的时候就经常纽约、长岛两头跑，长岛蝗虫谷在乡下，不仅交通不便，还常下大雪，出来一次很不方便，所以她最后索性搬到纽约长住（纽约84街东河的“葛莱西”官邸）。

宋美龄大部分时间躺在床上。钟爱民描述在纽约的公寓时说：那是一栋15层楼的公寓，我们和宋美龄分住9楼和10楼。这栋楼面对公园，紧邻东河，离哥大医院很近。

宋美龄搬到这里以后，作息基本上没有多大的改变。她还是很爱兜风，偶尔也到附近一栋公寓的11楼看牙齿或眼睛。据跟在她身边的侍卫人员说，她的牙齿直到离世都还很健康，只补了几颗；另外她的头发也没有全白，并且长到腰际。

平常宋美龄大多窝在10楼，很少下楼，因为下楼麻烦，化妆、梳头甚至要耗费一两个小时。她有几个原则：第一，没化好妆、梳好头，她是不会下楼或出门的；第二，她只要出门，一定穿长及脚踝的正式旗袍。

另一位侍卫何占斌说：宋美龄在74岁左右就开始行动不便，她好像就是从那个时候开始坐轮椅的。朱长泰分析宋美龄长寿的秘诀，认为可能有以下几点：第一，她有宗教信仰；第二，她生活没有压力；第三，据我了解，她习惯请人家帮她敲敲膝盖、捏捏腿，这样可以促进血液循环；第四，她很注重饮食，少食多餐。虽然她比较喜欢吃硬一点儿的东西，每餐也固定两荤、两素，但她什么东西都只吃一点点。

钟爱民很肯定地说：我觉得宋美龄不“留气”，想发脾气的时候就发出来，这或许是她长命百岁的原因。

2003年3月，宋美龄庆祝其106岁生日。后来，她到美国纽约住处附近医院住院3天，做年度例行健康详细检查。据她的外甥孔令仪介绍，医生认为宋美龄身体健康。

2003年10月23日，宋美龄在睡梦中去世，引起全世界的关注。她安葬于纽约上州芬克里芙墓园。

# 第五章 长子蒋经国

# 一、在苏联发表反蒋声明

## 蒋介石唯一的亲生骨肉

蒋经国诞生于1910年3月18日。他的降世颇具戏剧性，传言甚多。由于蒋介石与毛福梅婚后感情一直不融洽，加上蒋介石长期离家在外，夫妻相聚的时日为数寥寥，所以蒋经国的身世在野史中被演绎得颇为不堪。传言，其为蒋介石的哥哥蒋介卿与毛福梅的“野合之作”，根据是蒋介石、蒋经国父子之间，仪容、气质相像处极少，蒋介石身材高大、相貌堂堂，而蒋经国则矮矮胖胖，二人的性格也相距甚远。当然这种离奇的说法，可信度并不高。

按照蒋经国的出生日期推算，1909年春夏期间，在日本振武学校学习的蒋介石回国度假，确曾同毛福梅生活过一段时间。据蒋介石留日同学林绍楷的后人说，1909年蒋介石从日本回家度暑假，不愿与毛福梅住在一起，林绍楷做了许多工作之后，蒋介石勉强同意，这样毛福梅才怀孕。林家这位后人由于世交关系，常在蒋家走动，有一次曾率直地对蒋经国说，你是在我们林家的帮助下才出生的，蒋经国听后笑而不语。此说法流传甚广，亦无人深究。

事实上，大多数人都认定，夫妻感情已经失和的蒋介石、毛福梅最后能够得子蒋经国，主要应“归功”于蒋母王采玉。相依为命的王采玉、毛福梅婆媳虔诚礼佛，笃信算命先生所言：“蒋氏贵子必得原配所出。”无奈，蒋介石长期在外求

蒋介石夫妇与蒋经国全家合影

学，归家无定日。当1909年蒋介石从日本返国度假滞留上海之时，王采玉便携毛福梅前往探望。不料，蒋介石嫌弃“黄脸婆”，不肯与毛福梅同住。王采玉只得软硬兼施，训导以“不孝有三，无后为大”的道理，并以“投黄浦江”来威胁，要求蒋介石与毛福梅和好。素以“孝子”自谓的蒋介石难违蒋母，只得留毛福梅在沪居住。不久毛氏身怀有孕，而蒋介石亦返归学校。

翌年春，已回家乡的毛福梅在丰镐房生下了一个男孩，乳名建丰，谱名经国。其时，蒋介石仍在日本，无缘亲践舐犊之情，直到第二年夏天，蒋经国一周岁多了，蒋介石托故假归，回乡探亲，才得以享受得子添丁的天伦之乐。

蒋经国的出世，使蒋家的香火有人承继，令长年孤寂的王采玉、毛福梅婆媳欣喜异常，感到莫大的安慰，她们在蒋经国身上倾注了全部的爱心与宠护。蒋经国从小就得到祖母严格的传统教育，得到母亲的鞠育劬劳，训督嘉勉。毛福梅的结拜姐妹陈志坚曾回忆说：“我到蒋家任教那年，经国刚4岁，朝夕共处，喊我姨娘，非常亲热。他的仪表、性情都像娘，稳重文雅，懂事听话，尊敬长辈。他祖母说他‘略无乃父童年的那样顽态’，唯因她婆媳过分疼爱，戏玩不让远离膝前，使小时的经国不免娇怯易哭。”

民国初年，正值中国教育制度处于从旧式塾馆过渡到新式学堂阶段。蒋经国先进私塾读《四书》《五经》，后又进正规学校接受新知识。1916年，蒋经国6岁，开始在家乡启蒙，地点就是溪口本镇的武山学校（后扩建为武岭学校），蒙师周东。第二年，改业顾清廉。顾清廉一生靠砚耕为业，过去教过蒋介石，现在又教蒋经国，所以毛思诚特意记上一笔，誉为“二世治教”。在顾清廉之后，蒋介石又为蒋经国延聘了塾师王欧声。从 1916 年到 1922 年，蒋经国接受了整整 6 年的传统文化的教育，顾清廉对他的评价是：“天资虽不甚高，然颇好诵读。”

蒋经国幼年所受教育的模式，几乎就是其父蒋介石当年的翻版。按照江南的说法：“蒋先生的理想，受他自己生长时代的局限，是个典型的国粹主义者。认为半部《论语》可以治天下，认为在故纸堆里，有为人治国的指南针。”蒋介石是以自己早年走过的道路为模型来铸造蒋经国童年的。蒋经国曾回忆道：“父亲指示我读书，最主要的是四书，尤其是《孟子》，对于《曾文正公家书》，也甚为重视。”

在蒋经国 10 岁那年，蒋介石写信回家要求蒋经国读《说文解字》，指示他说：“此书每日认得十字，则三年内必可读完，一生受用不尽矣。”第二年，又去信叮嘱他读《诗经》《尔雅》。他要蒋经国“不愧为蒋氏之子”，认为治国，始于齐家。齐家的标准，“汝在家，对亲需要孝顺”，而以曾文正公对于子弟的训诫，作为模范，甚至在政治上，也要师法曾国藩，做“中国的政治家”。所以，后来蒋经国常说：“父亲对于我们兄弟的教育，是非常严格和认真的，不管在家、在外都是经常来信指示我们写字、读书和做事、做人的道理。”

由于蒋介石的坚持，蒋经国有一段时间还离开溪口镇到奉化县城入锦溪学校读书。据陈志坚回忆：“经国在奉化锦溪学校读书时，就住在我家里。经国每天上学之前，一定要叫我妈声外婆，叫我一声姨妈才走，放学回来也叫。他特别喜欢吃芋艿头，我母亲就常给他蒸芋艿头吃。经国相貌像娘，性格也像娘，很有礼貌。”

后来，由于毛福梅舍不得蒋经国长离膝前，将蒋经国从县城召回，惹得蒋介石大发脾气，认为毛氏“妇人短见”，将耽误蒋经国的前程。

1922 年，蒋介石不顾毛福梅的反对，接蒋经国到上海读书，先入万竹小学读四年级，毕业后，蒋经国考入浦东中学继续接受教育。由于此时蒋介石的政治活动重心已移至广州，蒋介石就委托蒋经国的塾师王欧声和姑丈竺芝珊监护蒋经国在上海读书，缺钱“则向舜耕及果夫哥哥取”。虽然蒋介石长期不能亲自在蒋经国身边施教，但他对儿子学习的督促须臾未曾懈怠。蒋经国在上海读书期间，差不多每隔十天半个月，就可收到父亲寄来的家信，从日常生活、为人处世到功课学业，事无巨细无不过问。

蒋经国在上海读书期间，正值中国社会大变革的动荡年代，新思潮、新观念无时无刻不在冲击着求知欲正旺、可塑性正强的蒋经国。同许多激进的爱国青年一样，蒋经国的思想境界不断发生变化，开始投身到大革命的洪流中去。1925 年，震惊中外的五卅惨案发生，蒋经国也走出课堂，参加到上海全市各阶层人民的反帝示威游行的行列中，而学校当局竟以“该生行为不轨”为由将他开除。蒋经国气愤难平，离沪北上。经蒋介石介绍到北京国民党元老吴稚晖所办的子弟学校——海外补习学校学习俄文。不久，他又因参加反对北洋军阀的示威游行，被北京警察局关押两周。获释后，他便于同年8月南下革命发源地——广州探父。

此时，国共两党合作正处高潮阶段，苏联和共产国际为了支援中国革命，纪念中国的革命先驱孙中山，创办了莫斯科中山大学，为国共两党培养革命干部。当时进步学生都以留学苏联为荣，蒋经国是热血青年，自不甘落人后，他在北京学俄语就是为赴苏留学做准备。当吴稚晖得知他准备赴苏时极力劝阻。吴问蒋："你到俄国去干什么？"答："革命去。"吴又问："革命就是造反，难道你不怕吗？"蒋回答说："不怕。"吴又说："革命不是那么简单的吧！你再去考虑一下。"两周后，蒋经国告吴留苏意志坚定，吴亦无奈。与此同时，蒋经国多次写信给蒋介石，要求父亲支持他赴苏留学。

对于蒋经国赴苏留学的要求，蒋介石虽不鼓励但也不持异议。当时蒋介石还是中外闻名的国民党"左派"，标榜"以俄为师"，与苏联的关系正处于最密切的时期，让"可教"的儿子去"世界革命的圣地"锻炼锻炼，未尝不是好事。蒋经国到广州后，正逢黄埔军校选派一批学生赴苏留学，他便加入了这支留学队伍，于1925年10月19日由广州乘苏联轮船经海参崴转西伯利亚铁路前往莫斯科。

当然，在蒋介石究竟是如何对待蒋经国赴苏留学一事的问题上，也有人提出不同的意见。1983年6月1日香港《百姓》杂志第49期发表陈洁如的外孙陈忠人的文章，明确表示：

> 留学，是蒋经国从上海到广州后不久，就多次向蒋介石提出的要求。蒋介石起初并不赞成，因为他不怎么喜欢苏联，这在蒋经国从苏联写给其祖母的大量家信中，已有十分明白的表达。
>
> 蒋介石后来所以勉强赞同，仅仅因为蒋母的一再劝说，支持蒋经国的留学大志。蒋经国去苏后，经济上很少得到蒋介石接济，因此蒋经国在苏联的生活是相当窘迫的。还是祖母知情后，将全部私蓄2000元托陈果夫转汇蒋经国，才解决了他的困难。

1992年在台湾《传记文学》杂志上首次公开发表的《陈洁如回忆录》也详尽地披露了这一细节。

## 在苏联公开撰文批判蒋介石

与蒋经国一批赴莫斯科中山大学留学的中国学生共有300多人，其中30名是由

在苏联工作时的蒋经国

苏联顾问鲍罗廷推荐的国民党要员子弟。著名者有：蒋介石之子蒋经国、廖仲恺之子廖承志、叶楚伧之子叶南、邵力子之子邵子纲、于右任之女于芝秀、女婿屈武、冯玉祥之子冯国洪、之女冯弗能等。进入莫斯科中山大学后，蒋经国与另外21名同学编为一班，开始学习俄文、历史（中国革命运动史、社会史、东方革命运动史、西方革命运动史）、哲学（唯物论、辩证法）、经济、地理、列宁主义、军事科学等课程。学校为每一个中国学生都准备了一个俄文名字，蒋经国叫尼古拉。

由于蒋经国的身份特殊，学习刻苦、勤奋，各方面表现都非常活跃，入莫斯科中山大学学习刚刚个把月，年仅15岁的蒋经国就引起该校苏共党支部的重视，吸收他加入共产主义青年团，不久又转为中共预备党员。当时他所在的团小组组长就是邓希贤（即邓小平）。蒋经国还多次被推荐为中山大学的学生代表出席各种集会，发表演说，备受瞩目。

然而，正当蒋经国在苏联奋发向上之际，国内形势却发生了突变。1927年，蒋介石公开背叛革命，制造了震惊中外的四一二反革命政变。中山大学的中国留学生闻此讯息后，群情哗然，一致通过致武汉革命政府的电文，要求严惩“革命的叛徒、帝国主义的帮凶”蒋介石。其中声讨最为激烈的便是蒋经国，他在声讨大会上慷慨陈词：“我今天不是作为蒋介石的儿子，而是作为共产主义青年团的儿子来讲话。”很快，苏联的各大报刊上登出了蒋经国的公开声明。其中写道：“蒋介石作为一个革命者，他已经死了，他已经走向了反革命。蒋介石是我的父亲，曾经也是我的革命朋友。现在他反革命了，反革命就是我们的敌人。以后他是他，我是我，我仍跟着革命走。”

1927年4月24日，汉口《人民论坛报》也刊登了蒋经国的公开声明，全文如下：

> 蒋介石的叛变，并不使人感到意外，当他滔滔不绝地谈论革命时，他已经逐渐开始叛变革命，迫切盼望与张作霖、孙传芳谋求妥协。蒋介石已结束他的革命生涯，作为一个革命者，他死了！他已走向反革命，并且是工人大众的敌人。蒋介石曾经是我的父亲和革命的朋友，他已走向反革命阵营，现在他已经是我的敌人了。

蒋经国此举显然出于至诚，而非违心所为。几年的留学生涯，他不仅顺利过了语言关，熟练地掌握了俄文，而且思想意识也发生了根本性的变化，成为一名颇为合格的共青团员、准布尔什维克。蒋经国的“反蒋声明”经塔斯社全文播发后，他一时间成为众所瞩目的新闻人物。

曾与蒋经国同时留苏的中山大学同学盛岳回忆说：声明公布后，我们不论去哪里，人见人问：“蒋介石的儿子在哪儿?”一夜间，他成了知名人物。可是，对我们这一群没有著名父亲的人，价值直线下降。

1927年7月，汪精卫发动七一五反革命政变之后，苏联及共产国际决定遣返国民党籍的中国留学生回国。然而，对于蒋经国，则并未因蒋介石叛变革命而迁怒于他，而是根据他的思想状况和实际表现，保送他进入列宁格勒培养高级军事指挥员和军队政工干部的红军军政学校深造。毕业后，蒋经国请求回国，被拒绝；又申请去红军中工作，再遭拒绝。后来苏联政府将蒋经国的安排交给驻共产国际的中共代表团处理。

中共代表团派他到列宁大学（原来的孙中山大学）担任中国学生的助理指导。他最愉快的使命，便是率领列宁大学的中国学生在苏联境内参观旅行。此次参观给他留下了深刻的印象。当蒋经国返回莫斯科时，得了一场重病，住进莫斯科医院。痊愈后，因受家庭出身和当时“左”倾错误的影响，他被分配到锹拿马电气厂当学徒，开始真正体验苏联工人的生活。其后因在一次会议上与驻共产国际的中共代表团负责人王明发生争执，被下放到农村改造。在农村改造期间因表现较好，曾被选为村苏维埃副主席。

1931年，蒋经国受到斯大林的接见。翌年，他重返莫斯科，等候派遣。1933年，被派往西伯利亚矿务公司任职。同年10月，又被调到斯夫洛斯克乌拉尔重型机械厂任技师，后升任副厂长。在工厂期间，蒋经国同苏联女工芬娜发生了恋情。经苏联有关部门批准，蒋经国与芬娜于1935年3月在异国他乡结成百年之好。婚后不久，生下长子爱伦。第二年，生下长女爱理。在此以前，蒋经国曾与冯玉祥之女冯弗能结为夫妻，不久离异。

1935年，王明召见蒋经国，对他说："中国方面，谣言四布，说你已被捕，你应该写封信给你母亲，说你在工作，完全自由。"要他发表谴责蒋介石的公开信。

在王明的压力下，蒋经国终于写下题为《献给母亲的信》的文章，于1936年1月发表于列宁格勒《真理报》上，《纽约时报》曾于4月29日刊其摘要如下：

> 向蒋介石先生再次予以严厉地批判。"我对他非但毫无敬爱之意，反而认为应予杀戮"。因为"前后三次叛变，一次又一次出卖了中国人民的利益，他是中国人民的仇敌"。
>
> 撕开蒋先生提倡孝悌忠信的假面具，愤怒地提醒毛福梅女士："母亲！你记得否！谁打你，谁抓了你的头发，把你从楼上拖到楼下？那不就是蒋介石吗？谁打了祖母，以至于叫祖母死了的？那不就是蒋介石吗？这就是他的真面目，是他对待亲上的孝悌与礼义。"
>
> 重申他对共产主义的信念。"昨天的我，是个军阀的儿子，今天的我是一个共产党员，觉得怪吗？我对共产主义的信念，丝毫没有动摇过，对革命理论的研究，愈来愈有认识。你和世界上多数的人，不懂得政治，不知道各种线索和统治阶级的联系关系，所以不容易了解世界上各种事件的真相。"
>
> 宣传社会主义建设的优越性。"在这十年内，苏联这个国家已大大地改变，成了富强的社会主义工业国。工人和集体农场人员的生活已经改善了数十倍，在他们的面前，有一条广阔而富裕生活的道路。"以他自己做例子，他说："一九三〇年以前，我在各种学校念书，从一九三〇年起，我就在厂里工作，做了工人，做了技师，现在则担任厂长（实则副厂长）。这个分工厂现在有四千工人，我有我自己的住宅，每个月领七百卢布的薪水……"
>
> 预言"蒋介石势必重蹈过去俄罗斯反革命将军柯尔申克、德基宁乌兰格的覆辙"。他说："运动的规律和斗争的理论，说明统治阶级必亡与被压迫者的必胜。"声讨蒋先生围剿苏维埃政府的滔天罪行。
>
> 愿意和他的母亲在"最近的将来"在任何第三国见面。

这封信，通过苏联新闻媒介广为传播，轰动一时。最为难堪者，自然是蒋经国的父亲蒋介石。

蒋经国发表"致母亲"的"反蒋公开信"后不久，又写了一封信给斯大林，请求批准他回国，但是未被理睬。同时，受当时苏联国内"左"倾错误的影响，蒋经国被解除副厂长的职务，候补党员资格亦被取消，归国之事遥遥无期。

然而，就在此时，中国国内的形势发生了突变。1936 年 12 月，震惊中外的西安事变爆发。以西安事变的和平解决为契机，全面内战停止，蒋经国的个人命运也发生了历史性的转折。

从 1925 年到 1937 年，蒋经国在苏联滞留了整整 12 年。在此期间，遭蒋介石遗弃但协议“离婚不离家”的蒋经国的生母毛福梅，曾屡屡向蒋介石催要儿子，蒋介石也通过各种渠道打探自己唯一的亲骨肉的消息，然而音讯皆无，生死莫辨。1936 年，蒋廷黼出任中国驻苏大使。行前，蒋介石委托宋美龄转告他，希望他帮助寻找蒋经国，并设法接其回国。

在蒋廷黼的帮助下，1937 年 3 月 25 日，蒋经国偕妻子芬娜、儿子爱伦、女儿爱理从莫斯科启程返国。

十几年的留苏生活，在蒋经国心目中的分量是很重的，感情颇深。从 15 岁的稚气少年到 27 岁的成熟青年，蒋经国最美好的青春年华是在这里度过的。学校、部队、工厂、农村，各种经历都亲身体验过，接受过鲜花、掌声，也承受过打击、磨难，可谓沧桑历尽，爱恨交织，一生不曾释怀。这抹不去的一页，对他以后的政治生涯，影响至为深远。

## 回乡补办婚礼，清洗头脑

蒋经国顺着 12 年前来莫斯科时相反的路线，经陆路横穿西伯利亚，到海参崴改乘邮轮经香港到上海。到达香港时，蒋纬国奉命专程前来迎接。1925 年蒋经国、蒋纬国兄弟俩广州分手时，分别年仅 15 岁、9 岁，而今相逢，都已是勃勃青年了。

对于蒋经国的归国，蒋介石的心情颇为复杂。他一方面非常想念自己的亲生骨肉，但另一方面对蒋经国在苏联发表的那些过激言论颇难见谅。因为蒋经国在苏联长达 12 年，又曾是共产党员，蒋介石也不能不怀有戒心，从而严加防范，绝对禁止他再与任何左派人士接触。传说，蒋经国由上海至南京拜见蒋介石、宋美龄时，蒋介石曾有意冷落蒋经国，让他苦等了两个星期。后来经陈布雷进言缓解，蒋介石才传谕召晤。

蒋介石问蒋经国归国的打算，蒋经国表示，愿在政治、工业间，任择其一。蒋介石吩咐，先拜见宋美龄，然后回溪口去见生母，休息调整一番，然后再论工作，来日方长。蒋经国深知在“中国的第一家庭”政治因素的重要性与微妙之处，只能是违背自己的诺言，服从父命，先去拜认了宋美龄“妈妈”，以讨蒋介石、宋美龄的欢心。蒋介石见了儿子、儿媳、孙子、孙女也异常高兴，当即为洋儿媳取中文名“芳孃”，冠夫姓后成为蒋芳孃，后改为蒋方良。同时，按蒋氏谱系，为孙子爱伦取名孝文，为孙女爱理取名孝章。对于蒋经国的恭敬态度，宋美龄也颇满意，她送给蒋经国10万元巨款作为认母的见面礼。

1937年的农历三月十八日，是蒋经国27岁生日，他挑选这一天，由南京至杭州携妻挈子返归溪口，与母亲团聚。

这一天的溪口，热闹异常。街上人来人往，标语横额、工商界人士做的红条纸旗随处可见。丰镐房内更是喜庆盈门。下午2时，一辆漂亮的雪佛莱小汽车载着蒋经国夫妇、爱伦和爱理4人由西驶来，在欢迎人群的口号和鞭炮声中，停在丰镐房大门口。舅父毛懋卿和姑丈宋周运、竺芝珊等人率一批长辈在门外迎候。

因为经国离家日久，为了试试他的眼力，家人决定将蒋经国母子相会的地点放在客厅。客厅里坐着十来个壮年和老年妇女，她们是：毛氏、姚冶诚、大姑蒋瑞春、小姑蒋瑞莲、姨妈毛意凤、大舅母毛懋卿夫人、小舅母张定根、嫂子孙维梅以及毛氏的结拜姊妹张月娥、陈志坚、任富娥等。

在亲友们的簇拥下，蒋经国、芬娜、爱伦、爱理走向客厅，空气顿时紧张起来。此时的蒋经国，一眼望见亲娘坐于客厅正中，便急步趋前，抱膝跪下，放声大哭！芬娜和爱伦、爱理也上前跪哭！毛氏早已心酸，经不住儿子的哭，母子抱头痛哭！一时间哭声震天，凄楚异常！在众人的劝说下，久别重逢的母子才止住悲声。毛氏对大家说："今天我们母子相会，本是喜事，不应该哭，但这是喜哭。"

第三天，蒋经国遵循溪口乡俗，补办了婚礼。

蒋介石让刚刚返国的蒋经国隐居溪口，可谓用心良苦。他担心蒋经国和后母宋美龄合不来，经常在一起势必引起不必要的冲突，而让蒋经国回家乡，既可缓和矛盾，同时又可使他在生母毛福梅身边尽孝，去抚慰那被蒋介石遗弃多年的发妻的孤寂和相思之苦。而更为重要的一层意义是溪口老家环境安静、稳定，变化无多，利于经过12年之久共产党教育和马克思主义陶冶，"中毒已深"的蒋经国"洗心革面"，修身养性。因此，蒋经国回乡补办完婚礼之后，就奉父命携妻子儿女，住进"小洋房"别墅，除就近探望小时候常去的至亲好友以外，每日深居书房，闭门读书。

蒋经国夫妇返回后，补办婚礼时的留影

一是读些蒋介石亲自指定的《王阳明全集》《曾文正公家书》等书，回过头来接受中国传统的伦理道德的洗礼。蒋介石自己奉曾国藩为旷世圣贤，自然希望蒋经国也父规子随。蒋经国回忆说：

> 我回国以后，父亲要我读《曾文正公家书》和《王阳明全集》，尤其对于前者，特别注重。父亲认为曾文正公对于子弟的训诫，可作模范，要我们体会，并且依照家训去实行，平常我写信去请安，父亲因为事忙，有时来不及详细答复，就指定《曾文正公家书》的第几篇替回信，要我细细去阅读。

二是读些《总理全集》和《民国十五年以前的蒋介石先生》之类的书籍，并做三民主义的阅读笔记。蒋经国说：

> 父亲因为我童年就已出国，而在国外时间又太久，怕我对中国固有的道德哲学与建国精神没有深切的了解，所以，又特别指示我研读国父遗教。

此外，蒋经国还有一个重要的任务，那就是要向蒋介石写一份详细的"旅俄报告"，重新认识在苏联的一段生活，以彻底消除共产主义思想的影响。

为了帮助蒋经国补习中文，研读古书，蒋介石给他请来了一位教师，名叫徐道邻，是北洋军阀徐树铮之子，当时任南昌行营设计委员会秘书，为政学系少壮分子，颇受蒋介石器重，以后官至国民党行政院副秘书长。徐道邻同他的意大利籍妻子和一个保姆就住在"小洋房"楼下。

当时到"小洋房"任教的，还有毛福梅推荐的武岭学校国文教员黄寄慈。蒋经国自己也请来了留苏同学高理文、表弟竺培风等同来伴读。其时，张学良以"读书"名义被蒋介石软禁在雪窦寺，蒋经国也曾奉命与张学良一道在雪窦寺读书。据蒋经国说："张学良专攻《明史》，我读《朱子纲目》《阳明全书》和《曾文正公家书》。"

对于蒋经国这段在溪口家乡"洗脑"式的读书生活，蒋介石虽不在侧，但却抓得很紧，家信频频，进行"遥控"。

他再三叮嘱蒋经国"要读古文"，要深刻理解"《孙文学说》一书，实为中国哲学之基础，而三民主义则为中国哲学的具体表现"。他催促蒋经国赶紧完成"旅俄报告"，目的是使经国"常自省览"，与马列主义彻底决裂。

## 二、脱颖而出的青年才俊

### 出任赣州督察专员

抗日战争爆发后，蒋经国结束了宁静的读书生活，由奉化到了重庆。不久，政学系首脑、江西省政府主席熊式辉迎合蒋介石的心意，于 1938 年 1 月任命蒋经国为江西省保安处少将副处长，这是蒋经国回国后在政治舞台上扮演的第一个角色。蒋经国也很想去江西施展一下他从苏联学到的一套本事，作为今后政治活动的资本，于是很快走马上任。

蒋经国到职后不久，就与仅仅想借“太子”自重而并不欲蒋经国有所作为的熊式辉发生了矛盾，熊式辉就将蒋经国从实权之位的保安处调出，改任虚职江西政治讲习院学生总队总队长。1938 年 5 月，熊式辉又以江西省政府的名义发表公告，任命蒋经国为江西省保安司令部新兵督练处长，让他离开南昌到赣州集训保安团队。

新兵督练处设在临川温泉，蒋经国搬用苏联军队的思想政治工作方法来“改造”国民党旧军队。他首先提出，连队要经济公开，赏罚公开，不准打骂士兵，不准克扣士兵伙食，注意改善士兵生活。其次，他积极采取措施开展康乐活动，以活跃官兵精神，造成朝气蓬勃的气象。对于军官教育，则反复宣传王阳明学说。他还遵从乃父蒋介石的一贯做法，把《增补曾胡治兵语录》、戚继光的《纪效新书(练兵实记)》等列为军官必读书籍。

他在作风上也与众不同，不作威作福，经常下连队同官兵一起吃住。很快，赣州的新兵训练出现了新气象，蒋经国声名大振。蒋经国把这一段督练新兵的过程编了一本《温泉练兵实纪》，借以宣扬他练兵的成绩，同时也是向其父交的“考试答卷”。蒋介石对儿子初涉政界、军界即崭露头角十分得意，曾指示国民党一些部队派人到江西新兵督练处参观。

临川温泉练兵，是蒋经国事业的开始，为他以后在政治、军事上的发展奠定了一个比较扎实的基础。

1939 年 3 月，熊式辉任命蒋经国为江西省第四行政区督察专员，6 月任保安司令，接替已声名狼藉的复兴社分子刘已达，公署在赣州。蒋经国成为赣南大权统揽于一身的最高行政长官，第一次独当一面。

1944 年蒋经国在赣州

赣南是革命老根据地，第二次国内革命战争中，中国共产党曾领导工农红军在这里进行过英勇的斗争，有着广泛的群众基础和深刻的社会影响。国民党军队重踞赣南后，勾结土豪劣绅横征暴敛，鱼肉人民，政治一片黑暗。蒋经国就任后就面临着收拾烂摊子的局面，压力颇大。当时蒋经国年近30，血气方刚，由苏联回来才两年，革命教育的影响还没有完全消失，尚未染上旧官僚习气，加上其父蒋介石的大力支持，因而能雷厉风行地采取一些措施，并取得明显成效。

首先，他提出“除暴安良”的口号，打击地方恶霸、流氓地痞的气焰，恢复地方秩序。由于他敢用严厉手段对付一切与他作对的人，赣州的土豪劣绅一时有所收敛，政令基本上得以通行。其次，他强调严惩贪污，整饬吏治，提倡“公仆”精神。他常常微服出访，深入民间进行调查，发现问题及时解决。最后，他厉行禁烟、禁赌、禁娼，改良社会风气，并且认真执行。对于明知故犯的高官大吏及其亲属，也丝毫不纵容地处以极刑，使得烟、赌、娼等社会丑恶现象大为减少。

蒋经国初到赣南，便提出一个“建设新赣南”的提纲草案，并得到蒋介石的首肯，大加赞赏。1940年，蒋经国正式公布“新赣南建设三年计划”，提出了建设新赣南五大目标、人民的义务与权利、新赣南精神建设五大目标、新赣南人四大要件、理想政治、现代国民、新的人生观、新赣南家训、官民合作公约9项具体措施。蒋经国说，它体现出了“中国将来所应走之理想路线”，它所规定的各项方案就是要使“中国未来之建设，能在赣南首先获得实验”。

在这个“三年计划”取得一定成效之后，蒋经国又推出“新赣南建设五年计划”。他解释五年建设计划的特点是：（一）全面性的国民经济建设；（二）革命性的改造社会建设；（三）群众性的社会劳动建设；（四）创造性的现代科学建设。这个从1944年到1948年的五年计划，因日军窜犯赣南而告完结，未得实施。

蒋经国在赣南推行新政，雄心勃勃。他的目标很明确，就是要在赣南这块试验区内搞出一个国民党的样板来，以诋毁中国共产党在全国的深刻影响。他经常将所谓“新赣南”同当时享誉中外的革命圣地陕甘宁相比，向外界宣传说：“共产党有陕北，国民党有赣南，谁成功，谁失败，以后看。”在蒋经国的治理整顿下，原本落后混乱的赣南也的的确确出现了一些新气象，给人以耳目一新之感，“蒋青天”的称号竟成为一时之誉，经过国民党的大力宣传，前来参观者络绎不绝。蒋介石对其子在建设新赣南中取得的政绩也十分满意，他曾于1942年6月19日写信给蒋经国勉励道：

> 儿任专员已是三载，人民爱戴，建设进步，十分快慰！惟人生立志全在日新月异，自强不息，切勿因誉生骄。盖善始者实繁，而克终者甚寡，不能不深警惕，勉为人子也。

1943年12月，蒋经国被蒋介石调到重庆任职，虽然名义上仍兼赣州专员，实际上从此离开赣南。蒋经国的赣南6年，是他日后发迹的起点。赣南新政的激进改革，虽然一度被国民党的保守派指责为“赤化”，是“苏联社会主义的中国版”，但是赞赏、支持者也大有人在，认为给已陈腐的国民党统治带来了一番新气象，注入了新活力。在这一过程中，蒋经国“强人”之势初呈，引起国民党各派的广泛注意和高度重视，为他由地方至中央、由赣南走向全国赢得了政治资本。

## 插手三青团，训练青年军

1940 年 6 月以前，蒋经国还不是国民党党员和三民主义青年团团员。直到这年 6 月，他带职到重庆中央训练团党政班第三期受训一个月，才取得国民党党员和三民主义青年团团员的资格。从此，他在三青团的地位便迅速擢升。7 月，被任命为三青团临时中央干事。8 月，又被指定为三青团江西支团筹备主任。但三青团首脑康泽却“不识时务”，利用职权，未征求蒋经国同意就指定了江西三青团支部的主要干部，使蒋经国成了空头主任。

蒋经国也不甘示弱，利用父亲做后台，决定从培养自己的干部着手，扶植自己的力量。于是，他在赣州赤硃岭举办三民主义青年团江西支部干部训练班，自己当班主任。他把从苏联学来的联系群众的方式，与中国传统道义的精神糅合起来，在“青干班”的生活和训练中强调“同心同德、患难与共”。要求不分男女，都以“兄弟”相称，号召“效忠团长”（蒋介石）、“主任”（蒋经国），这就是后来大肆宣扬的“赤硃岭精神”。赣州“青干班”共办了 5 期，训练学员 500 余人，这批干部后来成了蒋经国“嫡系中的嫡系”。

1945 年蒋经国出任三青团中央干部学校教育长

赣州“青干班”时期，由于蒋经国与学员过从甚密，曾酿出过一段恋情。学员中有一女生叫章亚若，此人风头甚健，又颇具姿色，很快成为蒋经国的红粉知己。另一名学员王升，与章亚若拜过把，当章、蒋发生恋情时，王升从中效力，成为隐秘的“国舅”，这是后来王升成为蒋经国“心腹的心腹”的关键。章、蒋恋情的结晶便是一对双胞胎，即章孝严、章孝慈兄弟。章亚若在生下章氏兄弟后，便暴死在广西桂林医院，对于章亚若的死因，至今仍是个谜。

1942年，蒋介石曾一度派蒋经国去西北，设想让他插手新疆，掌握新疆大权。但不期想“新疆王”盛世才对此早存戒备之心，一直防范被“蒋大公子”取而代之，紧紧控制着新疆的党政军大权不肯撒手。因而蒋经国尚未进入新疆，半路就无功而退。

西北之行的失败，使蒋经国重新考虑他的发展前途。他决定还是走父亲黄埔军校起家的道路，利用办学来训练自己的门徒，培植自己的势力，为掌握党政军大权奠定基础。蒋经国首先定的学校是国民党CC系控制的中央政治学校。他认为控制了这所学校，就能逐步掌握全国的县长、县党部书记这样一级干部，改变“蒋家天下陈家党”的局面，把国民党的党权从陈果夫、陈立夫手里夺回来。然而，蒋经国染指中央政治学校教育长一职的企图，被二陈所阻挫。不得已，蒋经国只能退而求其次，把希望寄托在三青团内，另谋出路。

1943年，三青团在重庆召开第一次全国代表大会。会议期间，蒋经国纠集一帮人提出，原“三青团中央干部训练班”扩大为“三青团中央干部学校”，作为三青团训练干部的“团校”，以与国民党中央政治学校相抗衡。蒋经国这个提案，得到了蒋介石的认可，加上三青团的一些拥蒋派的支持，很快获得通过。

1943年12月，蒋经国出任“三青团中央干部学校”教育长。这是蒋介石早有蓄谋地培植蒋经国取代康泽以真正控制三青团的一着棋。蒋经国由赣南基地起家，率领一批嫡系人马，进抵“陪都”重庆“复兴关”，在“青干校”扎下了根，很快就掌握了“青干校”的实权，将康泽排挤出局。1945年，康泽经蒋介石批准赴欧美考察，蒋介石子承父业的初步计划得以实现。

在蒋介石的支持下，为了扩充自己的势力，蒋经国还于1946年年初将原“青干班”一至五期毕业的2000多名学员作为“青干校”的第一期学员，换发毕业证书，改组“青干班同学会”为“青干校校友会”，由蒋经国统一领导。原“青干班”已毕业的一至五期学员，实际掌握着三青团各支、区、分团的大权，被视为康泽的重要班底，现在这批骨干分子为蒋经国所用，大大强化了他在三青团内的地位和影响。1946年9月，三青团第二次全国代表大会在庐山举行，在最后“圈选”的72名中央干事中，蒋经国仅次于干事会书记长陈诚，位列第二。在随后进行的中央团部的人事调整中，蒋经国以中央常务干事兼中央团部第二处处长的身份，直接掌握三青团组织训练、干部培养等实权。

1944年，日本军队为了挽救覆灭的命运，打通平汉、粤汉铁路，发起了豫湘桂战役，国民党军队千里大溃败，抗战局势陡然严峻。为了应付危局，1944年9月，蒋介石决定号召知识青年从军，组织“青年军”，准备最后大反攻，用青年军做最后大反攻的主力部队。他提出了“一寸山河一寸血，十万青年十万军”等颇具感召力的口号，并带头让自己的两个儿子蒋经国、蒋纬国应征从军，以资鼓动青年学生入伍。

1944年11月，在蒋介石的亲自安排下，蒋经国出任知识青年从军征集委员会委员。在开始编练“青年军”时，蒋介石借口要加强“青年军”的政治工作，决定以蒋经国任“青年军”编练部的政治部主任，军衔中将，后又兼任“青年军”政工人员干部训练班主任。这样，“青年军”政治部和各师政治部的人事全由蒋经国一手独揽，完全控制了“青年军”的整个政工系统。从此，蒋经国的政治势力由三青团扩展到国民党军队，并在国民党各派系中开辟了一席之地。

1945年抗战胜利前后，为了实现国民党在东北的顺利接收，蒋介石派出蒋经国以自己的私人代表以及东北特派员的身份出关，并多次往返苏联、中国之间，与斯大林谈判。这里，蒋介石还有另外一层考虑，蒋经国有过10多年的留苏经历，晓俄情，懂俄文，并与斯大林有过数面之缘，加上蒋经国返国以后的抗战8年间，从地方到中央，从三青团到青年军，已经过多方面的磨砺，初露锋芒，羽翼渐丰。

东北地理位置重要，资源丰饶，工业发达，为国共两党必争之地。在这块中外瞩目的政治舞台上，享有优势地位的蒋经国当有一番大作为，经营东北为自己的营盘，以为日后打入国民党最高统治层的资本。然而，由于蒋经国坚持的反苏反共立场与苏联在东北的企图发生矛盾，更主要是因为，抗战一结束，中共中央就审时度势适时做出了“向北发展，向南防御”的战略决策，派出大量干部和部队入关，集中力量经营东北，并迅速控制了东北的交通线和战略要地。故蒋经国的东北之行，无论是对苏交涉，还是与中共争锋，均失败，没有任何建树，使得蒋介石精心培植蒋经国的“妙棋”未能走出“妙着”，最后蒋经国只好无功而返。

东北之行的失败，对蒋经国的打击颇为沉重，他在国民党内直线上升的势头受到遏制。强烈的受挫感，使得由东北返回南京的蒋经国，在相当长的一段时间内没有恢复元气，神气不振，沉湎于声色的一时之娱。随着国民党反共战争形势江河日下，1947年发布了所谓“戡乱建国”的全国总动员令，并着手进行国民党与三青团的“党团合作”工作。“党团合并”之后的大批编余人员，由新成立的“中央训练委员会”统管，由蒋介石亲自兼任主任，蒋经国副之。在蒋介石的授意下，蒋经国在“中央训练委员会”下创设了一个相对独立的“戡乱建国训练班”，以后又在国防部下成立了一个自成体系的“戡乱建国总队”。“戡建班”与“戡建队”的成员几乎均为蒋经国系的旧班底，蒋经国称之为“政治兵”。

蒋经国组建“戡建班”与“戡建队”的意图很明确，就是要配合国民党军队进攻解放区，组织“还乡团”进行反攻倒算，并准备进占解放区后成立“模范县”，由“戡建大队长”任“模范县县长”，建立保甲制度，摧毁共产党的基层政权，欲挽国民党摇摇欲坠的危厦于将倾。然而，蒋经国此举，于事无补。由于“蒋家王朝”的迅速覆亡，“戡建班”“戡建队”几乎是方出台即退场。

## 上海“打虎”，无疾而终

1948年，随着国民党军事上的全面失败，国民党统治区的经济形势也急剧恶化，通货膨胀，物价飞涨，几近崩溃的边缘。为了挽救经济危机，支撑内战，蒋介石把“币制改革”看成起死复生的灵丹妙药。1948年8月，蒋介石颁布“经济紧急处分令”，决定发行金圆券代替法币，限期收兑金、银、外币，整理财政并加强经济管制，以8月19日为最高限价日，强行规定全国各地物品及劳务价格。蒋介石为加强管制，在上海、天津、广州设立3个大经济管制区，特派俞鸿钧、张厉生、宋子文为督导员，蒋经国、王抚州、霍宝树为协助督导员，赋予行政及警察指挥大权。《中央日报》对此发表社论，指出：

> 社会改革，就是为了多数人的利益，而抑制少数人的特权。我们切盼政府以坚毅的努力，制止少数人以过去借国库发行，以为囤积来博取暴行的手段，向金圆券头上打算，要知道改革币制就如割去发炎的盲肠，割得好的身体从此康强，割得不好则同归于尽。

蒋经国在上海

上海是中国的经济中心，也是蒋介石推行币制改革的重点，因而，蒋介石就把这个“割盲肠”操刀的重任交给了蒋经国，用“太子”来“打虎”。8月20日，蒋经国赴上海走马上任，坐镇中央银行，开始了轰轰烈烈的“打虎运动”。

蒋经国就职后的第一个棘手的难题，就是上海猖獗的投机市场。为了确保8月19日限价，即官方称谓的“八一九防线”，如期收兑金、银、外币，蒋经国决心首先向上海的投机商人开刀，整顿和清理混乱的经济秩序。为此，他调来私家班底“戡建队”来上海，并在当地招募“信仰”三民主义的知识青年，组建“上海青年服务总队”（时称“打虎队”）为基干队伍，并调集上海市6个军警单位（金管局、警局、警备部稽查所、宪兵、江湾以及京沪、沪杭两路警察局）全部出动，进驻全市大小市场、库房、水陆空交通场所，进行搜查，强行管制。命令“凡违背法令及触犯财经紧急措施条文者，商店吊销执照，负责人送刑庭法办，货物没收”。

蒋经国下决心不惜孤注一掷，严刑峻法，先后将对抗“经济紧急处分令”的不法官僚财政部秘书陶启明、上海警备部张亚尼、警备部稽查大队长戚再玉等人处以极刑，并将包括部分巨商大户在内的64名投机商人投入监狱，以慑服人心。尤其他竟然敢于向江浙财阀发难，将上海名人杜月笙的公子杜维屏逮捕法办，一时上海各界为之震动。这在那个“有条有理——有金钱有道理”的黑暗世界，几乎是无法想象的。在那篇名噪一时的《上海何处去》的演讲词中，蒋经国向上海的整个不法商界下达了“哀的美敦书”：

> 在工作的推进中，有不少的敌人在那里恐吓我们，放言继续检查仓库严办奸商，将会造成有市无货，工厂停工的现象。不错，假使站在保持表面繁荣的立场来看，那是将要会使人民失望的。但是，如果站在革命的立场来看，这并不足为惧，没有香烟、绒线、毛衣、绸缎，甚至猪肉，是没有什么可怕的……我们相信，为了要压倒奸商的力量，为了要安定全市人民的生活，上海的市面，是绝不畏缺华丽衣着，而致放弃打击奸商的勇气。投机家不打倒，冒险家不赶走，暴发户不消灭，上海人民是永远不能安定的。
>
> 上海许多商人，其所以发财的道理，是由于他们拥有本店制造的两个武器：一是造谣欺骗，一是勾结贪官污吏。做官的人如与商人勾结，政府将要加倍的惩办，戚再玉已经枪毙了，听说不久的将来，还有类似的人，也要得到同样的命运，这就是对于以身试法的人的警告……“共匪”和奸商是革命的两大敌人，我们对于这两个敌人，决不能放松一个，要同样的打，一起的打。

当时，由蒋经国领导的“戡建队”喊出来最响亮的口号是：“只打老虎，不拍苍蝇。”上海青年服务总队所揭示的四大工作目标则是：打祸国的败类；救最苦的同胞；做艰巨的工作；尽最大的义务。这在上海几乎是妇孺皆知！而蒋经国的“一路哭不如一家哭”，更是成为传诵一时的政治格言。

然而，蒋经国督导下的上海经济改革，由于触动了各权贵阶层的既得利益，几乎是从一开始就遭到上海各派势力的激烈反对。市长吴国桢直接向蒋介石递辞呈，明确表示不与“太子”合作，社会局长吴开先则公开和“太子”冷战，上海的工商界组成联合阵线，明里暗里对抗蒋经国。因此，蒋经国虽然一度依借军警的压力，保住了“八一九防线”，使上海市暂时性地恢复了稳定和秩序，但是，除了受到蒙骗而交兑了价值3.37亿美元的黄金、白银、外币的上海升斗小民外，大多数人包括蒋经国本人在内，都十分明了，这种表面性的一时之逞距离真正的经济改革成功何止十万八千里！“蒋家王朝”覆亡之前的这场以币制改革为操刀口的经济大手术，本来就是治标不治本的权宜之计，企冀着反共内战“反败为胜”的“奇迹”来配合促成一时之功，收立竿见影之效。不期然，“屋漏逢雨，船破顶风”，当蒋经国在上海的经济改革举步维艰成骑虎难下之势时，国民党在政治、军事上也几乎同时输光了全部家底。

蒋经国深知，操纵上海经济命脉的是江浙财团，是官僚资本。为了取得经济改革的实质性进展，在征得蒋介石的“恩准”之后，蒋经国下破釜沉舟之“牺牲”决心，明知不可为而为之，决定向“天字号”“老虎”扬子公司开刀。扬子公司是国民党政权头号财阀孔祥熙的公子孔令侃的财产，这场交锋其结果可想而知。扬子公司被查封的当天，孔令侃便直接到南京找到宋美龄哭诉，结果蒋介石不得不改变初衷，指令蒋经国罢手。此一丑闻，喧嚣中外，蒋经国上海“打虎”以来所建之声威一扫而光，上海市民把创建的政治口号从此改成“只拍苍蝇，不打老虎”，市场上复又“人山人海，抢购物资”，“八一九防线”变成了不攻自破的“马其诺防线”，上海经济改革的彻底失败已是不争的事实。当然，这也埋下了日后蒋经国与宋美龄矛盾的一个重要伏笔。

蒋经国导演“打老虎”这场全本武戏，历时70天，终于被迫草草收场。1948年11月1日，国民党政府的经济改革的讣闻正式公布，明令取消“限价”政策。11月6日回天无力的蒋经国悄然离开上海，返回杭州蒋寓。临行前，蒋经国发表《告上海人民书》：“自今日起不再到中央银行办公，当我离开办公处的时候，心中实有无限感慨，几欲流泪。”欲起死复生的经济改革演变成一场掠夺人民的骗局，蒋经国是想有所交代也是无法交代的！

当蒋经国到上海“打老虎”时，著名新闻记者徐铸成在香港《文汇报》发表短评，断言金圆券这个怪物活不到3个月，因为经济有它的客观规律，用行政及武装手段，是改变不了这个规律的。徐铸成还请漫画家米谷画了一幅漫画：杀气腾腾的武松，抡起斗大的拳头往下打，而被他缚住的，却是一只只会咪咪叫的猫。标题“新武松”。

蒋经国正是这样一个“新武松”。

1949年年初，“蒋家王朝”在大陆的统治已呈风雨飘摇、朝不保夕之势。为了苟延残喘，蒋介石放出“和谈”烟雾，第三次下野，推出李宗仁在前台收拾“烂摊子”，而他自己则在幕后实际操纵，以图东山再起，卷土重来。当然，蒋介石也深知，除非有“奇迹”出现，否则挽危厦于既倾几近是痴人说梦，因此，他也同时做好败亡海外的准备。

蒋介石正式引退前，公布了陈诚为台湾省“主席”、蒋经国为国民党台湾省“党部主任委员”的任命。并令蒋经国再赴上海，将中央银行价值3.8亿美元的黄金、白银和外币移存台湾。下台伊始，又指派蒋经国督建定海机场，为国民党军队败退台湾做准备，事实上已经开始营造退路。

蒋经国形容此时期是“山雨欲来风满楼”，“中华民国的危急存亡之秋”。由于众叛亲离，在国民党大溃败的生死关头，蒋介石所能倚重者只能是自己的儿子。蒋经国虽被任命为国民党台湾省“党部主任委员”，但并未去就任。他随侍在蒋介石身边，形影不离，从此成为蒋介石最有力的助手。

1949年春节前夕，蒋介石、蒋经国父子返归故乡溪口。在丰镐房，蒋氏父子度过了自1921年安葬王采玉之后38年来的第二次“居家守岁”的春节，当然，也将是最后一次了。蒋氏父子自知滞留家乡来日无多，何日方归遥不可期，因此，抓紧一切时间，祭扫祖坟，遍酬族中父老，流连于家乡的湖光山色，做辞别故园的准备。当然，蒋介石同时也并未真正做到“个人进退出处，绝不萦怀”，而是隐而不退，继续以国民党总裁的身份遥控危局，以溪口取代南京成为新的政治中心，国民党的军政要员，纷纷就道。李宗仁空有头衔，而无实权。

此一时期，蒋经国以蒋介石全权代表的身份，全面介入国民党军政要务，无论是大西南组织防御，还是东南、华南撤退，蒋经国往返奔波，台前幕后，亲自操纵指挥。4月15日，国共和谈代表在北平举行第二次会议，中共代表团提出《国内和平协定》最后修正案，并指出4月20日为最后签字期限，逾期不签字，将表示谈判破裂，人民解放军将立即过江。是日，正值蒋经国39岁生辰，蒋介石特书“寓理帅气”4字匾额，蒋介石又题：“立敬立极”“法天自然”8个字。蒋经国接到父亲的题词，显得非常激动：“凡此所言，希望于我愈深，亦鞭策于我愈力，此后修养治事，定以此为准绳。”

1949年4月21日，中国人民解放军百万雄师分三路强渡长江。23日占领南京，“蒋家王朝”在大陆的统治正式宣告覆亡。

4月24日，也就是南京失守的第二天，蒋介石决意永别溪口。他嘱咐蒋经国安排妻儿飞台，以绝后顾之忧。25日，蒋氏父子悄然辞别家乡，至象山港登“太康”号军舰，驶往上海。

5月27日，上海失守。7月16日，蒋介石在广州成立国民党非常委员会，自任主席，由幕后转至台前，公开指挥国民党军队残余最后一战。蒋经国亲侍其父左右，频繁往返于大西南和台湾之间，组织抵抗，力图保住这“最后一块反共堡垒”。无奈大势已去，补天有心，回天无术！随着昆明、重庆等重镇相继为中国人民解放军所攻占，国民党政权在大陆已无苟且之地，只得败居台湾孤岛。12月10日，蒋介石、蒋经国父子由成都飞往台北，永别了中国大陆。

## 三、蒋介石全力培养

### 掌握台湾特务和情治系统

国民党政权败退台湾之初，形势至为险峻。政治上，众叛亲离，人心涣散；经济上，百业凋敝，入不敷出；军事上，残兵败将，防备废弛。尤其严重的是，长期以来一直是“蒋家王朝”后援的盟友美国“落井下石”，公开发表抛弃台湾的宣言：美国此时不想在台湾获取特别权利或建立军事基地。它也不利用武力以干涉台湾现在的局势。美国并不采取足以涉及中国内战的途径。同样的，美国政府也不供给军援与军事顾问于台湾的中国军队，坐待“尘埃落定”，而中国人民解放军重兵集结于台湾海峡对面，万事齐备，只欠“台风”。借用江南的评点：“就全盘形势而言，台湾只是个等待爆炸的火药库。”

然而，天有不测风云。1950年6月朝鲜战争爆发，美国派出第七舰队开赴台湾海峡，“蒋家王朝”在台湾的命运也就出现了历史性的转机。江南云：“朝鲜战争的爆发，把已经患了癌症的国民党政权，从病榻上起死回生。中美关系，最后因兵戎相见，冻冷三十一年，所谓‘台湾问题’，了无尽期。其最大的受益人，自是国民党政权，因势利便得以在夹缝中生存下来。”

当然，台湾国民党政权的“生存危机警报”并未解除。朝鲜战争的历史契机，美国对台湾政策的转变，只不过暂时性地阻滞了中国共产党解决台湾问题的进程，使得国民党政权有了偏安孤岛的可能，但是国民党政权退居台湾时所面临的一系列从历史到现实的问题，并没有得到解决。国民党政权能否在台湾立住脚，并重建“蒋家王朝”，这是蒋介石、蒋经国父子从经营台湾之日起就开始反复思考的问题。

蒋经国任“总政治部”主任时留影

为了稳定人心，蒋介石不惜弃自己亲订的“中华民国宪法”于不顾，于1950年3月1日在台北自行宣告复“总统”职，“名正言顺”地走到台前，大权统揽，再建独裁统治。痛定思痛，蒋介石也曾从政治、经济、军事各个方面总结过国民党政权大陆惨败的血的教训，认为要“守得住”台湾，并进而“反攻复国”，首先必须在经济上建设台湾，而要发展经济，又必须改革政治，改造已腐败不堪的国民党。正是在台湾国民党的“改革运动”中，蒋介石重建“蒋家王朝”于台湾的最重要的战略部署——“父业子承、培植蒋经国接班”计划，开始逐步实施。

大陆时期，虽然蒋介石也曾安排蒋经国多方磨砺，全面介入党、政、军、青团要务，以树立形象，网罗班底，并且也积累了一些政绩，但毕竟由于其资历太浅，根基不深，加上国民党内派系错综复杂，蒋介石把蒋经国摆在决策圈内之举措，阻力重重。偏安孤岛之后，因蒋介石年事已高，传子之策已呈刻不容缓之势。“蒋家王朝”大陆覆亡的激烈动荡，对蒋经国的异军突起，反倒是因祸得福，“党中有党，党外有派”的国民党经过大动乱的淘汰、清洗，能够与蒋介石相抗衡的各种力量均已溃不成军，蒋介石说话再也无人敢违。此种情形下再推荐蒋经国出台，可谓天时、地利、人和，各种有利条件具备。

国民党政权败亡台湾后，关于政权核心的人事安排问题，蒋介石曾煞费苦心。“行政院长”一职，由心腹陈诚出掌，当在“情理”之中。而吴国桢就任台湾省“政府主席兼保安司令”职，孙立人就任“陆军总司令”职，明显得益于他们与美国朝野关系密切的特殊背景。这三人无论计资历、计声望、计才干就此三职也可说适人适事。但是，“新人”蒋经国的位置怎么摆则颇费斟酌。

蒋经国在台湾国民党政坛正式亮相的第一个职位，是“国防部政治部”主任，后改“总政治部”主任，编阶为“二级上将”。此乃蒋介石让蒋经国全面涉足军界、抓枪杆子的精心安排。江南讲：“政治部主任，交给经国，当时环境下，众望所归。青年军时代，经国已初试锋芒，仅限于浅尝辄止，配合政工改造，环顾国民党的高级军政干部中，只有这位共产党出身的小蒋，能够胜任。这年，经国四十初度，年龄、体力、经验，均属黄金时代。一般相信，只有他能对国军的再生赋予活力和希望。”

由于蒋经国在国民党军队中资历甚浅，素无军功，高官陡升，自然有人不满、不服。原“空军”总司令周至柔与蒋经国“总政治部”主任任命令发布的同时，晋升为“一级上将”参谋总长。据传周至柔曾对前来“贺喜”的人发牢骚：“现在连老百姓都可以当上将，我在沙场拼了几十年命才升了这么一个一级上将，想想也没有什么可喜。”这话后来传到蒋经国耳中，他在“总政治部主任”的任期，从未穿着上将军服在公共场合露面。

蒋经国深知自己涉足军界根基不深，因而采取了稳打稳扎、步步为营的策略。为了培养自己的子弟兵，蒋经国上任后不久即开始筹划建立政工干校。1952年，蒋经国的“黄埔”——政工干校在台北北投的复兴岗正式开学。任命嫡系胡伟克、王永树、王升先后出任校长，为他培养门生，准备干部。蒋经国对于政工干校，一直抓得很紧，从不容他人染指。以“总政治部”副主任的身份出任第一任政工干校校长的胡伟克，一度曾“忘记”了自己是蒋经国副手的身份和地位，将政工干校搞成了“胡记”的“势力范围”。结果，蒋经国不得不经常到政工干校去上班，主持升旗仪式，进行训话，并进而设“总政治部主任办公室”于政工干校校内。最后，胡伟克只得交出校长位置，退隐赋闲去了。

蒋经国就任军职之时，正值台湾国民党政权内外交困、朝不保夕的危难关头。从大陆败退下来的国民党残兵败将，人心涣散，武备废弛。为了“挽狂澜于既倒”，蒋经国秉承蒋介石的旨意，对国民党军队进行全面整肃，淘撤冗枝，强化精干，在全军重建政工系统。蒋经国还模仿中国共产党在人民军队中的政治教育和思想工作方法，用“三民主义”来训练国民党官兵，要求他们明确“为谁而战？为何而战？”他喜欢以“士兵利益的维护者”面目出现，经常出现在“海防”第一线和各基层单位，和士兵们同吃同住，一起“谈心”。当一江山岛被中国人民解放军攻占，以及国民党被迫主动放弃大陈岛时，身为“总政治部”主任的蒋经国都坚持到最后撤离，赢得了国民党官兵的折服。几年工夫，蒋经国就在国民党军队中奠定了自己的不拔之基。

除了“总政治部”主任的任职外，蒋介石复职“总统”后赋予蒋经国另外两项重要的使命：负责监督筹划情报业务和对大陆游击活动的指挥派遣。

1949年7月，蒋介石在高雄成立以唐纵为召集人包括蒋经国在内的“政治行动委员会”，基本任务就是“统一所有情报工作，并使之充实、强化”。1950年蒋介石将“政治行政委员会”改组为“总统府机要室资料组”，由蒋经国总负责，举凡一切党政特务机构，统归其管辖调动。为了统揽全权，排除异己，蒋经国采取打拉结合的战术，建立起“唯我独尊”的特务王国。

在蒋经国之前，台湾最权势炙人的特务头子是彭孟缉。彭孟缉以台湾“二二八事件”之后长期主掌警备司令部、保安司令部，直接指挥台湾最大的情报单位保安处。蒋介石1950年复职“总统”当日亲笔所书的3个手令，其中一道就是给彭孟缉的。这3个手令的主要内容是：派蒋经国负责主持军中政工重建，迅即恢复“国防部总政治部”；派俞鸿钧负责设计台湾财政、经济秩序，成立“财经联席会议”，由俞鸿钧为召集人；派彭孟缉为“台湾情报工作委员会”主任，负责协调指挥各情报单位在台之工作。但彭孟缉很乖巧，居安思危，知道“势威震主”非万全之道，所以很早就将大权拱手让于蒋经国，向“太子”“输诚”，将保安处变成了蒋经国“总统府机要室资料组”的执行机构。

20世纪50年代初，为防止中国共产党在台湾的渗透而实行的“杀戒大开”笼罩全台的白色恐怖，就是由蒋经国在幕后、彭孟缉在台前一手策划和导演的，彭孟缉替蒋经国背足了骂名。1954年，彭孟缉“急流勇退”，向蒋介石力辞“台湾情报工作委员会”主任要职，竭力荐举由蒋经国出掌台湾特务全权。这样，蒋经国领导的“总统府机要室资料组”就接管了“台湾情报工作委员会”。

在此之前，蒋经国已经通过总政治第四处主管“保密防谍”，实际上等于夺取了一向对自己介入情报系统不买账的毛人凤“保密局”的业务。对其他戴笠旧部，则对愿归顺效命者，收容己用，对拒不从命者，则排斥打击。最典型的例证，是“输诚”的彭孟缉官运亨通，最后竟爬至一级上将“参谋总长”的显赫之位，而“不服气”的毛人凤则被架空，几近赋闲，时值壮年，竟抑郁病亡。

几年时间，蒋经国就全面掌握了台湾党、政、军各个领域内控外防的特务组织的大权，呼风唤雨，生杀予夺，一统天下。“保密防谍”的口号，在蒋经国统掌情报系统的时代，竟“普及”到全岛的每一个角落，妇孺皆知，人人不寒而栗。所以，有人评论说：“由此时开始，蒋经国真正掌握到威势显赫的权力之柄。”后来，蒋经国也意识到“特务头子”的名声毕竟有损日后“父业子继”的形象，于是，报请蒋介石成立“国家安全局”统辖之，由郑介民出任局长在台前，自己则退居幕后操纵，以避嫌疑。

在蒋介石的精心安排下，蒋经国在国民党党内的地位也稳步上升，开始全面介入决策层。1950年7、8月间，蒋介石酝酿已久的“中国国民党改造方案”正式公布，开始实施。这场“改造运动”的领导机构“中央改造委员会”，摒弃了国民党的元老级大员，大多以“新生代”充任，16名成员中，最引人注目的新人，则属年方40，党龄仅12年的蒋经国。与此同时，原来人数庞杂的“中央执行委员会”和“中央监察委员会”撤销，改以25人的“中央评议会”代替。

为了在台湾建设“蒋家天下、蒋家党”，蒋经国步入国民党决策圈后的第一个举动，就是向多年把持党务的CC系开刀。由于有蒋介石的直接撑腰，班底已散的陈果夫、陈立夫二兄弟自然得败下阵来。陈果夫有病卧床，膺选“中央评议委员”，姿态多于实质，真正的CC系巨头陈立夫则被蒋介石以5万美元打发到美国新泽西州休闲养鸡。行前，陈立夫向宋美龄辞别，宋美龄赠以《圣经》一本，说：“你在政治上负过这么大的责任，现在一下子冷落下来，会感到很难适应，这里有本《圣经》，你带到美国去念念，你会在心灵上得到不少慰藉。”陈立夫的反应则颇出宋美龄的意外，他指着墙上挂的蒋介石肖像，言语低沉地表示：“夫人，那活的上帝都不信任我，我还希望得到耶稣信任吗?”

赶走了CC系的势力，蒋经国在国民党党内当权的阻力也就随之破除。1952年，国民党七全大会召开，蒋经国被推选为国民党中央委员。随后的“七届一中全会”，蒋经国又被蒋介石指定为国民党中常会委员。至此，蒋经国在国民党的权力中枢享有举足轻重的发言权。

蒋经国一向是以“青年领袖”自诩，大陆时代曾长期经营三青团。国民党败退台湾后，蒋经国为了配合乃父蒋介石的“反共抗俄总动员”运动，再次把手伸向青年。1952年10月“中国青年反共救国团”成立，蒋介石兼任团长，蒋经国亲任主任。为什么要成立这个组织？蒋经国在第一次台北“救国团”的宣誓典礼上的讲话表达得非常清楚：

> 三十八年（1949年）大陆的失败，大家只看到军队给人家打垮了，虽然这也是事实，但是要注意，除了军队，我们的青年也被“中共”解除了精神武装，青年组织也被瓦解。我们感到军队的整顿非常重要，这三年以来，我们集中全力在整顿军队上，但是我们领悟到三十八年（1949年）失败的教训，更知道要“打倒中共”，“复兴国家”，还需要组织青年，团结青年，给他们一种新的教育，灌输他们新的精神。

国民党大陆时代，中国共产党领导下的青年运动尤其是学生运动风起云涌，乃至最后形成推翻“蒋家王朝”的“第二条战线”。对此，蒋经国有“切肤之痛”。因之，他决意通过“救国团”这一组织在台湾青年中牢固树立起“三民主义信仰”。蒋经国为“救国团”规定了“信仰三民主义”“拥护领袖”“服从命令”“严守纪律”“自立自强”“实践力行”“自助合作”“服务牺牲”8款信条。同时，在蒋介石的支持下，蒋经国将所有学校的军训由“救国团”统揽下来。所以江南评判“救国团”的性质：“这是第二个三民主义青年团，是国民党的预备队。”

由于“中国青年反共救国团”在台湾几乎无事不可过问，无处不可插足，加上“救国团”在台湾青年中大肆鼓噪对“青年导师”蒋经国的个人崇拜，台湾社会各界甚至包括国民党内部亦有人对“救国团”“不过是国民党内新兴的所谓某一派，利用国民党的招牌，所公开做的培植私人自治资本的工具而已”！几乎是公开点了蒋经国的名。

在蒋介石的精心策划和全力支持下，蒋经国在党、政、军、青、特各条战线全面出击，放手抓权。短短几年时间，蒋经国就已在台湾国民党政权的核心层面站稳了脚跟，成为令人瞩目的新一代政治强人。

## 逼走吴国桢，关押孙立人

由于蒋经国的突然崛起，台湾国民党政权原有的政治格局被打破，新的均衡产生了激烈而复杂的权力纷争和再分配。虽然蒋介石偏安孤岛后不久即确定了父业子承、重建“蒋家王朝”的目标，并精心培养和强力扶植蒋经国全面接班，但是并非所有的元老重臣都买蒋氏父子的账，心甘情愿接受“蒋家天下”的独裁统治。蒋经国“接棒”之路，阻力重重，没有一番血的搏杀，过关斩将，“继承人”之位是无法确立的。

国民党内最早向“太子擅权”发难的，是蒋介石败亡台湾后一度十分倚重的两员大将：吴国桢、孙立人。吴、孙均为国民党政权中至为罕见的德、才、识均佳之人才，西方化较重，一为普林斯顿学院的高才生，一为弗吉尼亚军校的优秀毕业生，与美国朝野关系密切。国民党政权重建后，为了争取美国的支持和援助，蒋介石打出这两张“亲美牌”：任命吴国桢为台湾省“主席”兼“保安司令”，主政；任命孙立人为“陆军总司令”兼“保安总司令”，主军。一时间，台湾国民党的政治、军事上颇有一番新气象出现，吴、孙二人声威日隆。很快，他们便与正在蒋介石的纵容下四面出击、放手抓权的蒋经国发生了正面冲突。

蒋经国与吴国桢之间早有嫌隙。1948 年蒋经国在上海督导经济改革，曾遭到时任上海市长的吴国桢的激烈反对，认为用高压的政治手段无法从根本上解决经济问题，最后蒋经国果真“打虎”失败，落荒而走。蒋经国没有从正面吸取教训，却把这笔账记在了吴国桢头上。到台湾之后，吴国桢虽然名义兼有“保安司令部”司令之职，但实权却掌握在早已投效到蒋经国麾下的副司令彭孟缉手中。对于蒋经国、彭孟缉在 20 世纪 50 年代初期，利用特务统治大搞白色恐怖的极端行为，吴国桢一直持有异议，曾屡次向蒋介石进言：“如钧座厚爱经国兄，则不应使其主持特务，盖无论其是否仗势越权，必将成为人民仇恨的焦点。”然而，培植蒋经国全面接班，是蒋介石的既定方针，吴国桢的诤言，自难入耳。用吴国桢《上“蒋总统”书》中的话讲：“此后钧座对于经国兄更加信任，不独任其控制特务及军队，且使之操纵党部并主持青年团。”在此情形下，吴国桢只能以辞职相对。

客观而论，对吴国桢的人品和才干，蒋介石还是颇为赏识和器重的，只是宠臣与爱子之间的是是非非甚难两顾。吴国桢回忆说：“我辞职，他派黄伯度传话，只要我愿意和经国合作，愿当‘行政院长’，可当‘行政院长’，爱当‘主席’兼“院长”，悉由我挑。可是，我一概谢绝。”因为此时吴国桢已经看出：“钧座爱子甚于爱民，爱党甚于爱‘国’。”卸职后月余，吴国桢离台赴美，从此远离了台湾政坛。

据传说，在“蒋主任”与“吴主席”格格不入、势同水火期间，蒋经国曾施暗杀手段恐吓过吴国桢。吴国桢挂冠离台，也一度被蒋经国留难，若非宋美龄从中相助，吴国桢恐怕早已无自由之身了。至于一年之后搞得沸沸扬扬、隔海骂战的“吴国桢事件”，更是以蒋经国为肇端。吴国桢忍无可忍，方才有“建议”：因“太子”已成台湾“政治进步之一大障碍”，主张送入美国“大学或研究院读书”，“在大陆未恢复之前，不必重返台湾”。实属“劫后余波”。

扳倒了吴国桢，另一个“敌人”孙立人就显得格外突出了。孙立人与吴国桢的情形有所不同，他非嫡系出身，从来就不曾得到蒋介石的真正信任和重用，只是由于孙立人在国民党军队中才华过于突出，军功显赫，加上背后一直有美国人撑腰，才未被蒋介石闲置。到了国民党败亡台湾，能否偏安孤岛，全系美国是不是支持和援助的关键时刻，蒋介石打出这张王牌，任命孙立人出任“陆军总司令”兼“保安总司令”，主“军”，向美献媚。但蒋介石对孙立人的戒心一刻也未曾放松。

孙立人是一位典型的职业军人，性格耿直，好恶分明，恃才傲物，卓尔不群。吴国桢与孙立人是至交，他曾举过一个很有代表性的例证说明孙立人是如何见罪于蒋介石的：1949年，蒋介石赴台在高雄登陆，时任台湾防守司令的孙立人前往迎接，蒋介石劈头第一句话：“我在此地安全吗？”孙立人回答道：“由我们保护，有什么不安全？”后来，吴国桢告诉他：“你应该说，台湾是‘总统’的地方，当然安全，为什么要说，你保护呢？”

当然，最后导致孙立人被“封杀出局”最重要的原因，还是因为他“不买太子的账”，公开反对蒋经国通过政工系统控制军队，要求撤销“政治部”，这无疑是犯了蒋家之忌。孙立人先是被解除了“陆军总司令”之职，剥夺了兵权。之后，又借“孙立人兵变”的借口，软禁了他，剥夺了自由。孙立人成了第二个张学良。蒋经国“接棒”之路又减少了一重障碍。

但是，对于蒋经国来说，欲名实相符地承继父业，执掌“国柄”，还有一道必须逾越的“铁闸门”——台湾国民党政权的“法定继承人”陈诚。陈诚是蒋介石嫡系中的嫡系，一直深受蒋介石的信任和器重。国民党政权在大陆覆亡之前，他被蒋介石派到台湾来经营退路，出任省“主席兼警备总司令”，以后即稳定上升，由“行政院院长”，而国民党“中央副总裁”，而“副总统”，成为“法统”的“准接班人”。从历史上观，陈诚从未有过背叛蒋介石的行为，更高人一筹的是，凡是蒋介石搞糟了事情，无法收场，无法下台，总是由陈诚主动站出来，代蒋介石受过。这也正是陈诚一直深得蒋介石赏识，地位稳固，在“黄埔系”中仅次于蒋介石的重要原因。

但是，陈诚并非没有任何政治野心。国民党大陆失败前后，由于陈诚主掌台湾“军政”大权，地位举足轻重，美国曾游说陈诚在台湾“自主”与大陆分离而独立。在美国的高压与诱惑之下，陈诚曾有过一段彷徨和犹豫，对于蒋介石赴台的“通知”保持了长达几日的沉默。但思忖再三，最后还是下定决心迎立“故主”蒋介石。对于陈诚的这一“反常”现象，蒋介石是有所警觉的。1949 年 5 月蒋介石由大陆赴台湾，不在台北登陆，却出人意料地在高雄上岸。《吴国桢八十忆往》一文中曾笔涉此一“蹊跷”：“1949 年 5 月，蒋先生自舟山致电陈诚，告有赴台之行，陈在二十四小时内未行复电，蒋只好改从高雄登岸，因高雄市非陈的势力范围。”

陈诚第二次见罪于蒋介石，是在 1958 年第三次“总统”选举中。按照“宪法”规定，已连任一次“总统”的蒋介石已无再度成为“总统”候选人的资格，因此蒋介石放出“保护宪法”（意即不再连任）的试探气球，然而，陈诚不知深浅，竟信以为真，在冈山召集亲信，密谋接班布局，准备以“副总统”身份继任“总统”。不期然，陈诚的一举一动皆在蒋经国的监视中。从此，陈诚即成了政治上的废人，有职无权。

国民党偏安台湾后，蒋介石已下定决心把这最后一点江山传给嫡嗣，当然也就绝不会再允许他人觊觎。之所以还长期供着陈诚这尊神，而没有像对待吴国桢、孙立人那样彻底封杀出局，是因为蒋介石知道陈诚的身体状况，重病缠身，来日无多，对蒋经国的“接班”构不成实质性的威胁。

陈诚长蒋经国 12 岁，但少蒋介石 11 岁，他当然不能料想到，他竟会比蒋介石提早 10 年去世。1965 年陈诚病故后，蒋介石亲笔书写挽联：“光复志节已至最后关头，那堪吊此国殇，果有数耶！革命事业尚待共同完成，竟忍夺我元辅，岂无人乎？”蒋经国也有挽联云：“三十年导师中殂，忧国不忧身，少长皆令照肝胆；千万里疆土待复，为河亦为岳，涕洟原许负弓旌。”其中哀乐谁人知！

另外，还有一个能够对蒋经国“接班”之旅产生重大影响的人物，即“永远的第一夫人”宋美龄。由于生母毛福梅被休的缘故，蒋经国一向对“后母”宋美龄敬而远之，心存嫌隙。1948 年上海“打虎”失败，蒋经国更是永远无法原谅宋美龄的“背后插刀”。1949 年，国民党败亡台湾前后，因为宋美龄赴美乞援，蒋经国得以随侍蒋介石左右，取代了宋美龄而成为蒋介石最主要的助手。1950 年，在美滞留经年而一无所获的宋美龄返回台湾，蒋经国曾专程至马尼拉接驾，表现也异乎寻常的热情。

宋美龄返回台湾后的职务是位高爵尊，但无实权。原来权威显赫的宋美龄的亲属们，也都远离了台湾政坛，在美国谋求生存和发展。“永远的第一夫人”仅是有名无实的尊称，昔日呼风唤雨、纵横捭阖的八面威风已不复存在，大权均操于蒋氏父子手中。1953 年，宋美龄自作主张，私放吴国桢离台，曾引起蒋介石父子的不满。后来，宋美龄一度曾谋国民党“副总裁”之位，遭到蒋氏父子的一致反对，而未能成功。

当然，宋美龄仅仅是对自己大权旁落不满，时时与专权的“太子”为难，但对于蒋经国“父业子承”重建“蒋家王朝”并不反对，相反，往往在关键时刻还助蒋经国一臂之力，这点蒋经国是心知肚明的。因此，无论是蒋介石在世时，还是去世后，蒋经国与宋美龄基本上是相安无事而绝少正面冲突的。

## 任“国防部”部长和“行政院”院长

1956 年，为了平息因吴国桢事件而引起的台岛内外对蒋经国“擅权”的普遍非议，蒋介石安排蒋经国调离“总政治部”，出任“国防会议”副秘书长的新职。

在台湾国民党政权的权力结构中，“国防会议”（后改为“国安会议”）是一个地位和性质极其特殊的机构，因人而设。主席由蒋介石自兼，主持日常工作的是秘书长。

因此，蒋经国由“总政治部”的前台淡出而转就“虚”位，名分不同，权力如旧，实际上是以退为进，成为名副其实的秘密警察头子。

1956 年，台湾当局创立了“国军退除役官兵就业辅导委员会”，主任严家淦，蒋经国出任副主任代理主任。第二年，蒋经国扶正，全面掌管“辅导会”的工作。直到 1964 年，蒋经国就职“国防部”副部长，“辅导会”主任一职由赵聚钰暂代，蒋经国在“辅导会”一直干满 8 年。平心而论，8 载“辅导会”主任，蒋经国可谓是尽心尽职，成绩也是较为明显的。

蒋经国主持“国防部”周会

对于国民党军队大批背井离乡、长年置身军旅、谋生乏术的退役官兵，安置失当，引发社会问题及至影响军心士气是不可避免的。蒋经国利用自己的特殊身份与地位担当起此重任：年轻而志求学的，辅导就学；有工作能力的，辅导就业；需要休养的，使之休养；病苦的，使之就医。

“辅导会”创办了医院、荣民之家、农场和工厂。经过8年的不懈努力，共安置退役国民党官兵12万多人，生产收益达5.9亿多元。“辅导会”8年，是蒋经国极为自诩的一段“德政”。此一政绩也在很大程度上改观了他在台湾民众心目中的“恐怖人物”的形象，口碑平添，为蒋经国日后的高升奠定了良好的“民意”基础。

1963年，重病缠身的陈诚请辞所兼“行政院”院长一职。由谁接任？蒋介石颇费斟酌。一个不争的事实，谁是陈诚的继任，那么谁就将是“法统”的“准继承人”。虽然，蒋介石早有“传子”之心，然而此时就由蒋经国接替陈诚，毕竟条件尚不成熟，还必须有一个过渡期，必须有一个过渡性人物。出于这样的考虑，蒋介石选择了台湾政坛名不见经传的严家淦担当此任。一时间，舆论大哗，各方面反应强烈。然冷静析之，又都觉“意料之外、情理之中”。

严家淦是个技术性官僚，长期在财政口任职，后来虽官至台湾省“主席”兼“保安司令”，然一无野心，二无班底，为人循规蹈矩，庸庸碌碌，万事不争先，“遇事推事”。严家淦对蒋父子一向忠心耿耿，俯首听命，从未有些许违意。把这样一个人物推至前台，谅不会构成对蒋经国日后接班的任何威胁。江南评点道：“台湾土地面积虽小，出将入相的人才，说得上济济一堂。蒋先生慧眼独钟，一个唯唯诺诺的严静波，不可否认，有私字的成分。”

平步青云的严家淦深知蒋介石的良苦用心：自己在台前，无非是过渡性角色，为“太子”“接班”做陪衬而已！因而，他“荣膺”阁揆，博得虚名之后，第一件事就是秉承蒋介石旨意，提名蒋经国为“国防部”副部长，授“太子”以实权相报。

当时的“国防部”部长是蒋经国的儿女亲家俞大维，也是一位技术性官僚。俞大维有过颈部淋巴腺肿癌的病历，虽然美国医生以钴60放射治疗而消除，但仍需长期追踪观察。因此，每年都要离台赴美一两个月。蒋经国到“国防部”就任后，俞大维以“身体状况不佳”为由，几乎将一切要务均交付蒋经国办理，而且他赴美检查身体逗留的时间，也有意无意地延长。蒋经国拍板决定的事，俞大维在事后没有不认同的。第二年，俞大维审时度势，又直接向“行政院”院长严家淦转呈蒋介石“恳辞”“国防部”部长职务，并推荐“副部长”蒋经国自代。1964年1月13日，蒋介石正式发布命令，把蒋经国扶正。

坐上“国防部长”的宝座，蒋经国已彻底掌握台湾的“军”权。虽然根据台湾“国防组织法”，国民党军队的统率权，一向由“参谋总长”和“国防部长”分享，然而自蒋介石开始，国民党政权的任何机构，官职的权限大小，均因人而异，蒋经国不过步其父后尘，他在哪个位置就任，权力重心也就偏移至哪里。如同蒋经国以副代正一样，蒋经国现在出任“国防部长”，“参谋总长”就成了他的幕僚。这也是约定成俗的“惯例”！

蒋经国就任"国防部"部长的第二个月，陈诚病故，蒋经国心里的最后一片阴影消除。1966年严家淦在蒋经国的精心安排下，"竞选""副总统"成功。蒋经国的"接班"之路已全部铺平。"承继大统"仅仅余下时间问题。

蒋经国"国防部"部长任职，始于1965年1月，止于1969年6月，历时4年又5个月。蒋经国行事作风与其父不同，事无巨细，均亲自体察，事必躬亲。举凡各种军事会议、军事布防、调动、校阅、演习以及军事将领的升迁调配，蒋经国无不一一过问，严格掌握。他还经常深入各军事基地、营区以至军事前沿阵地巡视，牢牢地控制着"枪杆子"为蒋家所用。

1969年6月，台湾"行政院"改组，原"副院长"黄少谷辞职，由蒋经国升任。在"接棒"的权力之旅上，蒋经国更进一步介入权力核心。虽然蒋经国名义上仍是副职，但实际上又一次正副颠倒，严家淦事事要反过来请示蒋经国。到了1972年3月，严家淦连任"副总统"之后，为报蒋介石"知遇之恩"，立即请辞"行政院长"职，推举蒋经国为继任人选。5月，国民党中常会决议，召蒋经国出任"行政院长"，此可谓正中蒋介石下怀，他可以"举亲不避嫌"了。于是蒋介石正式提名蒋经国就任阁揆，并咨请"立法院"同意。"父亲提名儿子"的绝妙咨文如下：

> "行政院"院长严家淦，恳请辞职，已勉循所请，予以照准。兹抉以蒋经国继任"行政院"院长。蒋坚忍刚毅，有守有为，历任军政要职，于政治、军事、财政各项设施，多所建树，其于"行政院"副院长任内，襄助院长处理院务，贡献良多，以之任为"行政院"院长，必能胜任愉快。爰依"宪法"第五十五条第一项之规定，提请贵院同意，以便任命。此咨"立法院"。
>
> "总统"蒋中正

## 四、开启"蒋经国时代"

### "平凡、平淡、平实"的工作作风

蒋经国入主"行政院"，事实上已经标志着蒋经国统揽全局的"蒋经国时代"的正式揭幕。"总统"蒋介石在蒋经国出任"阁揆"的第二个月即因病缠身长住荣民医院，不能视事，"副总统"严家淦1970年最后一次访美，在纽约遭"台独"分子枪击，险些送命。

因此，对于1972年“蒋经国时代”的来临，台湾国民党内部是寄予厚望的。各方面对于蒋经国“期望之殷”，陶百川在《廉能之治与志士之气》文中的一席话颇具代表性：

> 蒋经国先生在此时此地出任“行政院”院长，可说是受命于“危急存亡之秋”，不仅要安内攘外，简直须旋乾转坤。任务的艰巨，恐非一般人所能想象。但如果真能加强廉能之治，恢弘志士之气，则“国基”永固，四海归心，他日以仁击暴，得道多助，“国事”固大可为也。

而蒋经国一上任，也立即呈现出“新人新政”的“新气象”。他发表就职演说称：“在此世局变幻，‘国家’殷忧的时刻，承担艰巨，内心深感惶恐。”他表示愿以“国民”利益为先，排除万难，“推进廉能政治”，完成“时代使命”，并明确提出任内的六字方针：“平凡、平淡、平实。”

蒋经国首先从人事革新入手，大量起用新人以及台籍人士入阁参政。

蒋经国的第二个新措施是大刀阔斧整顿吏治，改善社会风气。他上任伊始，即向整个官僚机构提出了“十大革新”要求，并向整个社会发出“八项革新”号召，以肃人心，以正风气。台湾是金钱社会，贪污受贿横行，蒋经国知道此积弊非极端手段不能除。因此，他一方面从正面倡导廉能政治，一方面严刑峻法，双管齐下。

他首先拿自己的至亲王正谊开刀，以示铁面无私。王正谊曾任“行政院”人事行政局局长兼“中央”公务人员购置住宅辅助委员会主委，他利用职务之便，贪污13.75万美元。王正谊是干采玉的侄孙，论辈分是蒋经国的表兄弟。蒋经国亲自下令将王正谊收押，经过3次庭讯，判处无期徒刑。此案结局令台岛震动。其他贪污案的处理，如“海关副税务兼稽查主任”白庆国被判死刑，高雄市杨金虎被判5年徒刑，其妻倍之，等等，也无不显示了蒋经国不达目的决不罢休的决心和铁腕作风。与此同时，蒋经国严令台湾国民党各级党、政、军、特首脑禁止在各种公私机关兼职，以“专心政务”。

1976年1月20日，蒋经国发表“除夕谈话”

为了保持20世纪60年代以来台湾经济每年

以罕见的两位数字递进的持续高速增长的良好势头，同时也为了建立现代化建设的物质技术基础，改变以轻工业为主的经济结构，减轻对外依赖程度，蒋经国明确提出以自由经济为手段，均富为目的，促进经济全面发展的方针。1972年，投资5000万美元，宣布实施“加速台湾农村建设的新措施”。1973年蒋经国又提出以5年为限，完成交通与重工业为主体的“十大工程建设”。“十大工程建设”投资总额为64亿美元，当时反对者甚众，但蒋经国态度坚决，他说：“就经济发展的理论与史实看来，如果没有重工业和基本建设的基础，经济发展一定会受到影响和滞碍。”“所以，我们在未来五年中间，要为经济建设奠定一个重工业和基本建设的基础。”后来，台湾经济起飞及良性循环的事实也证明了当年蒋经国的远见和魄力。

蒋经国入主“行政院”短短几年时间，就以“强人”之势，在台湾国民党政权中确立起主导地位，使自己处于“全面接班”的最佳位置。

1975年4月5日，蒋介石在台北因病亡故。

他的死，对于蒋经国而言，最沉重的打击莫过于精神支柱的崩摧。蒋介石是以自己的哲学思想和人生观来铸造蒋经国的思维与行为模式的。为培养蒋经国全面继承自己的衣钵，蒋介石可以说是倾注了毕生的心血，或家居庭训，或书牍诲勉，或公中督考，或默化潜移。蒋经国曾深有感触地讲：

> 自从我服务社会以来，年龄渐长，随侍父亲的时间较久，认识父亲的思想、精神、德业和襟怀也益深，自愧不能仰学于万一。但在有知之年，我就一直在父亲的慈爱、教诲、督责之中，父亲于我可以说是领袖、是慈父、是严师。

蒋介石的病故，对于台湾社会的震动并不大，因为权力真空并未出现，新一代政治强人早已代父行事，执掌权柄，做好了一切接班的准备。当然，被蒋介石借重用来为蒋经国开道的严家淦，尚得再做一番“滑轮”，以为蒋经国“父业子承”的过渡。

蒋介石去世次日，蒋经国曾向国民党中常会请辞“行政院长”一职：“经国不孝，侍奉无状，遂致总裁心疾猝发，遽尔崩殂，五内摧裂，已不复能治理政事，伏恳中央委员会衿念此孤臣孽子之微哀，准予解除‘行政院’一切职务，是所至祷。”

当天国民党中常会召开临时会议，做出两项“重大决议”：

其一，“副总统”严家淦，根据“宪法”第49条规定继任蒋介石“总统”遗缺。

其二，对于蒋经国予以慰留，责以“效死勿去”，“衔哀受命，墨经从事”。

国民党中常会的这两项“重大决议”，十分荒唐，严家淦继任“总统”，为“宪法”所明文规定，无须多此一举。蒋经国因父丧辞职应向新“总统”提出，因“行政院”院长非国民党内职务。因此，对于蒋经国“试探性”地“故作姿态”，有人颇不以为然。

在探明蒋介石去世后，名义上的继任者严家淦并无意与“太子”抗衡，自己在国民党政权中的地位仍然举足轻重，“蒋家王朝”的命运并不会就此终结之后，蒋经国就“安下心来”，“踏踏实实”地做“孝子”，为其父大办丧事了。蒋经国开动一切宣传机器，再一次将蒋介石“神圣化”，蒋介石的死被称作“崩殂”，他的灵柩暂厝之处被称作“陵寝”，并声言，清明节时的风雨雷电是“风云异色，天地同哀”，不折不扣地把蒋介石当作了封建帝王。蒋经国在守灵期间，台湾报刊登了他的旧作《我的父亲》，并不时公布蒋介石给蒋经国的一些字幅。蒋经国还不断发表谈话，遍访党、政、军界要员，频繁接见社会各界人士和普通民众，利用蒋介石的“偶像”地位塑自己的权威形象，显示自己的“正统性”，并以“死人压活人”，收服“先朝”的“元老”。

丧葬事毕，台湾国民党全体中央委员于4月28日召开会议，修改党章，推举蒋经国担任国民党“中央主席”。这样，国民党把“总理”的名义永远保留给孙中山，把“总裁”的称谓保留给了蒋介石。至此，国民党党魁的称谓已三易其名。

这时，对蒋经国而言，唯一“碍手碍脚”的人便是有“母后”之尊的宋美龄了。虽然元老重臣们一致拥戴蒋经国，但“夫人”若有不同意见，这批人更乐于听从。蒋经国虽贵为“主席”，但每有重大决策，如果不同宋美龄商量，在情面上总显得说不过去，而先与宋美龄商量，她同意倒还好办，若不同意便会使蒋经国为难。这种情景，自然使蒋经国难以忍受。

好在如此尴尬的局面拖得不长。9月17日，即蒋介石死后的第165天，宋美龄以治病为由，离台赴美。宋氏离台的内幕外人不得而知，亲蒋的刊物认为这是“夫人深明大义”，有意“回避”，以便“经儿”放手大干；或认为这是宋美龄悼夫心重，不愿再住在老地方触景伤情，故到美国去换换环境。但亦有人推测，这是蒋经国的亲信向宋美龄施加了压力，有些“元老”也受托向宋美龄建议，请她离去。

宋美龄走前，曾发表一篇书面讲话，其中引“圣咏”诗一首，称“莫偕无道行，耻与群小立，避彼轻慢徒，不屑与同席”，透露出她是受到排挤后含恨而走。

宋氏离台后，除1976年回台参加了一次蒋介石的周年祭外，一直住在美国，不肯回台。像蒋经国就任“总统”、国民党“双十节”的七十大庆、国民党的“十一全”“十二全”等重大活动，都曾请宋美龄回台捧场，均被她婉拒。

宋美龄在美国的侍从，都是由蒋纬国挑选的。蒋纬国在哥哥“继位”之后，仍备受冷落。蒋经国撰写的《守父灵一月记》，提及他的夫人、儿子、女儿、媳妇、女婿、孙儿、孙女等处甚多，却只字不提蒋纬国，似乎蒋纬国根本不是蒋家的人。只有在宋美龄出场的时候，人们才看到“经儿”“纬儿”一左一右，共同搀扶老太太的“全家福”镜头。

虽然宋美龄与蒋经国存在矛盾，但在关键时刻，她还是以蒋氏家族利益为重，为“经儿”帮忙的。她在美国发表一些文章和讲话，大多是本着这一立场。蒋经国也不时派儿孙辈前往美国问安，以显其“孝思”。

按照国民党政权结构，党政应为一元化，大权在党。身为国民党“主席”并兼任“行政院”院长的蒋经国，便在蒋介石死后独揽了台湾的党政大权，刚刚“名正言顺”成为“总统”的严家淦不过是个摆设而已。对此，精谙为官之道的严家淦是有自知之明的，从不逾矩。

台湾有一则流传很广的“典故”，颇能说明严家淦的“政治艺术”。有一天，“行政院”院长有一件事要亲自去找严家淦商量，于是先由“行政院”的秘书打电话给“总统府”的秘书：“蒋院长有事想到‘总统府’看‘总统’，请你向‘总统’请示一下，过半小时‘总统’有没有时间接见蒋院长?”严家淦的秘书说：“我马上去请示‘总统’，立刻给你回电话。”过不久，严家淦的秘书打电话到“行政院”：“‘总统’说他有事要出去!”“行政院”的秘书听到这一句先是一愣，接着听下去就完全不同了：“‘总统’说他出去后会顺道到‘行政院’看蒋院长的，时间最多也是半小时，请转达蒋院长。”严家淦此类“政治艺术”的运用，自使蒋经国对他更加“尊重”了，而有“凡有一静波先生在，我就省了好多心”的话。

严家淦在担任“总统”的3年中，除了扮演“宪法”上的“国家元首”角色外，对于重大决策，一切依蒋经国之命办事，掌有实权的蒋经国时刻保持“低调”的谨慎姿态，还不能太“喧宾夺主”，令严家淦“傀儡形象”毕现，而过分尴尬。到了1978年，第六任“总统”选举前夕，严家淦知道自己的过渡使命已然完成，便以国民党中常委的身份向国民党中常会坚辞“总统”职务，并提名蒋经国为国民党“总统”候选人。此时，环视台湾岛内，上上下下，已无任何人具备和蒋经国较量权力的条件，蒋经国走至台前，全面接班，已是“众望所归”“大势所趋”。1978年5月20日，在“选而不竞”的情形下，蒋经国“顺理成章”地宣誓就任第六任“总统”，也就是“宪法”上的第三位“总统”，严家淦鞠躬下台。至此，蒋经国全部承继了父业，“蒋家王朝”在台湾再度得以延续。

为了感谢严家淦识“时务”，顾“大局”，蒋经国操纵“行政院”在一个月内三读通过《卸任“总统”礼遇条件》，创了国民党政权立法史的新纪录。他还多次公开发表谈话，交口赞誉严家淦“盛情隆勋”，且“谦德冲怀”。

蒋经国就任“总统”之后，有一个“插曲”颇令人忍俊不禁，即所谓的称呼问题。

任何人在台湾，只要说“总统”，都知所指是谁。到了严家淦担任“继任总统”期间，在“总统”前面加了一个“严”字，称为“严总统”，也不致发生混淆。严家淦每提到“总统”这两字时，他先带头称“总统蒋公”，以示自己无“总统自为”的意思。由于严家淦带头这么称呼，在发表谈话、公开文告时，也只好遵循此例。好在当时是“严总统”“蒋院长”，在称呼上也不会发生误会。但是到了蒋经国当选第六任“总统”之后，不论称“总统蒋公”、称“蒋总统”，都会发生所指对象不明的问题，使人闻字生疑。因而左右侍从纷纷献计献策：有人建议，称“先总统”“今总统”；有人建议，称“故蒋总统”“现蒋总统”；有人建议，称“老蒋总统”“小蒋总统”；也有人认为，可仿国民党“总理”“总裁”“主席”三称谓之制，别创新的名分。由于均有明显纰漏，未被采纳。后来不知是哪一位“叔孙通”想出高招，通知所有公私机构，规定在正式文书和公开场合的“称谓”如下：

> 称蒋介石为“先总统蒋公”，在形于文字时，在“蒋”字前面空一格，以示尊崇之意。
>
> 称宋美龄仍为“蒋夫人”，不得用“先总统夫人”或“先总统蒋公夫人”等“不恭”之字眼。
>
> 称蒋经国为“蒋总统经国先生”，形于文字时，“蒋”字、“经”字前面不空格，以体现蒋经国崇尚“民主”之意。
>
> 称蒋方良为“蒋总统经国先生夫人”，不得称“蒋夫人”或“蒋总统夫人”。

这一名称的改订，令各单位的主官、主管及办理公文的人，记起来大为吃力，尤其是像“蒋总统经国先生夫人”的名称，长达9字，颇似封建时代的徽号，讲起来也像绕口令一样别扭。所幸这位“蒋总统经国先生夫人”平素深居简出，不似“蒋夫人”那般好抛头露面，算是减少了文武官员趋奉的麻烦。

## 曾为蒋孝武培养政治班底

蒋经国正式“接棒”、“承继大统”之际，正值台湾国民党政权再度面临内外交困、政治形势异常“恶劣”的危难境遇。“天然盟友”美国突然“绝交”，把台湾国民党政权在国际舞台上推入空前孤立的窘地；台湾岛内民主运动风起云涌，省籍矛盾层出不穷，先有“中坜事件”，后有“《美丽岛》事件”，虽在政治高压下

1978年12月16日，美国承认中华人民共和国，蒋经国发表谈话

一度平息，但隐患埋存。因此，蒋经国在就任“总统”宣誓典礼致辞时，语出悲调：“只要我们团结再团结，奋斗再奋斗，就必能挡住任何风浪，经得起任何考验”，也就不足为怪了。

蒋经国上台后，与其父蒋介石的统治方式和作风有所不同，他已觉悟到时代的发展已不容赤裸裸地专制与独裁统治了。为顺应历史潮流，他极言和力倡“民主”与“法治”。

蒋经国宣誓就职“总统”当日，召见台湾当局主管宣传的负责人，指示下列3点意见：

第一，今后不希望再有“蒋经国时代”这一类名词出现在报纸杂志之上。他认为今天是一个民主时代，不应再有个人英雄主义的色彩，如果真有“时代”的话，只有群众的时代，而没有个人的时代。

第二，今后不希望称呼他为“领袖”。他认为国民党只有两位领袖，一是孙中山先生，一是已故的蒋介石总裁。除了他们两人之外，没有人可以再被称为领袖，他个人只是一个普通的党员，一个普通的国民，只愿以党员与国民的身份，与全体同志及全国同胞一起，共同奋斗。

第三，今后不希望有“万岁”的口号出现。他认为只有国家民族的万岁，只有三民主义及国民党的万岁，没有个人的万岁。

尽管蒋经国这3点指示“冠冕堂皇”，但毕竟与蒋介石时代划出了明显的界限，比其父要“高明”得多。

在用人方面，蒋经国则继续他在主掌“行政院”时代开始的“台人治台”“植根本土”的政策，大打“台湾牌”。他不仅起用台湾省籍的谢东闵为“总统”的搭档，邱创焕为“行政院”副院长，而且还大力选拔台湾省籍青年才俊，充实省市县乡各级行政机构，为台籍人士参政议政开放门径，以减缓因省籍问题而引发的冲突所造成的压力。当然，此时蒋经国在省籍问题上的让步还是有限度的，台籍人士参政往往处于位高权轻的状况，即“只有执行权，没有决策权”。

在对待台湾岛内民主运动和反对势力的控制与处理问题上，逐渐“减压”，以“放逐制”代替“监禁制”，尽量“手上不沾血腥气”，以减少隐患，消弭不可化解的敌意。

在对待两岸关系及祖国统一问题上，蒋经国的“大陆政策”与蒋介石时代并无多大改变。针对中国共产党提出的“一国两制”方案，蒋经国自恃美国的后台以及台湾的经济王牌，提出“三民主义统一中国”的口号，并以“三不”回应“三通”。当然，在对待“台独”问题上，蒋经国的态度一向是鲜明而坚定的：只有一个中国，两岸必须统一。

1984年，6年一次的“总统”大选再度来临。蒋经国在，自然无人敢于做第二人之想。结果，蒋经国几乎以全票被“国民大会”选举为第七任“总统”。但是，副“总统”的人选，则颇出人意料，蒋经国提名李登辉出任！因为在台籍政要中，谢东闵、邱创焕、林洋港3人，无论就资历、威望，还是就能力、经验，均较李登辉为强，呼声也高，但是，蒋经国权衡再三，最后还是选中李登辉做“副总统”，即“法统”上的“继承人”。据台湾报纸分析，“黑马”李登辉出台，是蒋经国效仿当年蒋介石选定严家淦。严、李二人均属技术性官僚，有共同的长处：无班底，无野心，唯唯诺诺，易驾驭。

蒋经国连任“总统”后，委任与蒋家渊源甚深的俞国华为“行政院”院长，重新调整政权结构，在5个运作性系统中配置起自己“中意”的班底：

政务系统：以俞国华为主，以李焕、马纪壮为辅，以林洋港为搭配，“新生代”的陈履安、钱复、魏镛、施启扬、吴伯雄、章孝严等为选拔对象。

党务系统：以马树礼为主，以宋时选、白万祥为辅，以赵自齐、郭哲、肖昌乐为搭配，以“新生代”的马英九、宋楚瑜等人为选拔对象。

军事系统：以郝柏村为主，以蒋纬国、邹坚、张国英、蒋仲岭为辅，以黄埔系元老何应钦、黄杰、袁守谦等为重镇，以宋长志为搭配，并以陈守山、许雨农等为选拔对象。

情治系统：以汪敬煦为主，以翁文维为辅，以陈守山为搭配，而以汪道渊、沈昌焕为权力核心中代表发言的重镇。

财经系统：亦以俞国华为主，以李国鼎、张继正、赵耀东、周宏涛为辅，以

"新生代"的钱纯、王章清等为选拔对象。

在蒋经国这次重组班底的过程中，有不少盛极一时的政坛风云人物，或倏然出局，或处境尴尬，也有的受到异常的倚重。他是在紧步其父蒋介石的后尘，为其传子布置铺平道路。

1978年，蒋经国接班上台时，已年届七旬。蒋经国身体状况一直不佳，尤其是晚年长期受糖尿病的困扰，年迈体弱。因此，进入20世纪80年代以后，台湾朝野就开始关心他的后事问题，蒋经国自已也忧患于来日不多，开始把接班问题作为首要问题来考虑。虽然台湾当局和蒋经国本人一直矢口否认外间所传闻的"经国传子是既定方针"的说法，但有心人不难从蒋经国的一些"怪异"的做法中，窥出他授权于子的蛛丝马迹。

"蒋经国时代"来临后，他便让蒋家第三代放手抓权。蒋经国嫡传三子孝文、孝武、孝勇以及庶出的章孝严、章孝慈两兄弟都曾被他委以过重任，多方磨炼，悉心培养，其中最有行情者莫过于蒋孝武。蒋孝武生于1945年，联邦德国慕尼黑政治学院毕业后，先随蒋家亲近者赵聚钰（赵恒惕之子）和严孝章（严复之子）两位身边学做人做事，后进入"辅导会"任职，在蒋经国左右见习处事应物之道。蒋经国有意让蒋孝武熟悉党务工作，先后让他担任"中央政策委员会"委员和"中央组织工作委员会"委员以及国民党"中央党部"秘书处秘书等职。与此同时，蒋经国还委派蒋孝武出任"华欣文化事业中心"主任、"中央广播电台"主任、"中国广播公司"总经理、"广播事业协会"理事长及"报业协会"理事等职。

从1976年开始，蒋经国又精心安排蒋孝武涉足情治系统，让他出任"国安会议"执行秘书一职。蒋孝武所占据的这些位置，虽均与文官制度无涉，但却覆盖"党政军特新闻"五大控制系统，职轻权重。因为蒋经国时代毕竟不同于蒋介石时代，不可能像当年蒋介石培养蒋经国接班那样明目张胆，蒋经国对蒋孝武的扶植只能是暗中进行。蒋经国本着"让他参与多一点，没有什么名分"的原则，长期安插他在元老重臣主持下的重要机构中见习，显系有托孤之意。尤其是让蒋孝武出任"国安会议"执行秘书的要职，与当年蒋介石安排蒋经国主掌"总统府机要室资料组"，更是有异曲同工之妙！

蒋经国不仅放手让蒋家第三代抓权，而且还将对第三代升迁不利的人士清除，如将不善体"总统"深意的王升由"总政治部主任"显赫之位罢黜。蒋经国就任第七任"总统"后的人事大幅度调整，更是别有所谋。俞国华、汪道渊、马树礼等古稀之年的国民党元老的重新任用，绝对反映不出交班的任何意向，而严家淦式的李登辉匆匆登场，蒋经国的"托孤"意味则全然托出。蒋经国还大量起用国民党第三代充任权力中枢要职，为蒋孝武组建政治班底，为蒋孝武"接班"护航保驾。

## 由“传子”而“集体接班”

江南本名刘宜良，江苏靖江人，幼年在家乡读书，1949 年随蒋氏父子来到台湾，就读于台湾师范大学。曾受训于“国防部政干班”及“政工干校”，当过空军政工官，是蒋经国一手培植起来的政工人员。后来江南脱离军队，从事记者工作。1963 年至 1967 年间任《台湾日报》记者，撰写了《香港纪行》《动乱的东南亚》两书。1967 年，江南赴美留学，先谋学位，后转经商，并加入美国国籍。江南闲时仍笔耕不辍，著成《蒋经国传》一书。

此书是江南积多年心血之作，从 20 世纪 60 年代起他就为撰写此书进行了材料准备工作，并为此放弃了博士学位毕业论文的写作。除了进行采访和到图书馆查证资料外，为取得第一手资料，他曾多次到浙江、江西等处实地采访。《蒋经国传》是海内外第一部全面系统地对蒋经国一生的功过是非进行评述的“信史”，1984 年一面世即引起轰动，成为海外最畅销的中文书。由于《蒋经国传》对蒋氏父子的劣迹多有披露，台湾当局对此十分恼怒，视江南为“叛逆”，欲去之而后快。经蒋孝武秘密策划，台湾“情报局”指派台湾黑社会“竹联邦”分子陈启礼、吴敦、董桂森等人前往美国旧金山，于 1984 年 10 月 15 日在旧金山附近的戴利市江南家中将其刺杀。

“江南命案”震动了海内外华人社会，同声谴责这一惨无人道的暴行，并呼吁警方彻查凶手。经美国警方侦察，断定为台湾“竹联邦”分子与台湾“情报局”所为。台湾“情报局”在真相败露后，立即将陈启礼等人抓获，企图杀人灭口。由于美国的压力及海内外华人社会的呼声，迫使蒋经国过问此事。当他得知事情真相后，决定追究参与此案的情报人员的责任。最后，台湾当局采取了丢车保帅的做法，军事法庭判处“情报局长”汪希苓及“竹联邦”分子陈启礼等人无期徒刑。该案主谋蒋孝武则逍遥法外。

“江南命案”给台湾当局及蒋经国父子以沉重的打击。蒋经国煞费苦心在台湾民众及海外华人社会中所树立起来的“开明”与“民主”形象几乎在一夜之间崩毁，台湾当局借助于经济高速发展而在西方世界建立起来的“良好”声誉也顷刻丧失殆尽，台湾国民党政权遭遇到多年来最严峻的形象和信任危机。用邱垂亮在《台湾未来的危机与契机》一文中的话讲：“这个愚蠢却又残暴的血案，像一个八级的大地震，把台湾和关心台湾的海内外人民震撼得魂飞魄散，既恐惧又愤怒，既难过又失望。”美国方面及台湾岛内的国民党外力量及地方势力乘势抓住蒋孝武涉嫌“江南命案”一事，明里暗里给蒋经国施加压力，反对他的“传子”部署，甚至有人直接要求蒋经国能“壮士断腕”，让蒋孝武对“江南命案”有所交代。

面对由“江南命案”引发的如此强烈的政治动荡和政治危机，蒋经国不得不重新考虑“交接班”问题，不得不改变“传子”之初衷。1985 年 8 月 16 日，蒋经国打破了几年来的沉默，第一次就接班人问题表态。他在接受美国《时代》杂志社香港分社社长波顿的采访时指出：

> “总统”“副总统”一直依据“宪法”及“总统”“副总统”选举罢免法之规定，由“国民大会”选举产生。今后亦当如此……至于将来“国家元首”一职，由蒋家人士继任一节，本人从未有此考虑。

这番表态暗示出两层意思：正式否认有“传子”的意图；同时，因为使用的是“蒋家人士”一词，也就顺带否认了某些人关于“兄终弟及”即蒋纬国“接班”的猜测。

同年 12 月 25 日，蒋经国在主持“国民大会”纪念“行宪”38 周年庆祝大会上，撇开事先准备好的讲稿，即席做了两点重要说明：（一）“经国的家人中，有没有人会竞选下一任‘总统’？我的答复是：不能也不会。”（二）“我们有没有可能实施军政府的方式来统治‘国家’？我的答复是：不能也不会。执政党所走的是民主、自由、平等的康庄大道，绝不会变更‘宪法’。同时，也绝不可能有任何违背‘宪法’的统治方式产生。”

蒋经国这篇讲话，可以说是彻底排除了蒋家人士接班的可能。因为按照台湾国民党政权的现行体制，除非以军人干政并实行军人统治，蒋孝武或者蒋纬国才有可能“突击登顶”，以“非常手段”“接班”上台并“坐稳宝座”。

但是，仍有些人对蒋经国的真实意图有所怀疑。他们指出，蒋经国在 8 月和 12 月的两次表态，都只是谈“总统”职位问题，但“接班”却不一定非当“总统”不可。当年蒋经国接班，也是由严家淦当“总统”的，但世人皆知实权是掌握在蒋经国手中，蒋孝武难道不能效法其父吗？另有些人认准蒋孝武“奇货可居”，他们吹喇叭、抬轿子，企图建立一个以蒋孝武为中心的政治体系，以便自己以“从龙之士”的地位飞黄腾达。

1986 年 2 月，蒋经国为了进一步澄清人们的疑虑，并防止蒋孝武被人利用，突然任命蒋孝武为驻“新加坡商务副代表”。蒋孝武于 2 月 18 日赴新加坡就任，行前辞去在台湾担任的一切官方职务。至此，“传子”的风波彻底止息。

# 五、"蒋家王朝"终结者

## 解除戒严、开放党禁、开放大陆探亲

蒋经国曾经以"计利当计天下利，求名应求万世名"自勉，当"传子"部署受阻后，他不能不重新考虑"接班"的问题。在已知自己来日无多的情形下，蒋经国决心不惜"个人的生死毁誉"，在有生之年进行"政治革新"，以消除国民党政权败居台湾以来长达30余年的各种政治积弊，以谋求身后政权的稳定，并"向历史交代"。

1984年、1985年可以说是"蒋家王朝"覆亡前最混乱、最黑暗的年头。除了"江南命案"对台湾政坛产生巨大的影响外，接踵而至的"十信弊案"更是对国民党在台湾的统治造成极大的冲击波。这个台湾有史以来最大的金融舞弊案，肇端于"官商勾结"，肇端于"上面因循敷衍，下面勾串舞弊"。国民党"中央秘书长"蒋彦士，以及"行政院""经济部"部长徐立德、"财政部"部长陆润康等要员均因涉嫌而黯然下台。"悲观暗淡的一九八四年""萧瑟的一九八五年之夏"等判词，成为观察家们评论时政的标题。邱垂亮形容道："这一段日子，台湾上上下下，真的弥漫了一片浓密的愁云惨雾，阴沉肃杀的郁气充塞了人们的心胸，虽然还不是世界末日前的凝重和沉闷，但是已有很多人感觉到'王朝覆灭'的不祥预兆和不安气氛。"

在波谲云诡的政治大动荡中，业已风烛残年的蒋经国利用他生命的最后一段时光，开始大刀阔斧地进行改革，谨慎而又坚定不移地推动"革新之轮"运转，企图为"蒋家王朝"涂抹上最后一片亮色。

1986年3月29日至31日，国民党在台北举行"十二届三中全会"。会议根据蒋经国的意图，通过了《承先启后，开拓"国家"光明前途案》。该案除重弹国民党的那套反共滥调外，又提出"以党的革新带动全面的革新"，并"要以今年为党务再革新的出发点"。至于"亟待革新和解决的问题"，该案则列举了"社会治安的再加强、政治风气的再整饬、非常时期措施的再调适、民主宪政的再策进、地方自治的再充实、经济发展的再推进、精神生活品质的再提升、反制中共统战的再强化、国际关系的再开展"9条。

1986年3月29日，蒋经国主持国民党“十二届三中全会”

为了推动政治革新的开展，蒋经国首先从组织上进行精心安排和调整，他提拔李焕、吴伯雄、施启扬、陈履安4人进入国民党中常会，使决策机构年轻化。蒋经国还从31名中常委中选出12人（严家淦、谢东闵、李登辉、谷正纲、黄少谷、俞国华、倪文亚、袁守谦、沈昌焕、李焕、吴伯雄、邱创焕）组成“革新小组”，以严家淦（后为李登辉）为召集人，专门研究“政治革新”问题。在蒋经国督责下，“革新小组”对台湾国民党政治中4项最敏感的问题：结束戒严问题、解除党禁问题、充实“中央民意机构”问题、地方自治法治化问题进行研讨，最后确定了当前六大政治议题：中央民意代表机构问题；地方自治问题；“国家”安全法令问题；民间社会组织制度问题；强化社会治安问题；加强党务工作问题。

这六大问题，过去一向是国民党避之唯恐不及，而且忌讳别人探讨的言论禁区，而今由国民党主动提出推动解决，充分显示出蒋经国欲借“政治革新”清除积弊以谋“长治久安”的决心和魄力。

更为重要的是，由12名国民党中常委所组成的“革新小组”，以研究六大政治议题为契机，成为制度化的决策系统。蒋经国在世时，这一决策系统仍带有“强人”幕僚机构的性质，但在蒋经国死后，这一决策系统很可能顺势演变为一种集体领导的模式。

事实上，蒋经国在“传子”部署受阻后，已开始从未来台湾政局多元发展的趋势着眼，筹划集体接班事宜，并精心布置了防范在他身后出现“军政府”的措施。

首先，他打出蒋纬国这张牌，让这位闲置多年的弟弟在政权交接的关键时刻出任“国安会议”秘书长，担负起“护国大将军”的重任。蒋纬国有“民主将军”

之名，与军队中的主流派——“黄埔系”无缘，又已多年未亲自带兵，他本人“不能也不会”出头搞“军政府”统治，这是人所公认的。但是，以蒋纬国的身世背景再加上他在军中的潜势力——很多高级将领曾是他的部下或学生，让他来发挥一种震慑和制衡作用，使“敢冒天下之大不韪”者有所顾忌，则是蒋纬国不难做到的。

“国安会议”被称为“太上内阁”，根据台湾国民党现行体制，它可以成为最高决策机构。但该机构成立后，蒋介石、蒋经国父子对其一直是“备而不用”，重要决定仍通过党的中常会或“行政院”院会做出，而蒋纬国之出任“国安会议”秘书长，也可说是一种“备而不用”的安排。平常时期，蒋纬国既非国民党中常委，又不是“政务委员”，不能参加重大决策，所以他的新职并不意味蒋经国要搞“家天下”，但若突然发生重大变动，蒋纬国便可以“国安会议”秘书长的身份名正言顺地发挥他的作用。

与此同时，蒋经国任命文人汪道渊接替军方人士宋长志出任“国防部”部长，力图将军方纳入制度化的轨道，并以“文人节制军人”来防范在他身后出现“军政府”统治的可能。

其次，蒋经国打出李焕这最后一张“王牌”，让他接任国民党中央秘书长的要职，以确保“政治革新”的“强力推进”。李焕是蒋经国的心腹爱将，在国民党内素以开明派著称，力主“本土化”“年轻化”“民主化”政策，曾负责为蒋经国选拔“青年才俊”，培养干部，一度身兼国民党“中央组织工作会主任”、“中国青年反共救国团”主任、“革命实践研究院”主任三大要职。1977 年因“中坜事件”而受到国民党内保守派的攻讦，蒋经国被迫“挥泪斩马谡”，让李焕去职。此次蒋经国重新起用李焕，就是要借重于李焕的资历、威望、才识克服国民党内保守派的阻力，强力推进政治革新，并把他作为集体接班的主要班底人物。

至此，一个以蒋经国钦定，“法统”继承人李登辉为首脑，蒋纬国、李焕为主要辅弼的集体接班的政治格局已基本形成。为了却身后事，蒋经国决意向“政治禁区”突进。

1986 年 10 月 10 日，蒋经国在台湾社会各界庆祝“双十节”大会上致辞，讲到末尾时，突然激动起来，提高声调说：“我们要不屈不挠，奋勇前进，我们有这个信心，也有这个决心，一定可以获致我们最后的成功，这样我们才能对历史、对国家、对十亿同胞、对全体华侨都有个交代，我们确信必定会有一个交代。”

5 天之后即 10 月 15 日，蒋经国做出了他的“交代”。当天国民党中央常委会开会，在蒋经国主持下，一致通过 12 人“革新小组”提出的两项革新议案，原则上决定解除台湾地区戒严令，另在“宪政”体制下，制定“动员戡乱时期国家安全法”，以保障台湾的安全及社会安定。同时，将取消党禁，修正《非常时期人民团体组织法》和《选举罢免法》，以规范政治团体和各类民众团体的活动，并使取得合法地位的政治团体候选人，在不同政治立场上，以平等地位从事公平的政治竞赛。蒋经国在两项革新议案通过后，发表即席讲话，他说："时代在变，环境在变，潮流也在变，因为这些变迁，执政党必须以新的观念、新的做法，在民主宪政体制的基础上，推动革新措施，唯有如此，才能与时代潮流相结合，才能与民众永远在一起。"

10 月 25 日，去美 10 多年的宋美龄返回台湾。官方公布的消息说宋美龄回台主要是为参加蒋介石百年诞辰纪念活动，民间报刊的分析则认为宋美龄回台有两大目的：（一）蒋经国的身体已到了随时会"发生不测"的地步，作为蒋氏家族的大家长，宋美龄必须回台以备应付变局；（二）对蒋经国在其生命最后旅程中所进行的"返宪革新"，受到欧风美雨熏陶的宋美龄乐观其成，并深知这是为蒋氏家族增光添彩的最后机会，她愿助"经儿"一臂之力，回台劝说党内元老支持革新。

在一切准备工作就绪之后，蒋经国开足马力，在 1986 年至 1987 年连闯三关：解除戒严、开放党禁以及开放大陆探亲。这三大举措是国民党在台湾 40 年统治史上最具历史意义的政治变革，是向民主和统一方面迈出的实质性步伐，在台湾岛内外引起极大的震动，获得普遍的赞誉。这是蒋经国"向历史做出的交代"，而蒋经国的历史也将由此而重新改写。惜乎天不假命，蒋经国未及将这最后一章写完就撒手人寰。

## 蒋经国去世标志着一个时代结束

蒋经国晚年一身多病，台湾朝野人人皆知。台北"荣民总医院"留下的蒋经国病历厚得可以堆到腰际那么高。从 1972 年当"行政院"院长始，蒋经国就经常光顾"荣总"，荦荦其大者，就有 3 次眼科手术和 1 次前列腺手术，这些均是公开的秘密。蒋经国健康的主要问题，是糖尿病日渐恶化，行动维艰，从 1987 年起，不得不以轮椅代步。虽然"荣总"的医生们早已告诫过蒋经国节制工作，以免引起其他并发症，无奈蒋经国是台湾的头号强人，长期事无巨细，大权独揽，党、政、军、特要务集于一身，欲罢而不能。1987 年 12 月 25 日"行宪纪念日"时，蒋经国身体极弱，仍抱病主持大会。会上，民进党代表突然发难，要求全面改选"中央民意代表"，蒋经国深受刺激，病情急转直下。

1988 年 1 月 13 日夜晚，表针指着 8 点 45 分，围坐在家中的台北市民们正沉浸在电视连续剧《在水一方》的高潮之中。突然画面中断了，眼前一片令人窒息和茫然的空白，数秒钟之后，荧屏上出现了僵直、肃穆的字幕：

蒋"总统"经国先生，今天下午 15 时 55 分不幸与世长辞，举"国"哀悼。

1988 年 1 月 13 日上午 7 时 30 分，蒋经国起床时突然感到身体不适，并有轻度恶心呕吐现象。经医生检查，血压为一百一十分之七十毫米汞柱，脉搏每分钟 70 次，体温 36℃。由于未进早餐，随即以静脉点滴注射补充营养。不料 13 时 55 分，突发大量吐血，迅速引发休克及心脏呼吸衰竭，医疗小组立即以人工心肺复苏术挽救无效，延至 15 时 55 分心脏停止跳动，瞳孔散大，而告逝世。

蒋经国逝世的当天 19 时 30 分，台湾“行政院”院长俞国华在国民党总部宣布了这一消息，3 家电视台都播发了这一消息。俞国华在宣布蒋经国逝世的消息时，台湾当局的高级领导人都排列在俞的两侧，各广播电台中断正常节目，改播哀乐。随即台湾当局宣布哀悼期为 30 天，在此期间不得举行聚餐、集会、游行及请愿活动。台湾“国防部”军事发言人宣布，从 1 月 13 日 20 时开始，台湾三军部队全部取消假日和休假，以加强戒备。

20 时 8 分，台湾“副总统”李登辉宣誓就任第七任“总统”。宣誓典礼由“司法院”院长林洋港监督。

蒋经国逝世后，台湾当局发布了蒋经国于 1 月 5 日立下的遗嘱，全文如下：

> 经国受“全国”国民之付托，相与努力于以三民主义统一中国大业，为共同奋斗之目标。万一余为天年所限，务望我政府与民众坚守“反共复国”决策，并望始终一贯积极推行民主宪政建设。“全国”军民，在“国父”三民主义与先“总统”遗训指引之下，务须团结一致，奋斗到底，加速“光复大陆”，完成以三民主义统一中国之大业，是所切嘱。
>
> 1988 年元月 5 日王家骅敬谨记述。
>
> 李登辉、俞国华、倪文亚、林洋港、孔德成、黄尊秋、蒋孝勇。

“忠烈祠”灵堂中蒋经国的遗容

王家骅是蒋经国的机要秘书。在遗嘱上签名的李登辉是“副总统”，俞国华是“行政院”院长，倪文亚是“立法院”院长，林洋港是“司法院”院长，孔德成是“考试院”院长，黄尊秋是“监察院”院长，蒋孝勇是蒋经国的小儿子。

遗嘱是 1 月 5 日立的，但签名却是在蒋经国死后才进行的。“司法院”院长林洋港后来向报界透露：13 日早上，他出席中常会，由于蒋经国未出席，于是就轮到他主持会议。会后，他因为关心，还问秘书长李焕："'总统'已经三次没有参加开会，是不是身体不太好?"李焕回答："不会吧，昨天上午'总统'还到'总统府'上班，下午又召我到官邸垂询今天开会事宜，我还建议'总统'多多休息，因为一星期后有重要的议题要讨论，'总统'要亲自主持。"到了下午4时20分，"总统府"的武官突然打电话来，要他赶忙到达"总统府"去，说话时语调十分悲伤，当时他就有不祥的感觉，立即赶到"总统府"，武官见到他，悲伤地说："'总统'去了。"他听了宛如晴天霹雳，立即赶到会客室，"副总统"李登辉、"行政院"院长俞国华、"总统府"秘书长沈昌焕及蒋纬国等都已到了。不久，"五院院长"都已到齐。将近6点钟，"五院院长"在蒋经国的遗嘱上签名，然后即到"总统"卧房瞻仰遗容。

1月14日，中共中央领导人在北京发表谈话，对中国国民党主席蒋经国的不幸逝世表示悼念，并重申"和平统一祖国"的方针不变。谈话全文如下：

中国国民党主席蒋经国先生不幸逝世，我们深表哀悼。蒋经国先生坚持一个中国，反对"台湾独立"，主张国家统一，表示要向历史做出交代，并为两岸的缓和作了一定的努力。

当此国民党领导人更替之际，我们重申，我党和平统一祖国的方针和政策是不会改变的。我们希望新的国民党领导人，从中华民族根本利益出发，审时度势，顺应民心，把海峡两岸关系上开始出现的良好势头推向前进，为早日结束我们国家分裂局面，实现和平统一做出积极贡献。

台湾人民有着爱国的光荣传统，盼望统一，反对分裂，近年来同港澳同胞、海外侨胞一起，为推动和平统一，促进国共两党和谈做出了努力。我们愿与台湾各界人士共商国是，完成统一祖国、振兴中华的大业。

我们由衷地期望台湾局势稳定、社会安宁、经济继续发展、人民安居乐业。

同日，中国共产党中央委员会致电中国国民党中央委员会，吊唁蒋经国逝世。电文如下：

台北

中国国民党中央委员会：

惊悉中国国民党主席蒋经国先生不幸逝世，深表哀悼，并向蒋经国先生的亲属表示诚挚的慰问。

中国共产党中央委员会

1988年1月14日

中国国民党革命委员会中央名誉主席屈武也于1月14日致电台北蒋经国夫人蒋方良女士，吊唁蒋经国逝世。唁电说：

昨夜惊闻经国老弟病逝，悲痛无已，竟夕难眠。经国一生爱国，正期再展长才，共竟祖国和平统一大业，不意遽尔长逝，痛惜何似！我与经国，两世交谊，情同手足，当年苏联同窗，溪口话别，此情此景，历历在目。虽两岸睽隔，音问久疏，然思念之情，无时或已。近见开放探亲，正庆把臂话旧有期，讵料经国先我而去，竟成永诀，遥望云天，不知涕泪之所以矣。谨电致唁，敬希节哀，善自珍重。经国灵前，尚祈为我馨香祝祷安息。临电神驰，未尽欲言。

屈武

1988年1月14日

蒋经国的表侄毛彭初、毛椒初，外甥女王珠凤，14日也分别给蒋经国夫人蒋方良女士发去唁电，对蒋经国逝世表示哀悼。毛彭初、毛椒初的唁电说："今悉表叔不幸逝世，悲痛之余，特电悼念，敬请节哀，并向诸表弟致意。"王珠凤的唁电说："舅父病逝，噩耗传来，不胜悲痛，特电悼念，敬请节哀，并祝全家平安。"

## 蒋经国灵柩暂厝于大溪

1月20日下午，蒋经国治丧委员会第二次会议在博爱大楼举行，由李登辉主持。会议决定有关蒋经国葬礼的如下事项：

1月30日，蒋经国大殓奉厝日，各机关学校停止上班上学半日，以便哀悼和追思。

奉厝日上午9时启灵时，"全国"民众默哀一分钟，警报器将施放一分钟。行

大溪灵榇正堂

人在原地点肃立默哀，火车及公共汽车照常行驶，但由服务人员通知乘客默哀，私用汽车及计程车自行默哀，各教堂、寺庙亦鸣钟一分钟。

大殓时，将给蒋故“总统”灵柩覆盖“国旗”及中国国民党党旗。“党旗”将由谢东闵、黄少谷、薛岳、沈昌焕、李焕、吴伯雄、于懋时、郑为之8位覆盖；“国旗”将由李登辉、俞国华、倪文亚、林洋港、孔德成、黄尊秋、陈立夫、王世宪8位覆盖。

22日移灵及30日奉厝之过程由各电视台及电台现场实况转播。

1月30日上午，在台北圆山“忠烈祠”举行了蒋经国丧礼仪式。由李登辉主祭，17位治丧委员陪祭，台湾各级官员、民意代表、侨胞代表及各政党代表等2950人与祭。蒋经国的继母宋美龄没有参加。

上午8时，首先举行追思礼拜，由一位牧师宣读祭文，然后唱蒋经国生前自己写的一首歌：如果人们怀疑你，让他们怀疑去吧，你要相信自己！

这个按照基督教仪式举行的追思礼拜历时40分钟。

追思礼拜结束后，即举行中国传统的大殓仪式。在哀乐声中，李登辉率全体与祭人员向蒋经国献花、行礼、致敬。蒋经国的次子蒋孝武代表家属向蒋经国的遗体三叩头。

低回的哀乐声后，读祭文，接着举行大殓，蒋经国的夫人蒋方良率领家属亲视灵柩，蒋经国生前的两位侍从人员恭谨地揭起蒋经国灵柩上的玻璃罩。灵柩里，蒋经国身着长袍马褂，胸前佩戴彩玉大勋章。

8时48分，灵柩棺盖轻轻地落下，李登辉和其他高级官员身穿蓝色或黑色长袍，把国民党党旗和“国旗”覆盖在蒋经国的灵柩上。

9时整，鸣放礼炮21响，各地警报器同时施放一分钟，教堂、寺庙的钟也敲响一分钟。

礼炮毕，蒋经国生前的12个侍从人员将灵柩举起，随着哀乐声，将灵柩移上灵车。灵车前面是蒋经国的巨幅画像和用大黑体字写的他的遗嘱。

灵车在三军乐队和仪仗队的引导下，以每小时8公里的速度缓缓开出“忠烈祠”，向大溪镇方向驰去。沿途，很多人按传统习惯在人行道上磕头。很多头发剃得光光的和尚身着黄色或黑色袈裟在马路两旁念经，沿途约有100万人观看送葬队伍。灵车经过上百个祭坛，于13时抵达大溪陵寝。

陵寝用黑色大理石筑成，蒋经国静静地躺在那里。离他不远的地方，是他父亲蒋介石的“奉厝”地。

蒋经国的逝世，标志着一个时代的结束。他和他父亲所书写的“蒋家王朝”的历史到此已是一个句号。

# 第六章 蒋经国的三位妻子

# 一、第一位妻子冯弗能

苏联解体后，俄罗斯政府秘档解密，我们在KGB文件档中发现了一个惊人的秘密，蒋经国在苏联，曾有过一个夫人，即冯玉祥的女儿冯弗能（俄文名索比诺娃）。

1925年10月，蒋经国与其他国民党元老的儿女来到莫斯科，冯玉祥的女儿冯弗能也在其中，冯弗能为冯玉祥原配刘德贞所生，留苏时年仅14岁。

当时，苏联支持两股中国军事力量，一是南方国民党的孙中山，一是在西北的冯玉祥。冯玉祥与苏联关系很深，其本人于1926年5月至8月到苏联考察了两个多月，并聘请苏联专家担任他的顾问，他的儿女，原配刘德贞所生冯洪国、冯弗能、冯弗伐在苏联，与继室李德全所生的冯理达、冯洪达也在苏联留学数年。

当时中国留学生喜欢与苏联少女谈恋爱，一些知道蒋经国身世的少女也追求他，但蒋经国对苏联少女没有什么兴趣，认定冯弗能为对象，紧追不舍。在20世纪20年代的苏联，结婚和离婚是很容易的事情，只需在“公民婚姻状况登记处”登记就可以了。1926年蒋经国与冯弗能就是这样结婚的。

1927年，中国国内的政治形势发生剧烈变化，1927年4月12日，蒋介石在上海“清党”，苏联政府对蒋介石的态度大变，当时的蒋经国，也随即与父亲划清界限。蒋介石叛变革命，宁汉分裂，南京、武汉方面都在争取冯玉祥，苏联方面也在争取冯。殊不知，6月2日，冯玉祥发表通电与蒋介石携手合作，采取行动进行“清党”，并遣返苏联顾问，与苏共断绝关系。苏共中央立即通知莫斯科中山大学

冯玉祥一家

的知识青年、党员与冯划清界限。

冯弗能不愿与父亲反目，坚持返回中国，并企图影响蒋经国。蒋经国4月发表声明与蒋介石划清界限，又在7月写下了另一份声明，表示与冯弗能脱离夫妻关系，不愿与冯弗能一起返国。蒋经国批评冯弗能思想有问题，“她想对我加工（改造思想，我也曾对她加工）”，认为冯弗能是国民党派来监视他、影响他的。

这份声明宣告了蒋经国首次婚姻失败，中国两大军事强人家族联姻前后仅维持一年左右。

蒋经国、冯弗能离异后，冯弗能旋即回国。蒋经国仍留在苏联，直到1937年才返回中国。

## 二、俄国籍妻子蒋方良

### 蒋经国的俄国媳妇叫芬娜

蒋方良从1935年同蒋经国结婚，到1988年蒋经国病逝，与蒋经国共同生活了53年。

蒋经国与芬娜合影

蒋方良是苏联人，俄文原名芬娜·伊帕季耶娃·瓦哈列娃。18 岁那年，她在苏联的乌拉尔重型机械厂和蒋经国结下一世情缘。

1925 年赴苏求学、1927 年中国大革命失败后长期滞留域外不得归的蒋经国，是在 1933 年进入斯夫洛斯克的乌拉尔重型机械厂做工的。由于工作勤勉，蒋经国由一个普通技工逐步升为技师，以后又被任命为工人航空学校招生委员会的主席，在党内还担任了支部书记工作。1934 年晋升为副厂长，兼工厂报纸的主编。这时，芬娜刚从技工学校毕业，在蒋经国的管理下进行工作。

蒋经国与芬娜成为异国鸳鸯的起因在台湾曾有一则流传很广的故事：一天晚上，蒋经国在工厂加班后回宿舍，路上忽见一精壮大汉拦住一年轻女子的去路，图谋不轨，蒋经国就走上前去为她解围。那大汉见蒋经国个头矮小，并不以为意，没想到体格壮硕的蒋经国三拳两脚就把大汉打倒了。女子得救后，万分感激、钦佩蒋经国，一缕芳心飞向他。那被救的女子就是芬娜。这段典型的“英雄救美人”的传奇故事，真实性究竟如何，外人不得而知。

比较可信的说法是，蒋经国与芬娜是在平日的接触中逐渐产生感情的。芬娜孤身一人在外工作，生活有诸多不便。据说她的娘家曾是沙俄的旧贵族，十月革命后家道中落，境遇窘迫，芬娜为数不多的工资所得还得交出维持家计。而蒋经国是被当作“人质”羁留在异国他乡，孤苦伶仃，心情抑郁，两人同病相怜，彼此关心照顾。尤其是当蒋经国生病卧床时，芬娜侍奉在侧，嘘寒问暖。天长日久，相互萌生恋情。经过短暂的热恋之后，他们决定结婚。

他们的媒人叫玛丽亚，20 世纪 80 年代她在西伯利亚接受台湾记者访问时回忆，少女时代的芬娜不仅面目清丽，走路姿态也特别高雅迷人。这对情侣常去游泳，“尼古拉很听芬娜的话，他对她所做的事也都很满意”。

异族的通婚，苏联方面很开通，结婚申请很快被批准。蒋经国毕竟是中国人，古训不敢违背，他得征得父母的同意，于是写信请示蒋介石。蒋介石回信很爽快："中苏联姻，为外交史上之美事，汝勿再多所顾虑，余为汝得佳妇贺。"当然是充分考虑到蒋经国在苏联的特殊处境！

1935年3月，在《国际歌》中，一对异国情侣，结下白首之盟。据说证婚人是后来在台湾担任过"立法委员"的王新衡。蒋经国和芬娜结婚的当年就有了弄璋之喜，生了长子爱伦；次年再添一位千金，小名爱理。

然而蒋经国和芬娜结婚、生子的安定生活刚刚开始不久，由于受苏联党内政治斗争的牵连，1936年6月，蒋经国的副厂长职务被解除，候补党员资格被取消，回国申请也屡次被拒，生活再次陷入困顿的境地，芬娜替丈夫扛起生计重担。蒋经国亲笔记下了当时的情形："我的情绪极度低落，朋友亦渐渐远离了我。这六个月的艰苦日子，一家三口只靠我妻子的收入维持。我太太有空安慰我的时候，我就尽量松弛一下。"

1936年西安事变的爆发，使蒋经国的个人命运有了戏剧性的转折。1937年初，苏联方面同意蒋经国返国。是年4月，蒋经国携妻挈子回到了南京，拜见了分别12年之久的父亲蒋介石和从未谋面的后母宋美龄。

蒋介石对这位身材高大、金发蓝眼、高鼻梁的俄罗斯媳妇，起先并不习惯。虽然此前蒋经国曾写信告诉过他这桩婚事，爱伦生下来时，还寄了一组黑白照片给他，可以说他对芬娜不算陌生，但真正面对这个事实时，心里还是有些不适。直到相处两三个月后，他才发现芬娜个性温柔婉约，孝顺公婆，体贴丈夫，照顾孩子十分周到，完全符合中国传统妇女的特点，是标准的贤妻良母。蒋介石为她取了中国名字"蒋方良（孃）"，也等于是对这位洋媳妇的肯定。由此蒋方良正式走进了蒋家，取得了蒋氏家族的户籍。蒋经国与蒋方良的两个孩子爱伦和爱理也都按蒋氏谱系"孝"字辈取名蒋孝文、蒋孝章。

按照蒋介石的安排，蒋经国带着妻子儿女回到家乡奉化，认祖归宗，并拜见生母毛福梅。虽然蒋经国、蒋方良早已拖儿带女，但毛福梅仍坚持按乡俗为他们补办了中国传统式的婚礼。

## 随中国的礼俗和蒋家的规矩

蒋方良由苏联到中国，不论是饮食习惯、宗教信仰，还是语言、文字，都不相同，适应起来十分困难。首先是吃饭问题，这是蒋方良初抵中国时最头疼的一件事。她在苏联的时候，吃面包、乳酪，很简单的一餐就解决了。但到了中国，吃的都是江浙菜，她嫌味道太咸，总是吩咐厨师煮淡点。然而，时间一长，蒋方良也就逐渐习惯了，亦嗜辣椒，又学会了许多中国菜的做法，经常下厨，为家人调剂口味。

关于宗教信仰，蒋方良原来尊奉东正教，而蒋家信的是基督教，两者的宗教仪式和信仰心态都有所不同。为此，她足足花了3年时间才调整过来。蒋方良刚到中国时，既不会说、也不会写汉语，蒋介石为她请了一姓董的女教师“启蒙”，教她纯正的普通话。由于有语言环境，加上她聪慧好学，一年以后，就可以用颇为顺畅的国语与人交谈了。

然而，由于蒋方良的生活圈子多为浙江奉化人，因此，她学到的是半吊子国语——带俄语腔的宁波官话。她自知这种国语“有点怪怪的”，怕别人听不懂，出席公开场合时常为之却步。不过，蒋方良后来又学了英文。她的英文说写颇为流利，平时多以此来应付外事。当然，和蒋经国在一起的时候，他们自然是用俄语交谈。此外，蒋方良还对中国的书法和国画发生了兴趣，得闲就拿起毛笔涂抹。她学书法临的是丰硕遒劲的颜体，国画则专攻山水。经过几年的苦练，书法和国画竟达到相当水平。这对一个从未接触过方块字与拿过毛笔并已有一双儿女的异国妇女来说，委实是不容易的。

蒋方良随蒋经国回到中国后，两人聚时少，离时多。蒋经国主政江西赣南时期，除了很短的一段时间全家都相聚在赣州外，蒋方良与两个孩子多数时间是在家乡和重庆居住，蒋经国有时两三个月才回来一趟，夫妻聚首的时间甚少。在此期间，蒋经国在赣南曾出演了一幕“金屋藏娇”的风流剧，但蒋方良并不知细情。及至后来得知此事原委时，早已时过境迁，那风流剧中的另一位主角也早已香消玉殒了。

1945年抗战胜利，蒋经国举家从重庆迁到上海郊外，蒋经国、蒋方良夫妻两人在一起相聚的时间多了起来。这一年蒋方良生了第二个儿子蒋孝武，1948年又生了第三个儿子蒋孝勇。由于全面内战爆发，蒋经国开始一天忙到晚，几乎没有时间回家。蒋方良产下蒋孝勇后，失血过多，在医院里一度昏迷，后来经过输血抢救，才苏醒过来，而在蒋方良住院的10天里，蒋经国只去探望过一次。“蒋家王朝”败居台湾以后，有一次蒋孝勇过10岁生日，蒋经国特意买了一个3层蛋糕送给他，对他说：“这是对你的一种补偿，你出生的时候，我没有时间好好照顾你们。”

1949年4月，南京解放的第二天，蒋方良携子女从奉化去了台湾。到台湾后，最先住在台北中山北路，房子不大，是一座日式建筑，住家附近都是普通百姓，有人常看见她亲自上街买面包和蛋糕。直到20世纪60年代末，台湾的经济有了发

蒋经国教子读书

展，他们才搬到一处宽敞的别墅里。这地方依山傍水，位于台北市郊的大直。

在台湾的几十年，是蒋方良到中国后生活最安定的时期，也是蒋经国、蒋方良的夫妻生活最充实的时期。蒋经国白日忙于公务，晚上必定回到家中与方良共进晚餐。他们仍然习惯用旧称谓，蒋经国称她为“方”，蒋方良叫他“国”。平日里蒋方良对蒋经国的饮食起居悉心安排。蒋经国患糖尿病后，她坚持每日亲自下厨，监督厨师做适合糖尿病患者吃的菜肴。1970 年 4 月，蒋经国访美时遇刺，险遭不测。消息传来，蒋方良大为震惊，立即打电话到纽约，询问详情，得知蒋经国确实安然无恙后，这才放心。蒋经国返台那一天，从不愿在公众场合抛头露面的蒋方良破例到机场迎接。她当着机场盛大的欢迎人潮，大大方方地走上前去，与蒋经国长时间拥抱接吻。据在场人估计，接吻时间至少长达 20 秒。

对于膝下的 4 个儿女，蒋方良也是倾其心力，悉心照料培育，其中唯一的女儿蒋孝章最得蒋方良疼爱。1960 年蒋孝章 24 岁时，嫁与俞大维的儿子俞扬和。结婚那天，蒋方良紧紧抱着蒋孝章，母女哭成一团。蒋经国在旁边说：“别这样子，当年我们结婚的时候，你母亲是笑着的。”而长子蒋孝文常常染疾卧床，则是蒋方良愁眉难展的一块心病。据时常出入蒋家的台湾国民党政要宋时选讲：“她的脑筋里，恐怕只有先生、孩子，从来没有想到自己要干什么。”

对于中国的礼俗和蒋家的规矩，蒋方良也曾颇下苦功来熟悉和适应。逢年过节，她带着孩子拜祖，先烧香，后磕头，对公婆极尽孝道。但是，有时仍难免出错。1949 年清明节，蒋介石带着蒋经国夫妇和孙儿、孙女，到白岩山鱼鳞岙祭扫蒋母王采玉墓，由于自知能够留居家乡的来日无多，蒋介石连声嘱咐儿孙“多磕几个头”，可蒋方良没有重视，只在墓前鞠了一躬，蒋介石很生气，当面直斥儿媳

“不懂礼节”。当然，蒋在世的时候，多数情形下对这位颇具中国传统美德的洋儿媳还是满意的。1966 年，蒋方良 50 岁生日之时，蒋介石特别题写了“贤良慈孝”4 个字，送给“方良贤媳”做纪念。

蒋方良平日居家，除了绘画写字，唯一兴致颇高的消遣，就是邀几位相熟的朋友搓麻将，做“方城之战”，此外，绝少有其他社交活动。蒋方良辞别故国家园、父母亲朋，千里迢迢，从西伯利亚大平原来到中国，来到一个完全陌生的世界，只是为了相酬她与蒋经国的一世情缘。她对政治不感兴趣，也不喜好在公开场合出头露面。她只愿做一个相夫教子的贤妻良母，做一个有宁静生活可过的普通主妇，做一个贤内助。平日里，蒋方良深居简出，除了无法推脱的一些应酬，她极少在大庭广众下露面，也从不过问和干预蒋经国的“公事”。曾有人把她与宋美龄做过对比，说“婆婆本事高，媳妇本质好，媳妇比婆婆可喜得多了。因为蒋老夫人以一个中国人而醉心于西化；而方良夫人是个西方妇女，却一意把自己投入东方的染缸，使自己成为一个标准的中国人”。

## “她表现出另一种形式的伟大”

1988 年年初，与蒋方良风雨同舟 50 余载的蒋经国因病辞世，这对一向视家庭为自己生活的全部内容的蒋方良打击是极为沉重的，她悲恸欲绝。蒋经国病重之时，蒋方良一直服侍左右，体乏心忧，心脏病发作。1 月 13 日下午蒋经国停止呼吸的一瞬间，蒋方良正在隔壁房间吸氧，未与蒋经国诀别，她对此后悔不已。

在相当长的一段时间里，蒋方良都无法从顿失依爱的悲苦心境中解脱出来。她有时甚至不相信与她结合半个世纪、始终不曾长久分离的蒋经国已经先她而去。她每天都要到蒋经国生前住的房间里摸摸弄弄，还经常去大溪蒋经国灵前孤坐，寻求慰藉。对于让她出国散心或返乡探亲的建议，都被她婉拒了。她的一生都贡献给了蒋家，除台湾，她已无处可以安心。所幸儿孙晚辈孝顺，经常回家来探望这位孤寂的老人，而这份天伦之乐也就成了蒋方良最后的精神支撑。

1985 年 3 月蒋经国与夫人欢度金婚

然而，祸不单行。当蒋方良刚刚从丧夫的悲痛中恢复过来，重新开始正常的生活之后，她的三个儿子蒋孝文、蒋孝武、蒋孝勇却又相继在 1989 年、

1991年和1997年因病去世，再一次将蒋方良投入长哀的阴霾之中。但是，生性坚韧的蒋方良并没有垮下来，仍然默默地坚持扮演着几十年如一日的角色。

每到年节，只要宋美龄在台北，蒋方良总要回“士林”官邸陪婆婆进餐。平日独自在家看电视、录像及书报，或到客厅、院子里踱踱方步，偶尔和几位老友谈天叙旧。念旧的蒋方良已许久没有买新衣服了，她认为旧有的衣服补补就能穿了，而且生性俭朴的她请求厨房一天只要中午煮一餐即可，晚上烫热再吃。

每年在蒋经国辞世纪念的这一天，蒋方良照例中午与儿孙们只吃一碗面，因为这天虽然是人间的冥诞，但对一个世界而言，则是新生的开始，她仅想以一项简单的仪式纪念前人。蒋家的晚辈们讲：“我们希望她颐养天年，但她变得很淡泊，认为平平淡淡地过下去就很好。”

自蒋经国去世后，每年的1月13日蒋方良都要亲自到头寮谒陵。2003年1月13日，正值蒋经国逝世15周年，已87岁高龄的蒋方良，仍然坚持到头寮追思蒋经国。由于患有严重的哮喘，当日上午蒋方良坐着轮椅，鼻插着氧气管，脸色苍白在随扈陪同下来到头寮。接着在旁人的搀扶下勉强站起来鞠躬，然后便在蒋经国灵寝旁的房间，坐在走廊前望风景沉思。40分钟后，搭乘黑头车静静离去，没有答复媒体任何问题。

蒋方良的一生，几乎自始至终都力求在平凡中度过，从未体尝过“妻随夫贵”的滋味。由于着意隐匿，外界对她了解甚少，加上她身世特殊，曾有人称她为“神秘的第一夫人”。当年届八旬的蒋经国油尽灯枯地走完人生旅程之后，蒋方良的情形才逐渐为世人所知。人们对她寄予了深深的同情：“历来有权、有势的妇女，很少有人能耐得住寂寞”，“她表现出另一种形式的伟大”。

2004年12月15日中午12时40分，蒋方良因肺癌晚期导致心脏衰竭，在台北病逝，享年88岁。随着她的逝世，蒋家第二代退出历史舞台。

## 三、非婚夫人章亚若

### 一位追求新潮和开放型的女子

曾与蒋经国相处甚久的原国民党中央通讯社记者曹聚仁曾这样评价“小蒋”的个人生活：“他并不比其他要人更荒唐，也不比其他要人不荒唐。”

蒋经国在20世纪30年代末40年代初主政赣南时期，曾结识了一位红粉知己，并演绎出一幕生别死离的爱情悲剧。这位女主人公就是在蒋经国一生的感情经历中占据重要位置的婚外恋人——章亚若。

章亚若的身世及个人经历颇为复杂、曲折。章亚若的曾祖姓黄，原籍浙江。19世纪50年代洪秀全金田起事后，章亚若的曾祖参加了太平军，后来转战至江西南昌一带病故。其时，尚在襁褓中的儿子（也就是章亚若的祖父）被吴城镇章家村当地一户人家收养，改姓章，取名伯昌。章伯昌成年后娶陶氏为妻，生子章甫，即章亚若的父亲。章伯昌以渡船往来乡镇之间，做小买卖为生。50多岁时，因债务纠纷，遭人杀害。

章甫自幼聪慧好学，长大后步入科举功名之途，连连高中，赶在清末废止科举之前，县试、府试、省试，三元及第。当上地方父母官之后，携妻子儿女迁出吴城镇，定居南昌市内。因此，章家自亚若这一代起，已是地道的南昌市人，吴城镇只是章氏祠堂与祖坟所在地。

章甫18岁时，娶吴城镇名门周家之女周姺为妻。自此，平步青云，过了一段各方面都顺利兴盛的日子。民国后，曾负笈北上，在京城政法大学进修了几年，又奉派到遂川做县知事，最后于1933年返回南昌，在佑营街挂牌做执业律师。章甫虽是旧时代功名场上走过来的人，但思想却颇为新潮。他出外求学时，自己改名贡涛，章贡合流为赣，“赣江之水浪涛涛”，显气势含抱负。同时，他还将发妻周姺这一陈僻之名改为周锦华，“锦绣中华”，亦喻不凡之意。

章贡涛和周锦华一共生了11个儿女，其中4个早夭，只有两儿五女长大成人。章亚若生于1913年，在兄弟姐妹中排行第三。父母为她取名懋李。“懋”是辈分排行，“李”是比喻桃李争艳的春天，纪念她春季出世的意思。

据当年章家的奶妈段会香后来回忆，懋李自小就深得父母的疼爱。她有一张秀气的圆脸，皮肤白嫩，活泼伶俐，聪颖可人。从三四岁起，小懋李就跟在国学根底深厚的父亲身边学习古诗词，练习书法和绘画，领悟力甚强。7岁那年，听了父亲讲曹植“七步诗”的故事后，仿之竟也七步吟出：“春兰桃李意芬芳，夏荷秋菊美家乡，寒冬蜡梅开过后，又是幽兰放清香。”将章家五姐妹“懋兰、懋桃、懋李、懋梅、幽兰”的名字全嵌了进去，满座皆惊。

在对待子女的教育问题上，章贡涛一向开明，男女一视同仁。他让大女儿上了京都女师大，让二女儿读毕小学，亦送钟爱的三女儿进了省城教会学校——宝岭女中（后改为南昌女中，即今日南昌第十中学）。数理化、音体美的西式教育，使小懋李领略到烹饪与女红、吟诗与作画以外的另一个全新的世界。而北伐战争经过江西时所引起的赣江两岸民众的自我觉醒之潮，也有形无形地濡染进少女的内心世界。在学校里，章懋李的国文程度比同班同学高出很多。她的字迹娟秀，诗词文章都拿手，又能歌善舞，擅长演说，是宝岭女中人所瞩目的风云人物。

章懋李15岁那年，由父母做主，许配近亲表哥唐英刚。唐英刚是年18岁，是章懋李的二姑妈章金秀排行老四的独生女陶瑞庆夫家的堂兄。章懋李与唐英刚在一起共同生活8年，先后生育了小名叫“大衍”与“细衍”的唐远波、唐远辉两个男孩，由一天真无邪的纯情少女，脱胎换骨成为韵致成熟的少妇与母亲。

章懋李与唐英刚8年的夫妻生活，应该说并不如意。唐英刚当时在南昌高等法院就职，为人拘谨保守，平日里沉湎于诗画砚墨，服饰装扮与言谈举止都保持着传统儒士的风范，温文尔雅，书生气十足。新旧时代的交替，并没有改变他的性格，仍与外界格格不入。而章懋李则与唐英刚相反，她是一位追求新潮、开放型的女性，教会学校的西化教育与新时代思想的启迪，使她逐步挣脱了旧礼教的束缚，开辟着一个与上一代妇女三从四德、相夫教子完全不同的生活空间。

章懋李足蹬高跟鞋，烫发描眉，身着剪裁合体的新款流行服装，敢于尝试社会上的各种新事物。她不甘囿于家庭，婚后仍出外做事，也在南昌高等法院上班。平日里结交广泛，时常出入于各种酒会、舞场；闲暇则带年幼的儿子看电影、逛街，是南昌城里颇为抢眼的时髦女性。在她身边，总有一些挥之不去的异性大献殷勤。章懋李与唐英刚这种巨大的个性差异，加深了他们之间的情感鸿沟。这段表兄妹亲加亲的婚姻，终于不幸在丈夫自尽的悲剧中收场。

这年章懋李年仅23岁。

办完丧事，章懋李便迁回娘家长住，两个儿子交给婆婆代为照管，但是唐家的生活费用，则由她负责筹措。

年轻时的章亚若

无论是在婚前还是婚后，性格刚毅、办事有主见的章懋李都是章家子女中的灵魂人物。尤其是在她的两个姐姐出嫁远离南昌，大弟章懋萱北上山东读大学之后，家中的大事小事、里里外外均由她一手操持。章贡涛、周锦华老两口也格外器重这个懂事又能干的宝贝女儿，弟弟妹妹全都把她当作主心骨。1937 年前后，章懋李决定改名“亚若”，弟弟妹妹也跟着学，引用她名字中的“若”字。大弟懋萱改名为“浩若”；二弟懋宿改名为“瀚若”；四妹懋梅原想叫“威若”，父亲说她出生时，正巧大雪纷飞，第二天梅花又开得漂亮，希望她留住“梅”字，于是懋梅沿用三姐亚若名字中的“亚”字，改名“亚梅”。

1939 年年初，日本军队攻至南昌城外，章贡涛决定举家外出逃难。由于章贡涛身体一直不好，难耐旅途劳顿，只好压重担于章亚若，让她携领全家南下赣州避祸，自己则选择了路程较近的庐山养病。未料章亚若与父亲一别，此生就未再相见。

章亚若和母亲周锦华及弟弟妹妹逃难至赣州后，初期生活尚可由家中携出的银钱细软支持，但章亚若担心日久坐吃山空，决定外出找工作以补贴家用。不久，章亚若在蒋经国主事的赣南行政专员公署找到了一个职位，从此，她的生活道路和个人命运发生了根本性的转折。

关于章亚若与蒋经国相识的经过，说法不一，其中具代表性的有以下两种：

其一，吴骥的引见。当时，在蒋经国手下任新兵督练处副处长的吴骥，是章亚若大弟媳吴蔡的兄长，章浩若与吴骥是知交。章浩若的儿子章修纯曾从父亲那里听说，三姑章亚若于 1939 年年初偕家人自南昌迁往赣州，安顿妥当之后，经由当时随蒋经国转调赣南行政专员公署担任保安副司令的吴骥向蒋经国引荐，进入公署工作，开始了蒋、章相恋的序幕。

其二，章亚若的自荐。徐君虎是蒋经国留苏时中山大学的同窗，中华人民共和国成立之后，曾任湖南省政协副主席。蒋经国主政赣南期间，他担任专员公署主任秘书。他曾公开撰文指称，章亚若主动写信给蒋经国，请求安排工作。

徐君虎说，那是 1939 年初春的某一天，蒋经国交给他一封求职信，要他与寄信人一谈，看看能否帮忙。信是一位章氏女士写来的，字迹娟秀，蝇头小楷颇见功力，语气如泣如诉，哀婉动人。徐君虎看完信，立刻约见了这位章小姐。章亚若比当时一般的妇女打扮要时髦：大浪卷发披至肩头，一件紫色碎花旗袍镶上咖啡麦芽滚边，半高跟的白色皮鞋。徐君虎对章亚若的圆脸和高颧骨印象最为深刻。晤谈之后，徐君虎向蒋经国报告，这位女子工作经历有限，无突出特长，又比较花哨，恐怕难以在专员公署里安排职位。蒋经国倒觉得不必拒人于千里之外，至少此人文化程度不低。因而他提醒徐君虎，可以差她至公署图书馆整理书报资料。

徐君虎自然遵命照办，于是章亚若开始到专员公署正式上班。

报到之后，章亚若表现得十分勤勉。对此，徐君虎也有一段生动的记忆。他说，赣州市当时空袭警报多，每次日本飞机来袭，总是炸得满目疮痍，一片瓦砾，死伤处处。专员公署组织了一个救护队，由公署成员义务加入，专门帮助民众处理空难救护及善后事宜。章亚若主动请缨，加入救护行列。她态度积极，每有空袭，立即投入工作队伍，帮助抬送病号，包扎伤员，跑前跑后，十分热心，时常弄得一身血迹，疲惫不堪，也毫不在乎。

章亚若的这种精神，蒋经国深为嘉许。徐君虎说，蒋经国曾经公开在例行集会时，表扬了章亚若。

事实上，新的工作环境也的确为章亚若注入了前所未有的活力。她似乎已经从以往不幸的个人遭遇所形成的阴暗压抑的迷惘中跳出来，脱下合身的碎花旗袍，换上男性的工作服，过着朴素但充实的战时生活，全心全意地塑造着一个新的自我。

另一方面，她的过去也被深深地隐匿起来。赣州的新同事、新朋友，没有人知道她曾经有过一段不堪回首的痛苦婚姻。两个儿子接来赣州后，她特地嘱咐儿子今后改口叫她“三姨”。儿子年纪小，似懂非懂地答应了。长大后，大衍唐远波推想，母亲可能是认为在当时的环境下，一位守寡的年轻女性，在外工作难免有许多不便，以未婚姿态出现，应该较能减少社会上的是非议论。

正是在专员公署工作期间，章亚若开始逐步地走进蒋经国的感情生活。

章亚若在资料室工作不久，就调至“抗日运动委员会”任文书。后来，又被选送进设在赣州郊外赤硃岭的“三青团江西支部干部训练班”学习，结束后返回公署，正式担任蒋经国的专职秘书。以后还一度兼任了《正气日报》记者。

蒋、章恋情是何时攀至巅峰的？有人推断是在1940年下半年章亚若专职给蒋经国做秘书之后。不过，两人相互吸引，很可能是在1939年章亚若进入公署相识蒋经国不久就慢慢开始了。

## 蒋经国公务之外的红颜知己

蒋经国的政治强人形象是以“赣南新政”奠基的，在当时也的确博取了一班热血青年的真心敬仰与拥戴，一个势力与影响不容忽视的“太子党”开始在他周围逐步积聚而成。然而，由于蒋经国的特殊身份以及早年曲折坎坷的经历所铸造出的喜怒无常的冷僻性格，虽然也有为数不多的“志同道合”的朋友可以与他称兄道弟，谈天说地，但是真正能够令蒋经国摘掉面具，撤除心防，接纳入自己的内心世界，共享不足为外人言的悲苦喜乐，并以真情相酬，视为心灵慰藉的红粉知己，唯章亚若一人。

秀外慧中的章亚若，是以知识女性特有的细心与敏锐，窥出蒋经国这位赣州民众眼中无所不能的“英雄”内心深处的那份无所依恃的孤独与寂寞的。她以自己的才艺，以自己的善解人意，在进入公署后不久，就不仅成为蒋经国工作上的得力辅佐，而且也成为蒋经国个人生活上不可或缺的内助。天长日久，彼此初识即互有好感的蒋、章两人，感情发展很快超越上下级及师生之界限，也应是顺理成章的事情。

许多当年专员公署的同事披示，当年年方 30 的蒋经国对章亚若这位红粉知己的爱恋之情，往往在特定场合下情不自禁地流露出来。

蒋经国喜好在公务之余与好友同人小酌数杯，有时候不胜酒力，难免醉倒。以前，他无论怎么喝，都无人敢出面制止，大伙儿总是迎合着他的兴致，陪他饮到底。然而，自从饭桌上加入了章亚若，她便成了唯一有勇气也有能力劝阻蒋经国放下酒杯的人。据那些同事形容，每当秀气娇小的章亚若轻言婉语，笑盈盈地在一旁低声要蒋经国为健康着想，节制酒量时，蒋经国不但毫无愠色，而且立即依言放下酒杯，照着章亚若的劝告，不再喝下去了。这一来一往的浓情蜜意，加上蒋经国那种“恋爱中的男人”的行止，看在旁观者眼中，就如“奇迹”。他们简直不敢相信这位赣州民众眼中自信、独立的钢铁强人，竟然在章亚若的浅笑轻语下变得这样顺从服帖！

蒋、章恋情初萌之时，双方都曾力求隐秘，但是，事实上很难做到无蛛丝马迹。章亚若插班进赤硃岭“干训班”学习时，蒋经国亲遣公署下属王修鉴和三青团大队长欧阳钦陪送，即属孟浪之举，当时就引起敏感者的好奇和关注，纷纷探测其中的微妙。

章亚若怀中的双胞胎为章孝严、章孝慈

另据章亚若在南昌读小学、中学时的同学，后来在赣州又与她同事并且有金兰之交的好友桂昌德回忆，当时她也是“干训班”一期学员，与章亚若住同屋。受训期间的某天黄昏，章亚若失魂落魄、眼泪汪汪地向她诉说，她担心她记载自己爱慕蒋经国的秘密日记与信件遭同学偷阅，可能传扬开来，惹上麻烦。

正是在章亚若在赤硃岭“干训班”学习期

间，蒋经国的生母毛福梅在溪口遭日本飞机空袭遇难。这个意外事故，对蒋经国、章亚若二人的打击都异常沉重。章亚若的妹妹章亚梅曾透露，在蒋、章恋情发展到一定程度的时候，蒋经国允诺过将选择适当时机，偕同章亚若返溪口探望母亲。据章亚梅讲，章亚若对这个“构想”很感动，因为这无疑是蒋经国对两人情感关系的一种承诺，同时也算是当时现实环境下最好的一种安排。然而，天不遂人愿，毛福梅的猝逝，彻底断绝了章亚若借拜见毛福梅，以寻求公开她与蒋经国之间恋情的希望。

但是，另一方面，蒋经国突失他一生中视为最大精神支柱的母亲，章亚若的慰藉就成了他全部的感情寄托。蒋、章二人之间的恋情，不仅仅是一般男女之爱。令蒋经国毫无保留地投入真情的原因，最重要的是心灵的默契与沟通。蒋经国接纳章亚若不久，即将他秘不示人的留苏日记手稿交与章亚若阅读，让章亚若走入他昔日的苦难世界，分担他所经历的一切酸甜苦辣，实际上就是一种心灵上的信赖与托付的明证。溪口千里奔丧归来，蒋经国又将毛福梅生前最喜爱的一床绣有鸳鸯图案的灰色丝质被面送给章亚若，用心良苦，令章亚若亦为之心碎。“干训班”结业后，章亚若返回公署任蒋经国专职秘书，自此至章亚若离赣赴桂，两年多的时间里，蒋经国与章亚若无论私事、公务，几乎是形影不离。

当时，章亚若一家住在赣州城江东庙附近的一幢旧式宅院里，几乎每隔一两天，蒋经国都会在夜幕降临后造访章家，而章亚若的母亲周锦华也深晓其中玄机，不让任何人打扰他们。徐君虎的继任者之一，后来去台湾的漆高儒曾撰文回忆他应蒋经国之邀，赴章亚若闺房用餐的往事。他说，在感觉上，那是蒋、章两人共享的小天地，事实如何，他身为下属，也不便询问。

由于蒋方良时常离开赣州赴重庆探望公婆，在这种情形下，章亚若往往奉召至花园塘专员官邸帮忙照顾孝文与孝章，并在那里留宿。据桂昌德回忆说，章亚若还曾一度以家庭教师的名义出入蒋府。

或许是出于对章亚若“身份”无法公开的一种补偿，蒋经国虽然未对外承认过他与章亚若的恋情，但是当两人情感发展到高潮时，他已不忌讳在亲近好友面前，公然以行动表明他与章亚若的特殊关系。

据一位当年章亚若的同事后来声言，在赣州期间，蒋经国曾与章亚若共同主持晚宴，邀请好友欢聚。席间，蒋经国曾向大家表明与章亚若订立婚约的意愿。

然而，不论有无明确的婚约，蒋、章两人之间的恋情，发展至此，已是专员公署上下心照不宣的“公开的秘密”。蒋、章之间私人的称谓，也早已是“慧风”“慧云”间的昵称，双方都已沉醉于此欢情而无法自拔，这也是不争的事实！

1941年，蒋、章之恋有了结果。章亚若发现自己身怀有孕之后，找到平日里关系较密切的同窗好友桂昌宗，吐露这个秘密，并要求他尽快叫回妹妹桂昌德，请桂昌德陪她一起到桂林待产。桂昌德在1940年赤硃岭“干训班”结业后，奉派至三青团临川分团筹备处任筹备员。1941年8、9月间，忽然接到哥哥桂昌宗拍来的电报，立即整装赶回赣州，见到了章亚若，允诺与她共赴桂林，并答应对外严守秘密。

章亚若与桂昌德的桂林之行，是蒋经国的安排。之所以到远离赣州的桂林去生产，主要基于以下两方面的考虑：

其一，蒋经国的“赣南新政”，树敌过多，积怨甚深。毕竟蒋、章关系名不正、言不顺，此事外泄，势必给他人以非议之口实，将直接影响到蒋经国的形象与发展前程；而且章亚若亦易成为受攻击的对象，安全有虞。蒋经国有一好友陈星吾，当时在广西大学任教，平素无涉政治，可以以私事相托。故让章亚若离开目标过大的赣州去桂林待产，保密性强。

其二，桂林远离抗战前线，环境相对安定。而且在大后方，就数广西省立医院的医疗设备最好，水准最高。当时名重湘、桂、黔一带的妇产科专家李瑞麟教授，就是广西省立医院妇产科的主任，让章亚若到那里去生产，健康较有保障。

章亚若赴桂林前，蒋经国特意为她在赣州专卖江西风味小吃的张万顺饭馆摆了一桌饯行酒席，被邀集者均为章亚若在“干训班”及专员公署平日关系比较要好的同学、同事。蒋经国、章亚若俨然以男女主人的姿态款待各位来宾。这个安排，应该说是对章亚若极大的“礼遇”，也意味着蒋经国在知道章亚若身怀有孕后，对章亚若地位的某种肯定。

饯别晚宴的第二天，蒋经国即请部属王制刚陪着章亚若和桂昌德，自赣州经湖南浏阳，转四川重庆，再循水路抵达桂林。王制刚是蒋经国的亲信之一，时任职于盐务处。王制刚的桂林之行，对外宣称是到重庆办理公务。

章亚若一行到桂林后，先在“大华饭店”过渡了几个星期，然后就搬进位于丽泽门外的狸狮路的陈星吾家。陈家专门为她准备了一幢出入方便的平房。这个地点位置偏僻，一点也不引人注意，三面环山，也容易躲日本飞机的空袭。另外，蒋经国还私下托付了广西省政府民政厅厅长邱昌渭夫妇平日里代为帮忙照料。

章亚若到桂林后，一改在赣州陪蒋经国四处出巡的活跃风格，隐名埋姓，深居简出，宁静地等待着产期的来临。平日交往的朋友，大都以“蒋太太”称呼章亚若。偶尔有人私下称呼她为“二夫人”，据说章亚若也不在意。

在章亚若居住桂林的八九个月的时间里，蒋经国维持着两三个星期探访一次的习惯。蒋经国每次赴桂林探访章亚若，大都以公务赴重庆，途经桂林为借口，避开外人的耳目。而且，蒋经国为了进一步防止行迹泄露，抵达桂林后，通常并不直接赴章亚若居处，总是很小心地将所乘汽车停在距狸狮路百余米远之外，再步行而来，一般仅留宿一夜，第二天一早即辞。这样一次又一次的相聚，就是章亚若客居异乡生活的最大期盼。

为了保密，桂林章亚若与赣州蒋经国之间的信件往返，均以化名相称，蒋经国叫蒋慧风，章亚若叫蒋慧云。这原是他们在赣州初恋时私下的昵称。这风与云之间的关系，也显示了蒋、章两人缠绵不已的相思之情。

章亚若在桂林安顿下不久，即由桂昌德陪同，持着蒋经国的名片，到广西省立医院妇产科找李瑞麟，表示要在此生产。在确诊所怀身孕为双胞胎后，章亚若每隔几天都要到医院来检查胎位，直到临产前住进医院。在蒋经国的安排下，章亚若的妹妹章亚梅专程从赣州赶赴桂林前来帮忙照料。

章亚若的双生子，是在1942年的正月二十七日早晨八九点钟出世的，比预产期早约两个月来到人间。由于早产，不足月的两个小婴儿一出世，就被送进保温箱，7天后才出院返回狸狮路居所。医院的医生和护士，显然明白"蒋太太"的身份，都竭尽全力细心、周到地照看这特殊的母子三人。

蒋经国得知双生子顺利出世的消息后，也十分兴奋，立即赶到桂林。因为章亚梅对他讲，这两个瘦瘦弱弱的小孩子像两只可怜又可爱的小猫咪，蒋经国脱口而称他的两个儿子为"大猫""小猫"！这样，双胞胎就得了大毛、小毛的乳名。此后，不仅父母、亲友这样唤他们，自懂事起，这两兄弟也一直以大毛、小毛自称。

另外，因章亚若在桂林的客居之所位于狸狮路，她自己也为两个孩子分别取了乳名"狸儿"和"狮儿"。

对蒋经国的婚外恋情，蒋介石应该是明晓的。据闻蒋介石得知喜获麟孙之后，曾派送了一笔钱给章亚若，嘱她安心静养。蒋经国在"大毛""小毛"满月时，为他们所起之学名为"孝严""孝慈"，有人推断也是经过蒋介石首肯的，因为他们虽然暂从母姓，但既已列入蒋家第三代"孝"字辈，复归蒋姓只是时间早晚的问题。

## 要明身份，却突然去世

在赣州时，章亚若曾经寄希望于去溪口拜见毛福梅以求关系公开，孰料毛福梅的猝逝彻底地断绝了这条变通之路；现在，她只能企盼着事实上的公公蒋介石的承认与接纳，然而重庆方面却迟迟不肯表态。眼看着两个孩子日渐长大，章亚若内心里对狸儿与狮儿的名分问题也日渐焦急。她曾不止一次地告诉妹妹章亚梅，说她不能让狸儿、狮儿的身份不明不白。每次蒋经国来桂林探望，章亚若都用柔情和泪水催促他想办法早日将两人关系合法化。另外，章亚若也开始请家庭教师苦学英文，似已打定主意，一旦无法解决母子三人的地位问题，就要远走异邦。她已不肯再这样委屈自己，长期躲藏在妾身不明的阴影中，无法公开见人。

事实上，在这个时期，在如何处理蒋经国的这段婚外恋情及这对私生子的问题上，蒋介石及蒋经国均处于十分为难的境地，隐藏不了，又公开不得，颇感棘手。当时，蒋经国的从政之路正危机重重。“赣南新政”的强力推行，既给他带来了“蒋青天”的巨大声誉，同时也因为触及许多要人的既得利益而招惹了不少麻烦，责难声四起。为避风头，蒋介石已有了将蒋经国调离赣州的打算。另外，为了谋求更大更快的发展，蒋经国自己也有将活动重心移至重庆的考虑。在这种情形下，任何一点风波，都可能对蒋经国的仕途产生负面影响。因此，无论是在蒋经国还是蒋介石看来，章亚若此时的“名分”之争应属“很不适当”的“压力”。

事情凑巧得很，恰在这时，章亚若忽然暴病而亡，一切棘手的问题也就“迎刃而解”了。

那是 1942 年 8 月的一天，章亚若应一友人之邀出去赴晚宴，留妹妹章亚梅在家照料两个孩子。据章亚梅回忆，直到夜半时分，才听到章亚若返家的声音。她从房里走出来，一看吓了一跳，面色苍白的章亚若东摇西晃，说不出话来，挣扎着进房后就倒在床上，脸上露出十分痛苦的表情。章亚梅见此情形亦束手无策，立即通知了广西省政府民政厅厅长邱昌渭，第二天一大早，将章亚若送至广西省立医院抢救。

桂昌德在章亚若出外赴宴的那个晚上，因为哥哥桂昌宗正巧来广西办理公务，她去探望，所以没有依以往的惯例陪同章亚若。她是被章亚梅告知后才尽快赶回狸狮路的，并亲送章亚若去医院。桂昌德证实，章亚若是在外出赴宴回家后，开始上吐下泻的。

桂昌宗接到妹妹桂昌德的电话通知，也在当天上午赶至医院。他进入病房时，章亚若经过抢救，神志已经恢复，见到老同事、老朋友，显得很开心。

桂昌宗记得十分清楚，章亚若和他谈了一会儿，就说到她的“地位”未定的境遇，禁不住神色悲伤，泪水满眶。几分钟后，一个王姓医生拿着针筒来了，先试着注射章亚若的右手臂，没插进血管，绕过床，在她左手臂打了一针。章亚若揉着手臂上打过针的地方，看着医生跨出病房门没几秒钟，突然尖叫一声：“哎呀！不好了！”她对着桂昌宗大喊，说自己眼前一片漆黑，看不见任何东西，随即昏迷过去。

桂昌宗惊呆了，奔出病房喊医生、护士，很快屋里聚集起一群人。这时有位医生说抢救要用冰块，吩咐桂昌宗快到街上去买一袋。等半个小时后，桂昌宗买

章亚若遗像

到冰块赶回病房时，章亚若已是气若游丝了。正惶惶间，桂昌宗早先熟识的广西省立医院院长走到身边，交给他一张病危通知单，上面写着的病危症状是“血中毒”。但是，这位院长没有做进一步的解释。几分钟后，主治医生宣布急救无效，章亚若已逝，尸体要送太平间冰存。

在章亚若猝逝的急电传回赣州后，出人意料的是，蒋经国表现得“异常平静”，以“公务缠身”为由，没有亲赴桂林见章亚若入殓前的最后一面，而是派部下王制刚前往料理善后。章亚若的丧事是由邱昌渭幕后打点的，具体出面负责筹办丧葬事宜的是广西省警察训练所的教务主任苏乐民。他们在桂林东郊警察训练所附近凤凰岭腹地，选定了有“百鸟朝凤”之说的墓址下葬了章亚若。所立碑文正中写着“蒋门章夫人讳亚若之墓”，右下方是“狸儿、狮儿敬立”。

丧事毕，桂昌德将章亚若遗物略事整理，带着蒋经国赠送的那床织锦被面，赴赣州见蒋经国。桂昌德回忆：当时蒋经国目睹遗物，“顿时面色凄然，双手颤抖，悲戚凝噎，眼泪沿面颊而下，久久不发一语，忽仰天长叹，欲言又止，我见此景，也无言安慰，只好悄然离去”。

从 1942 年夏末章亚若去世之后，蒋经国似乎就下定决心将这段旧情埋葬在心坎深处。

那位曾在赣州专员公署做主任秘书，后来赴桂林任职的徐君虎透露，章亚若病逝桂林年余后，他陪同蒋经国四处走动，抵达漓江一带时，曾提醒蒋经国说章亚若墓地就在附近，问蒋经国是否有意前去祭拜。

“莫要再提此事了。”徐君虎记忆中蒋经国略带慨叹地说完这句话后即不再言语。徐君虎明了蒋经国创痛仍在，也识趣地未再提章亚若。

几近半个世纪之后，即将走完生命最后一段历程的蒋经国，曾在昏迷中不停地唤着一个名字：“章亚若!”令所有陪侍在侧的人为之一震。毕竟这是仅属蒋经国个人的隐私世界，外人是无从探知蒋、章这段转瞬即逝的婚外恋情都给当事人留下了怎样的一种体验和记忆。

关于章亚若的死因，章家亲友以及当年与章亚若要好的一些同事，一直心存疑窦，议论纷纷。

桂昌宗、桂昌德兄妹二人亲历章亚若暴亡的前前后后，认为其中蹊跷处甚多。他们怀疑这是一场谋杀，极有可能是“蒋老先生”给“小蒋先生”派来“保驾”

的“情治人员”自作聪明、盲目护主的愚忠蠢举。而“刀手”就是那个神秘的王姓医生，一针“毒剂”立置章亚若于死地！由于有了这种直觉和推断，他们给章亚若料理完后事，即速离开桂林这块是非之地，他们担心自身成为下一个“杀人灭口”的对象。此后相当长的一段时间里，他们自觉生活在恐惧之中，桂昌德改名桂辉，主要也是因为这件事。但是因为事涉蒋经国，基于对“老上司”的尊重，他们对外始终保持缄默。

国民党政权偏安台湾之后，香港的《镜报》曾发表过一篇署名陈琛的“内幕”文章，文中披露：章氏兄弟的生母，是蒋介石下令他的头号杀手戴笠，于抗战期间在桂林杀害。蒋经国之所以不重视这对双胞胎，是因为此乃当时的蒋经国一时之兴、无心插柳所致。因为蒋经国曾警告过章亚若，不要怀上他的孩子。

对于如此“不恭”之说，不知何故，台湾方面反应淡然，无人出头辩驳。反倒是长期保持沉默的桂辉（桂昌德）挺身而出“开口”“打抱不平”，投书《镜报》，指出：“不错，章亚若的确是生产后死在桂林，被人谋害，但不可能是蒋介石下的手。”“老先生喜获麟儿，喜出望外，此系华夏炎黄血统，岂有杀媳之理，虎虽毒不食其子，委过于老先生，让他背黑锅，未免冤枉也。”但不知是心有顾忌，还是同样深感茫然、不明其实，桂辉的“投书”内容并没有言明最核心的问题——究竟谁是真正的凶手和幕后主使人？

1985年11月、12月，香港《广角镜》杂志第158、159期独家发表台湾禁书《蒋家三代罗曼史》，其后更结集出版，一纸风行，连销四版，种种“‘蒋家王朝’婚恋隐情”开始大曝光于天下。蒋经国、章亚若“赣南之春”的这段婚外恋情，原来被国民党当局视为“绝对不可外泄”的“高等机密”而刻意加以隐匿、掩饰，无论是在大陆而或台湾时期，其内幕几乎无人得晓，而民间流传的种种猜疑，以讹传讹的成分居多，令人愈觉扑朔迷离。如今，章亚若这位“薄命红颜”的悬命案“出土”“重见天日”，一时间“蒋氏父子政治骗局的牺牲品”之说差不多成为定论。然而，仔细推敲，关于“章亚若死于蓄意谋杀”的结论，仍然缺乏令人信服的逻辑推理和足够的证据。

当年，蒋经国与章亚若赣南缔缘，其中曾有一个十分重要的牵线人——王升。王升是江西龙南人，毕业于黄埔军校第16期。从蒋经国主政赣南时期起，王升就一直跟随蒋经国左右，宦海沉浮。蒋经国出掌台湾统治权柄之后，王升一度官至“总政治作战部主任”“国防部联训部主任”等显位要职。后来因言行不慎见罪于蒋经国，被外放乌拉圭做“大使”，垂暮之年才得以返台赋闲，领虚衔“总统府国策顾问”。蒋经国与王升有“师生之谊”，王升也是赤硃岭“干训班”一期学员，与章亚若同时受训。王升处事精明练达，非常善于揣摩、迎合上司心意，因此深得蒋经国的赏识与倚重。蒋经国、章亚若初识后建构起的朦朦胧胧的微妙关系，就是经王升暗中制造机会使之“点题”深化的。自然“蒋、章之恋”的“前因后果”，王升也是最具“权威性”的见证人。

1992年1月10日，正值蒋经国辞世4周年，王升在台北家中接受“台视”的“八千里路云和月”节目主持人凌峰的采访，追述了他大半生追随蒋经国的情形，同时披露了蒋经国、章亚若“赣州之恋”的内幕。王升特别澄清章亚若“不是被毒死”，而是因病找不到抗生素治疗而死亡。

对于王升这一“章亚若死因”的新的解释，因无有力的佐证，同样有不少人持有异议，认为疑点重重。

事实上，对于这桩历史悬案，只有一个人能真正使之水落石出，使之大白于天下，那就是悲剧的另一半——蒋经国。然而，既然蒋经国生前有意尘封这段不堪回首的痛苦记忆，那么，随着1988年蒋经国溘然谢世永远带走了秘密，“章亚若之死”恐怕就是一个无法破解的千古之谜了！

# 第七章

## 任『陆军上将』的次子蒋纬国

# 一、身世是个谜

## 是戴季陶的儿子还是蒋介石的儿子

在蒋家第二代中，蒋纬国是一位被议论得多、颇为“尴尬”的人物。无论他的身世或经历，都有太多解不开的“结”。

谁是蒋纬国真正的父亲？他究竟姓戴还是姓蒋？在蒋纬国一生认称的几近半打的“妈妈”中，有没有他的生身母亲？蒋介石与蒋纬国“父子”之间，蒋经国与蒋纬国“兄弟”之间，究竟有没有血缘关系？长期以来，这些问题充满了神秘色彩，隐晦不明，扑朔迷离，困扰着关注于蒋氏家族史的“有心人”，同样，也困扰着“不识庐山真面目”的当事人蒋纬国。

蒋纬国1916年出生于日本，关于他的身世，以往具有代表性的说法主要有两种。

其一，蒋纬国就是蒋介石的“血亲”之子。相传，国民党“反袁”的“二次革命”失败后，蒋介石与陈其美、戴季陶等人东渡日本避祸。在此期间，蒋介石与一日本女子相好同居，生有二子，一名安国，一名纬国；一习文，一习武。安国过继给戴季陶，交戴原配纽有恒女士抚养，纬国则由蒋介石领回国，交蒋的侧室姚冶诚女士抚养。故经国、安国、纬国三人乃是一父所生，实为同父异母的兄弟。

其二，蒋纬国生父不明，既可能是蒋介石，也可能是戴季陶。传说，蒋介石与戴季陶在日本期间，共租一屋而居，房东为他们介绍了一位下女。3年下来，日本女子产下一男婴，但谁是这孩子的父亲，三人都搞不清。因为当时蒋介石已经有了蒋经国，就主动把男婴让给戴季陶做儿子。戴季陶在婴儿1岁多的时候把他抱回上海，但重礼教的戴家并不接受这个私生子，不得已，戴季陶只得把婴儿交给蒋介石抚养，取名纬国，由姚氏抱回苏州，视同己出。

蒋介石与蒋经国和蒋纬国

仔细推敲，这两种传闻均有明显漏洞，无法自圆其说。然而，对于外间的纷纷议论，无论是蒋介石或是戴季陶，一直保持缄默，从未出面澄清。蒋纬国第一次正面触及这一问题是在1940年，当时他刚从德国留学归来返回重庆。一天，蒋纬国在蒋介石的书房里看到一本美国作家约翰·根舍所写的《亚洲内幕》，其中有一段提到“蒋介石的次子蒋纬国少尉是国民党一位元老戴先生所生，后因为某种原因过继给蒋介石”。蒋纬国好奇心大起，他没敢去问蒋介石，就去找戴季陶“证实”。戴季陶没有直接回答，而是拿出一张蒋介石的照片，又拿出一面镜子，让蒋纬国拿着镜子自己照自己侧面，接着问他：“是像这边，还是像那边?”意思是，究竟是像相片中的人，还是像镜后的人。

这个没头没脑的解释令蒋纬国啼笑皆非。直到1949年“蒋家王朝”在中国大陆覆亡前夕，戴季陶自杀身亡，蒋纬国也再未能从他那里证实自己的身世。

国民党败退台湾之后，关于蒋纬国身世的种种传闻一直未曾断过。在1956年至1957年之交时，有人发现蒋介石与蒋经国的血型同为O型，而蒋纬国则不同型。又因蒋经国说过“O型血的血液，是英雄血”的话，遂致有人据此传开蒋纬国非蒋家亲骨肉的说法。当然，也有人反驳说：“一个人血型，遗传自父亲或母亲的血型，均占百分之五十的概率，不能因父子不同血型而证明出什么，因为他可以与母亲同血型的。”然而，尽管在医学上的解释如此，可是“蒋纬国与蒋介石不同血型，而与戴安国同血型”的纷纷议论，给蒋纬国带来的困扰，是可以想象到的。据说，蒋纬国曾半真半假地自谑道：“我如果不姓‘蒋’而姓‘戴’，就什么烦恼也没有了!”

在1959年至1960年之时，又有人传出：蒋纬国之所以自己说出“我如果不姓‘蒋’而姓‘戴’……”的话，是出自那时某一党国元老对他所作的指点，其作用，颇相似于三国时代诸葛亮对刘表儿子刘琦所作的指点。果然，在蒋纬国自己说“不是蒋家的骨血”之后，流言逐渐平息，他的困扰与烦恼也日渐减轻。其后，他在1961年顺利晋升“中将”，复任“装甲兵司令”，1963年又调任“陆军指参大学”校长。然而，到了1964年，由于装甲兵发生了“湖口兵变”事件，与装甲兵渊源极深的蒋纬国难脱瓜葛，受到极大的牵连，“中将”官阶一干就是14年。等蒋介石病逝的翌年，濒临“中将”退役限龄（60岁）的前夕，才由蒋经国提拔晋升为“上将”，调任“三军大学”校长。如此曲折的升迁之途，在蒋家系统人事安排的惯例上，是颇令人费解的。故而，当时台湾国民党政界有人就直截了当地认为：除非蒋纬国非蒋家骨血，否则蒋纬国之境遇谅不致如此尴尬！

到了1975年蒋介石撒手归西的那段时日里，“蒋纬国姓戴不姓蒋”之论仿佛已是公开的秘密，有人直接从蒋经国亲撰之《守父灵一月记》一书中寻找答案，认为书中蒋经国提及儿子、女婿、媳妇、子孙之处颇多，但对蒋纬国却只字不提，故而蒋经国此书一出，给人的印象似乎蒋家只有一位“孝子”，而蒋纬国却被蒋家“遗忘”了。正由于这个“遗忘”的存在，令人联想到蒋纬国究竟是不是蒋介石的“儿子”。如果是，为何蒋家只有蒋经国一位“孝子”？如果不是，蒋纬国又是谁的“儿子”？

到了1986年，蒋纬国的身世之谜再一次成为人们议论的“热门话题”，起因是一本蒋纬国自陈家世、声言他“姓戴不姓蒋”的书——《蒋纬国报到》。虽然关于蒋纬国非蒋家骨血的说法流传已有多年，但是由蒋纬国本人亲口道出，自是石破天惊，引起一时震动！

## 生母是日本护士重松金子

《蒋纬国报到》一书，是在海内外享有盛誉的香港女作家孙淡宁（笔名农妇）出面策划的。1984年，孙淡宁通过长辈的介绍，专程到台湾与蒋纬国洽商编写“蒋纬国回忆录”事宜，经蒋纬国首肯，孙淡宁即以访谈录音的形式，将蒋纬国口述“一生事略”记录整理，前后历时两年，于1986年基本成书。全书共分前、后两大部分，前一部分是蒋纬国自述他为什么会研究战略，第二部分则全在“大谈战略”。

严格来说，《蒋纬国报到》一书，并不符合口述回忆录的体例，内中谈战略之处太多，它只能说是一部“蒋纬国战略史”。此书最敏感的内容，是蒋纬国在书的前两章首次披露了自己身世的几段文字。由于孙淡宁对于蒋纬国的血缘背景了解甚少，这最重要的问题被她几乎是“一笔带过”，既没深究，亦未详叙。然而，因为笔触蒋家内幕，仅此已足撼世！书中写道，“根据蒋纬国的说法：他是党国元

1930年，蒋介石与蒋纬国于商丘

老、前考试院院长戴季陶的儿子，真与他有血缘关系的兄长，是前中信局驻欧代表戴安国（已逝）。而蒋介石是他的‘义父’，蒋经国则是他的‘义兄’”。

孙淡宁引述蒋纬国的话说：戴安国乃是戴季陶于民国前一年（1911年）东渡日本后，与一位东瀛女子同居所生。后来辛亥后亡命日本，才与安国母子会面。民国五年（1916年）年初，戴季陶携眷返回上海定居。同年10月，蒋纬国出世，即寄养于戴家，交由戴氏原配纽有恒女士抚养。民国八年（1919年），蒋介石难违母命，为了替亡弟蒋瑞青立嗣，不得已将蒋经国过继给蒋瑞青，以免亡弟绝嗣。由于蒋经国是蒋介石的独子，其“兼祧立嗣”，令蒋介石有绝后之虞，故向戴季陶要求领养蒋纬国，以承袭蒋氏血脉。经戴季陶首肯，蒋介石才将蒋纬国携回浙江奉化原籍，交由侍妾姚冶诚抚养。所以，当蒋纬国论及其与戴安国关系时，他说：“我与安国，情同手足，血浓于水。”蒋纬国这番话，证明了他与戴安国的兄弟关系，他们同是戴季陶的儿子，而到了1920年，蒋纬国的妹妹世芳亦出世，时值军阀混战时期，戴季陶与蒋介石因为无暇抚养世芳，只好将世芳交由前上海商场殷实商人颜博诚夫妇养育，故易名为“颜世芳”。

据说，全书原稿经蒋纬国本人审阅之后，认为“没有问题”，才授权孙淡宁出版。孙淡宁找了台北的远流出版社，谈好出版条件，她本人就去了美国。出版社为了慎重起见，在正式付印之前，将五校后的“大样”送请蒋纬国亲自审定。孰料，就在此时，竟又传出此书“决定不出版了”的消息。真正原因是什么，出版社和蒋纬国双方都三缄其口。

参与《蒋纬国报到》一书编辑出版工作的，均为一时之选，封面设计郭英声、版面设计李毓礼，都是台湾文化界名人。包括香港作者孙淡宁与政界及新闻媒介的关系亦十分密切。因而当远流出版社从孙淡宁那里取得《蒋纬国报到》的出版权之后，消息很快外泄。首先是《联合报》凭借私人关系搞出来一份大样，准备在副刊上予以连载，接着一向以《联合报》为竞争对手的《中国时报》也设法弄走一份大样。其后，台北市政府主管出版业务的“一支人马”及“隶属调查局”的“另一支人马”，也都凭借职权，从远流出版社各索取走一份大样。据传，大样的影印件被《联合报》的老板、国民党“中常委”王惕吾，密呈“最高当局”审阅，“文工会”的主任宋楚瑜也得到了一份影印件。

当《蒋纬国报到》的大样纷纷流出后，“一股巨大的压力”立刻袭来。远流出版社首其当冲，被限令不得再外泄大样，否则“依法”从事。据悉，压力来自四方面：

（一）蒋纬国的亲信部属。由于这批人唯蒋纬国马首是瞻，蒋纬国的利益就是他们的利益，《蒋纬国报到》一旦出版，可能就是蒋纬国解甲归田之日，蒋纬国可以不在乎，他们在乎！

（二）国民党的情治系统。这种“丑化”蒋介石的著作，显然会“混淆视听”，“扰乱民心士气”。

（三）蒋经国的指示。据说，蒋经国得知此事后，颇为不悦，曾面斥蒋纬国的不智之举。

（四）宋美龄的劝说。据悉，此事也惊动了在美国的宋美龄，经过一番“家庭恳谈”，蒋纬国最后决定不予出版该书。

至此，孙淡宁费尽心血的《蒋纬国报到》一书的出版事宜终告搁浅。然而，书不出版，大样却可以无限制影印，好客的蒋纬国陆续影印了许多份，分赠知己好友、亲信部属。“蒋纬国姓戴不姓蒋”，已是圈内公开的秘密。

随后不久，香港出版的《蒋纬国传》（《广角镜》丛书之一，李达编著）一书，又详尽披露了蒋纬国生父戴季陶与其生母津渊美智子婚姻纠葛的实情。书中言：蒋纬国确是戴季陶的儿子，他与戴安国都是一母所生。他们的生母是一位日本艺妓，名叫津渊美智子。

辛亥革命前夕，蒋介石、陈其美、戴季陶等人相继东渡日本留学，即在津渊美智子屋中相结识，成为生死之交的“革命同志”。在蒋、陈、戴三人当中，戴季陶风流倜傥，又喜做狎邪之游，周旋于宾朋之间，尝以风流韵事为生平乐事。当时戴季陶的举动及神采，令美智子颇为倾心，她追随戴季陶左右，生有二子，即安国与纬国。

1916年，戴季陶携眷从日本回国到上海，美智子遂有定居中国之意，终因当时中国政局不稳定，且戴、蒋等人风云奔波，迁徙不定，1920年美智子只好返回日本。直到北伐战争结束，戴季陶、蒋介石成为当时左右时局的风头人物，戴季陶有了名正言顺的正牌夫人纽有恒，美智子与戴季陶之间这段异国之情遂告中断，但安国与纬国却因亲情所系，与生母之间常有书信往返。

1949年国民党败退台湾后，蒋纬国年事已长，虽有奉养美智子之意，然因蒋介石新任正牌夫人宋美龄之故，过于张扬，会令其出丑，遂只好作罢。1957年2月，蒋纬国再婚。他在胞兄戴安国的陪同下，与新婚夫人邱爱伦前往日本东京联合教堂举行结婚典礼，其主婚人就是蒋纬国的生母津渊美智子。1967 年，蒋纬国应邀访日时，念及其生母年事已高，遂秘密接母亲来台定居丰原市，直到 1977 年其生母逝世时止，这中间的 10 年，也是蒋纬国一生唯一享有天伦之乐的 10 年。

此书关于蒋纬国身世的描述，有不少以讹传讹、穿凿附会之处。书中称蒋纬国的生母是日本艺妓津渊美智子，但据蒋纬国表示，他从未见过他的生母。而了解蒋纬国行止的人也大都晓得，住在台中丰原的不是津渊美智子，而是蒋纬国的养母姚冶诚。那么，蒋纬国的生母津渊美智子的下落究竟如何，蒋纬国不曾言，外人自然也无从得知，这又是一个谜！

在台湾，最早把《蒋纬国报到》一书的内容及其被禁出版的经过在新闻媒介上公开曝光的，是党外杂志《第一线》周刊，在其创刊号上“放胆”选用了蒋纬国身着军装的一帧近照为封面，特意加以报道。总编辑吴祥辉亲撰《蒋纬国报到——蒋纬国自述身世之谜》一文。由于此文系第一篇系统地介绍蒋纬国与蒋家的“血缘亲情”的文章，甫经刊出，立即受到台湾各界的注目，就连蒋纬国在审阅吴祥辉的文章之后，也不得不承认，该文叙述蒋纬国一生经历的真实性在百分之七十以上，但他却认为其中的真实性有待商榷。换句话说，蒋纬国对这篇文章虽颇为赞许，但是他认为有问题的部分，就是他身世之谜的“关键”。由于这个“有意”疏忽，故被蒋纬国视为该文瑕疵。据传，蒋纬国认为百分之三十不真实的部分，并非该文作者“惜墨如金”的“略而不论”，主要是作者为顾及蒋纬国的“政治处境”，才不愿揭破蒋纬国的隐私之处。

然而，这本杂志亦遭受到与《蒋纬国报到》一书几近同样的命运，发行不久，即被“台湾警备总部”明令禁止，所存杂志亦被搜查一空。

“兄禁弟书”风波中情形最为尴尬的当事人蒋纬国，在事后颇为无奈地叹息：“为了这点小事，都惊动了在美国的阿娘（指宋美龄）出面处理，看来我这一生婉道身世的心愿可能都无法达成了。”

1988 年，蒋家在台湾的第二代“统治者”蒋经国猝然病逝，蒋纬国手执台湾军柄，问题的解决出现了新的转机。1989 年 1 月 10 日，蒋纬国以《蒋经国“总统”逝世一年来的感受》在台北发表演讲，首次在公开场合谈及自己的身世之谜。他说，蒋介石是他的父亲，戴季陶是义父，也是他的“亲伯”，就他而言，“做谁的儿子，我都愿意”。他还表示，对于自己究竟是蒋介石之子或是戴季陶之子，这个谜，他自己迄今亦无法证实，他倒希望“向大家收集些资料”，将这段公案澄清。蒋纬国颇为感怀地讲，他自己弄不出个所以然来，但并没有死心，希望以后能证实。否则“一生不清不楚也不是办法”。

1996 年 8 月 22 日至 24 日，台湾《联合报》摘载台湾天下文化出版公司出版的《千山独行——蒋纬国人生之旅》一书中的重要精彩章节，对蒋纬国的身世之谜做了新的回答。

天下文化出版公司的《千山独行——蒋纬国人生之旅》，是蒋纬国接受《联合报》记者汪士淳采访近40次的口述传记。全书分19章，共计20万字。

关于蒋纬国的生母，外界一直传言是一位叫津渊美智子的日本女子，本书披露，其实蒋纬国的母亲是一位叫重松金子的日本护士，产下蒋纬国没几年就过世了。而蒋纬国何以生下来就成为蒋介石的儿子，据了解，主要是因为生父戴季陶的原配纽有恒性情较烈，如果知道丈夫的这段异国恋情，必定闹翻天，所幸的是这段露水姻缘始终不为纽氏所知。戴季陶与蒋介石说好，由蒋认子。蒋纬国一生下来，就由同样对中国革命热心的日本人山田纯太郎带回中国，交由蒋介石、姚冶诚抚养。

1953年蒋纬国赴美进修。途经日本时，他在东京找到了山田纯太郎，终于知道自己的生母葬于何处。山田告诉他，金子死后下葬在东京近郊的青山公墓。第二次世界大战时，东京遭到大轰炸，原有的坟墓已经被美国飞机炸掉，现在公墓周围已成市区。蒋纬国很容易地找到了生母埋身之地，然而，墓址犹在，原址已改葬他人。生母生时无缘相见，死后连尸骨都无处可寻，情何以堪！蒋纬国踯躅于萧瑟的墓园小径，感伤而遗憾。据说，自此以后，每当蒋纬国踏上日本国土，青山公墓都是他必然造访之处。

## 由姚冶诚带大

据蒋纬国回忆，他的幼年成长环境相当特殊。1岁至5岁期间，一直被寄养在上海一位朱姓和邱姓的亲戚家中，与戴氏家人常有往来。4岁半那年，随蒋介石回到家乡奉化溪口，由姚冶诚抚养，称姚氏为“养母”。后入“奉化县试办幼稚园”就读，至此享受正常的家庭生活。当时蒋介石长年在外，家中人口仅有王采玉、毛福梅、姚冶诚及蒋经国等人。

蒋介石初得子并为之命名时，就预期有次子，故取意于许朝宗《宗庙乐仪》“圣迹神功，不可得而窥测；经文纬武，敢有寄于名言”，以及孔颖达《礼记正义序》“夫礼者，经天纬地，本之则太乙之和”，把一“经”一“纬”与“国”字相缀作为长子和次子之名，寄望他们是“经文纬武”或“经天纬地”的齐家治国平天下之英杰。按蒋氏宗谱排行，经国、纬国这一代为“国”字辈，大公子经国乳名为建丰。因而当纬国过继到蒋门后，蒋介石又给这个“二公子”取乳名建镐。以后，蒋介石还从二子名字中各取一字，命“丰镐房”，作为奉化故里蒋家发祥一房的“房号”。

蒋纬国自幼性格外向，天真、活泼，深得其养父、养母的疼怜。蒋介石常说：“经儿聪明，纬儿可爱”，并给予他无微不至的呵护。因为蒋经国年长蒋纬国6岁，蒋介石一再叮嘱哥哥照顾好弟弟。

蒋纬国5岁半那年，王太夫人过世，蒋介石携两子赴宁波，安排他们进当地小学就读。这段日子里，蒋经国、蒋纬国两兄弟的生活颇为困窘，给蒋纬国留下了极其深刻的印象，后来他曾回忆说：“7岁我跟哥哥到宁波，我们没什么钱，也一直找不到理想的房子，没想到有一天竟让我们发现一栋房子好便宜的在出租，就高兴得赶忙租了进去。谁晓得等搬进去住了，才觉得邻居都拿奇怪的眼光直打量我们。原来，那是一间地方传说的‘凶宅’，据说是会闹鬼，长久以来都没人敢去租!”

1924年，8岁的蒋纬国同蒋经国一起随父亲来到上海，进入万竹小学读书，跟蒋介石的三夫人陈洁如生活在一起。因此，陈洁如又成了蒋纬国的“庶母”。

这期间，还有一件颇值得一提的趣事。1922年，广东军阀陈炯明叛变孙中山，炮轰总统府，情形十分险恶，而这时恰值蒋介石在浙江家居。孙中山脱险后，急电蒋介石前来，电文是：“宁波、江北岸、引仙桥、10号：蒋纬国先生。事紧急，盼速来。孙文，巧。”这时蒋纬国年仅6岁，蒋介石竟把他的名字，留作与孙中山通信时使用的代号——发给蒋纬国，就是发给蒋介石。蒋介石对蒋纬国的钟爱由此亦可见一斑。

蒋经国、蒋纬国虽然并非亲兄弟，但幼时情谊甚笃，曾长期担任蒋介石侍卫长的俞济时颇有感慨地谈及过蒋经国、蒋纬国兄弟二人小时候随其父各地转战的情景：

1925年以前，蒋介石还只是一位青年将领，两个兄弟有时就带在身边。在外作战，有时一切食宿都简陋，蒋介石睡觉时也仅能睡在临时搭的行军床上，碰到冬天天冷，没有暖和的铺可以睡，蒋介石的行军床太窄，兄弟二人只能有一个人跟父亲挤在床上，另一个必须睡在冰冷的地上。每到这个时候，蒋经国都会让弟弟睡在床上，自己睡在地上。以后次数多了，蒋介石过意不去，就协议两兄弟，轮流睡在床上，有时候，蒋纬国在地上睡了一夜，醒来时嘴唇发紫，蒋经国会上去揉揉他的面颊，拉着他的手，教他跳跳暖身。然而，这两兄弟却有不同的经历与际遇。

1925年，9岁的蒋纬国随“庶母”陈洁如远赴广州黄埔军校，住在蒋介石的官邸。据黄埔一期出身的宋希濂、孙元良等人说：“每到傍晚，军校课务告一段落后，蒋校长常与陈洁如携手在校园中散步，有时也会牵着天真活泼的纬国一道出游。”

1926年，蒋介石出任国民革命军总司令，誓师北伐。此时蒋经国已赴苏联留学，蒋介石便把次子蒋纬国带在自己身边。

外国记者对这位“中国最年轻也是世界最年轻、最英俊的革命领袖蒋介石，带着童龄儿子出现”，似乎甚感兴趣。美国《时代》周刊曾专文介绍：“这一位青年将军，是目前世界上最年轻的革命领袖，也是世界的明日之星……而尤可惊的，是他带了儿子出征，他的公子蒋纬国，现年十岁，随侍在他身边，和父亲出入硝烟弹雨之中，一起革命。”一时间，蒋纬国的知名度甚至超过了他的哥哥蒋经国。当时外界许多人只晓得蒋介石有个“活泼可爱”的儿子名叫“蒋纬国”，却不知道他的亲生儿子蒋经国的名字。世界各国收集整理蒋介石的资料时，也往往只把蒋纬国列为他的公子，却把蒋经国的名字漏下。到了1928年，各国深入汇集“蒋介石资料”，方始加入蒋经国之名，甚至还有些国家的蒋氏文案资料误将蒋经国列为蒋介石的次子。

蒋纬国11岁时，蒋介石与陈洁如宣告仳离，随即陈洁如离开上海赴美国“进修”。蒋介石把蒋纬国交给姚冶诚，带到苏州，拜吴忠信、王唯仁夫妇为“干爸”“干妈”。起先住在吴家，蔡贞坊7号院的房子盖好后，姚冶诚便带纬国住进去。蒋纬国从此进入苏州东吴大学附属小学、中学就读，直到1936年蒋纬国束装前往德国留学为止。

对于“干妈”王唯仁，蒋纬国一直感情很深。1962年，蒋纬国的续弦邱爱伦为他生下了一个男孩，他在向蒋家官邸报喜的同时，也打电话到吴家向“干妈”报喜。第二天蒋介石为这男孩取名“孝刚”，蒋纬国又向“干妈”吴忠信夫人报告：“这个儿子名孝刚。”1963年，王唯仁病逝于台湾，蒋纬国心悸异常，两次到医院抚尸痛哭。

1927年，蒋纬国被送到苏州托养给吴忠信夫妇不久，蒋介石与宋美龄在上海举行婚礼。这样，在蒋纬国的家庭生活中，又多出个“继母”。

1931年，蒋纬国在苏州东吴大学附中

苏州求学的八九年间，是蒋纬国生活较为安定的一段时日，幼年时代的“颠沛流离”告一段落，正规化的学生岁月开始了。1931年，15岁的蒋纬国中学毕业，立志从戎，遂去报考军校。不料，因是年暑假间割治扁桃腺，流血过多，遵医生所嘱，暂时不能从军。蒋介石安慰深感失望的蒋纬国说：“既然决定做一个现代的职业军人，不妨先打好理工基础，懂得政治、经济、社会之后再入伍。”这样，蒋纬国就进入东吴大学攻读，先在理学院，后入文学院，学习了整整4年。

由于蒋介石、蒋经国父子一度失和，蒋经国长期滞留苏联，蒋介石对在身边的蒋纬国给予了深深的父爱。蒋纬国的晚年曾不无回恋地追溯他少年时代与“父亲”相处的时光：

从小，父亲就是我最要好的师长、最要好的朋友！他只要在家就会教我读书、陪我练字，我们之间无话不谈，他从不曾打过我或大声责骂。是对或错，他都会清清楚楚地从正面教导我，我们之间没有代沟！

我最记得，每当他在前方打仗打得最危急、最激烈时，或当他遭受国内外各方大压力时，他总喜欢把我叫到他身边，以缓解他所承受的压力。

## 二、权力仅限于军界

### 军界任职，升迁不大

也就在1936年年底，震惊中外的西安事变爆发，蒋介石被张学良、杨虎城扣留于西安。蒋介石一度不抱“生还”之希望曾“遗书”于宋美龄，“临终”而牵挂不能释怀者，“唯经国、纬国两儿”。这时候，蒋经国尚留苏联，蒋纬国亦在德国，蒋介石之“舐犊之情”，跃然于字里行间。

蒋纬国于1936年年底抵达德国后，先入柏林大学学习德文4个月，并在一德国贵妇人处熟悉礼仪3个月。以后又以中国陆军少尉之阶衔，在德分别随侍国民党“军事泰斗”蒋百里、德军第七军团司令官冯·莱谢劳各三五个月，并在德装甲部队见习。1937年秋加入德国山地兵师第九十八团受训，从二等兵升至班、排长及教导连连长等职。1938年进入德国陆军有名的慕尼黑军校就读，接受正规的德国军事教育。1939年夏末毕业后被授予德陆军山地兵少尉，分至德军陆军第八师实习。而就在这时，国际形势发生了急剧的变化，由于大举侵华的日本成为德意日轴心国三角之一，中德之间的关系无法维持，蒋介石电召蒋纬国回国。在蒋纬国1936年年底初到德国时，希特勒就表现出极大的热情，予以悉心照应。此时，对于蒋纬国的离德要求，亦未加以留难，而是极其谨慎地护送他出了国境，以预留将来和蒋介石做交易之伏笔。

蒋纬国返国途中，接奉国内指令在途经美国时至美陆军航空兵战术学校接受空军战术教育，其时，美军尚无独立之空军。蒋纬国在麦克斯威尔基地毕业后，又奉命至美陆军装甲兵中心见习约 4 个月，当时美军正授命该中心指挥官查非中将首度成立装甲兵学校与装甲部队。1940 年冬，蒋纬国学成归国。

对于蒋纬国的归来，蒋介石十分高兴，他仍然指定已在重庆的蒋纬国的“养母”姚冶诚尽抚育之责。这对于长年孤寂的姚冶诚来说，无疑是最大的安慰。蒋纬国自小由“养母”带大，自然感情深厚。从那时起蒋纬国一直随侍于姚冶诚的身边，从重庆到南京直至台湾，竭尽孝心。每年“养母”寿诞之日，蒋纬国总会通知至友和亲近部属去给爱热闹的姚冶诚“开心开心”，在寿堂中把“养母”请出来居中端坐，蒋纬国先跪下磕头行起大礼，姚冶诚虽然啐他“又瞎胡闹了”，但行过大礼之后，他的至友、他的部属就一班一班地排列，跟着磕头不误，把这位“养母”捧得乐晕晕的。

1966 年，姚冶诚先于蒋介石逝世。按照惯例，“姚夫人”之逝与蒋介石原配“毛夫人”之逝一样，不公开举丧。据说，蒋纬国虽为此大发了一通脾气，却也无可奈何。

蒋纬国回国后，首先进入陆军第一师，被分配在步兵第三团第二营第五连第一排任少尉排长，以后逐步升任连长、副营长与营长之职。在抗战期间，蒋纬国当时阶衔太低无功可陈。唯一可述的是 1943 年随国民党“装甲兵之父”徐庭瑶率领中国驻印远征军战车指挥部，赴印作战。当时蒋纬国为上尉联络官，负责与英、美部队的联络事宜。在此期间，蒋介石与宋美龄还曾专程前往印度巡视。1944 年，这支装甲部队开赴缅甸，与日军十八师团激战于瓦鲁班，大获全胜，史称“瓦鲁班大捷”。后来蒋纬国担任国民党装甲兵司令时，遂将大捷这天——3 月 3 日——定为“装甲兵节”，以资纪念。

1944 年，豫湘桂战役爆发，国民党军队千里溃败，日军直逼贵阳，重庆震动！是年秋，蒋介石号召全国青年共赴国难，发起“十万青年十万军”运动，并率先派长幼二子参加。蒋经国奉调出任青年远征军编练总监部政治部主任，蒋纬国也从第一师第三团第二营营长的任上，奉调为青年远征军第二〇六师第六一六团第二营营长，不久升任该团中校副团长。

1945 年，中国的抗日战争即将取得全面胜利。蒋介石出于战后“以最强的军事实力赢得最大的政治发言权”的考虑，决定用从美国获得的军事援华物资，全力扩充新组建的装甲兵部队。也就是在这一年，蒋纬国奉调为国民党装甲兵司令部教导总队部第三处处长，旋即升任战车第四团副团长。1946 年，改任新一军军

抗战时期的蒋介石与蒋纬国

部参谋，负责整编印缅战区装甲部队，后调任战车第一团副团长，1947年，升任该团上校团长。1948年，32岁的蒋纬国出任装甲兵司令部上校参谋长。

是年11月，中国战争史上规模最大的一役，也就是决定国民党命运的淮海战役，进入最紧急的关头，蒋纬国曾向蒋介石立誓：要率领他的战车团北上“淮海”，为面临全军覆亡的黄百韬兵团解围，结果被中国人民解放军歼灭。第二年，中国人民解放战争取得全国胜利的大局已定，国民党军队开始退败台湾。此时已升任装甲兵少将副司令的蒋纬国，奉令率部戍守上海。不久，协助徐庭瑶指挥国民党装甲兵部队撤退台湾。

国民党南京撤退前，蒋介石派人力劝蒋纬国的生父戴季陶随“国民政府”南下广州，然后撤赴台湾。但戴季陶此时已对国民党的政治前途彻底绝望，执意“终身于大陆”。蒋介石无奈，只得把蒋纬国从徐州前线召回，让他做戴季陶的工作。当时，戴季陶住在南京汤山的别墅里，任凭蒋纬国苦口婆心，“动之以情，晓之以理”，戴季陶仅答应“离开汤山至广州”。并且他也没有失信，很快由南京到汉口，又从汉口赴广州。至此，蒋纬国自认为任务已经完成，就重返战场，准备在台湾与戴季陶再见。

不期然，2月11日，戴季陶在广州自杀身亡，根落大陆。消息传来，蒋纬国“悲痛欲绝”。戴季陶与蒋纬国的关系非同一般。虽然，蒋纬国始终也未能从戴季陶本人那里亲口证实谁是自己的生身父亲，而尊称他为“亲伯”，但是，从蒋纬国懂事之日起，戴季陶就一直以思想导师的身份出现在蒋纬国的生活中，他的言行对蒋纬国的一生影响至深，戴季陶之死，对蒋纬国而言，不异于精神支柱的崩溃。

## 在少将位置上一放就是 12 年

对于蒋经国、蒋纬国两兄弟，蒋介石并无亲疏厚薄之别，而是同样寄予厚望，刻意栽培。“一文一武，经天纬地”，就是蒋介石为他们规划的未来。事实上，他们也基本上是循此而赴人生之旅的，从早年蒋经国去苏联学政治，蒋纬国赴德国习军事，直至晚年，蒋经国父业子继，接任“总统”，蒋纬国上将“监国”，文武异途，一主政，一主军矣！

就蒋经国、蒋纬国两兄弟各自的生活经历而言，蒋经国的前半生是苦多于甜，而蒋纬国则是后半生逆强于顺，其中因素，有人为，也不乏时势使然。

在蒋经国、蒋纬国的童年、少年乃至青年时代，兄弟俩相处得十分融洽，彼此感情很深。然而，“蒋家王朝”毕竟是家天下，老主人也好，少主人亦罢，最高权力总归是一人在握。因而，当 1937 年蒋经国从苏联归来，1940 年蒋纬国自美国而返，即使他们自身并不自觉，“拥长”与“拥小”者已在他们周围划出了阵线，随着蒋经国、蒋纬国兄弟俩各自的羽翼渐丰、根基日稳，他们之间被“权”所撕扯开的“裂痕”也就越来越深。

蒋纬国虽然因“不解的身世”在蒋家的地位颇为“尴尬”，不像他哥哥蒋经国那样，一般无疑认定为蒋介石原配夫人毛福梅所生的嫡长子，谱牒斑斑历历、在在可考。但是由于蒋介石、蒋经国父子一度失和，蒋经国经年滞留异域，蒋纬国则长期随侍于蒋介石左右，享受到的父爱远较其兄蒋经国为多。在蒋家，性格开朗、富有情趣的蒋纬国比起少年老成、城府很深的蒋经国，更惹人喜爱。蒋介石

任“联勤总司令”（右）和“三军参谋大学校长”的蒋纬国

的“正牌”夫人宋美龄一直就是远经国而近纬国的。而且，蒋介石身边的许多人，对有过“十年红色苏联经历”的蒋经国，一直戒心重重，他们宁愿看到“蒋家王朝”的权柄最后传给受“4年法西斯教育”的蒋纬国。因而，很长一段时间里，对于“老二得宠”这个说法，人们相信并不仅仅是传言。

然而，毕竟蒋介石是中国传统文化的“孝子”，虽然他也曾接受过基督教的洗礼，但是朱熹、王阳明、曾国藩这些蒋介石的偶像人物所灌输给他的“正统”观念早已是“百毒不侵”。蒋纬国“可爱”亦“可教”也，可终究只是挚友之子，况一直随侍在侧，顺境而行，缺少多方面的历练，性格外露而不坚毅，不堪以大任；而蒋经国虽一度失和于蒋介石，但毕竟是血亲之子，且多年独闯天下，逆境磨砺，气度沉稳而胸襟开阔，为人处世颇有其父之风。所以，当抗战初年，蒋经国、蒋纬国先后从国外归来后，蒋介石在“孰重孰轻”的问题上，如果还不能说有十分明确的倾向性态度，对两兄弟都是悉心培植的话，那么，至少可以说明的是，蒋介石把蒋纬国仍交姚冶诚抚养，应该说已是对可能出现的“兄弟阋墙”而“防患于未然”之举措！

宋美龄不喜欢蒋经国，但对蒋纬国却疼爱有加，这在国民党内已不是什么秘密。宋美龄财多势众，权倾一时，如果将蒋纬国交宋美龄抚养，有朝一日宋美龄要拥立蒋纬国接班，局势的演变就很难预测了；姚冶诚无权无财亦无势，由她来充任蒋纬国的“养母”，谅不至于对蒋经国的“子承父业”造成任何实质性的威胁。后来事实的发展也充分证实了这一点！

国民党偏安台湾后，蒋经国的“准接班人”之势已初呈端倪，蒋介石在“党、政、军系统”全面扶持蒋经国出掌实权，而蒋纬国的发展则被囿限在军界。

1950年，台湾国民党装甲兵司令徐庭瑶退役，蒋纬国以少将军衔代理装甲兵司令之职。1953年，蒋纬国暂离装甲兵，随台湾国民党“国防部”作战次长徐培根中将赴美国入陆军指参学院正规班及防空学校飞弹班研修，1954年秋返台后奉调为“国防部”少将高级参谋。自1955年1月起，在参谋本部历任第三厅数届副厅长。1958年4月1日，出任“国防部”第五厅少将。同年8月，“国防部”改组，第五厅裁撤，蒋纬国再度被调回装甲兵部队任司令，连续两届留延，直至1963年奉调离开装甲兵部队，出任陆军指参大学校长。1961年，蒋纬国以45岁之龄晋升为陆军中将。至此，蒋纬国在少将军衔上已干了整整12年，而其兄蒋经国早在1950年40岁出任“国防部”总政治部主任之时编阶已是三星二级上将。轩轾何其分明！尤其是到了1964年，“湖口兵变”的突发，更成为蒋纬国政治生涯的一个转折点。

## 又当了 14 年中将

1964 年 1 月 21 日上午 10 时左右，台湾“国防部”装甲兵副司令赵志华在湖口装甲基地主持例行的装甲第一师的战备检查时，突然发表令人意想不到的演说。主要内容为：“一、国际形势不利于台湾当局，世界各国争相讨好共产党，外交有陷于孤立的危机，当局官员没有处理‘外交’的能力，竟有人提倡‘两个中国’的论调。二、高级军事将领，只顾自己生活享受，不顾部队生活。身为‘总统府’参军长的周至柔，养的狼狗每月吃的东西比一个连的伙食费还多。社会上进行的‘台湾小姐’的选拔，无异鼓动奢靡生活，也沦为高官子弟追逐的对象。三、装甲部队是‘国军’精锐，也曾是戍守台北市的‘御林军’，理应挺身而出。”

副司令满怀激情的演说，让台下人听得瞠目结舌。赵志华见反应冷漠，又高喊“谁敢跟我去?”还是没有回音。他又掏出手枪，对空开了两枪，再叫“谁敢跟我去?”台下终于有了反应，先是一位老士官走出队列，高喊“副司令说得对，我跟你一起去”！随后军内特务、“政工少尉”张民善也走上讲台，表示愿意追随副司令，以接近赵志华。就在赵志华表扬二人的同时，张民善一把抱住赵志华，一边高喊：“抓起来!”在一些人的配合下，把赵志华制服。操场上的部队官兵在师长徐美雄的指挥下，开回各自营区。

赵志华被抓时，湖口基地外面已是天翻地覆，乱作一团。就在赵历时一小时余的演讲之初，基地执勤人员闻声不对劲，就已逐级上报。当装甲兵谋反的消息传到“参谋总部”时，“参谋总长”彭孟缉、“陆军总司令”刘安祺不在台北，事实上已经接替梁序昭为“国防部”副部长的“陆军二级上将”蒋经国在接到报告后，立即下令湖口以北的陆军及装甲兵进入各自临时阵地，随时准备阻击任何北上的坦克和装甲车。如阻击不成，则炸毁台北市西南面的“中兴”“中正”“台北”等大桥，以确保台北市乃至“国民党政府”、“总统府”的安全；同时命令桃园、台中机场的空军机群进入战备状态，随时准备配合陆军阻止叛军；还因装甲兵总司令郭东旸不在青东岗总部，命令“参谋长”金仲臣和“政战主任”武宦宏坐镇，并由前“装甲兵总司令”、现“陆军指挥参谋大学校长”蒋纬国负责联系和协调。

不到两小时，已经确证仅是赵志华一人口头兵变，而非装甲兵谋叛，事态很快平息，没有形成武装冲突。

以上就是震惊台湾岛的“湖口兵变”。20 余年来，人们一直围绕着两个问题进行议论，一是赵志华事变算不算政变，二是蒋纬国以后的遭遇。

赵氏演说是武装兵变吗？赵志华被捕后，并未依“军事刑法”规定的“叛乱

湖口事件后的蒋纬国

罪”起诉，而是以违反军纪案处理。他如果真是要率领装甲兵“叛乱”，必死无疑，可最后定为“无期徒刑”，14 年后“保外就医”，1982 年病故，其妻子及女儿早已获准移居美国。以上处理结果说明不是“兵变”。1988 年 3 月间，蒋纬国在其兄蒋经国死后仅两月，就在一次台湾大学举行的国际学术会议上公开说：“‘湖口兵变’，绝非事实。”“全是外界讹传，不足采信。”

非“兵变”，那是什么呢？据当时在场的一位将军说：“所谓‘湖口兵变’，根本谈不上是有计划、有预谋的‘兵变’，仅是赵志华将军的个人事件。”赵志华为中央军官学校 10 期生，后又到美国西点军校专攻装甲作战，抗战时参加驻印远征军作战，编入新一军装甲团，抗战胜利后被蒋纬国收编到装甲兵部，淮海大战时已经官至上校，曾被共产党俘虏。1949 年 4 月间逃到香港转台湾，找到老长官蒋纬国以后，又官复原职，出任“装甲旅上校旅长”。

在逃台初期的军队整编中，装甲兵编为 2 师 4 旅。经蒋纬国直接向蒋介石保荐，赵志华升为装甲第一师师长，“兵变”前已经是装甲兵少将副司令。他当第一师师长时，治军严格，管理有方，多次受到台湾“军事当局”的嘉奖。一度任过装甲兵总司令的胡炘曾夸奖赵志华是“深得蒋纬国将军的真传”。

赵志华是东北人，为人耿直，说话坦率，对国民党内尤其是上层的堕落，对社会上尤其是官场的腐败，深有感受。平时积怨甚多，终于导致发表批评时政呼吁装甲兵责无旁贷地站出来“清君侧”与“肃腐败”的“一·二一讲话”。在狱中赵志华又给蒋纬国写了《万言书》，列举出部队伙食差、高级将领生活奢靡、人事升迁浮滥、选拔“台湾小姐”等时弊，把“一·二一讲话”系统化、具体化，申诉情绪激昂。要说他煽动“造反”、预谋“叛乱”，真是冤枉了他。赵氏完全是出于对“蒋家王朝”的忠诚，是为了尽可能地减少国民党的恶习。

蒋介石在看到《万言书》之后，认为赵志华只是基于一时之激愤，并无明显的“叛乱”意图，所言又充满效忠之情，乃从重臣们的枪口之下救下赵志华一命。但没有宽容赵志华的鲁莽行为，不能不考虑到万一“装一师”的坦克、装甲车开到台北，则混乱的程度非赵志华所能控制，造成的后果将不堪设想，故为了堵截此类事再发生，防止此类人再出现，特把赵交“军法部门”判处无期徒刑。

蒋纬国在后来评价此事时说赵志华是“动机单纯，方法错误”。关于赵志华留下的疑点是：他身居高位，官阶不低，为何干此类既无成功把握、又有杀头之险的政治游戏呢？综合起来说，“原因”不外乎有：一是升迁不成，如他昔日的部属郭东旸在1963年1月蒋纬国离开装甲兵总部后，接任装甲兵“司令”，“赵副司令”当然不服气；二是买住房向官方借钱未准，有怨气；三是郭东旸并不把这个“老副司令”放在眼里，赵志华虽为“副司令”，可实权全在郭手中，心中难免有不满之情；四是对上层腐败看法甚多，不吐不快；五是他过高估计自己在旧部“装一师”中的影响，以为只要振臂一呼，就会追随成群，坦克、装甲车就会浩浩荡荡杀向台北，贪官污吏就会束手就擒。所以在毫无组织准备、没有联系一兵一卒、也没有调查摸底的情况下，临时、突然发表演说，进行煽动。可讲演刚完，自己即成为阶下囚。对以上一切，赵志华在狱中所写的《湖口兵变真相》手稿中曾加以详细描述，可惜的是随着他的病故，手稿也已丢失。

“湖口兵变”严重牵涉到蒋纬国。对蒋纬国的影响程度，取决于他与装甲兵和赵志华的“不正常”关系到什么程度。人所皆知，蒋纬国曾把“装甲兵”当作“第二生命”。在台湾国民党的装甲兵发展史上，他是个重要人物，曾一手完成了装甲部队逃台后的恢复、整编、发展工作。在“湖口兵变”前国民党退台15年中，他当了10年的装甲兵司令，大大超过了国民党“军界”各军事主官任期两年的规定。

对于装甲兵，蒋介石感到很矛盾。从固守台湾的角度讲，坦克和装甲车无疑是一支反登陆、冲击登陆之初还不坚固防守力量的对方滩头阵地的最好的装备。同时在其他军兵种或陆军部队出现叛乱时，装甲兵更是一支最快、最有效的镇压力量。所以装甲兵被台湾军界和社会上称为“御林军”“典卫兵”。可从内部哗变的角度讲，装甲兵又是一支最危险的力量。它不需要空军、海军那么多的后勤单位和复杂的技术、通信设备，行军速度快，因此它的机动性极强；它火力集中，杀伤力大，因此它的进攻性也极强；它自身具有相当的防御、保护能力，再加上机动性、进攻性极强，所以不像其他军种那样容易阻击和互相制约。尤其是台湾岛南北长约800公里，宽约300公里，坦克部队在昼夜间能横扫来回。如果装甲兵“叛乱”，台湾当局将无法收场。

对这样一支装备1000辆各类杂牌坦克、装甲车的特殊部队，蒋介石无法放心，故让小儿子蒋纬国出任装甲兵司令，以保证装甲兵不出差错。尽管装甲兵归蒋家人管，但由于装甲兵“总部”设在台北，驻扎“总部”内的坦克、装甲车的炮口对着台北市，社会上关于“装甲兵要造反”的传闻一直不断。在1953年蒋纬国短期调离装甲兵总部时，装甲兵总部也由台北迁往台中。蒋介石这样做的目的，无非是在装甲兵有异动时，台北方面能够为研究对策、实施应变措施、调兵遣将争取时间。“湖口兵变”时，则可看出蒋介石把装甲兵调出台北的“高明”之处：赵志华还在鼓动、演说之际，湖口通往100公里外的台北的所有路口、要地、桥梁都已被忠于蒋经国的部队所占领。即使赵志华鼓动成功，率领坦克出营，即使能打到台北，也是历经苦战、伤痕累累，已成强弩之末难以再战了。

蒋纬国以“总统之子”的身份，长期经营装甲兵，“装甲兵部”成了他一人独霸的势力范围，他人不敢染指，甚至无处不到的蒋经国在“湖口兵变”之前也从未跨入装甲兵营区一步。装甲兵内部的人事关系、军官晋升都是以“司令”为中心，唯蒋纬国的意志行事。鉴于这一现实，“湖口兵变”后，蒋经国直接指导装甲兵的清理、整顿，名为清除赵志华的影响和势力，实为把蒋纬国建立起来的势力范围一网打尽，装甲兵从此转到蒋经国的门下，蒋纬国和装甲兵的关系就此结束。

“湖口兵变”之前，蒋纬国除与装甲兵关系密切外，与赵志华的关系更亲密，两人合作长达20余年，蒋纬国对这位西点军校毕业生的信任程度，远远超过对黄埔系、中央军校系学生的信任。赵志华在“总司令”的栽培下，稳且快地上升。特别是在1950年间，作为淮海战场上共产党俘虏的赵，能够到台湾官复装甲兵上校旅长，则完全是蒋纬国在起作用。唯一给两人友谊留下的遗憾，是1963年蒋纬国离开装甲兵总部时，在蒋介石、蒋经国精心安排下，赵志华没有能够成为蒋纬国的接班人，而是让郭东旸领先。湖口事发，蒋纬国不顾自己的困境，尽可能地为赵辩护，认为当事人行动属于莫名其妙的精神不正常行为，不必送军事法庭，关进精神病院即可。赵入狱后，蒋纬国经常去看望，亲自安排赵的妻室儿女赴美定居，安排赵保释出狱就医。赵病故后，当时身为台湾“联勤总司令”的蒋纬国还亲自出面料理丧事。

有以上两层关系，尽管蒋纬国离开装甲兵已经一年有余，但“子弟兵”闹事，作为“老长官”的他难辞其咎。“湖口兵变”发生，蒋纬国立即向“国防部长”俞大维“自请处分”。俞“部长”虽为蒋介石所信任的重臣，连任11年的“国防部长”，可也不敢处分蒋纬国，只是上报蒋介石，由“总裁、总统”裁决。

由于宋美龄出面为蒋纬国后援，蒋介石没有公开处分蒋纬国，而且也缘于宋美龄的力保，主事者赵志华这位蒋纬国的老部下，由死刑改判为无期徒刑，所牵涉的30余位将领，也个个都在“原职待退”。但是，蒋纬国就此失信、失宠于蒋介石，疑心极重的蒋介石决定剥夺蒋纬国的带兵权。这样，蒋纬国在蒋介石的最后10年间，实际的部队指挥权已不复存在，只能是拿着笔杆教鞭，在军校里纸上谈兵，并且一直得不到提升，在中将阶衔上一滞又是14年。

# 三、没有作为的政治家

## 成为军学系首领

蒋介石的早期计划是大儿子接班，小儿子掌握军队撑腰，一文一武，武为文用。可他为何改变计划，放弃了让蒋纬国执掌军队的打算？

一是“湖口事变”后，蒋介石觉得小儿子思想偏激，情绪奔放，稳重不足，轻浮有余，虽说不至于背叛蒋家，可成事之才逊于败事之能，不堪重任，放在一线位置容易出乱子，还不如早做安排。

二是在旧中国的政治舞台，向来是枪杆子说话最响。蒋纬国如果独掌军权，形成尾大不掉之势，会打乱大儿子蒋经国的接班步骤，还不如早做防范。

三是蒋经国的接班意图明显后，父传子、家天下，令天下人耻笑。蒋介石为减少人们的议论，故意让蒋纬国放弃一些权力，不再担任作战部队主官，以美化自己的形象，淡化蒋记色彩，以蒋纬国的损失来换取“蒋记政权”得以延续。

四是蒋介石所看到的无可否认的现实是：家人儿子有限，可奴才不少。蒋家人士放弃的职位，可以用听话的下属来代替，况且下属比儿子便于管理，更能理解和执行蒋介石、蒋经国的旨意，对“蒋氏政权”有益无害，特别是不易造成军权落入一人之手的被动局面。当然为防止军事主官拥兵自重，蒋介石、蒋经国还采取了加强“政战系统”的监督、强化军事主官任期制等预防措施。

五是对蒋纬国的自我发展，蒋介石则根据自己办黄埔的经验和蒋经国从政接班的经验，希望蒋纬国自己寻找机会表现自己，提高自己。最好的办法无疑是办教育，通过执教办校，以扩大自己的影响，这种威信来得容易，也来得迅速。再说蒋纬国具备到军校任教的条件，他口才上乘，风度不俗，看过不少书，大学毕业后又三度出洋专攻军事，见多识广，文的、武的、洋的、土的齐全。

自愿也罢，不自愿也罢，被冷落的蒋纬国只能是接受蒋介石、蒋经国父子的安排，在“湖口兵变”后，彻底地从军事指挥系统转到军事教育、军事研究系统，整整 18 年远离兵权。

国民党“军界”的指挥参谋学校一共有 3 所，分别设在陆、海、空三军，负责培训参谋人员，与“陆、海、空三军”军官学校相配套。“陆指参大学”规模虽不

蒋纬国在三军大学效忠"总统"歃血宣誓大会上

大，但是因为蒋纬国一是内行，二也喜欢教育，所以军校办得有声有色，短短几年间，就在军事教育界确立了自己的权威地位。在"陆指参大学"毕业的学生中，就像蒋介石当年在黄埔军校学生中的地位一样，"蒋校长"声名鹊起。1969 年 11 月，分属"陆、海、空三军"的"指挥参谋大学"合并为"三军大学"，并增设了由蒋纬国一手筹办的"战争学院"。"战争学院"主要培训高级军事将领，并负责进行国民党的军事理论和战略战术理论研究工作。蒋纬国任"三军大学"副校长兼"战争学院"院长，这样，就在蒋经国于 1972 年出掌"行政院"被称为"蒋院长"的前 3 年，蒋纬国也被他的学生称为"蒋院长"，从而使得对蒋家向来关心的台湾舆论界出现"兄弟蒋院长"之说。

有心栽花花不开，无心插柳柳成荫。蒋纬国 20 世纪 50 年代在台湾国民党"国防部"任职时，结识了国民党的所谓"战略泰斗"余伯泉，开始萌生出对军事战略研究和军事教育的兴趣，但那时毕竟只是业余爱好而已。孰料若干年后，竟会以此为职业消度时日。客观地评价，蒋家并没有亏待蒋纬国，自幼失怙的蒋纬国能有其时国民党"军界"中之尊崇地位，均系蒋介石之倾心倾力相持。因此，当他明白了蒋介石着意培植其兄长蒋经国日后"接班"之时，他只好与世无争，潜心军事教育，从"陆军指参大学"到"三军大学"，一干就是 18 年，直到晚年才应其兄蒋经国之召，重返部队，"以军监国"。故蒋纬国之所以安于守成，原因无他，只是蒋家待他之厚，他无以回报而已。

18 年的军事教育和军事理论研究生涯，蒋纬国对"蒋家王朝"的最大贡献，就是继蒋介石的"黄埔系"、蒋经国的"凤山系统"之后，在国民党军队中又培育起效忠于蒋家的"军学系"。18 年间，师从过蒋纬国的将校级军官逾万名，蒋纬国的门生遍布国民党“陆、海、空三军”，且不少为军中重臣。这也成为日后蒋纬国出山重掌兵权的最大的政治资本。当然，此乃蒋纬国当初所未料及到的“塞翁失马，焉知非福”耶！

18年间，蒋纬国对“蒋家王朝”的第二大贡献，就是把从事反共、蒋介石的指挥、国民党的军事作战、建立台湾顽抗基地的“四则运算”，加以拼凑，填补了国民党的军事理论和实践结合研究方面的空白，并在“研究”的过程中，成为蒋介石军事理论的合适的解释者、虔诚的崇拜者，还是出类拔萃的宣传者。

18年间，蒋纬国对“蒋家王朝”的第三个贡献，是作为“台湾战略学会副理事长”，负责主编《国民革命军战史》和《中国历代战争史》。通过编史，他把自己的观点完整地搬进国民党的军史之中。“两史”篇幅不小，资料丰富，因受政治的影响，夸大了蒋介石在军事史上的作用，指责、攻击人民革命力量，避而不谈或少谈国民党的败绩，更没有找出南京政府失败的原因。因“两史”不符历史史实，所以大大降低了两书的价值。

从蒋纬国从事国民党的军事教育、军事理论研究、编写国民党军史三方面看，其虽遭其父的冷落，被剥夺了兵权，被赶出其称为“第二生命”的装甲兵部，可他的小太子的身份并没有变。

当然，就蒋纬国“好动不好静”的性格而言，执掌教鞭的“校长”一职比起叱咤千军的“司令”之职，其间风光，何异天壤之别！蒋纬国对于自己“无过”而被踢出军事一线位置，始终是“颇有微词”的。

许多年前，台湾流传着的关于他的几个幽默小品，说的就是蒋纬国心中的怨言和苦闷。

一个小品说的是蒋纬国一次对父亲讲：“在‘中华民国’的军事将领中，有两位是一直没有升迁的。其一是你（蒋介石是“五星特级上将”，为台湾“军界”最高衔），其二是我（蒋纬国自1961年当上中将后一直没动）。”以此表达自己对应该晋升而未晋升的不满。

另一个小品说的是在一次社交场合，一位属龙的年轻女歌星在唱完一曲《龙的传人》后，端起酒杯向同为属龙的蒋纬国祝寿，祝词是“龙的传人向龙的传人敬酒”。蒋“幽默而感伤”地回答：“龙的传人算什么，这年头龙是连猪（蒋介石属相）狗（蒋经国属相）都不如了。”以发泄对自己不受重用的不满。

第三个小品说的是蒋纬国在演说时，常用的开场白是“我的国语虽然讲得不标准，却是我们蒋家成员中讲得最标准的一个”。此话虽然说的是口音问题，可音外有音，话中有话。是以“话”喻“才”，隐喻自己“才”过父兄，可只能充当蒋府里的“二等公民”矣。

以上政治笑话不足为信，但有一点却是事实，即蒋纬国深懂太极、柔性攻势，并出过专著，更精通阴阳五行说，相信阴抱阳，阳抱阴；阴逐阳，阳逐阴；相互取与，而互依生存。再说他进入著书立说和上台执教的境界后，言必称“军事战略”，对不顺心的事谈得也少，只是经常借机申述自己的主张和见解，向其父其兄发动迂回进攻。蒋纬国的柔性攻势，对蒋介石来说不起什么作用，对蒋经国来说则起到了时刻提醒哥哥别忘了弟弟的作用。

## 宋美龄让他当上将

1975年4月5日，蒋介石在台北“士林”官邸过世。蒋介石弥留之际，蒋纬国一直随侍在侧。4月6日，蒋纬国亲撰悼词，以示哀念。

蒋介石过世后，按照他生前的预定安排，由蒋经国“承继父业”，出任国民党主席和台湾“总统”，由“老蒋天下”变成了“小蒋天下”。蒋纬国曾戏谑地说：“我原来是‘总统’的儿子，现在是‘总统’的弟弟了!”然而，蒋纬国备受冷落、抑制的命运并没有因为“决定权”的“主人”改换而有所改变。蒋经国上台后下达的第一道军政人事升迁命令为：“联勤总司令”郑为元转任“警备总司令”，“空军副总司令”司徒福晋升“空军总司令”，“总政战部主任”罗友伦转调“联勤总司令”，“总政战部副主任”王升升任“总政战部主任”……唯有蒋纬国依旧是“三军大学”副校长兼“战争学院”院长，不见有任何升迁之希望。

后来，许多国民党元老看不过去，迭向宋美龄进言，并向蒋经国暗示蒋纬国的“出处”应有合理的安排，不料，却遭蒋经国“婉拒”，理由是“没有适当位置安插”。直到“三军大学”校长余伯泉上将主动向蒋经国提出“退役”辞呈，并力荐蒋纬国接替他的校长遗缺，又经宋美龄说情，蒋纬国才得以出任“三军大学”校长，并晋升为上将。

关于蒋纬国“升迁”的这一曲折过程，台湾尚有一则流传甚广的“故事”，外人莫辨虚实：

1975年8月，蒋介石丧事已告一段落。宋美龄决定离台赴美静养，“士林”官邸的秘书、侍卫自都集中帮着收拾行李和恭送，蒋家长幼两房也被通知前往送行。这一天，蒋纬国比送行启程的时间早一两小时到，而不同于往昔的则是，这一天他穿着军服，佩戴勋章勋标前往。在以前，蒋氏家族聚会每年总有几次，如蒋介石、宋美龄生日家宴，阴历新年、除夕团圆饭，端阳、中秋等节日，王太夫人的宴诞和忌辰，等等，都有家庭团聚的场合，所有的人自都是着便衣前往。这天，蒋夫人看到蒋纬国全副戎装出现，并先行了一下军礼，难免有些怪怪的。端详了他一下说：“你穿军装的确很有精神，啥事情今天给我送行又穿军装，又行军礼？”

“因为再过不久，我就没有资格再穿军装了！所以今天给妈送行，特别让妈看看穿军装的形象。”蒋纬国回答。

宋美龄绝没有想过蒋纬国会有“没有资格再穿军装”的事，经这么一说，更加奇怪了。就问：“为什么？”蒋纬国便把台湾军中强制限龄退役的制度，大略地说了一遍。“今年已到了我中将限龄退役的年龄，我已在报请退役了，妈回来时，我退了役自然不能再穿军装看妈了！”这一限龄强迫退役的事，对宋美龄来说，无疑是从来没听过的新鲜事。在她的印象里，自己的丈夫一辈子穿军装，她常见到的军人，像何应钦、薛岳、顾祝同等，到了拿拐杖、坐轮椅了还在穿。于是禁不住再问：“何敬之（何应钦）为什么可以继续穿？”

“那是一级上将，功在国家，终身制的。”蒋纬国回答。

这才算使闻所未闻的宋美龄弄明白了。说着说着，蒋经国一家也来给宋美龄送行。蒋纬国站起来向哥哥行了一个军礼，蒋经国说：“在家里干什么来这一套？”宋美龄远行未定归期，蒋经国必须和宋美龄有所请示。在往常，都是到宋美龄单独的会客室中谈，可是今天情形特殊，行李已在整装待发，侍卫人员进进出出在搬运，大家都在大客厅坐着谈话。宋美龄忽然指着蒋纬国问蒋经国：“纬国做军人还行吗？”

“他本人就是干军人，干得很出色。”蒋经国一时还不能了解情况，所以只能这么答。

“既然他干军人很出色，为什么听说他在报请退役，要脱掉军装？”宋美龄步步紧逼。

“纬国中将年龄到了，也听说他报请退役，不过我已经交代给他办升级上将的事体。”终于，蒋经国不得不如此回复。

这样，在“中将”阶衔上整整滞留了14年的蒋纬国，方得以晋升“上将”军衔，年届60矣！

蒋经国晚年体弱多病，上台不久就开始着手布置“接班”事宜。虽然蒋经国对外界所传“传子是既定方针”的说法一再予以否认，但他精心安排蒋家第三代放手抓权则是不争的事实。无奈儿辈们不争气，在第三代政治行情最看好的蒋孝武因“江南命案”事发而接班无望之后，蒋经国不得不公开表示：“将来‘国家元首’一职，由蒋家人继位一节，本人从未有此考虑。”台湾下届“‘总统’的选举经由‘宪法’选举产生”，他的家人“不能也不竞选下任‘总统’”。这样蒋家第三代将无缘承继大统，而且事实上也封杀了“蛰伏”20余年的蒋纬国的“政治前途”。

蒋经国传子布置受阻后，开始安排集体接班。由于台湾政局动荡不安，蒋经

1975年8月，蒋纬国接获晋升“陆军上将”的命令

国不得不考虑“借重”于在军队门生遍布、根系深厚的蒋纬国，以预防将来一旦有变，蒋家利益亦能得以维持。在这样的情形下，1980年，年已64岁的蒋纬国奉调出任“联勤总司令”。据说，任命发布前，蒋经国曾找蒋纬国谈了一次：“父亲死后，只剩下我们两兄弟了。我希望你能专心替‘国家’多做些事情……”这项任命十分重要，蒋纬国由一赋闲人物一跃而为台湾国民党陆、海、空、联勤4个军种的负责人之一，政治行情急剧看涨。一些一生追随蒋氏家族的国民党元老级人物，在蒋经国垂垂老矣，国民党未见有突出的权威型人物接班之时，亟切期待蒋纬国这位传统政治中的“正统人物”，能够再创一个“蒋纬国时代”。

也许是“树大招风”“功高震主”之故，正当蒋纬国在台湾朝野声名日隆，民间甚至相传蒋纬国为“接班”热门人物之时，蒋纬国的政治生涯再一次经受大的转折。1983年9月，蒋纬国的“联勤总司令”任期届满，外界议论纷纷，猜测他极有可能再进一步，升任军中最重要的两个职位“国防部长”或“参谋总长”之时，等到的却是调任“联训部主任”一职的委任令。一时间舆论大哗，均认为蒋纬国再次被冷冻，以望七十高龄屈就此冷衙门，从今而后已无出头之日，是名实皆贬。因为历任“联训部主任”卸职后的出路，从罗列、刘安祺到王升、张国英，鲜有“峰回路转”再度复出者。

但是，也有人持不同意见，认为“联训部主任”这个职位可大可小，有文章可做，蒋纬国就任此职，是明降暗升。其理由是，“联训部”是“国防部”“参谋部”之下的一个幕僚单位，全称是“联合作战训练部”，是专管“三军”协同作战，以发挥海、陆、空整体战争效果的一个训练机构。就指挥体系而论，自然隶属“参谋总长”之下，但与三个军种的总司令，应无上下隶属的关系，反而可平起平坐，居中发挥协调的作用，甚至如运用得当，还可发挥更大的政治作用。这对于已中断部队指挥权逾20年之久的蒋纬国来说，应是一个新挑战、新机遇，而蒋纬国自然也可利用这个特殊的职位，在军中充分发挥其在政治上的微妙作用。

果不其然，到了1986年，蒋纬国的政治行情再度从谷底翻升上来，于是年6月18日被蒋经国任命为“国安会议”秘书长。由于“国安会议”主席一职由“总统”亲任，“党政军首长”均为其成员，因此，即使在平时，“国安会议”秘书长也是内掌情报系统，外握统兵大权，而在“非常”时期，更是成为这个“太上内阁”的最高幕僚长，权势炙人。

这项任命，颇出当时人们的意料。台湾《联合报》对此发表评论说：“我们有理由相信，蒋纬国出任‘国安会’秘书长，当可使‘国家’安全的问题获得现代战略与民主法治的双重检验；而使战时与平时，非常时期需要与民主宪政规范的矛盾，获得合理的、具有前瞻性的统合。”话说得含蓄，但对蒋纬国的作用已经呼之欲出，尤以“具有前瞻性”的提法，更极具暗示的技巧。当时，也有人直道底蕴：“蒋纬国要扮演摄政王的角色了!”

对于蒋经国最后给蒋纬国的这一“出处”，台湾各界普遍称许，认为这既是对“一生尴尬”的蒋纬国最恰当不过的安置，又是“后蒋经国时代”政治布局中绝妙的一步棋。蒋纬国长期在蒋介石、蒋经国父子大权独揽的“强人政治”的阴影之下，发展仅限于“军界”，且不准带兵，多年不问政事。在蒋纬国晚年被解冻之后，业已垂垂老矣，欲振乏力，已无法再塑造出适合于中国传统政治领袖的“权威”特型，再创造出一个属于他自己的时代来了，蒋纬国此时复出的最称职的角色就是扮演一个过渡时期稳定大局的军方领袖。由是观之，蒋经国是深明其理的，他摒弃了蒋纬国的“接棒人”地位，却要充分利用蒋纬国的“传棒人”作用，“以军监国”。对于百年身后事，蒋经国唯一担心的事是，由于自己择定的接班人李登辉与军方素无渊源，一旦军人有野心图谋不轨，李登辉即可通过蒋纬国的关系，迅速掌握变局，防止政治动荡。蒋经国此举，显系经过深思熟虑后才决定的。具体而言，这是蒋经国打算用蒋纬国来制衡当时的军事强人郝柏村的伏笔。

## 争国民党副主席和“副总统”未果

1988年1月13日，多年疾病缠身的蒋经国撒手西去，李登辉继任“总统”，并被推举为国民党代理主席。俗话讲，“一朝天子一朝臣”。蒋介石去世，其承继者蒋经国如是；蒋经国辞世，其接班人李登辉亦如此。李登辉上台伊始，就着力以自己的意志为轴心建立“李氏江山”的权力布局，努力摆脱“蒋家王朝”的阴

晚年的蒋纬国

影。而在创造新的“李登辉时代”过程中遇到的第一个难题，就是如何摆平“摄政王”蒋纬国的位置。

在相当数量的“受恩”于蒋家的国民党元老重臣眼中，政治上“刚刚出头”的蒋纬国虽然已年逾古稀，但是他毕竟是蒋家两代“强人”之后的唯一有资格、有能力的“正统”利益代表者、捍卫者，是“蒋家王朝”得以承续的重要象征。他们寄厚望于新旧时代交替之际以军监国的蒋纬国能够发挥更大的作用，因而极力簇拥他由幕后到前台来。

对于这一异常现象，李登辉是深怀戒意的。“卧榻之侧，岂容他人鼾睡!”蒋纬国既有余荫，又有后援，谁敢不顾忌三分？自己立足未稳，却先多个“婆婆”，李登辉岂能甘心？由于军事强人、“参谋总长”郝柏村在“新主人”登基后不久即表态输诚，原来各界所担心的军人干政、政局动荡的局势并没有出现，李登辉对于政权的稳固有了信心，已不再需要借重于蒋纬国“以军监国”，因此他对蒋纬国的态度转为平淡，甚至还有压抑蒋纬国的意味。

李登辉继任“总统”，作为“国安会议”秘书长的蒋纬国曾表示支持，但李登辉却对“国安会议”的作用采取尽量降低的态度。李登辉在1988年2月12日首次记者会上答记者问说：“‘国家安全会议’这几年来一年只举行一次会议。讨论什么事情？就是讨论政府的预算案。没有其他任何重要案件是由‘国家安全会议’来决定的。安全会议开得愈少愈好。”“安全会议有其重要性，但对其重要性我们还是要尽量降低……”随后，蒋纬国在答台湾《新新闻》周刊记者独家访问时则说，“国安会议”是负责“国家”战备指导的机构，在“国家状况正常时”，“国安会议”是“总统”的个人幕僚团，一旦进入非常状况，“国安会议”就成了“总统”的全班幕僚团。所以在平时、战时都有存在的必要。它在台湾现行体制中，扮演了一个弹性运作的角色。双方针锋相对，互不相让。

1988年1月，国民党召开“十三全”大会，年逾八旬的“资深国代”滕杰领衔发动，联络了240多名党代表参加联署，推举蒋纬国为国民党中央副主席。此举引起了李登辉的高度警惕，当即决定予以“封杀”，李登辉以代主席之权对蒋纬国不予提名，使蒋纬国连“中央委员会”都未能进入，只提名他继续担任“中央评议委员”。郝柏村则代表军方进入国民党最高决策中心的“中常会”。

这项人事安排，蒋纬国当然心里明白究竟是谁在幕后操纵。但他只能内心抱怨，表面还得装出无所谓的样子。事实上，对于未能入主“中常会”，蒋纬国是十分在意的。在一次“三军”军官俱乐部的聚餐中，蒋纬国曾半认真、半开玩笑地说：“咱老哥逝世后，有人说我们‘国家’群龙无首，一‘国’三公。在我看来，是一‘国’五公：治‘国’公李登辉、保‘国’公俞国华、辅‘国’公李焕、镇‘国’公郝柏村，加上我这个监‘国’公。然而‘十三全’之后，我突然发现其他什么都不见了，只剩下一个治‘国’公。”语毕，举座为之哄然大笑。

即或如此，作为蒋氏家族最重要的代表人物，蒋纬国仍然有着不可忽视的潜在政治影响力，国民党内拥蒋的旧势力也并未甘心“十三全”的受挫，他们重新积聚力量，于1990年第八届“总统”大选中，再次把蒋纬国正式推上台面，与林洋港搭档竞选“总统”“副总统”。

“总统”大选前，蒋纬国一度亦庄亦谐地对外表示：“傻瓜才会当‘总统’!”但是，时隔不久，他的说法就开始发生变化。1989年12月30日，蒋纬国发表谈话坦承“副总统”参选意向：“如果代表们真的推举我，我不会反对!”并称“民意”是不可违背、不可抗拒的“命令”，“我敢不接受吗”?

“总统”大选开始后，在“拥蒋国代”核心人物滕杰的精心策划下，蒋纬国“副总统”的呼声一时颇为高涨。尤其是其间蒋纬国发表了一番“惊天动地”的谈话，更是把本已风浪迭起的“总统、副总统”竞选活动推向了一个新的高潮：蒋纬国否认台湾岛内外人人皆知的其兄蒋经国在1985年对美国《时代》周刊记者讲过的“蒋家人不会再竞选下任‘总统’”的话，说“我哥哥从来没有谈过这句话，都是报上制造出来的”！此语一出，许多人将其视为蒋纬国决意角逐“总统”的信号。而李登辉则“后发制人”，拉出“黑马”李元簇竞选副手，以“二李”对抗“林、蒋”。这样，在“国民大会”的会上、会下，场内、场外，以李登辉为首的“主流派”，与反李的“非主流派”两军对垒，展开了全面的交锋。

由于李登辉是“法定”的“法统”继承人，又是现职的“总统”、国民党中央主席，“主流派”与“非主流派”的较量从一开始，实力就颇为悬殊，李登辉首先请出国民党“八大老”倪文亚、陈立夫、蒋彦士、李国鼎、谢东闵、辜振甫、袁守谦、黄少谷，压“林、蒋”退选，接着又设法拆散了“四巨头”李焕、郝柏村、林洋港、蒋纬国的“反李联盟”；最后使出“撒手锏”，急召在日本的蒋氏嫡传蒋孝武返台，发表了反对蒋纬国参选的“措辞激烈”的“严正声明”。与此同时，正在美访问的蒋氏庶出章孝严表态反对蒋纬国“违宪”之举。这样，由蒋家“正宗”第三代最有影响力的实力派人物正式宣称“维系大统”，拥蒋势力的“恋蒋情结”被“迎刃而解”。面对李登辉如此凌厉的攻势，林洋港、蒋纬国不得不相继宣布退出竞选，李登辉、李元簇在随后进行的正式选举中，以绝对多数的票额顺利当选为国民党提名的第八届“总统”“副总统”。

1988年，蒋纬国在国民党“十三会”大会上被推举“中央副主席”受挫。1990年，在“国民大会”第八次会议竞选“副总统”再败，其政治出路事实上已被李登辉彻底“封杀”。蒋纬国“恋栈”不得，自相识趣，在李登辉第八届“总统”任上，数次请辞“国安会议”秘书长之职。李登辉初则“慰留”，随即“恩准”，于1992年发布命令解除蒋纬国“国安会议”秘书长一职，而聘蒋纬国为“总统府资政”以示安抚。至此，蒋纬国真正成为政治上的“废人”。

蒋纬国晚年健康状况一直不是很稳定，几次被送进“荣民总医院”急救。尤其是在1986年，蒋纬国卧病数月，初期诊断疑为“血癌”，到最后才确诊仅仅是白细胞过多症，虚惊一场。但是，蒋纬国的心血管系统的疾病始终未得到根治。1993年12月26日凌晨，蒋纬国因轻微脑中风造成下半身瘫痪，家人急送“荣民总医院”抢救。经医生诊断，确认蒋纬国系剥离性主动脉夹层破裂，血液渗出动脉外及中层，于是当天即进行了第一次手术。然而，手术后发现患处有渗血现象，不得已又于27日施行了第二次手术。据主刀医生“荣民总医院”心脏血管外科主任赖晓亭透露，两次手术尚属顺利，蒋纬国近期内可能不会有生命危险，但是下半身瘫痪能复原多少成，没有把握。而且他担心蒋纬国术后出现最令人担忧的肾脏感染并发症，在其有生之年恐怕必须经常洗肾以维持肾脏正常功能。

1996年7月8日，蒋纬国在“中国国民党中央直属第六小组”会议上，提出了蒋介石、蒋经国移灵大陆的临时动议，也就是轰动一时的所谓“移灵案”。他在“移灵案”中，提请国民党中央成立“移灵奉安委员会”，对移灵问题做出安排，并与大陆方面沟通，俟时机成熟后付诸实施。

“移灵案”，犹如“一石激起千层浪”，在台湾又引发了不小的震动。尽管台湾“朝野”各界都认为蒋家后代欲将先人迁回大陆，“落叶归根”“入土为安”，以尽人子之道，于法于情均值得理解并应得到尊重，但鉴于两岸关系的现状，对蒋氏父子移灵大陆所将引发的“政治冲击波”不能不审慎对待。

“移灵案”无疑给台湾当权者出了一道难题。在蒋纬国提出“移灵”之后，国民党高层虽已决定由3位前“中央委员会秘书长”张宝树、马树礼及蒋彦士等人组成筹划委员会，研究蒋纬国的提议，但也一再指出，由于蒋介石、蒋经国都曾是“国家元首”，在两岸尚未完成统一之时，移灵大陆奉安，在象征意义上恐将引起政治冲击，而操作起来也有诸多不便。比如，奉安过程中台湾党政要员是否能赴大陆，日后的谒陵活动将如何处理，等等，均很棘手。因此，主张此事稍缓一缓，不必操之过急。

8月，在国民党“十四届第四次中央评议委员会议”上，蒋纬国以书面形式重提“两蒋移灵案”。并提出三点建议：第一，目前移灵时机固未成熟，但开始策划、筹备奉安，以及和各方沟通的时机已见迫切，建议将已成立的奉安研究小组，尽快改组为“移灵筹备委员会”，认真研究相关事项，逐步采取行动，以催化移灵时机的早日到来；第二，在行动之前，慈湖和头寮的安全必须绝对保证，移灵之时起，至奉安之地之间，沿途安全细则应有专人筹划；第三，两岸恢复会谈时，或密派专使，做有力之诚恳要求。

1997年4月，国民党“中常会”通过“先‘总统’蒋公暨经国先生移灵奉安案”，决定以国葬原则筹办，由政府成立筹备委员会，审慎筹办暂时奉安台湾事宜，并同时策划国家统一后迁葬大陆事宜，亦即所谓“两阶段移灵案”。对此，蒋纬国和与他一起力主移灵的侄子蒋孝勇有不同意见。无奈，两人都已重病缠身，来日可待，反对也无济于事。

1997年9月22日夜11时30分，缠绵病榻10个多月的蒋纬国终因败血症引起心肺衰竭，抢救无效，病逝于台北“荣民总医院”加护病房，享年81岁。

# 第八章

# 蒋介石的两位次媳和三位养女

# 一、蒋纬国的原配夫人石静宜

## 石父凤翔乃西北巨富

蒋纬国一生先后迎娶过两位夫人，但每一次的婚姻生活都不太顺利，都有太多的不能尽如人意的缺憾之处。

关于蒋纬国与石静宜的缔缘，有一个颇具戏剧性的传说。1940年，蒋纬国从德国留学归来，入西北军胡宗南麾下，在陆军第一师步兵三团第二营先后担任排长、连长、营长职务，经常往返于重庆与西安之间。有一次他搭乘火车，见到一位时髦而漂亮的小姐正在看一份英文报纸，便前去借阅。不料，此小姐见搭讪者是个小军官，竟丝毫不予理睬。

蒋纬国邂逅的这位小姐即是后来成为他妻子的石静宜。石静宜是当时国内著名企业家、西北工业界首富石凤翔之女。石凤翔祖籍湖北孝感，早年留学日本，专攻纺织工业，学成归国后，先后经办各种纺织工业学校和工业实体，成为国内纺织界的重量级人物。抗战爆发后，为避战乱，将其在上海的产业大部迁往西北。石静宜是石凤翔最为宠爱的女儿，一直被视如掌上明珠。在抗战期间，她就读于国立西北大学，由于聪明伶俐、天生丽质，所以石凤翔每逢社交场合，总是携爱女相随。

1943年秋，西安知名人士刘楚才摆设家宴款待各界名流，石凤翔与石静宜自然被奉为上宾。当时，蒋纬国所在部队驻守潼关，他有事滞留在西安，也被邀出席。在宴会上，蒋纬国与石静宜经人介绍，得以正式相识，叙谈之下，颇为契合。从此，你来我往，逐步建立起了感情。后来，两人追述当初火车上的那次“有眼不识”，均笑称为“缘”。

然而，好事多磨。石凤翔性格孤傲，对于与蒋家结亲并不满意，当胡宗南受托为蒋纬国做媒之时，竟遭到石凤翔的婉拒：“我的女儿是民家女，只配做民家妇，高攀固可喜，无奈齐大非偶。”胡宗南说：“这个不成问题，也不是推辞的理由。”石凤翔又说：“将军赏脸，自然感激不尽，不过小女不习官家礼仪，恐将来不免遭到轻视。”胡宗南说：“老先生不要太多顾虑，希望先征询小姐的意见。”其时，石静宜与蒋纬国早已是情投意合、难舍难分了。她见父亲固执不化，便与蒋纬国联名写了一封信给石凤翔，声言：如父亲不答应我们的婚事，我们离开西安到兰州去完婚。石凤翔见信后，知道女儿心意已决，木已成舟，万难阻挠，只好承允。

1944年12月25日，正当圣诞节那天，蒋纬国与石静宜在西安举行婚礼，由胡宗南主持，蒋介石、宋美龄专程前来致贺。

婚后，蒋纬国官至装甲兵“副司令、司令”之位，石静宜也被尊称为“司令夫人”。石静宜性格外向，喜动不喜静，各种社交场合都能看到她的身影，以她的美貌、伶牙俐齿和一掷千金的豪华气度在官场上风头出尽，盛气凌人。

蒋纬国与石静宜

## 在台湾，挪用军款做生意

石静宜的父亲石凤翔在国民党统治大陆时期，在西北拥有庞大的纺织工业王国，家财万贯，富甲一方。1949 年，石凤翔一家仓皇逃离大陆，西北的所有产业都没有来得及搬迁，最后只把在上海的大秦纺织厂的设备搬运到台湾。可是，上海大秦纺织厂的设备尚不足石家资产的十分之一，因此，石凤翔到了台湾，家境一落千丈，自然也就再没有力量供养石静宜在大陆时期那般奢侈排场、挥霍无度了。

石静宜从小过惯了娇生惯养的富豪生活，陡然间坠入苦度“清寒”的境遇，不适应之处也就在所难免。石静宜到台湾不久，有关她的种种传言便明里暗里纷纷扬扬，有的说她依仗蒋家权势，挪用军款供自己挥霍；有的说她利用丈夫统掌的装甲兵采购物资的便利，从香港办货到台湾转卖赚钱以补日常开支的亏空。最后话不知通过什么渠道传递到蒋介石那里。当时蒋介石正在反省大陆失败的教训，动员台湾全岛军民勒紧腰带苦撑危局，以图偏安自保。闻此“家丑”，震怒异常，当即下令严查。结果很快就抖搂出了一桩涉及石静宜挪用军款办私货，而且逾期不归还的大案。此即轰动一时的“魏文起、包启黄案”。由于其中掺杂着复杂的权力斗争，案中有案，没有心计的石静宜被牵连至深。

魏文起只是台湾国民党军队负责后勤保障的“联勤”总部的一名科长。1954 年年初在内部例行的业务检查中，检查人员发现他主管的账上少款 300 万元。魏文起无法隐瞒就如实交代说：300 万元由前任科长经“联勤”总司令黄镇球、副司令黄仁霖的同意，借给蒋纬国夫人石静宜去香港办货走私，借钱牵线人是“总统”夫人宋美龄，并现存有石静宜的借据。魏文起接任科长时，碍于宋、石的招牌，碍于“二黄”的面子，没有揭发，没有追究款子的下落。

为此，军法当局认定魏文起犯有渎职罪、贪污罪，将他拘捕，交“国防部”军法局审理。魏妻见丈夫有难，便找到早有来往的情人、军法局局长包启黄，请求帮忙。包提出只要花费 20 万元台币，案件就能了结，魏文起就能获释。可是魏妻等到的消息却是丈夫被枪决，于是又急又愤，在“保密局”特务的帮助下，成功地拦住蒋介石的座车，递上“鸣冤状”，痛斥包启黄身为军法局长，却乘人之危勒索财物、奸淫自己的罪行。蒋介石闻后大怒，立即“御批”：着保密局即将包启黄逮捕侦办。最后包启黄经严刑拷打后，被押往他自己设计、监造，还未正式启用的新店安坑刑场枪决。

魏、包案发，牵出蒋府内幕。对借款案来说，魏文起是无辜的，魏至多是知情不报，原无死罪。可魏妻找上包启黄后，事情起了变化。保密局局长毛人凤得知魏妻和包启黄的行踪后，喜出望外，立即布下陷阱。

原来包启黄逃台时仅为台湾保安县令部军法处上校副处长，后升为少将处长，1952年在蒋经国的提拔下竟然成为台湾“国防部”军法局中将局长，40出头的包启黄就这样坐上“军法系统”头把交椅。升官速度之快固然令毛人凤等人眼红，而更令毛人凤不满的是这位局长大人以“包青天”自居，得意忘形，在处分违反军纪政纪的保密局系统特务时，不计情面，“下手狠，心肠毒”。本来对蒋经国全面整顿保密局不尽满意的毛人凤，于是就迁怒于包启黄，发泄心中的不满。现见魏妻找上包启黄，为制造包启黄的罪状，立即下令枪毙魏文起，逼魏妻起来告发包启黄。

为使“告御状”得手，还派出特务予以指导，在蒋介石座车的必经之路等候，最后凭“御批”将包启黄处死，所以说毛人凤是借魏文起的命来要包启黄的命。当时透露出来的包氏的罪名是贪污和利用职权占有犯人之妻身体。实际上，对“贪污罪”，包启黄被拔掉满嘴牙齿后也未承认，经抄家也未找到多少钱物，证据不足，抄家抄走的20两黄金和500美元现钞又全部退还，显然不是贪污赃款。而第二项罪名，经与魏妻对证，也只是确定为两人在此案前就已成“和奸”。包的死，完全是由于保密局特务的报复之果。不过魏、包毙命也替300万借款案的当事人宋美龄、石静宜起到遮盖丑闻的作用，蒋经国为执行父亲的“钦旨”来隐瞒家丑，失去一个爱臣也就认了。

魏、包之死是“借款案”波及的一条轨迹，而波及的另一条轨迹是石静宜的

蒋纬国与石静宜

遭遇。本来借款之事实属绝密，问题出在“联勤”总司令黄镇球身上。此人原是张发奎的部下，自投靠蒋介石后，对蒋家是忠心耿耿，从无二心。当他发现自己被晾在一边，副手黄仁霖私自答应借款300万元于宋美龄、石静宜，自己只是在具体条件谈妥后才被叫到现场过目，名为请“总司令”批准，实在是黄仁霖要滑头，要“总司令”一起来负一旦追究起来谁也负不起的责任。黄镇球棋高一着，认为既然是宋美龄替石静宜所借，那就请石静宜留下签名字据。

黄镇球一拿到字据，马上“出卖”了宋美龄、石静宜婆媳二人，向蒋经国密报。按照蒋经国的“旨意”，黄镇球一面把钱付给宋、石二人，由宋、石出面托人到香港办货；一面在货到之后于港口把货扣押，300万元借款永无偿还之日，宋美龄、石静宜挪用公款走私的证据如山。而“联勤”总部并不吃亏，据宋美龄估计，这批货物如脱手，则可赚取500万元，现货物在黄镇球手中，“赚头”当然也就归于“联勤”总部。

黄镇球个人的“赚头”更大，事后就成为官场红人、蒋经国的心腹，连连高升。1954年6月接替袁守谦为“国防部”副部长；次年8月接替孙立人为“总统府”参军长；1957年6月转任权限极大的台北卫戍司令兼戒严司令；次年7月又成为新成立的“警备总部”总司令；一个月后又调任“总统府”参军长，并连任4年；1962年11月改任“总统府”战略顾问，处于半退休状态，政治生涯告一段落。他能够延长政治生命，都是靠蒋经国撑腰庇荫，凭借一张石静宜的借款签字条，出卖宋美龄和石静宜，从蒋经国那里换来8年的高官厚禄。

## 打催生针致死

正当魏文起、包启黄案在台湾闹得沸沸扬扬之时，又传来了当事人石静宜暴亡的消息，令事态进一步复杂化。

蒋纬国跟石静宜结婚多年，一直不曾生育。直到1954年上半年，才梦熊有兆，怀了身孕，预产期为是年阴历九月中旬。事有凑巧，就在石静宜临近预产期时，蒋纬国奉派赴美考察。由于阴历九月十五日是蒋介石的生日，石静宜为了让自己所生子女与公公同一天过生日，乃求请医生为她控制产期。当时蒋纬国的住所在台北市广州街武昌新村，台北市唯一的贵族医院——中心诊所也在同一条街上。最初，医生为推迟产期，给她打了安胎针，到九月十四日晚上，还没有阵痛，任性的石静宜又请求医生施行催生。可能是安胎和催生的药物同时发生作用，再入院检查时，已发出了“病危”的通知。

当时蒋纬国不在台湾，石凤翔一时又找不到他，只好把蒋经国找到医院，等蒋经国赶到中心诊所时，石静宜的呼吸已经停止了。经过各种急救，终于回天乏术，而且胎儿也早已死在腹中。石静宜突然死于难产的因由，外界一直有不少议论。按石静宜的身体条件，就是最普通的医院也能保全产妇的安全。何况，石静宜住进的医院是当时台湾第一流的医院。中心诊所接产的医案，何止千百？而致产妇、胎儿两命归阴的纪录，除石静宜之外，罕无其例。因此民间就有了颇为"不恭"的两种说法："蒋介石赐死"和"蒋经国害死"。

台湾社会一直风传，蒋介石对蒋方良和石静宜两个儿媳厚薄不一，亲前者而疏后者。认为蒋方良生活简朴，温良恭让，心目中只有家庭，一心相夫教子，有蒋门长媳之大家风范；而石静宜漠视家规，喜欢抛头露面出风头，言行无忌，且奢侈腐化，肆意挥霍，生活不检点，有损于蒋家的门风。因此，当石静宜挪用军款走私案发后，为维护蒋家的"形象与名声"，避免家丑外扬，蒋介石只好将石静宜"牺牲"。

事实上，细一思量，"赐死说"漏洞颇多，很难成立。借款者，非石静宜也，钱是宋美龄所借，只是借石静宜之名，石静宜是为了帮婆婆的忙才同意出面并签字的。再说原定所赚之钱，也是作为宋美龄与孔祥熙之二小姐等人主持的官倒公司所筹集的扩充台北圆山饭店的资金。石静宜一向气盛，伶牙俐齿，岂能替婆婆背黑锅？再说也是"借"，现钱还不了，还有货顶着，无论如何也够不上死罪。何况即使为石静宜所借，可是经宋美龄同意，并且是由宋美龄出面联系，有婆婆做后台，蒋介石又怎能不考虑到这一层关系。宋美龄在蒋氏家族一向是能够左右权力分配的人，以前在上海，她就顶住过蒋经国借"打老虎"之机、侵犯孔宋财团利益的行为，当时蒋介石也对她无可奈何。而今，她又岂肯允许蒋介石轻易"赐死"她所一向喜爱的小儿媳妇石静宜？

至于私下流传的"蒋经国害死"，说的是蒋经国对弟媳石静宜的所作所为素有不满，同时更担心弟弟蒋纬国势力日甚，尤其是装甲兵的坦克几乎控制着各主要"中央机构"的所在地，直接威胁到自己日后能否顺利接班，故利用"300万元借款案"惩治石静宜，打击蒋纬国。又恐真相败露，干脆在弟媳生子难产时，让医生做了手脚，以达到杀人灭口的目的。

仔细推敲，"害死说"同样有不妥之处。一是蒋经国接班自抗战胜利后已有苗头，去台后的5年间又任过"省党部"主任委员、"总政治部"主任、"中央改造委员会"委员、干部训练委员会主任委员、"国防会议"副秘书长、"总统府"资料室主任、"中央常务委员会"委员等各类职务，很明显是蒋介石在刻意扶持大儿子，要大儿子熟悉政务，创造接班条件，以待接班日子的到来。二是蒋经国为嫡长子，几千年的中国封建社会已经形成关于嫡长子继承制的一整套法律、心理、等级观念，"大逆不道"争位者有之，却很难成功，二子相争兄胜弟败为常见之事。这在当时是谁都明白的事实，蒋纬国也明白。三是蒋纬国是否有二心？他掌握的装甲兵，在台湾岛内确是一支机动性、进攻性极强的军事力量，但不等于军事实力强就一定会发动“政变”，蒋纬国不会用“政变”的手段来夺取父亲和兄长的天下。即使发动“政变”，各部门掌握实权的蒋介石的门生、蒋经国的忠臣能否听从调遣还是个未知数，当时势力只在装甲兵内的蒋纬国难道看不到这一基本事实？

可以说蒋纬国是蒋氏的忠实后代，执掌的装甲兵自始至终是“蒋家天下”的支柱。如果说他真有谋反之心，蒋介石为何不在1953年蒋纬国去美国进修考察时趁机剥夺他的兵权？为何让他在第二年回台后继续留在军界？1958年再次让他执掌装甲兵达6年之久？甚至在1964年初发生“湖口兵变”后，蒋介石、蒋经国也未说是蒋纬国所为，只是说蒋纬国带兵、管教不严。如果蒋纬国真对兄不忠，兄弟俩又怎能再合作30余年？弟弟又怎能在哥哥死后充当“监国”的角色？

在蒋纬国并没有危及蒋经国的根本利益、接班大局的情况下，蒋经国为何要害死对政治权力斗争并无多大影响的弟媳？真要置石于死地，又何劳他亲自出面请医生执行，又何必让她死在手术台上？而不死在更易掩人耳目的暗杀、车祸之中？如果蒋经国真下毒手，瞒得住民间，又怎能瞒得住蒋府家人及蒋纬国？如何向上辈和下辈交代？那么，蒋经国密告宋美龄、石静宜，究竟意欲何为呢？其实很简单，意在狠狠教训一下“不太听话”的石静宜，令其“野性”有所收敛，如此而已。而从整个事件的处理过程看，蒋经国还是有保留的，尽量避免把此事捅到社会上去。为防止外泄，竟默认毛人凤的保密局把两个无辜的主要知情者处死，也是形势所迫，不得已而为之的“下策”。

不过，虽然“蒋介石赐死”和“蒋经国害死”之说均无确实证据，牵强附会的成分居多，但是，联系到蒋家层出不穷的“以政治牺牲亲情”的“冤、假、错”案，又很难说是无中生有、捕风捉影之谈。总之，石静宜的死因仍然是一件有待彻底澄清的悬案！

石静宜遗像

蒋纬国与石静宜的夫妻感情一直很深，当他在美国获悉噩耗时，悲痛欲绝，立即中断进修、考察，返台料理丧事。后来，为了纪念亡妻，蒋纬国在台北原“装甲兵之家”旧址，办了一个“静心小学”“静心乐园”，并在台中办了一所“静宜女子英专”，随后又有“静宜中学”。在这些学校，蒋纬国违反了军人不能在社会兼职的规定，都亲自出任董事长之职长达20年之久，以寄托他对石静宜的深情厚谊。而且，对亡妻的怀念甚至直接影响到他后半生的婚姻生活。

## 二、蒋纬国的第二位夫人邱爱伦

1955年，丧妻后的蒋纬国在孤独中偶然结识了一位中德混血儿邱爱伦小姐。邱爱伦原籍广东，生于1936年，比蒋纬国小20岁，其母是德国人，父母早年分居。当时她正在台湾读高中。邱爱伦既有西方女子的美貌，又有东方女性的气质，人品之佳不在石静宜之下，蒋纬国一见倾心。经过半年的交往，两人即在台北订了婚约。订婚之后，邱爱伦即赴日本学习音乐。两年以后，邱爱伦在日本完成学业，他们决定正式举行婚礼。邱爱伦的父亲、国民党前“中央信托局”副处长邱秉敏提议婚礼在台北举行，蒋纬国也有此意，但蒋介石却不赞成。蒋介石认为在台北举行婚礼，必然张扬铺张，他提议在日本成婚。无奈，蒋纬国只得遵从父命，去日本完成大礼，坊间流传的他的同父异母兄弟戴安国陪同前往。

1957年2月，蒋纬国与邱爱伦在日本东京联合教堂举行婚礼，戴安国以兄长身份主持。1957年3月，新婚夫妇返台。

1963年，独子蒋孝刚出世。中年得子，给蒋纬国无尽的安慰，也给新组建的小家庭增添了欢乐。时年已76岁的蒋介石也为此欣喜异常。

恋爱中的蒋纬国、邱爱伦

然而蒋纬国和邱爱伦的夫妻感情也不过维持了10年。短短的10年间，夫妇两人的感情由热烈、平淡到恶化，处于分居状态。到蒋介石去世、宋美龄赴美居住时，邱爱伦随同宋前往“服侍”，一去不复返。有人说是蒋纬国长邱爱伦20岁，老夫少妻是婚变的原因所在；有人说邱爱伦的浪漫个性与严谨、刻板的“宫廷生活”的冲突，是两人分居的原因所在；有人说邱氏的兄长邱廷亮因一政治事件被“国防部”部长蒋经国手下的军法部门判刑6年，蒋纬国说情不利是夫妻双方闹翻的原因所在；也有人说蒋纬国与“华视”的一位女明星“过从甚密”是家庭风波的原因所在。

事实上前三种原因都有。“老少配”在后来生活中往往引出感情危机，特别是邱爱伦看不惯蒋纬国对石静宜的怀念，蒋纬国又到了需要老伴照顾的年龄，对前妻的怀念有增无减，同邱氏的距离逐渐增大。其次，邱爱伦和石静宜在性格上有相同的地方，很难为蒋介石、蒋经国接纳。第三，蒋经国已有利用“借款案”整治旧弟妹的先科，“邱廷亮案”无非是故技重演，借“公”事“公”办来压邱爱伦，要新弟妹循规蹈矩。至于第三者插足，那是发生在夫人邱爱伦已去太平洋彼岸之后，只能算是夫妻关系继续恶化的因素，而非夫妻不和的初因。邱廷亮获释后，蒋、邱两人的感情有所缓和。

蒋纬国壮年丧妻，二度婚姻失败，晚年夫人、儿子均不在身边，凄凉、孤独地过着独居的生活。1997年9月，蒋纬国在台北病逝。在蒋纬国病重期间，邱爱伦曾悉心照料，料理完丧事后，邱爱伦再度赴美，时常陪伴宋美龄。

## 三、三位养女和女婿

### 蒋建华、陈瑶光和毛信凤三位养女

在上海淡水路一座清幽雅静的住宅里，居住着一位已届九旬高龄的独身老人。这位老人就是蒋介石的义女蒋（后改姓陈）瑶光的丈夫陆久之。按辈分、论常理，这位陆久之应当算是蒋介石的“女婿”。

1946年冬，正是蒋介石悍然发动内战、疯狂叫嚣“五个月之内打垮共军”的最后的日子。那是蒋介石的军队最为强盛的时期，在美援的支持下，蒋介石下令对东北各解放区再次发动大规模的进攻，并动员大军包围了陕甘宁边区，妄图一举攻克中国共产党的腹地，彻底消灭中国共产党及其所领导的军队。

这样，在美国的支持怂恿下，蒋介石挑起了中国历史上空前规模的全面大内战。

1946年冬，是蒋介石“平生最快意”的日子之一。蒋介石被全面进攻所取得的“胜利”冲昏了头脑，急不可待地召集“国民大会”欲使自己的独裁地位得到“宪法”的认可。就在这时，陆久之与陈瑶光举行了婚礼。

众所周知，蒋介石有两个儿子，一个是蒋经国、一个是蒋纬国，没有亲生女儿。但是他有三个义女。

第一个是蒋建华。她的父母不知是何许人。一天清晨，蒋介石的发妻毛氏打开丰镐房后门，忽闻门边有婴儿啼哭之声，低头一看，原来是刚出生的弃婴。她抱起一看，小孩嗷嗷待哺，顿生怜悯之心，即抱入家中，找人喂奶，收作养女。成年后，由毛氏做主，亲上加亲，嫁与蒋介石同父异母胞姐蒋瑞春的孙儿宋明义为妻。1938年年初，蒋经国主政江西赣州，即把宋明义带在身边工作。1949年随去台湾，宋曾任台湾中小企业银行董事长。蒋建华抗战胜利后却患肺病去世。

第二个是陈瑶光。她是广东一位华侨的女儿。1924年9月出生于广州平民医院，其母生了多胎，都是女儿，见生下的又是女儿，不想再要，意欲送人。适廖仲恺夫人何香凝到这所医院参观，闻此讯息，知陈洁如没有生育，希望领养一个孩子，就马上打电话给她。陈洁如赶到医院，见婴儿白胖可爱，征得蒋介石的同意，抱回家中，当作女儿。陈洁如给她取了一个奶名，叫“陪陪”；以后蒋介石以一星座之名名之，称“瑶光”。瑶光刚满3岁，蒋、陈离异，陈洁如赴美“考察”，蒋瑶光由外婆抚养，改姓为陈。瑶光长大后，嫁给一个姓安的朝鲜人，生下两个儿子，抗日战争胜利后，安某不知去向；以后由好友周安琪介绍，再嫁于汤恩伯的高参兼《改造日报》社社长陆久之。

927年，陈洁如（右一）与陈瑶光（怀抱者）

第三个是毛信凤，她生于奉化县岩头村的一个富裕家庭，与毛福梅同族。蒋介石与岩头有很深的渊源。他曾两次在岩头就学，岩头又是他的岳家，所以一个小小岩头村，民国时期出了5个国民党将军。毛信凤幼遭不幸，父母双亡。她的父亲因病去世，母亲悲不自胜，喝盐卤自尽殉夫，毛信凤一夜成了孤儿。蒋介石的老师毛思诚看到这个孤苦无依无靠的侄孙女，非常同情，便把她领过门，认作孙女，承担起抚养的责任。

毛信凤逐渐长大，聪明伶俐，深得毛思诚钟爱。一年蒋介石回乡扫墓，到岩头村探望老师，毛思诚向他提出，想把毛信凤给他当过房囡。毛思诚与蒋介石的关系非同一般，黄埔时期，蒋介石把他邀到幕后，担任秘书；北伐进军，蒋介石委以北伐军总司令部上校文书科长要职；南京政府成立，蒋介石安排他担任中央监察委员；抗战前夕回乡，蒋介石给他带回一批手令、书信、日记、委任状等重要资料，请他为自己编写年谱。他所著的《民国十五年以前的蒋介石先生》，是研究青少年时期蒋介石的最重要的著作。

蒋介石听这位老师一说，马上慨然答应。于是拣了一个好日子，毛思诚领着毛信凤到溪口蒋宅举行拜父仪式。蒋介石坐在丰镐房大堂的太师椅上，毛信凤恭恭敬敬地向他行了三个鞠躬礼，羞答答地叫了声“阿爹”。蒋介石高兴地伸出双手，将她扶起，接着从马褂口袋里取出一个20元银洋的红包，塞到毛信凤的手里，作为见面礼。1941年，毛思诚在故乡病故，毛信凤与蒋介石的关系也随之中断。

新中国成立后，毛信凤在上海盲人学校教书。一天，她到表弟袁巨高家里走亲，亲口讲述了认蒋介石为过房爹的经过。

## 陈瑶光与丈夫陆久之

蒋介石这三位义女当中，最出名也最为世人瞩目的就是蒋（陈）瑶光了。

蒋介石与陈洁如的婚姻是一场悲剧，这个悲剧的制造者就是蒋介石本人。蒋介石之抛弃陈洁如，不仅害得陈洁如流离国外，终生不能再嫁，也害得陈洁如终生没有亲生的子女——她是婚后才发觉已被蒋介石传染了淋病，并从此丧失生育能力的。陈洁如抱回还是婴儿的蒋瑶光之后，蒋介石十分喜欢，当即表示同意收养这个女孩，并亲自为她取了名字，但这时正是蒋、陈二人鱼水欢洽的时期。蒋介石之所以愿意收养蒋瑶光，除了他确实也喜欢这个小孩之外，也不排除为了取悦于陈洁如的因素。因此，蒋瑶光的命运是随着蒋陈婚姻的风波而浮沉的。

1927年8月，陈洁如于万般无奈中同意远涉重洋到美国去读书，行前将养女瑶光委托给母亲代为抚养。

为了实现权力与财富的结合——蒋宋联姻，蒋介石要起了无赖手段，诅咒发誓，说是5年之后肯定让陈洁如回到自己身边。而实际上，陈洁如刚踏上旅途，人还在“杰克逊总统号”邮船上，蒋介石就背信弃义，公开表示“不知陈洁如是什么人”了。1927年12月，蒋介石与宋美龄在上海举行了婚礼，这场婚礼，无疑是蒋陈婚姻的葬礼。

为了安抚陈洁如，蒋介石事后又通过杜月笙送给陈洁如10万元大洋，与陈洁如彻底脱离了关系。

1933年，陈洁如获得哥伦比亚大学教育学院硕士学位后，离美返国，寓居上海法租界吕班路的“巴黎新村”（今复兴公园附近的重庆南路169弄8号）。她把寄养在外婆家的女儿蒋瑶光领回身边，从此，瑶光从母姓，叫陈瑶光，母女俩相依为命，共度时光。陈洁如也从此改名为陈璐，闭门谢客，过着隐居似的生活，只有很少人知道当年名声显赫的“蒋总司令夫人”陈洁如带着爱女住在上海“巴黎新村”。其间，蒋介石对陈洁如的生活仍有照料。据说，有一次，还特地托人批了5万大洋送给她。

陈瑶光先嫁与一安姓朝鲜人，生有两子，但抗战胜利后，此人不知所终。1946年，经当时任京沪杭警备总司令汤恩伯的主任秘书胡静如夫人周安琪的介绍，结识了汤恩伯麾下的少将参议陆久之。两人从此相识相爱了。

陆久之出身名门，其父陆翰曾是浙江军阀卢永祥的幕僚，后来又出任孙传芳的五省联军军法处处长，是一位名噪一时、掌握生杀予夺大权的显赫人物。陆久之在五四运动的影响下，又受到《新青年》等进步书刊的激励，青年时代就怀有冲破家庭开创人生新路的革命理想。他不留恋纨绔子弟的生活，18岁那年考入上海宝成纱厂当学徒，后来又到杭州甲种工业学校机械科学习，轰轰烈烈的北伐战争给他以极大鼓舞，他又毅然从杭州回到上海。此间，他认识了周恩来、赵世炎、汪寿华、蔡叔厚等共产党人，从此，他彻底脱离了自己的家庭，一直追随着共产党从事革命活动。

1978年，陈瑶光全家摄于广州

陆久之毕业于日本早稻田大学，曾做过共产国际远东情报站驻日本的情报人员。第二次国共合作期间，陆久之从日本撤回武汉，进入国民党国际问题研究所，被委派到上海搞情报工作。其时任中共八路军办事处负责人的叶剑英，对陆久之到上海工作进行了秘密安排，叫他与夏衍等地下党员取得联系。

陆久之由武汉到上海，打入日本海军部，用日本人的经费开办《华美晨报》并出任该报社社长。他以此特殊身份为掩护，秘密刺探日军和汪伪政权的情报，及时发送给重庆，同时也传递给中共地下组织。

不久，陆久之又同日本海军几名高级官员合伙在上海开设海安信托公司。一次，陆久之利用日本海军给的“派司”派船将我抗日前线和后方急需的物资运出吴淞口日军封锁线，并冒着生命危险送往苏北。不料，事后被日军宪兵司令部察觉，陆久之被捕入狱，受尽日军的折磨，但他宁死不屈。

抗日战争胜利后，陆久之出狱，汤恩伯委任他为国民党第三方面军的少将参议，请他做幕僚。陆久之“身在曹营心在汉”，他一面继续经营海安信托公司并开设璇宫、云裳舞厅，一面继续为共产党地下组织做联络工作。

陈洁如见陆久之举止大方，谈吐文雅，气度不凡，遂同意将女儿瑶光嫁给他，并将此事托人转告了蒋介石。

1946 年圣诞节，陆久之与陈瑶光举行了婚礼。陈洁如很喜欢这位女婿，曾把自己珍藏多年的一只金表作为见面礼送给了他。这只表是当年鲍罗廷赠给蒋介石，蒋介石后来又转送给她的。

陆久之与陈瑶光结合，并不是因为她是蒋介石的女儿，而是她温柔而又坚强的性格，秀丽而端庄的形象，真挚并且极重感情的为人。婚后，陈洁如对这位女婿吐露了不少有关她与蒋介石的事情。

陆久之虽然是蒋介石的女婿，但他仍为共产党工作。1949 年，他曾冒险做汤恩伯的策反工作，可惜功败垂成。

1937 年，蒋经国从苏联回国到上海时，特地赶到“巴黎新村”去探望阔别了 12 年的“上海姆妈”（蒋经国称陈洁如为“上海姆妈”，称姚冶诚为“苏州姆妈”），他没有忘怀陈洁如对他的关心和爱护。抗日战争胜利后，蒋经国也常去上海看望她。这对于深居简出的陈洁如来说，心理上得到了莫大的安慰。因此，国民党的一些军政要员，也知道了“委员长的第三夫人”隐居在上海。于是，陆久之与陈瑶光结婚的消息传出后，他们也就视陆久之为“驸马爷”了。

按理说，陆久之可以依此姻缘去认一认当委员长、大“总统”的“老丈人”——蒋介石，靠显赫的权势来为自己谋取高官厚禄，然而，他没有这样做，并且从未夸耀自己是“蒋介石的女婿”。1949 年 5 月，汤恩伯撤出上海前夕，出于私谊，多次劝陆久之离开大陆，与他同去台湾，当时被陆久之婉言谢绝了。

1955年，原任上海市副市长兼华东局统战部副部长的潘汉年和上海市公安局局长扬帆被打成“反革命集团”并遭逮捕，陆久之在“潘、扬事件”中受株连，也以反革命罪锒铛入狱。陈洁如认为女婿是无罪的，不应该因为他是“蒋介石的女婿”就借故将他逮捕入狱。为了营救陆久之，她亲自到北京找周恩来总理。在周恩来的干预下，陆久之于1960年获释出狱。

1966年“文化大革命”开始后，作为“蒋介石的女婿”的陆久之，当然是在劫难逃了，上海淮海路某号门口曾贴出铺天盖地般的大字报，有一张上面还画了一条狗，大标题是“打倒蒋介石的狗驸马陆久之”！

从此，一位中等身材、头发略显花白的老人，被挂上“牛鬼蛇神”“狗特务”的大牌子在大街上被一次次批斗。不久，他被“扫地出门”，全家也被迫搬到淡水路一所房子里。每天，造反派勒令他到街道开办的窑场里去扫垃圾、搬砖头、做苦工。

在陆久之初任上海市第六届政协特邀委员时，“反革命”的帽子尚未摘掉，直到1985年年初，有关部门才正式宣布为陆久之彻底平反。

1971年，陈洁如含着无限的悲痛和哀愁默默地离开了人间。陈瑶光接电后赴港奔丧，料理完母亲的丧事后就留港定居了。其子女也都先后去港，只留下陆久之单身一人住在上海。

1983年，陆久之去香港探亲，住了几个月。此时，他的妻子陈瑶光在华丽大酒店工作，他们的儿女也长大成人，迁居美国。妻子儿女都劝他定居香港共享天伦之乐，旁边许多人也劝他居港当寓公，但他却说：“瑶光比我年轻，用不着我照

晚年的陆久之

护，我则年纪大了，总想叶落归根……”不久，陆久之又回到了上海。

昔日在政界、商海乘风击浪的陆久之，其显赫头衔一直鲜为人知。随着海峡两岸近40年的“冰封”渐渐消融，有人对陆久之说：“你现在可以亮亮蒋介石女婿的身份了。你承认也好，不承认也好，客观上就是蒋介石的女婿!”陆久之听后依然淡淡一笑，说道：“我过去不想沾蒋介石的光，今天也无须趁海峡两岸始见祥和气氛而重新去攀龙附凤。”

陆久之的确说得不错，他这个“蒋介石的女婿”从未沾过蒋介石的光。在蒋介石统治大陆时期，陆久之从来不曾以“蒋门女婿”自居，蒋介石也从未承认过陆久之的“驸马爷”身份。蒋家在这件事上，无论是老蒋还是小蒋，都采取一种装聋作哑的态度。揣度其原因，多半是陈洁如的身份太特殊、太敏感的缘故。

# 第九章
## 蒋家第三代

# 一、蒋经国的长子蒋孝文与夫人徐乃锦

## 蒋孝文被人视为公害

蒋家人丁兴旺，到蒋介石的孙辈时已成为一个几十口人的大家庭了。蒋介石的孙辈主要有：蒋经国与蒋方良的4个儿女蒋孝文、蒋孝章（女）、蒋孝武、蒋孝勇，蒋纬国与邱爱伦的儿子蒋孝刚，以及蒋经国与章亚若的一对双胞胎兄弟章孝严、章孝慈，总共7人。

蒋孝文是蒋经国夫妇的第一个爱情结晶，1935年生于寒冷的西伯利亚，原名爱伦。由于长着混血儿特有的漂亮脸庞，从小就招人喜爱。在他不满3岁时，就随父母离开苏联，回到蒋介石身边。蒋介石非常疼爱这个长孙，给他取了个中国名字——蒋孝文。

蒋经国夫妇回国后，先带着孩子在奉化老家生活了一段时间，1940年迁往赣南，1941年蒋孝文便在父亲的安排下进入赣州城东镇中心小学读书。1944年，再度随父母移居重庆，直至抗战胜利又举家迁往上海。由于不断的迁徙，蒋孝文便在重庆、杭州、上海、奉化等地的学校断断续续完成了小学和部分初中的学业。

蒋孝文从小接受和反应能力都很强，资质过人，但却极为顽皮，为此常遭父亲蒋经国的训斥。为了儿子将来能有一番作为，蒋经国对蒋孝文的管束十分严厉。

蒋孝文在赣州开始入学读书后，每天放学蒋经国都要检查他的书包，清点他上学时核对过的文书笔墨，告诫他不得短少，亦不得多出。

有一次蒋经国发现蒋孝文的书包里多了一支崭新的铅笔，便追问他来自何处。蒋孝文知道父亲的厉害，只得如实招来，承认铅笔是从一个同学那里要来的。蒋经国听后大怒，指责儿子道："你可知道这是一种仗势欺人的坏作风吗？如果你以为自己的父亲是父母官，你就可以任意讨要别人东西的话，那就是个势利小人了！"蒋孝文为此哭了一夜。第二天，蒋经国亲自带蒋孝文去学校，当着老师的面，让蒋孝文把铅笔还给那位同学，并赔礼道歉。

还有一次，学校的一位老师不知道蒋孝文的家庭背景，便问他父亲的职业，蒋孝文不无得意地炫耀说：父亲是赣州的父母官，祖父是当今中国的委员长。蒋经国得知这件事后恼怒至极，不仅狠狠地训斥了他一番，还外加一顿"皮肉之苦"，据蒋孝文称："父亲一生起气来，常把我绑起来打，每次都是妹妹求情，父亲才肯放我。"

1942年，蒋介石曾派飞机把蒋孝文、蒋孝章两兄妹从赣州接到重庆过阳历年。兄妹俩回赣州后，蒋介石还经常打电话过来询问他们的情况，蒋孝文便利用这个机会向祖父"告状"："爷爷，我爸爸打我。"蒋介石听了总是"嘿嘿"一笑了之。

蒋孝文系蒋氏正宗嫡传，仪表堂堂，聪明过人，蒋介石、蒋经国都对他寄予厚望，宠爱有加。然而，天生顽劣的个性，加上祖父的娇惯，蒋孝文非但未成才，反而变为一个纨绔子弟！

1949年，国民党兵败大陆，蒋孝文跟随祖父、父亲逃亡到台湾，入台北成功中学读书。在校期间，蒋孝文调皮依旧，常常夜不归宿，约上三五个哥儿们啸聚达旦。蒋经国非常恼火，也加紧了管束。但一等蒋经国睡下，蒋孝文就爬起来，让卫士帮他把吉普车推到门外，然后再发动开走，拉朋友玩。长此以往，蒋孝文的学习成绩一塌糊涂，偏偏蒋经国又望子成龙，每次检查成绩，蒋孝文就要挨训一次。久而久之，他便想出了骗父亲的招数。

蒋孝文就读的台北成功中学校长潘振球是蒋经国在赣南时的旧属，十分严厉，根据蒋经国的交代，要对孝文严加管束。因此，潘振球出于对蒋经国的"忠心"，不管孝文的身份，只要"不争气"，该打就打，该骂就骂，孝文很是怕他。成功中学有条校规，定期将学生的在校成绩和表现以书信方式通知家长。孝文的成绩和表现均不好，所以非常担心，便叮嘱官邸收发信件的卫士，凡学校寄来的信件，不要给他爸爸看。连续几个月后，潘振球发现每次寄给蒋经国的信都无回音，且孝文的成绩和表现越来越差，便直接跑到蒋经国的办公室询问。蒋经国回来之后，便责问孝文，孝文在严父面前只得老实坦白。蒋经国听完后，火冒三丈，拿起棍

蒋孝文与徐乃锦

子打得孝文满屋乱窜。蒋方良急得眼泪汪汪，拼命拉住蒋经国。蒋经国余怒未消，命令孝文跪在地上，不许起来。蒋方良十分心疼，哭哭啼啼，硬是要蒋经国饶了孝文。

蒋介石对孝文在校表现并不关心，他很喜欢这个孙子，因为孝文喜欢枪支，他就常常向孙子介绍各种武器的性能，鼓励他去打靶、练枪法，带着他去打猎。因此，从中学时起，只要放学回家，孝文便枪不离手，左右摆弄。有一次，孝文回家，钻到卫士宿舍把玩着爷爷给他的左轮手枪，一名叫李之楚的卫士回室休息，孝文见他进来，便举枪喊："不许动!"李之楚开玩笑说："唉！别随便拿枪乱指，会闹人命的!"话音未落，"砰"的一声，李之楚就倒在血泊之中。孝文吓得脸色苍白，不知所措。好在枪弹未击中要害，只打穿了肺叶，李之楚被送往医院，捡回了条命，但留下了终身气喘的痼疾。

枪击卫士李之楚事件发生后，台北"朝野"一时闹得沸沸扬扬，然而孝文倚仗祖父蒋介石的宠爱，其他人亦奈何不得。不久，蒋介石、蒋经国只好把他送进凤山陆军军官学校去习武，想让他收收性子。可是，孝文对纪律严明的军营生活更加不适应，仍然任性胡为、惹是生非，很快就被校方勒令退学。百般无奈，蒋介石、蒋经国只得将他送往美国，入加州伯克利商业学校读书，学习企业管理。

蒋孝文只身一人来到美国，没了祖父、父亲的直接管束，益发自我放纵，为所欲为。1964年，因驾车违章，闹进奥克兰地方法庭，被判罚入狱3天。美国《新闻周刊》曾以《谁丢面子?》为题，无情揭露。这样，蒋孝文在伯克利商业学校任何学位也没有拿到，就不得不提前离开加州。后来，在华盛顿逗留期间，蒋孝文因向保险公司谎报失窃钻戒一枚，又差一点儿酿成大祸。最后，蒋孝文由于屡肇事端，被美国移民局列为"不受欢迎的人"，驱逐出境。

蒋孝文返回台湾后，先是出任台湾电力公司桃园管理处处长，以后又兼任国民党桃园县党部主任的职位。在此期间，蒋孝文虽然已经与徐乃锦结婚，并且有了一个女儿蒋友梅，但顽劣之性仍未加收敛，依旧花天酒地，纵情声色，人人为之侧目，被视为"公害"。

蒋孝文从美国返回台湾后不久，酒后开快车，将一国民党军队的下级军官张惠云碾死。事发后，由同车的陶锦藩出面代为受过，私下送给死者家属20万台币了结此案。

1970年春，时任“台电总经理”的孙运璇将一项电力工程交给他，让他担任金门电力公司董事长，期望他能够学有所用。蒋孝文到金门后，亲自负责一座现代化发电厂的设计与施工，干得颇为卖力。但是，好景不长，一日孝文耐不住工区寂寞，独自驱车到台中游玩，下榻意文酒店，光顾舞厅寻欢作乐，指名要求某红舞女伴舞。大班“有眼不识泰山”，婉言奉告，要蒋孝文稍候，等转完台子再来陪这位蒋家公子。蒋孝文所求不遂，大发雷霆，旋掷酒杯，拍桌子，借以泄愤。这下可惹恼了舞厅的保镖打手，将蒋孝文揍得鼻青脸肿，逐出门外。

蒋孝文怎肯如此善罢甘休，返回酒店，电召台中警备司令鲍步超，要他下令该舞厅歇业3天，还以颜色。鲍步超颇感为难，因为毕竟不能以侮辱“总统”孙子的理由向舞厅问罪。最后，老于世故的鲍步超，想到了一条妙计，用协商的方法，请舞厅老板打出“装修内部”的幌子，停业3天，而到蒋孝文面前，则另编说辞请公子息怒。正当鲍步超暗自庆幸应对有方、功德圆满之际，不知通过什么渠道，让蒋经国知道了这件事，鲍步超被召到台北，只有两句话，鲍步超便丢了乌纱帽。

蒋经国说：“你做得太久了，应该暂时休息休息。”据说，此类因池鱼之殃，致丢官失职者，还有台北市警察局局长杨济华。骄奢淫逸的蒋孝文接二连三地仗着祖父、父亲的权势恣意闹事，令蒋介石、蒋经国异常失望，尤其是蒋经国对他几乎不抱希望。蒋孝文见父亲对自己失望至极，自知无论如何奋斗终不会有什么结果，于是更加意志萎靡，堕落不堪。

由于家族遗传的缘故，加上自己酒色无度，蒋孝文从年轻的时候起，就患有糖尿病，医嘱必须按时服用控制血糖的药物，并严禁饮酒、熬夜，然而他经常将医生的嘱咐置于脑后，任情自纵。1972年，蒋孝文在一次聚会中又喝得酩酊大醉，病情遽发，血糖急剧下降。当时别人都以为他只是酒醉而已，让他睡觉，而没有及时唤醒他服药或急送医院抢救，等到发现情况不妙时，蒋孝文已经是昏迷不醒了，他的脑部因为糖尿病所引起的病变导致意识力丧失，肢体也陷入瘫痪状况。后来在康复过程中，他仅仅恢复了肢体的机能，至于在意识方面，偶尔也能记得一些人和事，但思想错乱得十分厉害，情绪无法控制。

蒋孝文病发后，一直住在台北“荣民总医院”，由专人成立治疗小组对他进行诊治。直到1976年，“荣民总医院”的主治医生证实他的血糖完全在控制之中，蒋孝文才出院返家，每星期由医生固定检视一次。出院以后，蒋孝文表面上看起来与常人无异，但是谈起话来，言语经常无法连贯，也无法长时间集中精神，时常反复问同样的问题，所以台湾一度盛传他已是植物人。

由于蒋孝文身体已经无望得以康复，这位蒋家第三代中原本最具条件、最具希望有所作为的大公子，从此以后就从人们的视野中消失了，再也没有在公共场合露过面。即使在1975年蒋介石去世、1988年蒋经国去世的时候，这位最受祖父、父亲宠爱的嫡嗣亦没有参加家祭、公祭，仅仅是大典完毕后，由妻女陪同，到灵堂叩头志哀，以尽孝道。

以后蒋孝文又染了喉癌，每天要两次到医院接受钴60的放射治疗，以控制癌细胞的蔓延。1989年4月14日，饱受恶疾之苦几近20年的蒋孝文终因喉癌细胞扩散救治无效，在台北去世，终年仅54岁。

## 徐乃锦是徐锡麟的孙女

蒋孝文的不幸，遭受打击最沉重的莫过于他的妻子徐乃锦。徐乃锦是清末革命志士徐锡麟的孙女，1937年在上海出生，其父徐学文早年留学德国攻读化学专业，取得博士学位，到中年时曾做过一段时间的台湾"樟脑局"局长，但由于性格内向，对政治毫无兴趣，很快即辞职弃官，转而经办私营企业，颇有成绩。徐乃锦的母亲是德国人，中文名字叫徐曼丽，所以与蒋孝文一样是混血儿的徐乃锦也长得美丽俊逸，风情万种。

1949年，徐乃锦跟随父母由大陆迁往台湾，先后入台北女子师范大学附属小学、台中静宜文理学院高中部读书。毕业后，她先到德国待了八九个月，再转到美国加利福尼亚大学心理学系，后来进入心理研究所，修得硕士学位。关于徐乃锦与蒋孝文的结合，外界普遍认为是"政治婚姻"。徐乃锦是在12岁那年结识蒋孝文的，当时，徐、蒋两家的住所相邻，徐乃锦与蒋孝文经常在一起玩，可以说是青梅竹马，但是两人性格、志趣差异很大。

徐乃锦宽厚、持重、勤勉好学，而蒋孝文则顽劣任性，不思进取。中学毕业后，他们先后赴美国留学，同在加州读书，天长日久，渐渐萌生了恋情。然而，消息传回台湾，蒋、徐两家的反应则大不相同。蒋经国一向颇为欣赏徐乃锦，无论是对徐乃锦的家庭背景，还是对她本人的修养和学识都十分中意。蒋经国深知蒋孝文难成大器，只有得到徐乃锦这样有情有义又有识的贤内助，方才有可能成就一番作为。因此，他早就有心将徐乃锦迎进蒋门当儿媳，以扶持蒋孝文，并一再创造机会让蒋孝文、徐乃锦接近，让他们加深了解、联络感情。如今，两个晚

蒋孝文与徐乃锦在美国的结婚照

辈果然没有辜负他的一番苦心，有意缔缘，蒋经国怎能不喜出望外、极力玉成！

孰料徐学文夫妇对名声在外的“花花公子”蒋孝文素无好感，认为把女儿嫁给他，婚后难保不生变故。何况他们对女儿嫁入“宫门”当“太子夫人”心存畏惧，担心女儿会受委屈，所以极力反对这门亲事，并一再去信，要在美国读书的徐乃锦休学返回台湾，以摆脱蒋孝文的“纠缠”。对此僵局，蒋经国十分焦急，他一面致电蒋孝文，让他好好把握机会，不妨先成家再读书，两不耽误。一面采取了一个让徐家无法回绝的“非常措施”：当时“贵”为“行政院长”的蒋经国轻车简从，提着一篮水果，亲自到徐家求亲。事已至此，徐学文夫妇不看僧面看佛面，再也无法坚持原议，只得认了这门亲。

徐乃锦与蒋孝文在美国成婚后不久，即怀孕返台待产，生下了女儿蒋友梅之后，继续赴美留学。完成学业后，与蒋孝文双双回到台湾，蒋孝文开始从政，她则参加社会工作，最初任职于台湾“中央电视台”，后来又任教于台湾师范大学教育研究所。徐乃锦事业心很强，对自己各方面的能力也颇为自负，因此她一直希望能够通过自己的努力获得事业上的成功。

婚后，徐乃锦与蒋孝文曾经有过一段夫妻恩爱的如意生活。但好景不长，蒋孝文故态复萌，又开始到处拈花惹草，沉湎于酒色之中，徐乃锦反复规劝都无济于事。1972 年蒋孝文糖尿病发作引起病变而致脑神经受损几近成废人之时，徐乃锦年龄刚刚三十有五，其痛苦可想而知。

蒋孝文病倒后，徐乃锦心地善良、意志坚强的一面开始充分展露出来，她辞去了一切工作，整日守候在丈夫床边，悉心照料。当蒋孝文病情稍有好转之后，徐乃锦又遵照医嘱，用各种办法帮助他恢复记忆，训练思维，重塑身心。徐乃锦还经常约朋友们来家相聚，让他们陪蒋孝文聊天，制造语言环境，或者带着蒋孝文出外散步、乘车兜风，调节情绪。在蒋孝文长达近 20 年的病榻生涯之中，徐乃锦始终如一施予他无尽的关怀和爱心，成为蒋孝文最大的精神支撑。徐乃锦说，她与蒋孝文之间是“缘断情未了”。

徐乃锦后来曾追溯她在蒋孝文卧病不起那段时日的心路历程，无限感伤：“在我的信念里，两个人组成一个家时，就是要永远生活在一起。而他，突然病了，又病得很严重，记忆力受损，5 个月后，我们都知道他不会完全好，但也不会死去。在难过的情绪之中，我的心底有不同的声音响着：‘我是否要离开他，去寻找自己的生活?’‘不，我不能离开他，否则会一生不安。’如果诚实一点地说，我的确是历经人性矛盾的挣扎，但是最后，决定做让一生心安的事——尽量去爱护他，全心去照顾他。爱情，已经因为他的病而逐渐消失了，可是我仍然想做他的依靠，而不是依靠他。他真的是非常依赖我的，记得他初病时，度过了昏迷的前几周，后来苏醒时，我一定得在旁边，否则他就会发脾气。那时，我住在医院，但偶尔我也需要外出一下，起先医护人员都好心地要我偷偷溜走，可是我觉得还是要让他知道。于是我试着告诉他，我要出去几小时，几点钟会回来，就这样一天天地让他接受，一直到三四年之后，他终于接受了这样的事实。我从不把一切归咎于命运，事实上，别人眼中认为我不幸，而我自己并不见得这样认为。”

有妻徐乃锦，实乃蒋孝文一生不幸中之大幸！在蒋孝文病情基本稳定之后，徐乃锦开始重新走入社会，回到台湾“中央电视台”国际事务室担任执行秘书，同时为电视台制作“民谣世界”“音乐一、二、三”两个音乐节目，工作了5年。另外，她在台北的一家律师事务所，每日上半天班，也工作了5年。台湾有家杂志撰文，评价徐乃锦说：“作为第一家庭的大媳妇，她没有坐享她的身份地位，她只是一位充满活力与自信的职业女性。”

早在20世纪60年代，徐乃锦从美国留学归来，就加入了台北基督教女青年会，担任董事。蒋孝文卧病之后，徐乃锦以更大的热情和爱心服务于女青年会这项“施惠于众”的社会工作，先后担任了副会长、会长。她经常说：女青年会的工作虽然苦点儿、累点儿，但“证明我可以替社会做很多事”，“我得到的比我付出的更多”。

除了工作，徐乃锦最大的乐趣就是音乐，她的音乐细胞来自她的母亲，从小就沉醉在欧洲音乐的世界里。12岁那年，父亲、母亲送给她一架钢琴，与蒋孝文结婚后，公公、婆婆又送给她一架钢琴。徐乃锦经常开家庭演奏会，全家人一起构筑出一个欢乐的氛围。蒋孝文卧病后，徐乃锦“常在情绪低落时，躲进书房听音乐，自己治疗自己的痛苦”。她后来解释说：“我虽然有朋友，也有爱我的家人，但是由于好强，我从来不曾哭，甚至连向人诉苦都不愿。”

1989年，长年重病缠身的蒋孝文久治不愈，撒手人寰，徐乃锦早已被痛苦折磨得流干了泪水，只能勇敢地面对现实，“仿佛他的走，是要让我没有后顾之忧似的”，她如是说。

长期以来，徐乃锦从未向命运低头，无论是在社会上，还是在家庭里，她都一直扮演着“女中豪杰”的角色，自立自强。徐乃锦的朋友都认为她的性格有些男性化，做事有魄力，要求完美，是个杰出女性。蒋孝文病逝之后，徐乃锦开始投身商界，先后担任捷运昌国际证券投资顾问公司、捷运昌国际企业管理顾问公司副董事长和公元证券投资信托公司的董事长。她说：“并不是求财富，我只想活得很有尊严，可以发挥自己的力量。从前没有机会尝试，不知道可不可以，现在可以试了，对我来说，是一种新的挑战。”

台北有家杂志著文说：“蒋经国的大儿媳徐乃锦，作为一个献身于社会工作的职业妇女，她所表现出来的特质，可能是蒋氏家族中最难得一见的品质。”诚如其言，自从蒋经国1988年去世后，蒋家媳妇不能工作的规矩自动取消，她便开始正式扮演职业妇女的角色。然而，她也仍是一位好媳妇、好大嫂，蒋家男丁一个个地逝世，徒留下一群寡孀。因此，她不但承担起照顾婆婆蒋方良的责任，而且与蒋孝武、蒋孝勇的妻小相处甚好，结成紧密的“命运共同体”，身为蒋家长媳的她还义不容辞地充当蒋家的对外代表。台湾社会各界一向对徐乃锦敬重，绝不仅仅因为她特殊的身世和家庭背景，更多的则是由于她不平凡的个人奋斗史。

长期照料病榻上的丈夫和年老体衰的婆婆，使徐乃锦长期处于疲劳和压力状态。她长期服用慢性头痛药，于1999年11月接受牙医治疗时，出现齿龈流血不止异常，经检验发现贫血和血小板异常偏低现象后，诊断为再生不良型贫血。

2005年6月，徐乃锦因感染而罹患肺炎，虽经各种治疗，但病情仍逐渐恶化，18日上午昏迷，20日下午不幸病逝。

## 二、蒋经国的女儿蒋孝章与女婿俞扬和

### 蒋孝章与年长十几岁的俞扬和私订终身

自蒋介石以后的蒋家第二代、第三代中，比例严重失调，多男少女。从经国、纬国到孝文、孝武、孝勇、孝刚以及章孝严、章孝慈，除了孝章一位千金外，几近清一色的男性世界。只有宠儿而无爱女，只有贤媳而无佳婿，无论如何总是一种缺憾，所以蒋孝章这个难得的“唯一”，在蒋家的地位就格外优越，备受长辈的宠爱。

蒋孝章于1936年在苏联出生，取名爱理。第二年，蒋经国与蒋方良就领着她及比她大1岁的蒋孝文返回了中国。蒋孝章从小就聪慧过人、善解人意，人又长得漂亮，所以深得蒋介石夫妇、蒋经国夫妇的疼怜，被视为掌上明珠。

蒋孝章的启蒙与初等教育都是在大陆时期完成的，1949年以后又在台湾接受了中等教育，1958年22岁时赴美国留学接受高等教育。

蒋孝章在台湾就读中学期间，由于家世过于显赫，同一年龄层的男孩子都不敢与她接近。后来远赴美国留学，蒋经国对她一人在外实在放心不下，于是就委托从小就在美国生活的台湾“国防部长”俞大维的儿子俞扬和就近关照，然而蒋

蒋孝章

经国自己也未料到他的这一安排决定了女儿的终身幸福。因为不久之后，就传来了蒋孝章与俞扬和萌生恋情并私订终身的消息。

消息传来，确实给台湾“第一家庭”带来了不小的风波。蒋经国当初把女儿托付给俞扬和，是本着信任的态度，他绝没有想到比孝章年长十几岁的俞扬和竟会爱上自己的女儿，他也万万想不到自己的掌上明珠亦如此深爱俞扬和。在蒋经国看来，女儿完全可以选择比俞家更好的门婿。其实早在蒋孝章赴美留学之前，蒋经国就与当时的国民党空军上将王叔铭暗中议好了他们的儿女亲事。如今蒋孝章与俞扬和相恋并私订终身，蒋经国的计划被完全打乱，更令他失望的是俞扬和已从国民党空军退役转而经商，这就意味着自己的未来女婿在仕途上可能毫无作为，对女儿满怀期望的蒋经国实在难以接受这个事实。因为在他的理念中，经商之人是不可以与政治世家的蒋家结为秦晋之好的。

正因如此，蒋孝章和俞扬和的婚姻不仅惹来蒋经国和蒋方良的不悦，就连蒋孝章的两个弟弟——蒋孝武和蒋孝勇亦为此大发雷霆，甚至扬言，要到台北俞大维家中去闹，追究俞家的不守信用，没有尽到照顾姐姐的责任。幸而蒋经国及时制止，才避免了一场令蒋家和“国防部长”俞大维家尴尬的事件发生。

就在蒋经国对女儿婚事拿不定主意的时候，蒋介石和宋美龄为他献上计策。当蒋介石和宋美龄闻悉自己挚爱的孙女竟然与俞扬和私订终身后也颇为惊讶，因为他们期望孙女能够成长为像宋美龄一样的政界女强人，即使不成，他们也希冀孙女婿是个军政界的杰出人物。但是事已成定局，无法挽回。经过再三权衡，蒋介石和宋美龄认为还是同意这门婚事为妥。这不仅是基于对孙女蒋孝章的疼爱，更在于若与俞大维结成亲家，就更方便蒋经国由“副国防部长”取代俞大维的“国防部长”一职。加之宋美龄献计，可以让俞扬和回台再任官职，既顾及了体面，又吻合蒋家从政的传统。

在蒋介石和宋美龄的点拨下，蒋经国茅塞顿开，同意了这门亲事，并派夫人蒋方良秘密赴美主持婚礼。1960 年 3 月，旧金山湾区一家大教堂新婚伉俪蒋孝章与俞扬和在蒋家密友们面前举行了一场极为秘密的宗教式婚礼。蒋方良正是在仪式上首次见到女儿托付终身的俞扬和，她感觉女儿的选择是正确的，品质清纯的俞扬和能够给女儿带来幸福。台湾方面对蒋孝章的婚礼虽然采取封锁的做法，但美国旧金山的华人报纸还是就此事喧闹了一阵。婚礼次日，《世界日报》上便刊载了一条醒目的新闻：《蒋介石孙女在美婚礼低调惊人》。

该新闻报道说："在此之前，这里的华人社团只知蒋介石的孙女在加州求学，但并不知道她在求学期间与俞大维儿子共涉爱河。据昨天参加蒋经国大女儿婚礼的少数华侨界人士称：婚礼的低调让所有出席这场宗教式小型婚礼的来宾大感意外。就连住在加州普通华人子女举行婚礼，也绝不会像他们这样无声无息。赶来主婚的蒋方良女士甚至不敢对公众和记者讲话。她只是说：'婚礼只是个形式，婚姻才是真正的幸福。'而驻在华盛顿的国民党官员们，甚至对此一无所知。这就不能不让人怀疑，蒋介石是否真正看好这桩婚姻了。"

第二年，蒋孝章与俞扬和的爱子俞祖声降临人间。"祖声"这个名字乃蒋介石亲自所题，取自古诗"克绍祖裘，声望远播"中的克绍"祖"裘之"声"望的意思，当然这也是蒋介石对外曾孙的期望。

婚后，蒋孝章便定居于美国加州，每年定期携子返台省亲。只不过每一次都是悄悄来，悄悄走，从不惊动其他亲友，甚至蒋家的至戚，如王采玉娘家、毛福梅娘家、宋美龄娘家在台湾的亲戚都不知道。蒋孝章是想把她所有的时间都留给最宠爱她的祖父母和父母亲，以尽享天伦之乐。

虽然女儿蒋孝章已出嫁，然而蒋经国对她的感情却是宠冠所有晚辈的。蒋孝章自幼承欢膝下，为"孝"字辈最能获得祖父母、父母欢心的掌上明珠。尽管远离家门嫁归俞氏定居美国，她仍与父亲蒋经国书信不断。蒋经国经常把蒋孝章给他的来信摘录进自己的日记中，并加以点评。如 1979 年 9 月 13 日，蒋经国的日记中有这样的记载：

> 近年与章女通信中，常常谈起哲学上的许多问题，章女曾说"人生的价值，不止是在与人共享欢乐，而更是在与人共享苦难"。这两句话，反映出我的人生观，在今后的岁月中，余将不遗力，为苦难者多做工作，以慰我不安之心。面对敌人不足惧，面对困难不足虑，只怕自己不努力，不肯上进耳。

由此可见，蒋孝章在父亲心目中所占据的是何等重要的位置！

随着父亲蒋经国、胞兄蒋孝文、胞弟蒋孝武、蒋孝勇、祖母宋美龄相继去世，蒋孝章的至亲只剩下母亲蒋方良了。因此，孝章常常回到台湾看望自己年迈的母亲，这也是她在台湾的牵挂。蒋方良 2004 年 10 月去世后，蒋孝章在台湾的牵挂也就更少了。

## 俞扬和是台湾"国防部长"俞大维的儿子

俞扬和乃台湾"国防部长"俞大维的公子，在台湾也算是有地位、有背景的人物。父亲俞大维是浙江山阳人，1898 年出生，曾国藩是其外曾祖父。俞大维 1918 年毕业于上海圣约翰大学，获文学学士学位。以后赴美国留学，在哈佛大学先后获数学硕士和博士学位。他在哈佛大学毕业时获奖学金去德国柏林大学深造，研究数理逻辑与军事工程学，成为国际上著名的弹道学专家。从德国返回中国后，先担任国民党政府军政部兵工署署长 12 年，后担任军政部次长 1 年，担任“交通部长”3 年 8 个月。国民党政权退台后，俞大维于 1951 年出任“美援运用委员会”副主任委员兼“驻美大使馆”顾问，1954 年起担任“国防部长”直至 1964 年。1965 年专任“行政院”政务委员，1966 年被聘为“总统府”“国策”顾问，1976 年被聘为“总统府”资政。

俞大维是以“文人”身份从“军界”进入“政界”的，几十年官运亨通，一帆风顺，被外界誉为台湾“政坛”上的“常青树”。一个重要的原因就在于他与“蒋家王朝”的密切关系。对蒋介石、蒋经国两代政治强人，俞大维一直都忠心耿耿，尽力辅佐，对蒋经国，俞大维更有直接提携之恩。

1963 年，蒋介石派蒋经国出任“国防部”副部长，成为俞大维的副手。俞大维何等聪明，岂有看不透蒋介石心意的道理。第二年他就以“健康”原因，挂冠而去，让蒋经国顺利“过场”扶了正。自此而后，蒋经国才算在台湾国民党政治舞台上正式以主角身份出现，较诸以往十数年，都是做些幕后或辅佐性的工作，形象自然不可同日而语。于是，台湾有人评点：若非俞大维 1964 年力辞“国防部长”职务并力荐蒋经国继任，按正常程序和以往惯例，蒋经国至少还得再做若干年副部长，然后才有可能转正。那么，不但以后的“蒋经国时代”要延迟 5～10 年来临，甚至历史也将要重新改写了。

有此等父亲，为何俞扬和执意远离政界呢？其实，不仅是俞扬和厌恶政界，就连被誉为政坛“常青树”的俞大维亦并非钟爱政治，实乃蒋家父子爱惜这个军事人才而已。因此晚年得以脱离政海对俞大维来说却是一件乐事。所以俞扬和完全承继了父亲的“傲骨”，绝不涉及政坛。

当初蒋经国答应女儿孝章和俞扬和的婚事，全赖于他还抱有一线希望：就是将俞扬和调回台湾进入“军政界”任要职。所以在蒋孝章与俞扬和新婚后不久，俞扬和陪同妻子两人搭飞机从美国旧金山回到台湾拜见岳父大人——蒋经国。在家宴上，蒋经国代表蒋家大家长蒋介石和宋美龄接纳了他，同时劝说他放弃在美国经商回台重返“军政界”。俞扬和早已料到岳父蒋经国会出此一招，然而他心意已定，“父亲的善意自然让我感动。可是古人说过：人各有志，不可勉强。我想，依我对人生的感悟，早就对仕途宦海不存任何杂念和欲望了。与其让我再穿上军装，不如就让我凭自己的兴趣，去做我想做的事情为好。因为我自知无论在身后有多么大的政治靠山，我都注定不会在政治和军事上发迹的。”俞扬和的婉言拒绝粉碎了蒋经国与蒋介石、宋美龄对其锦绣前程的憧憬，蒋经国失望至极，对两人婚姻亦忧虑忡忡。俞扬和自知已得罪了岳父大人，因而未去面见蒋介石夫妇便匆匆偕妻子返回美国。

从此，俞扬和定居加州，平时和当地华侨少有往来，在台湾的公众场合和传播媒介中亦很少露面，就连他的名字也鲜见报端。俞扬和的名字最早见于台湾当局的官方资料是 1975 年蒋介石去世后，在蒋经国发表的《守父灵一月记》中 4 月 13 日日记所载内容：上午领章女、扬和婿再到慈湖，检视厝地之工程，武、勇两儿在此督工甚力，殊以为慰。

也正是在蒋介石葬礼期间，俞扬和再次感受到蒋家令人无法喘气的政治压力，尤其是蒋孝章的两个胞弟蒋孝武、蒋孝勇极为傲慢、无礼，鄙视与政治无缘的姐夫，令俞扬和大伤自尊，回到大洋彼岸后，俞扬和一心致力于在美国的工作，拒绝回台。蒋经国在 1978 年和 1983 年两次发邀请函并附两张往返飞机票邀请俞扬和夫妇参加自己第六任、第七任“总统”就职典礼，俞扬和均以沉默回绝。但是，蒋经国仍未死心，他专程派一位重要官员来到旧金山，劝说俞扬和到官场上一展拳脚，并且表示蒋经国许诺让俞扬和回台主持“华航”的全面工作。面对诱惑，俞扬和不假思索一口回绝。台湾官员惊异之余，又力劝俞扬和不要放弃千载难逢的机会。俞扬和却轻松地笑笑：“谢谢，我不会后悔。因为我对官场从来就没有兴趣。”

蒋经国的努力付诸东流，他深知乘龙快婿注定要走一条与蒋家背道而驰的路，诚如俞扬和所言，他始终未曾介入台湾政局。尽管如此，他在美国也为台湾工商界兼管一些海外的业务工作，担任“中华航空公司”和“中华造船公司”的技术顾问。虽然他几乎不去台湾，但是俞扬和依然未入美国国籍，仍自视是“中华民国的子民”。

## 三、蒋经国的次子蒋孝武与夫人汪长诗、蔡惠媚

### 蒋孝武曾被风传为“蒋家王朝”的“接棒人”

蒋孝武 1945 年出生于老家奉化，从小心眼多，而且吝啬。蒋介石每每端坐在

椅子或沙发上看着两个孙子嬉闹时，常对身边的人说："这个孝武啊！眼睛经常动不动就眨呀眨的，可见他是个计谋多端的'鬼灵精'。"

每年过年，孝武便让母亲为他和阿弟孝勇梳洗打扮一番，大年初一，提上小礼物到"士林"官邸向蒋介石、宋美龄鞠躬拜年，然后用小礼物换回爷爷手中的大礼物和红包。不一会儿便找个借口回家，把自己的礼物和红包藏起来，走到孝勇身边，哄他说："阿弟啊！你的钱真多哎，我没有钱，我们一起出去玩，你要多花钱噢！"不费吹灰之力，孝勇手中的钱就被他骗光了。

有一次，孝武和孝勇上街买奖券，钱是孝勇花的，但孝武手中的奖券中奖了，他怎么也不肯分些给孝勇，后来家中人哄他请客，他硬是一个子儿也不肯掏。

随着年龄的增长，蒋孝武的性格变得倔强、任性。中学毕业后曾在凤山陆军军官学校受过短期军事教育，然后进入台湾大学政治系就读。1969 年赴德国留学，毕业于慕尼黑政治学院。返回台湾后，于 1974 年获"中国文化学院中美关系研究所"法学硕士学位。

蒋孝武在台湾社会谋求发展之时，正值蒋孝文身染恶疾、病魔缠身，几近废人之际，因此蒋家上下均把未来的希望寄托在他的身上，进行重点培植。

蒋孝武从德国留学归来后，蒋经国首先安排他进入素不为人所重的文化事业口磨炼，一则树立形象，二来也测试一下"孺子"是否"可教"。蒋孝武于 1969 年出任"台湾华欣文化事业中心"主任，并负责"欣欣"传播事业有限公司。1976 年出任台湾"中央广播电台"主任，1977 年出任"台湾广播事业协会"理事长，1980 年出任"台湾中国广播公司"总经理，一步步地成为台湾传播界举足轻重的人物。

但是，蒋孝武在文化事业中工作十几年的名声并不佳，乏善可陈。在"华欣"公司期间，蒋孝武曾有意与台湾文化界人士联络感情，建立关系，于是就让他最先网罗门下的文人尹雪曼出面负责安排聚会。不期然，尹雪曼每一次组织的与蒋孝武见面的文化界人士，都是他自己圈内的人，将蒋孝武视为"可居"的"奇货"而"独揽"，弄得欲"以文会友"的蒋孝武意兴阑珊："如果整个台湾的文化界，就只有这么几个人的话，下次不必再请了。"

在"欣欣"公司里，蒋孝武没有担任任何具体职务，董事长、总经理都是他人充任，然而实际控制权却是在他手里，外界也都知道"欣欣"公司是蒋孝武的"私家领地"。因此，"欣欣"公司的人出外都打着蒋孝武的牌子招摇。台湾"中华航空公司"的所有广告业务，就是由于这层关系而落于"欣欣"公司名下的。国民党当局《我爱台北》之类的宣传节目也被揽到"欣欣"公司来制作，并强行摊派到各家电视台反复播放，观众怨声载道："这一类低劣品质填鸭式的宣传节目居然一家播了，再在同一周内做第二家第三家的重播。”而“欣欣”公司的总经理蒋天铎则在同时向蒋孝武“表功”：“我们替政府做的宣传节目，可以在三台轮流播出，可见我们在主任的领导下，替‘国家政府’做了很大贡献。”

由于蒋孝武有此“通天法力”，自有许多趋炎附势者奉承其后，加上蒋孝武与第一任夫人汪长诗婚后一直关系不洽，长期不在一起，更是这群日夜周旋左右大小跟班讨好的良机，外界传出他跟哪个歌星、舞星、影星的风风雨雨，自是不无其因。据说，此事为蒋经国所悉，因此勒令其除主管的“台湾中央广播电台”“台湾中国广播公司”以外，其余在社会上所兼的若干公司董事长、总经理、顾问，一律撤销，并责其“闭门读书”，以资自省。20世纪70年代末80年代初，蒋孝武的飞扬跋扈一度有所收敛，即与此有关。

为了使蒋孝武尽快进入所应扮演的角色，蒋经国还在蒋孝武1969年刚刚从德国归来后不久，就开始安插他在国民党党务部门见习，熟悉情况。蒋孝武先后担任过国民党“中央政策会”专任委员、“中央组织工作会”委员、“新闻党部”常务委员、“中央委员会”秘书处秘书等职务，虽然多是一些事务性的工作，但是对于国民党“中央党部”的决策、体制及运用程序的了解和掌握却大有裨益，职轻位重，并借此联络到相当一批“拥蒋”的元老重臣，引为日后出头的辅弼。

早在主持台湾“中央广播电台”工作期间，蒋孝武就已经开始涉足国民党的情报系统。因为台湾“中央广播电台”主要是对大陆广播，属于所谓“对敌心理作战”部门，蒋孝武从那时起就逐步地与台湾所有的情报机构建立起了联系。到了1976年，蒋经国又安排他出任“国安会议”执行秘书一职，更是直接进入台湾情报系统的核心层面。在台湾这样高度集权的政治体制下，谁掌握有军队，谁就是强人，而欲治军，则必须先从“情报”工作入手。当年蒋介石就是循此“捷径”授权蒋经国“接班”的。现在，蒋经国又如法炮制，让蒋孝武由远及近、由低至高，一步步地蓄积实力以图将来大局。

但是，“蒋经国时代”毕竟不等于“蒋介石时代”，蒋经国不可能如往昔其父扶植他那般明目张胆地培养蒋孝武放手抓权，而只有暗中助力，至于蒋孝武是否能成气候，就得看蒋孝武自己的运气了。

事实上，蒋孝武无论就阅历经验或是素质才干而言，与其父、其祖相比都不能同日而语，在政治上极不成熟，有待磨砺之处甚多。有鉴于此，蒋经国有意识地放慢蒋孝武的晋升速度，让他经受一些挫折，一方面锻炼他的韧性和意志力，另一方面也是为了减少外界的种种非议。1981年国民党“十二全”选举新一届的“中央委员”，无论是党务系统还是政务系统都曾把蒋孝武列入候选名单，但最后都在蒋经国那里被打了回票，蒋经国态度很明确：“免议。”当时就是担心政治上尚显稚嫩的蒋孝武过早出头可能会毁了他的前程，欲速则不达！

然而，蒋孝武对自己则显然缺乏自知之明。他自小至大都生活在优越的环境中，锦衣玉食，备受恩宠，上有余荫可被，下有侍从可驱，不知不觉养成了骄横乖张之气，性格暴躁，脾气时好时坏，反复无常。据说，有一次蒋孝武兴起，出面邀请外籍公司的老板到自己的寓所赴宴，不料酒过三巡，蒋孝武喝得酩酊大醉，借酒装疯，信口大骂："把一切帝国主义走狗赶出去！"弄得所有来宾面面相觑，尴尬异常，最后不欢而散。蒋孝武同台湾黑社会的关系也是如此，一度称兄道弟，亲如一家，忽一日，蒋孝武觉得无聊、可厌，又组织力量"扫黑"，要一网打尽，令人难以捉摸。蒋孝武口拙，不善言谈，因此，涉入政界后，有意识地模仿其父、其祖的神秘感。他平时外出总是戴着一副遮目的大墨镜，行迹无常，加上蒋孝武一直插手台湾的情报系统，外界对他的印象素无好感，有"畏"无敬。

由于蒋孝文不中用，所以一批想凭借着拥立"太子"得势的"政治帮闲"就聚集在第三代主力人物蒋孝武的身边，极尽奉承之能事，怂恿他到处伸手揽权，准备接班。蒋孝武不知深浅，俨然以"蒋家王朝"的"法统"继承人自居，飞扬跋扈，不可一世。

此时飞来"横案"，"江南命案"的发生断送了他的前程。江南，原是蒋经国一手培植的政工人员，后赴美定居生活，积多年之心血写成《蒋经国传》于1984年在美国正式出版，风行一时。由于其中占用大量篇幅披露了蒋氏父子的劣迹，引起台湾当局的惊怒。蒋孝武自作主张，秘密策划台湾情报机关与黑社会联手，刺杀了江南，在台湾内外引发了一场"政治大地震"，使得台湾国民党政权在"蒋经国时代"苦心经营的"民主"与"法治"形象毁于一旦。虽然蒋孝武曾发表声明，矢口否认与"江南命案"有关，但外界仍然认为他是事实上的主谋，指出蒋孝武在台湾情报系统中的影响，"并不在于他有什么职衔，而在于他的背景"。为了平息事态，同时蒋经国也看出了蒋孝武"不堪造就"，只好于1986年将蒋孝武外放出岛，让他远赴新加坡"屈就"台湾国民党政权驻"新加坡商务代表团"副代表之职，岛内所兼各职一并免除。从此而后，蒋孝武一蹶不振，其政治生命事实上已告结束。

蒋孝武生命的最后一段岁月，都是在台湾岛外度过的。1988年，他在台湾国民党政权驻"新加坡商务代表团"副代表的位置上转正。1990年起又调任"亚东关系协会"台湾驻日本代表一职，直至1991年病故。

由于家族的遗传，蒋孝武自进入中年以后就被发现患有糖尿病、高血脂症和慢性胰脏炎。1991年6月，蒋孝武回台湾住院治疗，7月1日因急性心脏衰竭施救无效而猝逝。

## 瑞士籍的华侨汪长诗

蒋孝武大约是在他22岁前往德国留学的时候，认识的汪长诗。当时，他既没有朋友，语言又不通，一个人孤苦伶仃，不能专心向学。所以在1968年8月的一天，他开着跑车，穿过隧道，花了4小时的时间，到日内瓦一游，因而结识了当时在联合国的汪德官。

汪德官是汪长诗的爸爸，毕业于交通大学，曾任广州电信局局长，后来在联合国国际电信委员会工作至退休。

蒋孝武到达日内瓦以后，台湾驻当地的官员郑玉南等人，立刻凑了两桌麻将，替孝武接风。男的在楼上，女的在楼下。晚饭时间，两桌人一起吃饭，汪长诗巧妙地加入了这场饭局。

在蒋孝武认识汪长诗的同时，正与另一位“金小姐”在交往。这位金小姐年仅14岁，是土耳其后裔的美国人金克的女儿，身材凹凸有致。两人同台较劲的结果，不相上下，令蒋孝武好生为难。

当时，有长辈给蒋孝武分析：金小姐年纪太轻，又是混血儿。而汪小姐秀外慧中，又与你年龄相当，如果你娶了汪小姐，你爷爷一定会喜欢。

就这样，蒋孝武开始与汪长诗拍拖，虽然两人的语言交流有些困难，但蒋孝武仍然坚持每星期六不远数千里从慕尼黑驾车前往日内瓦秘密约会同样陷入情网中的汪长诗。那时候，她与蒋孝武的感情与日俱增，有时她也会乘飞机前往慕尼黑与蒋孝武相会。半年后，两人感情急剧升温，已到如胶似漆的地步，当即表示要结婚。他们的婚礼在1969年夏天于美国洛杉矶蒋孝章的家里举行，只有蒋方良前来参加。那时，蒋家的大家长蒋介石尚未故去，在汪长诗与蒋孝武结婚的前一天，蒋介石委托宋美龄亲笔给他们写了封祝贺新婚的信，这封信后来一直成为蒋孝武和汪长诗无法忘却的纪念：

武孙：

你与长诗写的英文信皆已收到，甚为欢喜。祖父病后，右手尚不能握笔信，故不能作复。但近日已有所进步。你们在国外结婚，未能亲临主持为念，惟望你们能早日成婚，回国相见盼。特趁你母亲来美主持婚礼，故顺带一函作贺。甚盼一切欢乐为祝。

祖父祖母示

对于这门亲事，原本蒋经国并不放心，特别派了秘书秦孝仪到日内瓦跑了一趟，代他相了一相汪长诗。结果，秦孝仪回来报的结果是：“汪长诗真是个好女孩，不仅气质好，家世也很好。你有这个媳妇，简直是太好了！”后来，蒋孝武陪着汪德官到“士林”官邸去探望蒋介石，蒋介石亲自出面请他喝茶，这门亲事才终敲定。

然而，汪长诗与蒋孝武的蜜月期仅维持了短短几个月的时间，渐渐地，汪长诗发现蒋孝武性格上的许多缺陷，有些缺点甚至远远超出她从前的想象。蒋孝武处处要性子，根本不把夫人放在眼里，两人经常争吵不断，越吵越激烈，最终只得以悲剧收场。

蒋家侍卫翁元记忆所及：“二少奶奶有一天夜里与孝武先生激烈争吵之后，第二天就拎着皮箱走了，从此之后，就没有再见她的身影！”

与孝武一块儿长大的黄任中认为，蒋孝武与汪长诗婚后婚姻不和谐，与两人都太年轻有关。“汪长诗从小在国外长大，惯说英语，嫁到蒋家以后，能陪她讲话、聊天、玩的朋友不多。有一次，我们一群人到孝武家，帮汪长诗过生日。晚饭过后，孝武想推牌九，但我们都知道，先前他已经答应汪长诗去跳舞，而且，她已经到房里去换衣服了。但是，孝武偷偷跑来跟我咬耳朵，要我劝她不要去，干脆留在家推牌九算了！”黄任中不敢去劝，孝武三次跟他咬耳朵，黄任中终于去劝，汪长诗也只好悻悻然作罢，陪在孝武身边推牌九。

翁元说，汪长诗那么年轻就嫁到蒋家来，不到两年就帮蒋家生了友兰、友松一对儿女，而且，婚后她父亲也退休了，在做生意。她与家人分隔三地，可说无所依靠，加上对婚后在台湾的日子并不适应，蒋孝武又无法给她充分的安全感，她的处境可想而知。

汪长诗

汪长诗最后终于恨别蒋家，外传是和孝武与女明星有所交往有关。汪长诗离开蒋家的那一天，除了留一封信外，还把两个孩子一起带走了。这件事，当然惊动了蒋家上下。

翁元记得，那是个礼拜六的早上，蒋经国在慈湖守灵，清晨五六点的时候，一通电话打到了慈湖管理处。不久有人通报：“电话是从阳明山孝武的住所打来的，说是孝武的太太要来慈湖告状！”但是，没有人敢惊动还在熟睡中的蒋经国，于是只好请孝武的弟弟孝勇出面处理。

蒋孝勇接到电话赶快赶来，不过，汪长诗先一步，一进慈湖，就要求见蒋经国。侍卫们回答她说：“经国先生在后面厢房睡觉，不方便！”但汪长诗仍执意要见，气呼呼地坐在那里，把气氛弄得很僵，即使孝勇来了，怎么劝也没有用。

后来，蒋孝武也赶来了，两人在房里单独谈，外面听不见。不过照后来所发生的事情来看，蒋孝武当天并没有把婚姻危机给化解掉。

在汪长诗离家出走以后，蒋家所有人都极力挽救这段婚姻，挽回汪长诗，他们分头向汪长诗进行游说。起初她没答应，后来念及友兰、友松两个尚未懂事的孩子，汪长诗态度终于软化，愿意再给蒋孝武一个机会。她开出一个条件：回来可以，不过要蒋孝武亲自到机场接她，如果蒋孝武做得到，她马上回头。但是，蒋孝武没有。结果，汪长诗掉头就走，最终还是成为蒋家的“过客”。

汪长诗离开台湾之后，带着两个孩子回到瑞士的娘家。她原本打算把两个孩子留在身边，但后来蒋经国思孙心切，再加上“台独”分子欲行绑架两个孩子的传言传出，因此蒋经国派了当时驻维也纳的“观光局”代表虞为劝汪长诗把小孩送回台湾，汪长诗最后才罢手，并且在结识一位画家之后，另行改嫁，成为蒋家最深沉的一个记忆。

## 全球十大最有身价未婚女性之一的郑绵绵

正如蒋孝武其人很神秘一样，他的再婚问题一直为人们注目。其中最引人注目的是蒋孝武与郑绵绵的婚谜。据说，1984 年 4 月，蒋孝武在菲律宾，有人目睹他与郑绵绵两人挽手四处散步，进而传出他俩秘密结婚的消息。郑绵绵是旅菲华商郑周敏的女儿，生于 1958 年，优越的家庭环境使她从小就得到良好的教育，被家人视为掌上明珠。这位郑家千金，身价不但在亚洲数一数二，而且还曾被列为“世界十大最有身价的未婚女性”之一，其掌管的事业遍及全球。她能在 20 多岁的芳龄便拥有如此令人羡慕的企业王国，一方面受益于其父亲有意的安排，郑周敏非常注重培养子女的吃苦耐劳精神和实践经验，15 岁的郑绵绵中学毕业后，就被父亲安排到属下的农工商发展公司做事，从练习生、打字员、业务员的最基层工作干起，后来她步步高升，最终达到独当一面、名扬全球的境地；另一方面，她的勤奋好学也是其功成名就的一大要素，她白天工作，晚上还坚持在菲律宾女子大学夜间部念商业会计专业。由于她在企业经营上的突出成就，母校菲律宾女子大学授予她“经济学博士”学位。

由于郑家有如此庞大的企业，自然引起不少人士的“幻想”，而心怀叵测者亦不乏其人。数年前，这位最有身价的女企业家在吕宋岛曾被一帮匪徒绑架，匪徒的目的当然是白花花的银子，且要求的数字以亿计。郑家当然不愿被如此要挟，但为了女儿的性命，除了给钱外，只有动员尽快救人。郑家采用的是后者，雇用

郑绵绵（右）与其父郑周敏

了无数枪击好手，经过数昼夜枪战，在毙匪十数名后，才救得美人归。为了保有其庞大产业，也为了郑家在大笔资金转进台湾时能不被那里虎视眈眈的“幻想”分子侵蚀并吞，有人说郑大小姐想嫁给蒋孝武，但这段姻缘没成。蒋孝武与他的瑞士籍夫人离婚，或许与他的政治前途有所关联。而他与郑绵绵的神秘恋情，也有这个权势搭配的重要因素。可惜这段恋情只属于“地下”阶段。据说，按郑绵绵的生辰八字，她的定情年当在两年之后，而在这期间，又传出蒋孝武与蔡惠媚秘密同居，并在新加坡结婚的消息。这样，蒋孝武与郑绵绵的恋情也就不了了之了。

## 台湾美女蔡惠媚

蔡惠媚出身于台中清水望族，自幼就读于美国学校，洋名“蜜雪儿”，父亲蔡垂碧是当地有名的船务商。蔡家经济富裕，实在没有高攀的必要，甚至因为政治因素，一度排斥蒋孝武与女儿接近。

蔡惠媚在一次接受《时报周刊》的访谈中透露，她与蒋孝武是在圆山联谊社的游泳池畔认识的，当时她只有十六七岁，还在美国学校念书。“我常常在游泳的时候，发现有一堆老男人盯着我看，而且已经有好一段时间了，以我的直觉判断，他们都是同一伙的，蒋孝武也在里面。”

蔡惠媚因为先前在电视上看过蒋孝武，因此认得出他来。但是，对于那些对她指指点点的老男人，她并没有搭理。

至于蒋孝武，虽然在池畔观察蔡惠媚许久，但也迟迟不敢靠近。后来，他请黄任中帮他出主意。

有一天，蒋孝武请黄任中吃饭，没跟他说为了什么事情。等到饭一吃完，就把他带到游泳池畔，往池里一指说："我喜欢池子里的那个小姐，你帮我想办法！"黄任中往池子里一看，发现蔡惠媚不仅年轻、活泼、漂亮、皮肤白，身材尤其好，认为蒋孝武实在很有眼光，也知道这一次他是动了真情，于是立刻采取行动。黄任中首先要蒋孝武身边的人不要动声色，自己则到圆山联谊社跑了一趟。经过打听之后，不仅发现她的家世很好，还是圆山饭店一带大家公认的美女，于是在进行上，他就更加小心翼翼了。

事有凑巧，黄任中的前妻钱仲雯刚好是蔡惠媚姐姐在美国学校的同学。于是，黄任中将整件事交给钱仲雯来办。黄任中对钱仲雯的办事能力很满意，因为她只花了一个月的时间，就把蔡惠媚骗进了蒋家。当时，钱仲雯是以请蔡惠媚到蒋孝武家当"家教"为由，将她"设计"进入蒋家的。

不过，蔡惠媚始终不认为自己是被"骗"到蒋家的。她说："我还记得在我满18岁的那一年，有一天接到钱仲雯打来的电话，说她有几个住在阳明山的朋友，想一起组个幼稚园，并请个英文家教，问我有没有意愿？我一听有人要找我当家教，心里好高兴，于是马上就说没问题！我问，什么时候开始教？钱仲雯说，几个家长想先跟我见见面。她建议，干脆由她居间，约双方一起吃个饭，见个面。我心想，教就教嘛！干吗一定要吃饭？我心中有些怀疑，但是当时没问。

"我后来来到餐厅之后，发现没有半个家长来，心中开始起疑。我们一边等一边聊天，突然间，看到有辆车往我们这个方向驶来，并停下来，等对方车停稳了，下来个人，我一看，那不是圆山联谊社那个人吗？这时候，钱仲雯突然喊起来：'Alex！我们在这里！'接下来的事，不用我说，大家都想得到！"

自从餐厅第一次会面之后，蒋孝武就对蔡惠媚展开热烈的追求。他足足花了8年的时间，才把蔡惠媚追到手，过程可说是既艰辛又谨慎，直到蔡家两老终于点头为止。

其实，蒋孝武与蔡惠媚的婚事，之所以拖了这么久，除了蔡家二老反对以外，蒋经国这边也有迟疑。蔡家二老除了不忍女儿嫁入"深宫大院"的蒋家，同时也担心蒋孝武之前的风风雨雨对爱女多少有影响。至于蒋经国则对于汪长诗与蒋孝武的婚姻拖拖拉拉，多少年没有了断，所以直到汪长诗改嫁，与蒋孝武正式办妥了离婚手续，才点头答应这门婚事。蒋经国最后突然间念头一转，要蒋孝武速速与蔡惠媚完婚，还有另外一个因素。据说，他是想借此来转移"江南命案"的满城风雨。所以，在孝武外放新加坡当副代表不久，就与蔡惠媚举行了闪电般的婚礼。

蒋孝武是真的爱蔡惠媚，加上8年的时间，蔡惠媚与他的两个孩子亦师亦友，

蔡惠媚与蒋孝武参加社交活动

彼此建立了深厚的感情，所以借此“爱的力量”，终于挥除了蒋孝武过去的阴云。

自从蒋孝武情定蔡惠媚之后，小两口恩爱逾恒。但是，这段真爱最后终于遭到老天的嫉妒，5 年之后，死神狠心地把蒋孝武带离蔡惠媚的身边，那一年，蔡惠媚才刚过 30 岁。

外传，蔡惠媚在蒋孝武死后，足足花了一年的时间，才靠着宗教的力量走出伤痛。但是蔡惠媚自己说：“孝武走的这几年，我从未真正走出伤痛，我只是学着如何处理伤痛!”

据了解，蒋孝武过世之后，蒋家所有的人不忍见蔡惠媚年轻守寡，因此建议她再行改嫁。但是，蔡惠媚当时很决绝地说：“我绝不会改嫁，这辈子我都要姓蒋!”

这些年她不仅安分地做个蒋家媳妇，还代蒋孝武把一对儿女带大。

## 四、蒋经国三子蒋孝勇与夫人方智怡

### 蒋孝勇专注于工商业

蒋孝勇是蒋介石几个孙子中最令他宠爱的一人。蒋孝勇小的时候，有许多地方与蒋介石童年时相仿：玩刀弄枪，天不怕地不怕，整天风风火火，打打闹闹，只要出去玩，肯定是一身泥巴、一身伤，回家后又和孝武打闹，厨房、卧室到处是“战场”，直打到犯困睡觉。蒋经国也疼爱孝勇，因为他于1948年10月在上海出生，当时正值国民党统治全面危机，“蒋家王朝”在中国大陆崩溃的前夜，蒋经国总觉得孝勇生下来后营养不足，在吃穿方面总是尽量偏袒着他。隔年，尚在襁褓之中的蒋孝勇就随着祖父和父亲辞别了故土，退居到孤岛台湾。

与孝武相比孝勇更精更鬼，在蒋介石、蒋经国面前乖如小猫，甜言蜜语，一离开他们就胡作非为。蒋介石、宋美龄非常宠爱这个小孙子。蒋介石在世时，不管遇到什么烦恼的事，只要小孙子走到面前，喊一声：“爷爷好!”立刻就会转怒为喜，可见他在蒋介石心目中的地位。

读完小学、初中后，根据蒋介石的意愿，蒋经国把他送进了相当于高中程度的凤山陆军军官学校的预备班，以后又直接升入正式班，接受高等军事教育。但是，身为“皇孙”的他，经常违纪犯规，偷着抽烟、喝酒，被教育班长抓住后，不是罚他做俯卧撑，就是让他连烟带灰吞到肚子里。几次之后，蒋孝勇非常害怕，行为有所收敛。按照正常情况，蒋孝勇应该是1972年的那一班毕业，然而，他却被迫中途辍学。原因就是蒋孝勇在一次野外训练中脚部受了重伤，久治不愈，再也无法适应部队生活。

这一意外事件对一心想在蒋家第三代中培养出一个“职业军人”的蒋介石来说，不能不说是一个不小的打击。因为在此之前，蒋孝文、蒋孝武在陆军军官学校的学业也都是半途而废。但是，事已至此，蒋介石也只好以孙儿的健康为念了。1969年2月4日，蒋介石写信给蒋孝勇，文曰：

勇孙：

昨天电话未尽所怀，如你足疾久不愈，恐难成为健全的军人，实为我半年以来最大的忧虑，乃非言语所可形容也。现在既然如此，只有一切听从医生之言，凡使你足疾能愈办法，都得照办，再不可有勉强“充好汉”之行动，手携拐架，无论上课或上餐厅，亦只有提用，勿以为羞是要。石膏如未得医生许可，亦不应拆除，虽不方便，亦只有忍之。若非如此持久自制与勉强行之，则恐难望痊愈了。务希切实遵办，再不可自充好汉。切见毋忘。

一九六九年二月四日祖父母示

同年3月14日又有一信：

勇孙：

你上次来信，我已接到了，祖母亦甚高兴。昨闻你已病入医院，不胜系念，今特写信交武孙带来慰问，如你下周仍未痊愈，我与祖母就要南来看你，想与你同住几日，在西子湾养病或以医院为佳，易愈也。余不多言，望早痊愈。

祖父母，三月十四日晨

1975年蒋介石去世后，蒋孝勇所写的纪念文章中也谈到此事：

在我内心的深处，最最对不起祖父的一件憾事，就是未能从陆军军官学校毕业。一九六四年自愿投入军旅行列——陆军军官学校预备班，祖父原是十分欣慰的。所惜八年以前，受训操练时，不慎扭伤了足踝，几个月之后，经过了两次手术，才不得不离开行列，抛弃初衷。忆及当将要离开台北到凤山报到的那天，他老人家把我叫到书房，除勉励之外，还打开皮包，拿出钱袋，数之再三，给了我两百块钱，说："你独自到官校去，必有零用之需，这是两百块钱，钱包里我也只有这么多，希望你能好好地去应用。"

当时除了体会到深切的爱心之外，还有一丝敬重与感慨。蒋孝勇从陆军军官学校休学后，先转至辅仁大学读了半年，以后又转学到台湾大学政治系，就读政治理论专业，1973年毕业。

蒋孝勇从学校出来以后，蒋经国有意让他在经济领域里发展，而没有安排他直接涉足政治，蒋孝勇最初是在一家叫作"鸿霖"的民间商业机构当董事长兼总经理。1982年，台湾电影界抓到了一家"盗版"公司"昌运"，公司负责人邱创寿被送上法庭，虽然后来被宣判无罪，但是由于在办案过程中查出邱创寿是"鸿霖"的常务董事之一，因而，蒋孝勇的名声一度也颇为受损。自此而后，蒋孝勇就辞掉了在"鸿霖"所兼的一切名义职务，转入幕后控制，同时开始把主要注意力放在了国民党"党营"企业方面。

从20世纪80年代起，他先后出任国民党"党营"的两个主要的生产事业单位——"中兴电工机械公司"和"中央玻璃纤维股份有限公司"的董事长兼总经理。此外，蒋孝勇还被推选执掌台湾电工器材同业公会理事长、台湾玻璃纤维同业公会理事长及台湾工业总会常务理事等多种要职。在国民党"中央党部"负责"党营"企业的主管机构"中央财务委员会"和"中央投资公司"内部，蒋孝勇也具有很大的发言权和影响力。

以蒋孝勇的年龄、资历，短短十数年的时间里，蹿升至台湾国民党"党营"生产事业单位的"领班"级人物，并且在台湾工商界占据着一席举足轻重的显赫之位，主要得益于他的"第一家庭"的特殊背景。而这些原来经营状况并不景气的"党营"企业，则由于蒋孝勇的加盟领衔，利润剧增，业务范围日益扩展。如蒋孝勇主持"中兴"公司之时，企业本身并无生产大型冷气机的能力，可是凡遇到"政府"大的建筑工程有装千吨、万吨冷气机设备招标时，"中兴"公司总是最先出来竞标，它甚至敢用低于成本的价格先得了标，然后再以高于标价的价格转包，请有生产能力的厂家去制造和安装，等工程全面铺开后，"中兴"公司自有办法让发包的"政府单位"追加预算，直到达及"中兴"公司有利润而满意的价格为止。

后来，"中兴"公司干脆与其他民营的冷气机公司达成协议，就是凡遇到"政府"的大的建筑工程，准许他们使用"中兴"公司的名义，去和招标单位议价，议价的条件，除了他们本公司够成本利润之外，并再戴三成"帽子"算是"中兴"出借名义的"应得利润"。本来1亿元可以承包的生意，借用"中兴"公司名义的民营公司，得先为自己加上两成"利润"，变成1.2亿元，之后再在1.2亿元上加三成（0.36亿元）为付给"中兴"公司的"应得利润"。如此一周折，变成要花1.56亿元方可成交。好在无论钱多钱少，都是掏自"政府"腰包，也就无人心疼计较了。

除了掌握有"中兴电工机械公司"和"中央玻璃纤维股份有限公司"两家主要的"党营"企业而外，蒋孝勇同时还控制有"中兴工程顾问公司"等十几家公营企业。据比较保守的估计，蒋孝勇在工商界势力最盛时，他能影响和支配的资产在台币300亿元以上。蒋孝勇在经济部门的呼风唤雨之霸主地位，恰与其兄蒋孝武在文化领域纵横捭阖的强人之势互为倚足，这里不难看出蒋经国刻意安排的苦心。

当然，蒋经国也深知，他的这两个儿子，无论是蒋孝武，还是蒋孝勇，在政治上都还十分稚嫩，缺乏磨炼，一时很难成"大气候"。所以，蒋经国一直有意识地抑制他们在政治权力圈里过早出头，以防他们"得意忘形"，自毁前程。国民党"十二全"时，蒋经国把他们从"中央委员"的候选人名单中删除，就是一个明证。尤其是对于蒋孝勇，蒋经国总是告诫他专注于工商业，做出令人信服的成绩以后，再考虑在政界的发展。

蒋孝勇是在1973年从台湾大学政治系毕业后不久，与方智怡结婚的。方智怡的父亲方恩绪是台湾公路工程界颇有名气的技术专家，一直在台湾公路系统任职，先后担任过工程队队长、副局长、局长等职务。蒋孝勇和方智怡是在恋爱成熟之后，始禀告双方父母的。蒋经国就请了当时担任国民党"中央党部"副秘书长的秦孝仪做"媒人"，去方家登门"求亲"，自然不会遭到拒绝。1973年7月23日，蒋孝勇和方智怡的婚礼在台北圆山饭店举行，由秦孝仪担任主持人，蒋经国夫妇亲自到场致贺。当时，蒋介石由于车祸受伤已卧病年余，仍然挣扎着起来，与宋美龄一起坐着与蒋孝勇夫妇合拍了一帧照片，并特许公开发表。如此高规格的婚礼，在蒋家第三代中为仅有的一例。

蒋孝勇、方智怡结婚时与蒋介石、宋美龄合影

1988年，蒋经国因病去世。继任中国国民党主席和“总统”的李登辉对台湾政治体制实施了“民主化”“本土化”和“非蒋化”的重大改革。

面对台湾岛内对蒋氏家族日甚一日的批评浪潮，面对有着“新主人”的台湾当局对有“政治野心”、企图“复辟”的蒋家人士和“拥蒋”派的全面排斥，蒋家第三代“硕果仅存”的实力派人物蒋孝勇，于1989年3月决定急流勇退，举家迁离台湾，远避加拿大，以后又辗转移居美国。

临行之前，蒋孝勇接受台湾《远见》杂志记者的采访。他表示：蒋家过去和中国近代史似乎是连在一起的，但是总要打个休止符。他说：“对我而言，父亲辞世以前，没有办法打一个完全的休止符，不是别的原因，是因为人家总是戴着有色眼镜看我。但是我不愿意我的小孩跟我有同样的遭遇。”

谈到蒋经国逝世以后台湾社会的各种变化时，蒋孝勇发表感想说：“我没有办法跳出去看，这件事我自己亦身在其中。以做子女而言，当然没有人愿意祖上被人家做一些不当的羞辱。我觉得今天我们整个社会，对于敬老尊贤这个立场，似乎是脱离常轨太远了一点。当然今天也可以了解到有些人是为反对而反对。在整个问题的反对过程中间，很多方式都是可以接受的，但是有一点我不能够接受——就是对人的不尊重。你可以用制度、用批评、用方法，但是对于采取羞辱对方的方式，我觉得在今天是个异数，我真的是很不能够接受。”

谈到从政，蒋孝勇肯定地表示，到目前为止，没有改变任何心意。他说：“先父在世时，我就立定了宗旨：第一，不干公务员；第二，不做专职党务工作，到今天还没有做任何修正。”他说，他之所以在国民党“十三全”选举“中央委员”时以高票当选，“先祖的庇荫是个事实。但是我对于所谓‘中央委员’的争取，当时是抱这样的心情，现在还是如此，就是：传承的意义重于实质的意义。我之所以争取，主要原因是家父才过世，就像线断了一般，也不一定是一件对的事情。但是我并不认为我以后在党里面所谓‘中央委员’这个途径上会有什么发展。我只是尽我自己本分，做我自己该做的事情。”

对于蒋孝勇的出走，台湾舆论界普遍认为，这是“蒋家王朝”根拔台湾，“家天下”气数尽散。从此以后，蒋氏家族对台湾社会的影响力将日渐式微而至于无形。所论虽显偏颇，却不是全无道理。

1996年年初，蒋孝勇因食道癌住进台北“荣民总医院”。手术后，经过一段化学和放射线治疗，病情有所好转。6月，他提出赴大陆治疗。蒋孝勇曾说，他到大陆治病的目的其实有两个：一是看病，二是回故乡看看。大陆此类病例较多，而且是中西医结合治疗，康复的希望大一些。

蒋孝勇在北京的医院住了三天两夜，而且请了一位肿瘤医院的院长来会诊，回台湾时还带回一些中药，以便调养。本来蒋孝勇想去上海、南京、黄山等地走一走、看一看，尤其是黄山。因为蒋经国从未到过黄山，蒋孝勇愿为其父了此心愿。由于健康原因未能成行，但去了浙江奉化溪口。无奈，由于癌细胞转移至脑部，他不得不结束这次短暂的大陆之行，返乡就医。

1997年1月，蒋孝勇终因恶疾不治，告别亲人而去。1月12日，在“荣民总医院”介寿堂举行公祭，李登辉亲临致祭，“总统府”资政俞国华、前“行政院院长”郝柏村等人为他覆盖“中华民国国旗”和国民党党旗。蒋孝勇遗体在台北第二殡仪馆火化后，骨灰由家人携往美国安葬。

## 方智怡十分维护蒋家的利益

蒋孝勇是在1968年的时候与方智怡突然谈起恋爱的。翁元还记得，那一年的夏天，还在读军校的蒋孝勇，突然带着方智怡姐弟，到梨山去找正在避暑的蒋经国夫妇，正式公开了他们的恋情。

当蒋家亲友获悉了他们这段恋情，还特别把他叫到跟前，对他耳提面命了一番，叫他好好与方智怡交往，千万不要重蹈哥哥的覆辙。

蒋孝勇一家参观宋庆龄故居

蒋家人对蒋孝勇与方智怡的交往期待甚深，这与方智怡的出身有关。她的父亲是前高速公路局局长方恩绪，在政坛屡居高位，因此方智怡可说是好人家的女儿，与蒋家又同是浙江人，彼此更多了份亲切感。

方智怡和蒋孝勇陷入热恋时，也很年轻，才17岁而已。蒋孝勇的老师秦孝仪记得，当时她与蒋孝勇的感情很好，可说是如胶似漆，常在蒋孝勇读书读到一半时，和三五好友开着车来，一拉就把孝勇拉出去玩了。

虽然蒋孝勇与方智怡的恋爱谈得早，但也是在交往5年后才把她娶进门。当两人论及婚嫁时，还特别请了秦孝仪去跟蒋经国说好话。这一说之下，不仅蒋经国对这桩婚事很满意，就连蒋介石也颇为高兴。据说，蒋介石特别喜欢方智怡圆圆大大的脸，尤其气质很好，说："这才是大家闺秀应有的样子!"因此，在亲友的祝福下，蒋孝勇与方智怡顺顺利利地在1973年步入了婚姻殿堂。他们的婚礼风风光光地在"士林"官邸的凯歌堂举行，得到全家人，包括蒋经国在内的祝福。

方智怡嫁到蒋家以后，一口气给蒋孝勇生了3个儿子，生到最后发现没有女儿，还在产房哭了起来。

在蒋家的日子，她大半的心思都花在相夫教子上面，并没有出去抛头露面、当什么职业妇女。她唯一一个正职，就是在蒋家的华兴幼稚园担任负责人。

蒋经国在世的时候，她每个礼拜三都会去陪他吃饭，可说是蒋家几个媳妇中人缘最好的一个。而蒋孝勇是三个兄弟之中最为顾家的一个，多年来并未传过什么了不得的花边新闻出来。

蒋孝勇过世后，方智怡曾旅居加拿大一段时间，目前则定居美国。她承接蒋孝勇庞大的遗产，在美国旧金山自行创业，如今拥有两座 Shopping Center，并在黑鹰区（Blackhawk）拥有一栋豪宅，是湾区无人不知、无人不晓的成功女企业家，也是蒋家难得一见的女强人。

她护卫蒋家的作风相当强悍，也是蒋家媳妇中所少见的。不管是几年前出面驳斥"蒋经国身世之谜"一事，还是出言反击宋楚瑜的"蒋家拿钱说"，这都显示出，她的骨子里带有已故夫婿的影子，政治立场也基本与蒋孝勇如出一辙。

2003年1月13日正值蒋经国逝世15周年，她带着两个儿子蒋友柏、蒋友常到头寮谒陵，之后在头寮休息室内接受记者专访时表示：蒋家第四代的孩子们各有各的理想与个性，未来会不会从政要看他们自己的生涯规则，一切顺其自然。她还透露，2002年12月底赴美向宋美龄请安，蒋夫人身体不错，精神很好，而且早晚为大家祷告。当问及蒋方良在七海官邸的生活状况是否很艰苦时，方智怡表示这均源于婆婆的简朴习惯。当记者问及她对蒋氏父子"移灵"事宜的态度，她表示两岸仍需要沟通，自己则不便多谈。谈到章氏兄弟之事时，方智怡则答："章委员人生经历比我们丰富，应有他的判断。"面对外界对"蒋家六遗孀"的好奇与想法，方智怡坦言她们过得很好。

至于蒋家的精神未来如何发挥，她说到自己的公公蒋经国以身作则对长辈孝顺，与妻子和睦，对后辈则显示出他的亲切，自然会让后辈学习，而蒋经国对蒋方良的爱更让他们感动佩服。身为蒋家人，她谨记公公蒋经国生前曾说蒋家人不从政，而她现在出任党代表只是做义工，尽义务，她亦深知公公的要求，绝不会涉身政界。若问跟随蒋经国可以说学习到什么，方智怡坦言道：“应该是学到谦卑为人民的精神。”

可见，身为“三少奶奶”的方智怡，自始至终都站在蒋氏家族的立场，以蒋家的利益为重，亦是蒋家遗孀中颇有能力的一位，不愧是蒙蒋经国的福祉，相信其夫君蒋孝勇在天之灵也可慰藉。

## 五、蒋纬国的儿子蒋孝刚与夫人王倚惠

### 蒋孝刚是蒋纬国唯一的嗣承

在蒋家“孝”字辈中，蒋孝刚最小，与孝文、孝章、孝武、孝勇以及孝严、孝慈等第三代兄弟姐妹年龄差距颇大，所以他们之间来往甚少。相反，他与蒋家第四代，尤其是与蒋孝文、徐乃锦夫妇所生的蒋友梅之间年龄相差不到两岁，关系密切，感情亦深。他们一起在台湾接受启蒙和初等教育，又于1980年年底，同赴英国进入剑桥大学深造，蒋孝刚攻读法律，蒋友梅则专修艺术。当时，负责照顾他们的是台湾国民党当局派驻英国的代表金炎夫妇。每年，蒋纬国都专程由台湾至英国前去探望。

由于蒋孝刚生于1963年，是年蒋纬国已年近五旬，可谓“中年得子”，因此对孝刚钟爱异常。有一张蒋孝刚在蒋纬国脖子上的照片，蒋纬国那畅怀的笑容足以证明他对爱子的疼惜。但是，蒋纬国与妻子邱爱伦婚后10年即闹分居，对于年幼的孝刚来说造成了不小的影响。

由于父母长期分居，蒋孝刚从小就养成独立自强的性格，很少有依赖感，老成持重。在英国剑桥大学读书期间，他从不暴露自己的出身。当然，知道他是蒋纬国公子的人也不少，因此，他特别注意不在公众场合露面，以免引起外界注意。在学校他潜心学习，是公认的最用功、最有成绩且高大英俊的优等生。毕业时，台湾国民党“外交部”一度曾有意延揽他出任官职，但在当时气候下，台湾岛内外对于蒋家接班问题早已窃窃私语，于是此议不久即告搁置。同时蒋孝刚亦表示，他对从政的意愿并不高，并且他不愿在台湾执业而谋求发展。后来，蒋孝刚去了美国，通过律师资格考试，拿到了律师执照，在纽约的一家律师事务公司服务，

并著有《美国法律十八讲》一书。在章孝严的身份证改为父亲蒋经国时，蒋孝刚特地给他打了一通电话，说了一句："孝严哥恭喜您了。"令章孝严喜出望外。蒋氏家族第三代子弟中，能与他一样看得开的人，似不多见。

蒋孝刚与王倚惠结婚后很少在公众场合露面，2002 年夫妻俩应邀参加蒋纬国为前妻石静宜所创设的静心小学的毕业典礼。蒋孝刚与王倚惠分别代表董事会和贵宾出面致辞，致辞全程均以英文讲演。台下的贵宾中除了毕业于静心的台湾"立法委员"陈学圣等人，台湾艺人吴宗宪也以家长身份与妻子出席了该仪式。

2003 年 2 月 21 日，蒋孝刚陪同母亲邱爱伦和妻子王倚惠参加了在耕莘文教院举行的蒋家第三代长媳徐乃锦母亲徐曼丽的葬礼。蒋孝刚坐在国民党主席连战一旁，另一侧坐着母亲邱爱伦，邱爱伦一旁则是王倚惠。葬礼结束后，蒋孝刚先送母亲及她的兄弟回家，离开母亲前还亲吻母亲的额头以示告别，足见母子情深。

## 美籍华裔女子王倚惠

王倚惠的外祖父是魏宗铎。魏宗铎祖籍福建福清，1936 年在北平燕京大学经济系毕业后，进入上海中国银行工作，从办事员做起，后来在银行界历任主任、襄理、副理、经理、总经理等职，并曾辗转于昆明、天津、西安以及日本东京等地发展银行业务，一直到 1970 年到台湾，先后出任副总经理、总经理。1971 年，台湾"中国银行"增资，改为"民营"的"中国国际商业银行"，他顺理成章出任首任总经理，1975 年又被推举为董事长，后来还出任过中联信托公司董事长，退休后一直定居台湾。王倚惠的父亲是新加坡华侨界闻名的一位商人，长期住在美国，与蒋纬国私交甚笃，而王倚惠本人则在美国纽约从事工商管理工作。

1987 年 8 月 19 日，蒋孝刚与王倚惠奉父亲蒋纬国之命专程返台，在台北"士林"官邸凯歌堂举行婚礼，由李登辉主持，周联华牧师做福证，台湾当局各界政要 100 多人前往观礼，盛况空前。比照蒋家其他晚辈的婚礼多在台湾岛外举行，且从不被允许铺陈张扬，蒋孝刚的"破格大婚"，可以说"很不寻常"。

蒋孝刚、王倚惠夫妇在台湾完婚后不久，即双双返回美国，继续从事自己的职业。宋美龄源于对蒋纬国夫妇的疼爱，所以对其爱子蒋孝刚亦非常疼惜。1994 年 9 月，宋美龄千里迢迢从美国返回台湾，专程到蒋纬国家里抱了抱蒋孝刚的女儿蒋友娟和长子蒋友捷，此举足以证明宋美龄和蒋纬国的母子情谊。

# 六、蒋经国的庶出子——章孝严、章孝慈

## 两兄弟由外婆抚养长大

章孝严、章孝慈出生于广西桂林，是蒋经国与章亚若“赣南新时代”4年流水爱情生活的唯一遗存。1942年，章亚若“不明不白”命丧异乡之时，尚未从蒋家为自己、为自己的两个儿子谋得一“合法”身份和地位。蒋介石虽然“宽大为怀”，恩赐了两个“意外之喜”的孙儿予“孝”字辈家名，但同时却令他们只能从母姓，而没有将他们明确地纳入蒋门。既然此前蒋经国惜于自己的“前程”而无勇气公开他与章亚若的恋情，为章亚若讨个“公道”，那么现在对于这两个儿子的处理问题，碍于“形象”与“名声”，他同样陷入“否认不了、确认不得”的尴尬境地，没有胆量公开确认，给予大毛、小毛以光明磊落的父爱。于是，两个私生子只得承袭母亲“地下夫人”的不幸命运，做“秘密儿子”。

章亚若桂林暴亡之时，章孝严、章孝慈尚不足6个月，为了安置他们的去处，蒋经国煞费苦心，反复权衡，最后决定把他们交由章亚若的母亲，也就是他们的外婆周锦华抚养，地点暂定在江西万安。这里比较闭塞，民风古朴，章家在此无亲无故无人相识，不易招惹麻烦。同时，地理位置靠近赣州，便于照应。蒋经国先派吴骥去把当时仍住在赣州的周锦华接送至万安，又安排王制刚与章亚梅一起把章孝严、章孝慈由桂林带到那里，交给了他们的外婆。在万安生活一年有余，章亚若的大弟章浩若就任贵州铜仁县县长，接他们到任所团聚。

在南昌弘道小学读书时的章孝严、章孝慈

在章家诸多兄弟姐妹中，与章亚若关系最密切、感情最深厚者，就是这个原来学名叫懋萱的章浩若。章浩若是章家的长子，抗战爆发后，投笔从戎，奔赴武汉，当了名战地记者。

章亚若去世后，他根据有实无名的“三姐

夫”蒋经国的安排，离开军队，到地方做“父母官”。在这期间，他与发妻吴英葵（吴骥的妹妹）友好分手，与在洛阳结识的江西女子纪琛再婚。为了便于照顾章孝严、章孝慈两个外甥，章浩若、纪琛夫妻俩将他们和老母一起由万安接到铜仁，并且将他们过继到自己的名下，成为养子。

在由万安到铜仁的路上，曾在赣州停留数日，周锦华为两个外孙儿的将来考虑，托吴骥去问蒋经国，大毛、小毛学名孝严、孝慈，可姓呢？总不能长期含混下去吧。吴骥传过蒋的话，却是极其艰涩委婉：“吾子，岂能不是吾子？只缘内外交困，暂缓议此事，若对外应付，可暂从母姓，待有朝一日……”闻者为之心寒！周锦华颇不屑：“罢罢罢，莫难为那一家了，就姓章吧，原本是章家的骨肉血亲啊。立早章早立志，两个崽会成器的。”

1945 年抗战胜利后，章家人终于从四面八方汇聚到家乡南昌。然而，叫周锦华猝不及防的是，分别 6 年的丈夫章贡涛从庐山带回了一位年纪尚轻的女士曹筱玉，先行住进了县前街章宅，性格倔强的周锦华既没有做出妻妾相安的大度之举，也没有啼哭吵闹，而是选择了出人意料的办法——孤傲地搬出来另住。让儿子章浩若给她在井头巷寻得了一幢平房，自己带着晚辈离开了章氏老宅。事实上，此时的章老太太已经成了独立的周锦华女士。

不久，由于蒋经国奉派赴东北任特派员，参加对苏联的谈判，为了便于暗中照应章孝严、章孝慈两兄弟，他决定将章浩若调至身边，让章浩若亦远赴东北，出任辽宁省法库县县长，直到蒋经国在东北的工作告一段落返回南京后，才放章浩若归家乡江西省就职浮梁县县长。因此，在南昌期间，抚养、教育章孝严、章孝慈的重担几乎都压在了他们的外婆周锦华的肩上。章氏兄弟的启蒙生涯也正是在这一时期开始的，周锦华为他们选择了一所教会学校——弘道国民小学，让他们接受正规的西式教育。

在 1947 年，也就是章孝严、章孝慈两兄弟 5 周岁的时候，当时在南京的蒋经国曾派人通知周锦华，带着大毛、小毛前去相聚。然而，在当时的情形之下，蒋经国仍然没有勇气公开声言为自己的行为负责，来捅破这层纸。两个年幼无知的孩童“不明其理”，自然也对这次“莫名”的相见没有留下什么印象和记忆。平日里，蒋经国与章家之间的联络，主要是通过亲信王升暗中传递。

1949 年，国民党政权在大陆的统治败局已定。仓皇之中，蒋经国紧急安排章氏家族举家迁台，由于章贡涛热土难离，坚持留守家园，章浩若在浮梁县长任上被中国人民解放军俘获未及撤去，周锦华最后只得携领章孝严、章孝慈两兄弟，以及大儿媳纪琛、二儿子瀚若、长孙修纯等一家 10 口辞别家乡南昌，辗转经厦门与王升家眷一起乘船到了台湾。他们先在基隆滞留了数日，然后就南下去了新竹，并在那里定居下来。几年以后，由于章孝严、章孝慈的大舅妈纪琛牵挂留在海峡对岸的丈夫，携领自己的3个亲生儿女转道香港返回了大陆。这样，抚养章孝严、章孝慈两个“孤儿”的重担再次落在了他们的外婆周锦华以及二舅章瀚若的肩上。

20世纪50年代，新竹在台湾是一个相对偏僻、保守、落后的城镇，民风淳厚，生活也比较艰难。周锦华带着章家晚辈难民般地流亡至此，已是家财散尽，私蓄无几，以往的宽绰、优裕让位于捉襟见肘，而她孤傲的性格也决定了她绝不会向那位名实不符的“女婿”蒋经国低头求援，而甘愿过着问心无愧的清贫生活，苦度岁月。

章瀚若在大陆时期读的是商业专科学校，有一定的经济头脑，因此在新竹定居之时，他颇出人意料地选择了当时一般由大陆迁台者都不愿前往的商业街——中央路的一处住所，前店后家，决定做生意，要赚钱，要自己养家糊口。他先后卖过日用品，卖过烟酒，也经营过碾米厂生意。章孝严后来回忆说：整条街上，“他是唯一大学毕业做生意的年轻人”。“那段时间，左邻右舍都是本省籍同胞。我们是唯一从大陆来，在当地开起铺子的外省人”。可惜，章瀚若的苦心经营都不太成功，生意极其清淡。但终归可以糊口，可以养育两个外甥上学读书了。

在外婆和二舅的庇护之下，章孝严、章孝慈两兄弟的求学生涯虽然艰苦，但毕竟没有大的波折。先是入新竹东门国小就读高小，然后又一同在中坜中学念完初中，最后章孝严在省立新竹中学、章孝慈在私立义民中学就读高中。1961年，周锦华因病去世后不久，兄弟俩又一同考入台湾东吴大学，一入外文系，一入法律系学习。

从懂事之日起，章孝严、章孝慈就开始受到身世问题的困扰。他们俩读书时，户籍上父亲栏填的是大舅章浩若，母亲栏填的是舅母纪琛。同时，为了避人耳目，章孝严的出生日期写的是1941年5月20日，章孝慈的出生日期写的是1942年1月24日。究竟谁是自己的亲生父母？章孝严、章孝慈兄弟俩茫然不知其解，而周锦华则自始至终守口如瓶。她担心，无论是不堪回首的过去，还是无法预测之未来，一旦展示出来，徒增痛苦而已！因此，天大的事她独自承担了，所有的恩怨爱恨，她全埋葬进了心底。

故而，每当他们向外婆相询时，她不是言“你们长大后自然就会明白”，就是搪塞：“你们的父母都在大陆，没有能来台湾。”直到临终之时，周锦华也没有或者可以说不愿对两兄弟的身世透露半句。对此，章孝严、章孝慈虽然深感缺憾，但并没有特别的精神负担。章孝严后来曾深有感触地讲：“虽然母亲早逝，父亲没有办法在身边，可是我觉得童年并不缺少爱。外婆的爱意与舅舅的关切，把父母留下的真空填补起来了，而我的人格也才得以正常发展。”

在章孝严、章孝慈兄弟二人的成长道路上，外婆周锦华无疑是他们最感敬佩的长辈与尊者，章孝严长大以后特别怀恋外婆与他们相依为命的那段难忘岁月：“她把所有的精神与关爱都放在我和弟弟身上，抚养我们。”“她坚强的意志力、不向恶劣环境低头的作风，以及她慈爱的胸怀，把我和弟弟从非常困难的环境中抚养长大，对我都有很深远的影响。她让我具有比一般同年龄人较大的耐力，也有较明显的沉着力量。记忆所及，从小外婆管教我和弟弟非常严格，她爱我们却从不宠我们。她对做人的道理要求非常严格。每想到外婆，就想到李密写的《陈情表》：‘臣无祖母，无以至今日；祖母无臣，无以终余年。’每念到这里，心中就有无限感伤。外婆去世也早了一点。她的离去，对我而言，是人生首次面临的最大打击之一。”

## 章孝严醉心政治，章孝慈研究法学

章孝严自小就对政治兴趣浓厚，东吴大学外文系毕业后就分到中坜忠爱庄的“国防部”政治作战总队当政战预备官，并曾被派往金门受训。退役后，一度到虎尾中学任教。其后，赴美入乔治城大学留学，专攻外交和国际政治，获硕士学位。返台后，于1967年通过台湾“外交部”领事人员乙等特考，获第四名的优异成绩，从此进入台湾“外交部”。

在接受了10个月的“外交”领事人员训练后，1968年，以“外交部”学员身份派往台湾驻比利时“使馆”工作，并入布鲁塞尔大学进修法文。两年后实习结

章孝严

束返回台湾，一度在“外交部”档案资料处当科员，不久调往欧洲司，担任陈雄飞“次长”的秘书。1974 年 2 月，章孝严以三等秘书衔外放台湾驻美“大使馆”。1977 年 7 月，他再度被调回台湾“外交部”，升任有“天下第一司”之称的“北美司一科科长”。

在此期间，他又以《珍宝岛事件》的论文，通过了“外交部”领事人员甲等特考。1980 年，升任“外交部”专门委员、“北美司”副司长、“北美事务协调委员会”副秘书长。1981 年，升任该会秘书长。1982 年接替程建人，升任“北美司”司长。1986 年 8 月，原“常务次长”关镛奉命“出使”沙特阿拉伯，由章孝严继任，时年 44 岁，被誉为“台湾外交界的明日之星”。1989 年章孝严出任“国民党中央海外工作会”主任，1990 年再返“外交部”任“政务次长”。1991 年转任“国民党中央侨务委员会”委员长，是国民党十三届、十四届“中央”委员。

与哥哥醉心于政治、在仕途上步步高升的境况有所不同，弟弟章孝慈则一直有志于治学，潜心于法学研究。在海外留学归来后，长期在东吴大学执教，硕果盈盈，学术地位令人尊崇，先后担任过东吴大学法学院院长、教务长、副校长、校长。也是国民党十三届“中央”委员。

章孝严、章孝慈两兄弟来到台湾以后，一切情形仍然是由王升居中转告给蒋经国。1961 年周锦华去世后，也是由王升亲口将章孝严、章孝慈的身世之谜点破，他们被告知生父就是蒋经国。然而妨碍父子公开相认的所有顾忌仍然存在，双方都深知此“内幕”一旦曝光对于台湾政坛，对于“蒋家王朝”的“统治”将产生怎样的震撼！因此，一如既往，亲情让位于现实政治，他们对外都三缄其口，彼此心照不宣。尤其是蒋经国始终保持高度谨慎，十分注意不与章孝严、章孝慈两兄弟同时公开露面，也从不向任何人谈论到他们。章孝严大学毕业后服兵役时，最初在复兴岗受训，蒋经国破例没有去训话，后来在成功岭受训，蒋经国又一次破例没有前来训话。而章孝严、章孝慈多年来已孕育出“忍”的性格，不得不“习惯”于此等“安排”。

章孝慈

章孝严、章孝慈在知道了他们生身父母的情形之后，也十分敏感，特别忌讳外界追根究底。章孝严进入台湾国民党“外交”界后，一直隐瞒着身世。据说，有一次一个外国记者在公众场合不知深浅，冒失相询他父亲是谁，章孝严当时就勃然作色：“今天是来谈‘国家’大事，不是私事！”为了减少麻烦，避人耳目，他与“华航”

空中小姐黄美伦的婚礼，就安排在当时比利时的任上，而没有回台湾筹办。时任台湾驻比利时“大使”的陈雄飞，暗中听人说章孝严“来头不小”，为了查证传言虚实，曾特意向台湾驻联邦德国代表戴安国求证，但为戴安国所断然否认。

陈雄飞为求慎重，又请示台湾国民党“外交部”，不久“外交部”官员王之珍去专函证实此事，但同时希望陈雄飞“淡化处理”，不宜过度渲染，陈雄飞最后决定不去参加章孝严的婚礼。1974 年至 1977 年，章孝严在台湾“驻美大使馆”工作期间，当时的驻美“大使”沈剑虹，亦不明了章孝严的身世。1975 年 4 月，蒋介石去世，章孝严特地请假返台，沈剑虹尚不以为然。直到后来有人告诉他，章孝严是返台“奔丧”时，他才知道这位“小秘书”背景不简单。

1949 年国民党政权败亡台湾之时，有不少蒋经国“新赣南时代”的部属，包括一些当年赤硃岭“干训班”的学生，追随而至，后来都受荫于蒋经国而日渐发达，官居要津。对于蒋经国、章亚若的那笔“风流债”以及章孝严、章孝慈两个私生子的情况，他们都心中有数。他们都曾希望蒋经国能为自己的所作所为负责，公开确认自己的血亲之子，既可尽享天伦之乐，同时也算对死去的章亚若有个交代！然而，由于蒋经国一直不表态，任何人也就不敢出声，只能“体谅”“为尊者”的苦衷！

1975 年，蒋介石去世，蒋经国成为台湾实际上的“最高统治者”。当时，不少人曾幻想这段“隐情”可以大白于天下，章孝严、章孝慈可以名正言顺地认祖归宗了！不期然，蒋经国对此仍是顾忌重重，并没有任何明确的说法。直到 1987 年，蒋经国重病缠身，昏迷中不断呼唤章亚若的名字，道出心中的隐衷后，才在王升的秘密安排之下，有了与章孝严、章孝慈兄弟俩之间自大陆迁台后的第一次私下见面，父子相认。但是对外界，蒋经国自始至终未曾公开确认过这一层关系。1988 年蒋经国溘然去世之时，章孝严、章孝慈亦未有“孝子”之名而可以参加到蒋氏家祭的行列中去。他们永远丧失了在父亲有生之年认祖归宗的机会！

蒋经国逝世后，继任者李登辉率先公开承认章孝严、章孝慈蒋家后代的地位与身份，继之台湾的新闻媒介纷纷披露了他们的身世内幕。为了澄清外界传言的种种不实之处，章孝严、章孝慈兄弟俩商量之后，由章孝严于 1988 年 4 月接受台湾《远见》杂志记者采访，首次将他们极具戏剧化的身世和复杂曲折的经历公之于众。

在接受采访中，章孝严追述了童年、少年、青年时代求学生涯中的种种艰辛，追述了通过自身苦斗跻身“硬碰硬”的“外交”界之后的种种际遇。他反复强调：“我过去的一切并不是像外面所说的、所认为的、所假设的那样，受到安排或特别照顾。”“提到那个关系，我一直到今天都不愿意公开说明。过去我也没有跟任何人说过。”

当然，章孝严也没有回避早年因身世不明而无父母依傍的无尽感伤，他特别感激抚育他们长大成人并教会他们自强自立的外婆周锦华。接受采访的最后，章孝严着意谈了他与章孝慈之间不寻常的兄弟情分：

“我想很少有兄弟有我和孝慈之间这么深厚的感情，也许是因为我和弟弟是双生，小时候很少分开的缘故。小时候我们彼此也有争执，甚至打过架，但都一下子过去就算了。遇到困难我们都相互协助、彼此鼓励。我们虽然没有心电感应，但心意相通，彼此了解对方在想什么。我们在个性上不怎么相同，我可能比较外向一点，他可能比我安静一点，这也是为什么他走学术道路的原因。我很高兴他在学术上有那么好的发展，我也曾经考虑走学术，但觉得既然在外交界服务，就要全心投入，所以在学术上就不像弟弟那样刻意追求。现在我和弟弟彼此都忙，见面的时间不多，但再忙总会通个电话。彼此的联系相当密切，感情也是相当深厚的。”

1993年8月底，章孝严又一次在台湾电视上公开露面谈及身世问题。这次与以往不同，他不再讳言父亲蒋经国和母亲章亚若，坦然相陈对他们的思念之情。对于是否认祖归宗的问题，章孝严也没有回避，但表达得十分含蓄和委婉：姓章还是姓蒋，“这件事不能说不重要”，但是他是“父亲的儿子，也是母亲的儿子”。“我认为我姓章，也是我母亲的光荣。”

关于章孝严、章孝慈两兄弟何时认祖归宗的问题，一段时间曾颇引人注目，而最热心此事的当数曾亲眼见证蒋经国、章亚若恋情的“国舅”王升。据台湾媒体披露，章孝慈的丧礼，蒋家只有蒋纬国一人露面。对于章氏兄弟和蒋经国之间的事，他说：“孝严、孝慈的事我一直都知道，但这件事不要严重化，让自然归于自然，很多事情不要讲，有感情的交流就可以了。”他意有所指的是，很多事是很美好的，不要去污染它，就人情来说，还是不说为妙。

蒋经国的三儿子蒋孝勇对章氏兄弟认祖归宗一事一向反对，而主要原因就是，母亲蒋方良依然健在且对此事浑然不知。老太太晚景凄苦，做儿子的不愿母亲再遭打击。随着章孝慈的去世，章氏兄弟是否已到认祖归宗的时机？蒋纬国对此只表示，决定权在章孝严本人，我不好做任何事。王升则指出，蒋经国曾提过章氏兄弟应该认祖归宗，但不能操之过急，至于两兄弟则从来没有提出正式的要求。

现如今，章孝严、章孝慈兄弟二人都已是儿女成群。章孝严娶妻黄美伦，育有长女章惠兰、次女章惠芸和儿子章万安；章孝慈娶妻赵申德，育有儿子章劲松、女儿章友菊。

## 章孝慈在大陆突发急病

章孝严、章孝慈两兄弟是在明了自己的确切身世之后，得知自己的生身母亲在他们尚在襁褓之中时暴亡于广西桂林，并随葬于那片土地上的。从那时起，他们便萌生了一个愿望：有朝一日，一定要前往母亲的坟前焚一炷香，尽一份孝心！当然，在那个时候，就两岸的具体情形而言，这无异于一个天方夜谭式的遥不可期的梦想！

进入20世纪80年代之后，两岸关系趋于缓和，章孝严、章孝慈的身世也逐渐为海内外人士所知，他们要求返回大陆探祭母墓的心情也愈加迫切。1984年，在美国定居的章孝严、章孝慈的大舅妈，同时也是他们的养母的纪琛终于与兄弟俩取得了联系，他们即委托纪琛回大陆寻找生母章亚若的坟墓。纪琛的长女章军纪与广西桂林市有关部门协商，决定委托桂林市文物工作队负责此项事宜。

经过多方勘察，初步确定章亚若客死桂林的栖身之地是在漓江东畔，昔名“东江”，如今称作“七星”区的马鞍山西侧凤凰岭。最后由中共广西壮族自治区桂林市委统战部出面，邀请当年参与筹办丧葬事宜的章亚梅、桂辉、苏乐民等人，并访晤当年目睹章亚若下葬过程的本地农民，对凤凰岭腹地所存的3座坟墓进行辨认。经过反复论证，其中两座偏向右边，没有“百鸟朝凤”之势，那么，最上面的那座无疑即是章亚若之墓了。

墓地找到后，桂林文物工作队队长赵平主张尽快加以整修。因为一则经过几十年的风雨侵蚀，当年即属简陋的土坟早已破败不堪；二来山腰左侧又有开山采石者夜以继日施用炸药采取石材。他担心，不知何日，这一小小荒冢就会被夷为平地。但是，修坟的费用可观，章家在大陆的亲友自知无法负担。最后，由桂林市委统战部以“近代名人”方式对待章亚若一事，拨款将土堆整拢，四周以砖石围砌矮墙，并在墓前铺设石阶，形成一座外观尚属齐整的墓地。然而，原来的墓碑早已不知去向，竖立新碑又是大事，无人敢随意做主。几番讨论之后，章亚若的妹妹章亚梅、章亚若的侄儿章修纯以及赵平等人，辗转经过在美国的纪琛等人之手，将坟地的文字、图片资料送到台湾，请章孝严、章孝慈兄弟俩定夺。

在得知桂林母亲墓地的消息之后，章孝严、章孝慈兄弟俩喜忧参半。将近半个世纪以来，他们对母亲的依稀印象，总算在墓地出现后具体化了，但是就当时台湾的情形而言，他们仍然处于“身不由己”的尴尬境地。由于蒋家第三代的敏感身份，尤其是章孝严国民党上层人士的特殊地位，在海峡两岸严重对峙的局面下，任何与蒋氏家族有关的举动，都有可能在两岸引起政治性的波动。因此，依传统人子礼前往桂林上坟与修坟，是他们当时所不敢奢望的。在一动不如一静的考虑下，章孝严、章孝慈对来自中国大陆方面的修墓建议，未做任何回应，也不曾与章氏亲友们联系。

1987年10月，台湾当局正式宣布，开放台湾赴大陆探亲。这一决定是海峡两岸关系上的一个新突破，也是蒋经国晚年继解除戒严、开放党禁之后，在政治上欲“向历史有所交代”的又一重大举措，此距蒋经国去世仅仅3个月的时间。1988年1月，蒋经国在台北病故，“蒋家王朝”在台湾的“统治”随之降下帷幕。以往种种笼罩在神秘雾霭之中的蒋氏家族内幕不断被披露出来，蒋经国与章孝严、章孝慈的父子关系也由暗转明。海内外章氏亲友均认为政治已不再是双胞胎为母亲修坟的障碍，期待章孝严、章孝慈兄弟俩能有所作为。

而事实上，章亚若的墓地此时也正面临着遭遇毁坏的威胁。原来，墓地附近进行的采石工作，虽然由桂林市政府接受文物工作队建议，早在1985年就下令禁止，但禁令归禁令，明里暗里，有利可图的采石者始终未曾罢手。在炸药的震撼下，墓地右侧原本施工简陋的砖墙逐渐剥落，墓地地基明显倾斜。

赵平眼看情势危急，心焦万分，再度于1988年下半年以间接方式，向章亚若在台湾的双生子发出请求及时护坟的信息。

1989年，桂辉直接写给章孝严、章孝慈的第一封信，辗转寄达章孝严手中。与此同时，章孝慈也接到了章亚梅寄来的第一封信。来自家乡的声音，都呼唤他们能破除万难，返乡探亲，并到他们母亲坟前上香祭拜。

也就是在这一年，时任台湾《联合报》采访主任的周玉蔻，以及追随过蒋经国且为广西人的唐柱国等人赴大陆探亲，都曾亲自到桂林马鞍山凤凰岭的章亚若墓地上香。由于不忍见坟地荒凉残破，他们在返台之后，都与章孝严、章孝慈兄弟俩见面，述说现场情况并带来详细的图片资料，同时建议他们立刻展开修墓事宜。

章孝严、章孝慈兄弟俩通过照片、录像见到母亲墓地的情景，认定修坟之事已无法再拖，下决心付诸行动。而当时台湾的政治环境也允许章孝慈以民间私立大学教授的身份出面委托大陆有关方面和个人料理修墓事宜。最后，他们决定请桂林文物工作队帮忙，具体负责施工。

同年，台湾《人权》杂志社社长周自力拜会章孝慈时，章孝慈对他讲：“听说桂林正在搞城市建设，要开山取石。我们想重修母墓，拜托周先生回大陆亲眼看一看。”周自力是湖北人，经常回大陆探亲，当下满口答应。周自力到桂林后找到赵平，到章亚若墓前祭奠之后，对赵平转达了章孝严、章孝慈的心意，说：“孝严、孝慈是公务员，钱不多，请仔细核算，墓要简朴、实际为好。”赵平表示，修墓可以代劳，但要章孝慈以委托书为凭。1989 年 9 月，章孝慈委托周玉蔻到桂林与赵平接洽，全权委托桂林文物工作队具体操办修葺章亚若墓一事，以后又托人将修墓所需经费及墓样送到桂林。

章亚若新坟的式样是章孝严亲自选定的，他在台北征询了几家殡仪馆的意见，最后选用了台湾习见的圆弧形墓园的造型。至于新立石碑的碑文，则颇令章孝严、章孝慈为难，他们的父母并未正式结婚，自己的姓氏又是从母姓，言蒋言章均不适宜。最后章孝慈找到自己的老师陈瑞庚，研究了许久，确定了如下内容："显妣章太夫人讳亚若之墓"为中题，左上方注明母亲的家乡"江西南昌"，右下方落款"男孝严、孝慈"，避去了姓氏上的尴尬。

1989 年 11 月初，修墓工程顺利展开，是年年底，章亚若之墓在原墓地基础上修葺一新，随后，章亚若在大陆各地的亲友齐集桂林，举行了简朴的立碑仪式。汉白玉的墓碑上刻着章孝慈亲自撰写的碑文："江西南昌显妣章太夫人讳亚若之墓己巳二月男孝严孝慈叩立。"

从 1984 年到 1989 年这 5 年的时间里，章孝严、章孝慈兄弟俩苦命的母亲章亚若的坟地，终于由一座荒冢变为整葺一新的墓园。这 5 年中，他们兄弟俩无时无刻不沉湎于思亲情怀，每一次有朋友到桂林，他们总不忘嘱其带去台湾的香纸代他们在母亲坟前焚祭，并带回母亲坟前泥土，一人一份，以罐封存在各自的书房内。这一抔黄土，是他们离母亲最近的距离，也是悠悠半个世纪以来，他们思亲的唯一管道。在 1989 年年末，当章亚若墓正式开工修葺和立碑之时，大陆的章家亲友曾再度来函，要他们亲自返乡在母亲坟前一尽孝心。然而囿于种种顾虑，章孝严、章孝慈踌躇良久，最后仍然没有成行。

1991 年，章孝慈私下请人转告桂林的朋友，翌年第一届海峡两岸法学学术研讨会在大陆举行之际，他当乘与会之机回桂林祭奠母亲。后来，由中国政法大学和台湾东吴大学共同主办的"一九九二年海峡两岸法学学术研讨会"易地在台北举行，章孝慈不得不暂时取消回桂林扫墓的计划。1993 年年初，章孝慈为准备在北京举行的"一九九三年海峡两岸法学学术研讨会"期间到桂林扫墓，面呈李登辉，辞去"国大代表"职务，退出国民党十四届"中央委员"的竞选，完全以学者身份赴会，这样便可以回桂林祭奠亡母，一了数十年心愿。

1993 年 8 月，章孝慈转道香港飞抵北京，参加"一九九三年海峡两岸法学学术研讨会"，成为 1949 年以来蒋氏家族返回大陆正式访问的第一人。8 月 21 日下午3 时，时任中共中央总书记、国家主席的江泽民在中南海接见了章孝慈，双方晤谈1 个多小时。章孝慈事后表示，江泽民礼貌性地接见他，两人没有谈及敏感的政治话题，也没有要他传话。章孝慈强调，他虽然家世特殊，但身份单纯，已无国民党“中央委员”或“国大代表”身份，所以是以纯学者身份会见江泽民的。江泽民在会谈中提到章孝慈将到桂林祭扫其母章亚若墓，是中国人的伦理道德表现，并对章孝严未能随行深感遗憾。

1993年9月5日，无论是对蒋家而或章家而言，都是一个不寻常的日子。前一天晚上，章孝慈及随行乘坐中国国际航空公司的航班从杭州飞抵桂林。此时，多云的天气渐渐下起雨来，且越下越大，通宵达旦，至天明尚没有减小的迹象。5日清晨，章孝慈随行人员见大雨倾盆，都认为在台湾定下的9月5日上午扫墓的计划一定要改变了。可章孝慈坚持要在大雨中祭奠母亲，以寄托50年来的哀思，还要为不能成行的章孝严烧一炷香。

9月5日上午10时，章孝慈一行冒着瓢泼大雨，驱车来到桂林马鞍山西侧凤凰岭下。10点30分，章孝慈着一身黑色西服，胸前戴着白花，缓缓登上母亲的墓台。当他第一眼见到母亲墓地时，禁不住泪如泉涌，痛哭失声。章亚若墓前的供台上，摆放着点心、菜肴、水果，一排9只酒杯，斟满了漓江水酿就的“桂林三花”。供台的左边，置放着一帧彩色全家福照片，那是“狸儿”章孝严、夫人黄美伦及其长女章惠兰、次女章惠芸、儿子章万安。右边置放着另一幅彩色全家福照片，那是“狮儿”章孝慈、夫人赵申德及其儿子章劲松、女儿章友菊。墓的两旁，分别摆放着两家9口和随行人员敬献的20个花圈，两旁的8束鲜花象征着章亚若冥诞80周年。10点40分，章孝慈按中国传统的家祭仪式，恭恭敬敬地跪在母亲灵前连烧三炷香，缓缓地将鲜花、酒、菜肴、点心、水果一一高举齐额，摆放在灵前，再三叩首。多少年来，“爸爸”“妈妈”只是章孝严、章孝慈兄弟俩心中低回着的一个称谓，今日，章孝慈终于可以面对母亲亡灵，一倾思念之情。

章孝慈（右）在母亲章亚若墓前进香

10点50分，当司仪宣布“恭读祭文”时，章孝慈几乎已是泣不成声，一字一泪：

癸酉年九月五日（农历七月十九日）孤哀子孝慈谨具鲜花清礼叩祭于母亲大人之灵前，曰：呜呼！劬劳我母，生于忧危。万方多难，世局崩离。孪生二子，孝严孝慈。抚养六月，驾返瑶池。外婆母舅，父母职司。及迁台岛，潜隐乡居。饔餐不继，清贫自持。身世守口，兄弟莫知。

渐长闻事，母德春晖。思母唤母，音容依稀。出入游处，心忍无归。晨昏雨夜，倍思庭帏。人逢佳节，团圆可期。惟我兄弟，益感伤悲。黄泉我母，存问凭谁？人等视我，身份殊奇。我俩自视，常人无疑。负笈游学，志气不移。幸蒙庇护，不辱门楣。两岸解禁，探亲交驰。桂林母墓，念兹念兹。

我与兄长，皆有儿女，两家九口，独我来斯。外婆吾父，魂应相随。焚香祝祷，无尽哀思。人言生死，天命有常。我怜我母，难忍情伤。善果报应，证之行藏。我悲我母，九回断肠。灵而有鉴，幽梦还乡。我思我母，山高水长。哀哉尚飨！

祭奠活动结束时，章孝慈再一次在母亲墓前深深地鞠躬：“妈妈，我还会再来看您的。”最后，章孝慈接受新华社记者的采访时说：“我能回桂林祭扫母墓，极为激动。此刻，我和天下所有儿子跪在母亲灵前的心情是一样的。”

章孝慈9月5日扫墓后，随即与从各地赶来的章家亲友聚会，一倾乡情。临别桂林时，章孝慈表示，经过扫墓，与亲友见面，感觉情感上很踏实，以前总希望有个墓可以扫，现在，终于有个墓可以“想”了。

1994年秋，应大陆法学界的邀请，身为台湾海基会董事、东吴大学校长的章孝慈再度赴大陆进行学术交流。北京的金秋是美丽的，而已于1993年在桂林跪拜过自己从未谋面的亲生母亲、夙愿终偿的章孝慈此次赴京的心情也格外轻松、愉快。在北京，故友新知，相聚甚欢。谁知，天有不测风云！11月14日清晨，章孝慈被发现昏倒在下榻宾馆的房间里，随即送往医院急救。经诊断是脑出血突发，情况十分严重。中日友好医院全力抢救，但据院方估计，即使度过危险期，也有可能变成植物人。

消息传到台湾亦引起各界关注。由于依据《台湾地区人民进入大陆许可办法》的规定，身为公务员的章孝严不能前往大陆。对此，各方面人士均认为，孝慈遭此不幸，孝严前往大陆探视是人伦之常，当局应法外施情，使其尽快成行。为使章孝慈在台湾的家人和家庭医生早到京，国务院台办、海协会、中国民航局给予全力协助，不必办理任何手续即可入境。

11 月 16 日，正在美国公干的章孝严抵达北京后，立即前往中日友好医院探望昏迷不醒的弟弟。章孝严在弟弟床前停留了 10 多分钟，一面流泪，一面呼唤着弟弟的名字，而处于昏迷状态的章孝慈则始终没有丝毫反应。

心情沉重的章孝严，11 月 18 日在海基会副秘书长李庆平的陪同下，来到位于桂林市郊凤凰岭下的章亚若墓冢。一到墓前，身着深色西装的章孝严难掩内心激动，哭倒墓前，频呼："母亲大人，我回来看您，我来迟了！求您保佑孝慈弟弟平安渡过难关，您的养育之恩，50 年来我们无时不思念！"章孝严在母亲墓前烧了 9 炷香，代表孝严、孝慈两家 9 口人的心意。他向母亲墓冢依序献花圈、上香、倒酒、鞠躬、焚烧纸钱，面对亡母之墓，章孝严连连磕头，长跪不起，几度痛哭失声。祭母后，章孝严向在场记者表示，待孝慈病好之后，两兄弟一定一起来桂林为母亲扫墓。

11 月 25 日，经过周密安排和精心组织，章孝慈在中日友好医院 6 人医护小组和亲友的护送下，乘坐国泰航空公司的飞机返回台北继续治疗。回台湾后，章孝慈进入"荣民总医院"。医生告诉记者章孝慈病情极不稳定，随时面临死亡威胁，即使度过危险期，也会是"植物人"状态。据台湾媒体报道，章孝慈住进"荣总"加护病房后，病房外，3000 多名东吴大学学生签名的慰问卡和录音带在无声的角落里为章孝慈默默祈福，期待奇迹出现。

然而，奇迹终于没有出现。1996 年 3 月底章孝慈病逝于台北。

## 章孝严到溪口蒋氏故居认祖归宗

弟弟章孝慈的不幸逝世，给章孝严很大的打击，但是他是一个坚强刚毅的人，为了完成母亲章亚若、弟弟孝慈生前的心愿，他进行着不懈的努力。在担任要职时，他曾多次利用公开的机会造访宋美龄、蒋方良两位夫人，却每每不得要领，令他心中非常不好受。尽管如此，他仍执着地追求自己的理想。特别是 1997 年蒋氏宗族族人蒋中伟、蒋嘉富给章孝严去信，希望他能回去祭拜蒋家祖先，这就更坚定他认祖归宗的信念。终于，2000 年 8 月 23 日，章孝严偕夫人及子女和章孝慈的子女一同乘飞机经香港到浙江省奉化县，入住武岭宾馆，开始了他谒宗拜祖之行。

章孝严与夫人黄美伦到达溪口返乡祭祖

章孝严先在下榻的宾馆与溪口蒋氏家族代表会面寒暄，由于不善宁波方言，由一位精通方言和普通话的小姐担任翻译。他步出宾馆隔溪眺望祖居，感叹"山清水秀，风景真好"，睹物如见故人，眷念之情跃然脸上。章孝严在接受记者访问时，有人提出此行受到蒋家媳妇的质疑，又指“认祖归宗”未经尚在世的蒋介石夫人宋美龄和蒋经国夫人蒋方良的认可。对此，章孝严表示“民主社会言论自由”，个别人对他此举如何评价是人家的自由，但是阻挡不了他要“认祖归宗”的决心。

章孝严表示他敬重宋美龄和蒋方良女士，虽然他曾多次想征得二老的许可，但事与愿违，令他很是难过。至于蒋介石的孙媳妇公开出面“反对”他认祖，他无可奈何，也不在意。

章孝严表示，他对这种“宫廷式”的争论，“实在感到厌烦”，所以3年前他接到溪口蒋氏族人转来给他的一封信，邀请他回溪口看一看“祖宗乡土”时，不禁为之所动，也加速了他“认祖归宗”的决心。特别是他看到溪口族人乡亲对他的热情，他语气坚定地表示，认祖归宗是定了，“我要走大门，不要走宫廷路线!”至于姓氏问题，章孝严再次表示，认祖归宗后他和儿女仍然会姓章，一是几十年习惯了，身份证改起来麻烦；二来法律也允许可以随母姓也可以随父姓；第三，保持章姓也是对亡母章亚若的纪念。有溪口族人称下次修改族谱会把他兄弟俩列入，他连称“我非常感谢溪口族人”。

8月24日一大早，章孝严一行便出发，冒着蒙蒙细雨于7时抵达蒋氏祠堂，此时早已有很多人在门外等候。在司仪的指引下，章孝严与家人进行上香、献花、献果、献爵等仪式，并宣读他亲自草拟的祭文。随后，章孝严率家人向蒋氏列祖列宗牌位行三叩礼。章孝严在起身时流下郁积在心中多年的泪水，频频拭泪，也终于完成他“认祖归宗”的心愿。

一位自称章孝严堂姑的女士上午拿着族谱希望章孝严能改姓“蒋”，章孝严谢绝族人的好意。他说，从今天开始，他就是名正言顺的蒋家人，但不一定要拘于形式，也不一定非要改姓，他还决定维持姓章，以纪念他的母亲。

完成祭祖仪式后，章孝严与家人前往蒋介石母亲王太夫人、蒋经国母亲毛太夫人和蒋介石的父亲、伯父坟前上香致敬。

虽然定居海外的蒋家后人日前曾放话，指章孝严此行未经“准许”，不算归宗，但故乡溪口的蒋氏族老则表现出一种非常豁达的态度，纷纷表示，无论是否“入册”，章孝严始终是他们蒋家的亲骨肉，“没有理由不认”。与蒋经国属兄弟辈的蒋国庆表示，尊重蒋介石家人的意见是应该的，但拒绝章孝严认祖归宗则不合情理。他说，不管她们如何看，我们是把章孝严当蒋家人，按蒋氏家族礼节对待。本来按族规，不是蒋氏家人是不能在蒋氏祠堂谒拜祖先的，但这次专门腾出祠堂让章孝严行礼，“人家不认我们认”！他还表示，现今最大的希望就是重修族谱，因为蒋氏族谱自1948年由蒋经国主持修订至今，已经50多年了。前几年虽然宁波市有关部门曾组织过一次修订，但毕竟有很大局限，如果再做一次，将 50 年来流落台湾和世界各地的蒋氏下落一一找齐，那才是蒋家的幸事。到那时，“孝严孝慈两兄弟和他们的后人列入蒋氏族谱，应该是没问题的”。

章孝严在认祖归宗仪式完成后，便按原定计划于 26 日飞往上海进行访问。接着章孝严一行在 27 日晚抵达广西桂林，28 日上午在当地官员陪同下，前往拜祭母亲章亚若墓，随后花费 1 万多元人民币，租船游览漓江，29 日则抵云南昆明观光。9 月 1 日，章孝严一行顺利返回台湾，结束此次认祖归宗的旅程。

可是，章孝严的认祖归宗之举未得到宋美龄的认可。远在纽约的宋美龄通过外甥女孔令仪表示，章孝严前往溪口拜祭，这是人之常情，但声称要认祖归宗，至少应该告知经国先生夫人蒋方良及蒋、宋家族的大家长蒋夫人，并由她们认可，这是蒋家晚辈应有的礼节。所以宋美龄责备章孝严缺乏做晚辈应有的基本礼节。

孔令仪及夫婿黄维盛说，章孝严这次大陆行，基本上是私事，同蒋家有关，但蒋夫人及蒋方良女士事前不知道，也未被告知，反而是从新闻报道中才知悉此事。

孔令仪夫妇透露，章孝严以前担任要职途经纽约时，“从没有亲自要求请见蒋夫人”，都是由他人转告求见，显得诚意不够，令蒋夫人别有观感。

即使如此，章孝严毕竟已实现了自己多年的愿望，正式成为蒋氏家族的成员，半个多世纪的追求没有白费。2002 年 12 月 13 日，章孝严全家又迎来了一个令人振奋的消息。章孝严领到了新身份证，看到期盼已久的身份证中父母栏更正为“父亲蒋经国、母亲章亚若”，章孝严的表情好似重生。他说：“每次有人问我父母是谁，我都很犹豫、羞涩，这种沉重的感受很难用文字形容。我已达到为人子女应尽的孝思，相信父母在天之灵也会欣慰、骄傲！”

接着，章孝严哽咽地说，父母栏更正后，他原本可改名为“蒋孝严”，但为了纪念在他幼时辞世的母亲章亚若，他选择继续从母姓。然而事实上，章孝严新的身份证上还是有要再更改的地方，就是他的出生年月日有误，必须再提申请，但他不愿意错过 12 月这个值得纪念的日子，章孝严说：“以后会再提出申请。”章孝严表示，本来 2002 年 11 月 27 日就可以领到新的身份证，但他刻意延到 12 月，因为 12 月是他和妻子结婚 32 周年的纪念日，这对一个家来说是非常重要的日子，因此他带了一束黄玫瑰回家告知妻子儿女，全家人都为此欣喜若狂。

章孝严说，他的儿子章万安正在写英文自传及学校申请书准备出国念书，他鼓励儿子把祖父蒋经国、曾祖父蒋介石都写进去。同时他表示 2003 年清明节他将去大陆蒋家祠堂祭祖，并到母亲章亚若坟前告知亡母认祖归宗的好消息。外传蒋家人反对他认祖归宗，章孝严说这种说法是子虚乌有、空穴来风的谣言，虽然他更正身份证时没有告知蒋夫人宋美龄和蒋方良，但他永远尊重她们，在领到新身份证后，也因为顾及两位蒋夫人的感受，所以并没有惊动两位老人家，也没有和蒋家人联络，但日后会以写信的方式向他们说明。

同月23日，章孝严在台湾喜来登饭店大张旗鼓地举行了“认祖归宗”茶话会，广发请帖多达600多张，受邀者包括台湾“总统”陈水扁，“副总统”吕秀莲，台湾“五院院长”及“朝野立委”等。

2003年1月13日正值蒋经国逝世15周年，认祖归宗后的章孝严来到父亲灵前，泛着泪光对父亲诉说，去年12月更改身份证之后，今年的心情与过去不大相同，因为他是正式以蒋家人身份谒陵，所以别具意义。

认祖归宗后的章孝严在台湾政界的影响随着其身份的确定而有所扩大，因此外界质疑他的举动是要卡位。为此章孝严多次强调他不是要卡位，他的“胃”很好，不需要卡位，他要“卡心、卡肝”，他太太和小孩就是他的心肝，要对他们有所交代。希望外界不要凡事都泛政治化，这只是一件非常单纯的事。

## 章孝严夫人黄美伦

黄美伦，本籍广东台山人，从小在虎尾眷村长大，是飞将军的女儿。她上有一个哥哥、两个姐姐，她是家中的老幺，甚受家人疼爱。

小时候的黄美伦，长得清秀讨喜，留着两条长长的辫子，很受街坊邻居的喜爱。

黄美伦从小就很会读书。小学，她读的是虎尾空军子弟小学，初高中则念虎尾女中，年年都拿奖学金，从高一到高三是学校“龙虎榜”上的前二名，同时又是司仪、掌旗、班长和篮球队员，相当风光。

黄美伦在公开场合

她大学念东吴大学外文系，参加过话剧社，演过小萍导的戏，同时在室友怂恿下，应征“田边俱乐部”学生主持人的工作，从300多位应试者中脱颖而出，与已故主持人李睿舟搭档过一段时间。

虽然黄美伦从小到大一直很活跃，人又长得很漂亮，但由于家教严格，个性保守，以致始终没有交过男朋友，直到有一个偶然的机会，认识了章孝严。

认识章孝严的那一年，她才大四，而章孝严才刚考上“外交官”。她是在陪邻居去找章孝严写推荐信，才和他有了一面之缘。黄美伦对章孝严的第一印象并不好，觉得他长得既不高，又不帅，两人实在不怎么配。不过，她还是很大方地充当章孝严的“女友”，多次陪同他参加“外交人员训练所”学员的郊游与舞会，因此进一步与章孝严成为真正的男女朋友。

黄美伦说，她和章孝严的感情有进一步发展，是在她大四的毕业舞会上。“当时，章孝严特别定做了一套白西装来捧场，给足了我面子。我们就这么一舞定情!”在与章孝严交往一年之后，章孝严就突然被外放比利时，而她也刚好要到美国去做短暂的停留。临行前，章孝严把她带到荣星花园，告诉她一个天大的秘密：“我是蒋经国的儿子!”同时，还告诉她许多童年往事，诸如外婆是如何蹬着小脚到车站去等他们这对夜归的兄弟回家，以及王升在他们读高中的时候是如何接济他们，等等，令黄美伦对章孝严多了几分尊敬与怜惜，并且想尽办法照顾当时人也在美国，靠着搬钢筋、看守仓库打工求学的章孝慈。

在相隔两地的那一年中，黄美伦与章孝严虽然有密集的鱼雁往返和固定时间的电话相通，但两人每天还是弄得相思成灾，一等不到电话，黄美伦的心就一直吊到半空中。这种相思苦，一直到23岁那年，黄美伦终于嫁给了章孝严才停止。

当时，黄美伦在“西北航空”当空中服务员，为了嫁给章孝严，她立即辞了工作，并且在章孝严因公无法回台举行婚礼时，相当委屈地提着婚纱，一路搭机转机，坐了二十几个小时的飞机，跑到比利时去完婚，一路上还得担心礼服是否会被压皱直到见面为止，章孝严还很自傲地说：“你可是一路追我，追到比利时来的。”

婚后的黄美伦，一边扮演“外交官”夫人，一边挺着大肚子，开始忙碌起来。

黄美伦喜欢用星座分析她和章孝严的个性，她认为，章孝严很符合他所属的双鱼座个性，浪漫、细心，而且很顾家，而她则是典型的牧羊座，热情、率直，还有点儿大而化之。

“我的个性是紧张型的，什么事都不能等，连几秒钟都不允许；我从小律己严谨，结婚以后对自己的丈夫和小孩也同样紧迫盯人。

“我们的新婚生活虽然忙碌、甜蜜，但偶有争吵，尤其在我怀孕期间，情绪很不稳定，都是章孝严像个大哥哥一样处处让着我。

“我父亲在生前，对章孝严这个女婿简直满意极了，不仅注意我们夫妻俩有没有上电视，还特别帮他做了一本厚的简报。每次章孝严陪我回娘家，他们俩总要聊上老半天!”

黄美伦与章孝严总共育有两女一男，老大蕙兰（小名贝贝）、老二蕙芸、老三万安。原本，黄美伦在连续生了两个女儿后，就不想再生了，没想到老三趁她不注意的时候，悄悄报到。她本来想拿掉，但是章孝严劝她慎重考虑："万一拿掉的是个男孩，那不是可惜了吗?"后来果然印证了，老三是个男孩。

"我还记得，我在生女儿蕙兰、蕙芸的时候，章孝严到医院来看我时，手上总是带着一朵花。等到我生老三时，他一听是个男孩时，匆忙赶到医院，高兴得连楼层都跑错了!"

黄美伦与章孝严结婚以来，相夫教子，功不可没。例如，当章孝严在美国拿学位时，黄美伦负责帮他打字；当她知道钱复建议章孝严最好去考个甲等特考后，就天天逼着他赶快进行；婚后，章孝严不希望她出去工作，她就乖乖待在家里，帮小孩子打毛衣、毛裤和帽子、围巾。

她认为，夫妻相处之道，就像骑协力车一样。而婚姻是要经营的，所以，她和章孝严之间，不时有鲜花、卡片彼此问候。黄美伦其实本身也具有外交官与从政细胞，她曾经说过，如果不嫁给章孝严的话，她很可能是个杰出的女外交官，或有参政的可能。有一次国民党在讨论台北市市长人选时，时任国民党"中央秘书长"夫人的黄美伦，就曾经一度焦急地说："要我出来都可以。"黄美伦说这话，一点儿都不夸张。事实上，曾经有几次，国民党方面真的叩门，询问她是否有参选的打算，而她在读东吴大学外文系时，除了主修英文，还刻意选修法文，加上先前就很会说的广东话，使得她在担任"外交官"夫人时，处处挥洒自如。

黄美伦从大学到现在，因为喜欢运动的关系（她经常陪章孝严一起游泳，打网球和高尔夫球），所以体重一直维持在50公斤上下。加上她很注重保养，看起来相当年轻。

黄美伦从小到大，都是锋头上的人物，即使当上官夫人以后也是一样，所以显得不那么讨喜。但是平心而论，放眼官场，像黄美伦这样，各方面分数都很高的官夫人，其实不多，这也是黄美伦之所以受人瞩目的原因。

不过，私底下的她，有女性应有的特质。年轻时，她也曾经担心章孝严是否会有感情出轨的一天。50岁以后，她则很担心章孝严的身体，尤其在章孝慈过世之后，她更是随时关心他的血压有没有升高。

她所有的担心，在50岁之前都不成立，因为没有一件事应验了。但是，在她迈入中年以后，一个女人这一辈子最担心的事，却终于爆发。1999年底，章孝严与王筱婵传出婚外情，章孝严多年塑造的良好形象尽毁，被迫于12月23日辞去国民党"中央秘书长"的职务。黄美伦为此伤心不已。

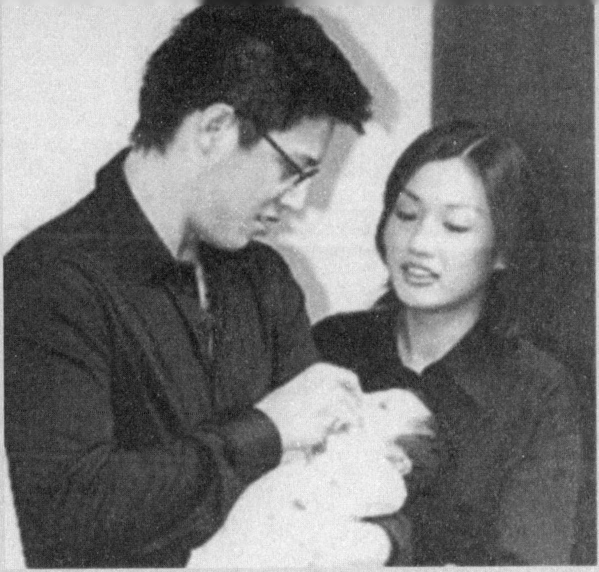

# 第十章 蒋介石的重孙辈

# 一、蒋孝文的女儿蒋友梅和女婿逸恩·苏理伦

## 蒋友梅毕业于英国剑桥大学

蒋孝文是蒋经国的大公子，蒋友梅则是蒋经国的第一个孙女，也是蒋家第四代中第一个出生的孩子。1961年春的一个黎明，在台北市长安东路18号官邸，小友梅降临人间。她的诞生，给她的曾祖父母蒋介石夫妇和祖父母蒋经国夫妇带来了无比的喜悦。而祖父蒋经国也非常重视蒋家第四代的第一人的名号，所以他立即驱车前往“士林”官邸，向蒋介石求名。蒋介石亦十分高兴，因为蒋友梅的出世意味着蒋家的香火不断，蒋家后代的延续，所以他在给孩子取名时也是小心谨慎、反复斟酌。最后，蒋介石决定以“松柏常青，梅兰菊竹”作为蒋家第四代孩子的名字，显然取馨香久远、生命常青的寓意。且根据蒋家族谱这一代应是“友”字辈，而蒋孝文的孩子是第一个女孩，所以取名蒋友梅。

蒋友梅自小就深得曾祖父母、祖父母、父母亲的疼爱。每次父亲蒋孝文回到家，总会对幼年的蒋友梅说：“阿囡！来，让爸爸抱一抱！”接着，他会笑眯眯地把小友梅高举在脖子上，与她嬉闹。每当这时，母亲徐乃锦就会出来嗔怪蒋孝文别把孩子弄伤。那时，蒋友梅仍和祖父母住在一块儿，祖父蒋经国每天回家第一句话必定是“友梅，Grandpa 回来喽”！然后进屋抱起蒋友梅又亲又吻，蒋友梅亦是蒋经国除蒋孝章外最疼爱的女孩。蒋友梅的童年是在蒋家家长的宠爱下度过的。然而，当她踏入官邸以外的世界，她发现自己与外界是多么格格不入。

在她8岁那年，蒋介石将她送往离“士林”官邸不远的复兴小学读书。在复兴小学时的蒋友梅，同学都开玩笑把她的名字“蒋友梅”，用英文“倒装”读法，称为“没有奖”（梅友蒋），她亦丝毫不以为怪。但是在校园中，由于自己的特殊家庭背景，同学们都不愿意和她做朋友，老师与校长见到她也是唯唯诺诺，生怕得罪了这位蒋家大小姐，这种氛围令蒋友梅深感孤寂。为了拉近与同学们的距离，她故意把自己的百元大钞“丢”在地上，然后自己捡起来大声问：“是谁丢了钱?”大家面面相觑，没人答应。因为100元的新台币在小学生中间是不多见的，蒋友梅见没有人来取，就建议将这张钞票作为班费使用。恰逢当时班级缺少圣诞节的活动经费，这张大钞让蒋友梅的同学们过了一个快乐的节日。以后，蒋友梅使用同样的方法，不断增加班级的活动经费，帮助同学们做事，可是令她痛心的是她的好意不但没有换来同学的友情，而且她发现同学们反而离她更远了。

年幼的女孩渐渐觉察所谓的特权给她带来的只是孤独与寂寞。因此在她即将从小学毕业时，她就坦言曾祖父蒋介石她不喜欢政治，不喜欢军事，只喜欢做功课。她的回答令大病初愈的蒋介石剧烈咳嗽，蒋介石希望自己的第四代子女都能够像他一样在“军界”“政界”有一番大作为，然而小小年纪的蒋友梅竟说出不喜欢政治和军事的疯话来，着实令他失望。

父亲蒋孝文的酒色无度导致中年病重变成植物人，对蒋友梅的心灵造成巨大的震撼。这使得她更厌恶政治，更觉得特权家庭所带来的只有不幸。所以她立志一定要摆脱蒋家的光环，做一个平常人。正是基于这种想法，在台湾女子高中毕

徐乃锦（左）与蒋友梅

业后，蒋友梅便决定去和蒋家关系不甚密切的英国读书。可是她的祖父蒋经国强烈反对，蒋友梅只得服从祖父的命令去与台湾交往频繁的美国读书。在美国加州大学学习了1年左右的时间，蒋友梅便坚持要赴英国剑桥大学攻读国际商贸专业，无奈蒋经国只好同意。事实上，母亲徐乃锦对蒋友梅的要求一向严格，经常告诫她应该忘记“第一家庭”的特殊背景，凡事力求平民化，以养成独立自主的意识和生活能力，蒋友梅远去英国留学也符合徐乃锦的主张。

1981年，蒋友梅如愿地进入英国剑桥大学的三一学院国际商贸专业。在求学的4年中，没有什么人知道蒋友梅的真实身份，因此蒋友梅可以凭借自己的实力获得优秀的成绩，也可以以平等的身份与同学们交往，这是蒋友梅梦寐以求的愿望。在英国读书期间，蒋友梅与蒋孝刚同在一所学校，所以来往密切。蒋孝刚虽是蒋友梅的叔叔辈，但是两人年龄仅相差两岁，所以较谈得来，更为重要的是他们都厌恶蒋家子孙这个光环，他们都愿意凭借着自己的本领获得自己的成就。

蒋友梅一人在外求学，颇令疼爱她的祖父蒋经国担忧，于是蒋经国向宋美龄求助。宋美龄便让曾任英国“外交官”的陈西滢的夫人凌叔华在英国帮忙照顾蒋友梅。起初蒋友梅认为此举又是祖父的余荫，幸而凌叔华是位通情达理之人，她深切明了蒋友梅的内心想法，所以她并未给蒋友梅太多的压力，两人亦成为无话不说的知心朋友。

转眼4年过去了，蒋友梅面临人生的抉择，她非常惦记尚在重病中的父亲，尽管每年放假她都飞回台湾探望父亲，但是父亲的身体状况确实令她忧心。于是1985年，她大学毕业典礼一结束，就立即返回台湾。一来是想看看家人，二来是想征求父亲的意见，因为她还未决定是回来还是留在英国工作。此刻的蒋孝文在医生的特殊照顾下已有很大的恢复，除了思维比较困难外，运动神经恢复得最为迅速，已可以下地走路了，这种情况令蒋友梅异常开心。当她向父亲询问对于自己的未来打算有何意见时，她失望了。因为父亲的思维仍难以正常思考，母亲徐乃锦虽一直在旁提醒，但蒋孝文终未给予任何答案。最后，蒋友梅只好去七海官邸求助祖父母了。

祖母蒋方良虽然平日极少说话，但是面对心爱的孙女，她讲出了心里话：“阿梅，你也许不知道，俄罗斯的西伯利亚冬天是格外寒冷的。那时候我和你爷爷在那里生下了你爸爸爱伦。我敢说，爱伦从小就是个听话的孩子。他的人品决不像后来外界说的那么可怕可悲。在苏联，爱伦学会了俄国话，如果不是后来他随我们回到中国，他真会成为一个有用的人呢！1937年我们跨过黑龙江，来到这个古老而又神秘的国家。然而，回来之后，爱伦开始变了，尤其是到了台湾，爱伦变得更加放肆。其实那是有人在惯着他呀！如果是以前，我相信他绝对不敢在你爷爷面前喝酒，更不用说酗酒啦！可是现在一切都太迟了，爱伦已经成为了一个没用的废人了。”

蒋友梅听过祖母的一番话，明白祖母其实是借自己父亲的不幸遭遇告诫自己在蒋家这个特权环境下生活的人无论有多么聪慧，都会被这种环境给消磨殆尽。蒋友梅更加坚定不回台湾、不在蒋家光环下生活的决心。

回到英国后，蒋友梅就进入欧洲最有名的渣打银行总部任小职员。虽然是个小职员，但是收入相当可观，而蒋友梅勤奋踏实、一丝不苟的工作态度使得上司对她非常欣赏，可以说前途是一片光明。但是，天有不测风云，1988 年 1 月 13 日，蒋友梅收到了母亲徐乃锦的急电：“祖父病危，见电速归!”其实蒋友梅早就知道祖父由于遗传的糖尿病，身体状况非常糟糕，但是她没有意料到会来得这么快。因为英国深夜没有飞往台北的飞机，所以蒋友梅只得于次日到达台北，可是已经晚了，祖父蒋经国已在 1 月 13 日深夜过世，蒋友梅未能见上宠爱自己的祖父最后一面，悲伤至极。她深知祖父是多么疼爱自己，回想当年自己准备出国留学，祖父央求自己道：“友梅呀！你不要出去念书了，在台湾陪爷爷好吗?”

然而，那时蒋友梅心意已决，遂毅然出国深造，蒋经国亦无可奈何。现在蒋友梅想起来方发现祖父那时是多么希望有亲人在他身边呀！如今就算蒋友梅想陪伴祖父也不可能了。祖父病殁后，蒋友梅隐约感到台湾的政局要发生巨变。蒋家“一统台湾”的局面要改变，这一切都是由于祖父的离去。参加完祖父的葬礼，蒋友梅返回英国，重新投身于渣打银行繁忙的工作中，这样可以暂时忘记失去祖父的痛苦。

可是厄运之神并未就此放过蒋友梅，不久，蒋友梅便得知自己的父亲身患喉癌，而且已是晚期，1989 年 4 月 14 日夜，蒋孝文永远地离开了蒋友梅母女。这对蒋友梅不啻晴天惊雷，她觉得自己的精神支柱倒塌了。为什么老天对自己、对家人如此不公平，自己亲密的长辈接二连三地远离自己，在台湾的“蒋家王朝”亦今非昔比。世事太变幻无常，蒋友梅对自己的人生感到无比的迷惘。

## 逸恩·苏理伦是英国有名的现实主义画家

回到英国渣打银行后，蒋友梅的精神状况极度糟糕，工作时无法集中精神，经常出错，甚至出现迟到早退的现象，这是纪律严明的渣打银行不能忍受的行为。很快，蒋友梅的上司找她谈话，希望她振作精神，好好工作。蒋友梅知道自己再也难以像过去那样出色工作了，家人的不幸命运令她失去了生活下去的勇气和信心。在她迷惘之际，台湾慧济寺住持海性法师赠给她一本厚厚的佛教经典。蒋友梅便开始整天待在家中，研究这本深奥难懂的佛家书籍，期望从中寻求解脱。但是这本佛书非但没有帮助她，反而让她更迷惘，最后竟然冒出自杀的念头，幸好得到一位英国男士的救助，方捡回性命。

事实上，这位英国男士与蒋友梅相识已有很长一段时间。二人是在蒋友梅的女校友玛格利特在家中举办的圣诞节化装舞会上认识的。在那场化装舞会上，蒋友梅被女校友化装成面目狰狞的“吸血鬼”，她漂亮的脸蛋上被涂上了各种象征丑恶的颜色。尽管面目丑陋，但她却是那场舞会上最出风头的女孩。她优美的舞姿吸引了无数人的目光，当然这位英国绅士也无法抗拒她的魅力，他主动邀请蒋友梅跳舞。一曲又一曲过去了，然而二人依然兴致不减，特别是蒋友梅卸妆后，竟是一位如花似玉的中国姑娘，全场均为之倾倒，而这位英国男士亦惊呼蒋友梅乃“美丽天使”。两人更是彻夜共舞，并交谈甚欢。

在那次交谈中，蒋友梅得知面前这位英俊潇洒、风度翩翩的绅士竟是英国皇家勋爵后裔，全名逸恩·苏理伦，苏格兰人，祖父曾是大英帝国一位内阁大臣，父亲则是英国皇家最有威势的陆军军团的将军。当逸恩问及蒋友梅的家庭背景时，蒋友梅隐瞒自己的真实身份，仅称自己是来自台湾的普通留学生。自那次舞会后，蒋友梅在剑桥大学校园内偶尔会遇见那个与她共舞整夜的英籍男士，双方仅是友好地打招呼而已。虽然逸恩·苏理伦不知道蒋友梅的真实背景，但他被她独有的高贵气质深深吸引。在蒋友梅进渣打银行工作不久，逸恩·苏理伦就特地来找蒋友梅，两人共进晚餐，畅谈彼此的兴趣爱好。原来逸恩·苏理伦和蒋友梅一样，亦是绘画爱好者，尤其酷爱中国的山水画，这令蒋友梅极为诧异。

蒋友梅对绘画的热爱源于宋美龄。宋美龄晚年在台湾常以作画消遣，久而久之画得倒也像模像样。而蒋友梅少年时期曾在“士林”官邸居住了6年，日日观看宋美龄作画，逐渐也产生了兴趣。宋美龄见重孙女爱画画，也悉心教导，所以在宋美龄的熏陶下，蒋友梅对中国山水画的造诣颇深。

岂料，逸恩·苏理伦对中国山水画的理解高出蒋友梅许多，这点使得蒋友梅对这位出身高贵的皇家子弟另眼相看。正是绘画这个共同的兴趣爱好，把蒋友梅和逸恩·苏理伦两颗心拉在了一起。当蒋友梅沉醉于佛家经典不能自拔之时，逸恩·苏理伦不断开导蒋友梅要勇敢面对人生，从事自己喜欢做的事情。在逸恩·苏理伦的耐心帮助下，蒋友梅恢复了以前的精神，开始专注于西洋油画的创作。

于是，她在渣打银行仅仅干了两年，经过6个月的深思熟虑，最后决定辞去这份得之不易的工作，回到学校继续读书，以深造她所喜好的艺术创作。

当蒋友梅从英国打电话来征求母亲意见时，徐乃锦虽然并不完全赞同女儿的

"轻率之举"，但是仍然表示理解并支持女儿的选择。她对女儿说："只要你喜欢，在你读书期间，如果没有办法自食其力，我都会供你。"

蒋友梅十分感动："天下如何再去找像你这样的妈妈呢？"

蒋友梅的思想、品德乃至性格都受徐乃锦的影响至深，一举一动包括衣着打扮都颇似乃母：落落大方、朴素自然。蒋友梅从母亲那里继承了不少优秀的素质：求知欲强，事业心重，有毅力，有个性，是蒋家第四代中的佼佼者。

1992 年秋，在征得母亲徐乃锦的同意后，蒋友梅重新踏入剑桥大学的校门，但是这次她选择了自己钟爱的艺术专业。此时蒋友梅的真实身份已经被暴露，各种新闻记者常常来到宿舍和教学楼采访她，面对新闻媒介，她开始能够从容应对。"我确实出生在蒋氏家族，可是，我与已经逝去的蒋家人有所不同。我只是个普通学生，我所关心的从来都不是政治，而是对社会对人类有益的学业。"

进校后，蒋友梅的第一件学习任务就是临摹名作《马拉之死》。为了加深蒋友梅对西洋画的解读，男友逸恩·苏理伦多次鼓励她亲自去法国一趟，看一看这幅传世之作《马拉之死》的真迹。1993 年春天，蒋友梅终于经不住逸恩的怂恿，来到了法国。在塞纳河畔卢浮宫博物馆里，蒋友梅注视着一幅幅世界级名画，内心的激动无法用言语来表达。在回伦敦后写下的《绘画笔记》中，她如此描写："中国古老的画库无疑是个无与伦比的宝藏，那里集聚着无数可与世界美术作品相媲美的精彩奇作。然而这次看了卢浮宫里珍藏的珍品后才知道，西方画库同样光彩辉煌，那里面有许多画是同样与东方艺术品相媲美的。"

3 年的课程很快就结束了，蒋友梅凭借自己的绘画天赋，在西洋画的创作上已有一番巨大的成就。她的学科成绩不仅一直名列前茅，而且她的毕业作品《雾城之晨》亦被剑桥大学陈列起来作为保留作品。离开剑桥大学后，蒋友梅开始自己的画家生涯，她的作品日益引起英国画界的关注，各种新闻媒体争相报道蒋氏家族第四代出了一位画家。

女儿成为一名有名气的画家，母亲徐乃锦为之高兴，但是眼见女儿年龄已长，她开始考虑女儿的婚姻大事。于是，就在蒋友梅从剑桥大学毕业的同年，徐乃锦飞往英国伦敦，与女儿促膝长谈她的男友逸恩·苏理伦。徐乃锦得知逸恩·苏理伦是英国皇家贵族之后，担心他也会像自己的丈夫蒋孝文一样是个纨绔子弟，希望女儿考虑找一个平民身份的人作为结婚对象，以免重蹈自己的覆辙。令徐乃锦吃惊的是，女儿深爱着逸恩·苏理伦，而且女儿向母亲保证逸恩·苏理伦绝没有富家子弟惯有的习气。他供职于大英帝国保险公司，完全凭借自己的努力获得成绩，丝毫没有借助家庭的特权。见女儿如此坚定，徐乃锦只得答应这门姻缘。

返回台湾后，徐乃锦向蒋方良汇报此事，蒋方良非常高兴，并且指示徐乃锦一切由蒋友梅自己做主。1996 年 3 月，徐乃锦又风风火火地飞往大洋彼岸面见宋美龄，将蒋友梅的大喜事相告。宋美龄为之振奋，因为久无欢喜声色的蒋家需要来个大喜事。最后，宋美龄和蒋方良皆因身体状况不能出席婚礼，由徐乃锦代为主持。二老则给蒋友梅赠送了结婚礼物。

蒋友梅与逸恩·苏理伦

1996 年 6 月 6 日，蒋友梅和逸恩·苏理伦在伦敦富丽堂皇的威斯敏斯特教堂举行了盛大的婚礼。由于逸恩·苏理伦的家族是英国的显赫家族，所以来参加婚礼的有英国皇室贵胄、英国内阁成员及其他英国上层人物。蒋友梅的母亲徐乃锦代表蒋家家长宋美龄和蒋方良前来主持女儿的大婚，同行的还有许多徐乃锦经商后结交的台湾商界人士。在浪漫的婚礼进行曲声中，新婚伉俪蒋友梅亲昵地挽着她的丈夫逸恩·苏理伦走进了宽敞的教堂，在圣主耶稣面前定下厮守终生的盟誓。

婚礼过后，两位新人便进行了一次横跨欧洲的蜜月之旅。与常人不同的是，他们的蜜月是在寻找欧洲古代各种画派，他们先后到了法国、意大利、德国等国家。在意大利，蒋友梅亲眼看到了自己崇拜的著名画家米开朗琪罗的《创世纪》《西斯廷圣母》《雅典学派》等经典作品，但是这次旅行让蒋友梅收获最大的还是在法国度过的日子。在法国，蒋友梅成功地临摹了法国 19 世纪画家德洛克洛瓦的《希阿岛上的屠杀》《屹立在米索伦基废墟上的希腊》和法国现实主义画家杜米埃遗留的传世之作《七月英雄》《三等车厢》，以及法国印象派大师莫奈的作品《早餐》。

1997 年春天，蒋友梅迎来了自己事业上的另一个高峰，她的处女作《谜》在索斯比拍卖会上被人以 1.8 万英镑的高价买下。同年秋天，她怀上了自己与逸恩·苏理伦的爱情结晶，快要当父亲的逸恩·苏理伦每天都给爱妻蒋友梅拍照，再将照片寄回台北给丈母娘看。虽然身怀六甲，但是蒋友梅依然每天勤作画，丈夫百般劝阻均以失败告终。逸恩·苏理伦知道自己的夫人是多么的深爱绘画，要她放下画笔一刻都是不可能的。幸好不久一个小男婴就出世了，这个小东西长得像极了还是婴儿的蒋友梅。令人不可思议的是他汇集了五国血统：这五国包括英国（男方）、意大利（男方）、中国（蒋家）、德国（外祖母徐曼丽）以及俄国（蒋经国之妻蒋方良）。这个混血儿虽不是蒋家的嫡系子孙，但毕竟流淌着蒋家的血脉，也属蒋家第五代，这亦象征着蒋家香火连绵不绝。

作为蒋家第四代的蒋友梅如今已成为英国较有名气的现实主义女画家，对其家庭背景人们已不再过于关注。蒋友梅也终于从蒋氏家族的特权阴影中解脱出来，向着自己渴望的道路一步一步地前进。

2004年12月14日，蒋经国的夫人蒋方良女士在台北逝世。作为蒋方良一手带大、疼爱有加的孙女，蒋友梅即刻返回台湾吊唁。

2005年8月20日，蒋经国长儿媳蒋徐乃锦病逝。这对已经失去祖父母和父亲的蒋友梅又是一个沉重的打击。在徐乃锦弥留之际，她一直陪在母亲的身边，极力想使母亲走得平静、安详一些。

母亲过世后，蒋友梅按照母亲所信仰的天主教的习俗，在台北圣家堂为母亲举行追思弥撒。蒋友梅在灵堂精心布置了十字架与鲜花，周边围绕着白色百合、白玫瑰与白菊花，借此寄托对母亲最深切的哀思。

2009年4月13日，时值蒋经国百岁冥诞之际，台湾“府院党”扩大举办蒋经国百岁冥诞纪念系列活动，国民党于4月10日上午首开纪念活动，举行口述历史座谈会。蒋友梅特意返台，参加了此次活动。

2009年4月，蒋友梅出席蒋经国百岁冥诞

在纪念会上，作为蒋经国最疼爱的孙女，蒋友梅在聆听各界发言，尤其是听到大家追忆蒋经国往事时，几度陷入沉思，时时流露出哀戚的神情。

# 二、蒋孝武的女儿蒋友兰

## 从小就经常台湾、瑞士两头跑

蒋友兰（右）

1972 年 1 月 19 日，蒋孝武与汪长诗的第一个孩子降生在七海官邸。根据蒋介石为他的曾孙辈所取好的名字，这个女孩就叫蒋友兰。从小就生活在重兵防守、戒备森严的深宅大院里，蒋友兰对外面的世界一无所知，更不清楚蒋家在台湾的地位，她一直在母亲汪长诗的呵护下长大。尽管幼年的她经常看见父母争吵，而父亲也时常夜不归宿，但是由于母亲的细心照顾，她并没有感到寂寞无助。然而，不幸的事情很快发生了。

母亲汪长诗因不堪忍受父亲蒋孝武的蛮横无理，整日与演艺界明星擦出花边新闻，于 1976 年独自飞往瑞士日内瓦娘家。当时蒋友兰和弟弟蒋友松尚年幼，无法离开母亲，他们每天都流着泪哀求父亲蒋孝武让母亲回来。祖父蒋经国见孩子们哭泣于心不忍，于是派人到日内瓦找汪长诗期求和解。念及年龄尚小的孩子，汪长诗同意为孩子着想，回到蒋孝武身边。但是她提出条件，要蒋孝武去机场接她，若蒋孝武没有兑现，她将再不回头。

可是汪长诗最终没有等到蒋孝武的出现，她再次踏上了去瑞士的飞机，两人的婚姻关系亦随之不在。1979 年，汪长诗基于对两个孩子的思念，再度飞回台湾，向蒋经国请求让她带着孩子去瑞士。因孙子、孙女年幼，蒋经国最后只好答应，纵使心中不乐意。汪长诗终于如愿以偿地带上自己年幼的蒋友兰和蒋友松来到瑞士日内瓦。在那个美丽的国家，蒋友兰和蒋友松与母亲亲密地生活了 3 年。

蒋友兰希望永远待在瑞士母亲身边，但是一批逃亡海外的“台独”分子，出于对蒋家的仇恨，已经秘密潜逃到瑞士，扬言要绑架蒋友兰和蒋友松。汪长诗担心自己心爱的孩子有丝毫损伤，便忍痛让从台湾专程来的虞为带着两个孩子回到台湾。

回到阔别3年的七海官邸，蒋友兰见到了父亲蒋孝武，但是她仍常常思念远在瑞士的母亲，所以蒋友兰一直闷闷不乐。幸而这时，父亲蒋孝武给姐弟俩请的英文老师蔡惠媚走进了蒋友兰孤独的心，她无微不至地照顾着蒋友兰和弟弟蒋友松的生活、学习，蒋友兰渐渐地开始接纳这位心地善良的台湾姑娘。在蒋友兰心中，蔡惠媚已逐渐取代母亲汪长诗的地位，而父亲与蔡惠媚的关系在经过宜兰的“林宅血案”和在美国的“江南事件”后日趋稳定。在父亲蒋孝武最失意的时候，蔡惠媚勇敢地承担起照顾这个家庭的责任，临危不乱，令蒋友兰由衷地钦佩她。

1986年2月底，父亲蒋孝武带着蒋友兰和弟弟蒋友松以及蔡惠媚来到七海官邸参加祖父蒋经国举办的小型家宴。在这次晚宴上，蒋经国事实上承认了蔡惠媚作为蒋友兰和蒋友松继母的身份。这对于蒋友兰来说，她的心情非常复杂，她既为生母汪长诗感到惋惜，因为将有人代替她的位置，同时她又替父亲、弟弟和自己高兴，因为父亲得到了好妻子，自己和弟弟有个好妈妈。由于“江南事件”对父亲仕途的负面影响极大，因此祖父蒋经国不得不将自己的得力助手蒋孝武派往新加坡任“商务代表团副代表”。

1986年3月初，蒋友兰全家迁往新加坡，在远离市区的武吉知路289号购买了一幢英式高级别墅定居下来。父亲和英文教师蔡惠媚也于当年4月11日踏上了红地毯，蔡惠媚正式成为蒋友兰的合法母亲。最使得蒋友兰敬重这位英文教师的地方在于她决定不生孩子，全心全意照顾蒋友兰和蒋友松，此举不仅令蒋友兰、蒋友松感动不已，就连定居瑞士的汪长诗也对她感激涕零。由于父亲蒋孝武在台湾掌管情治机关，所以得罪了不少黑白两道的人。虽然祖父蒋经国把父亲调往新加坡，但是父亲担心过去的仇人来报复，因此别墅终年禁闭，只有蒋友兰和蒋友松出去上学，大门才打开。在这种情形下，蒋友兰每天都过着提心吊胆的日子，也正是这种生活令她对政治极为反感。

1988年1月13日，祖父蒋经国突然过世，父亲蒋孝武深受打击，起初不准备带两个孩子去吊唁，害怕有人会对他们不利。可是蒋友兰亦十分想念祖父，恳求同往。于是蒋孝武全家于1月14日到达台湾，参加了蒋经国的葬礼。看见因祖父病殁而发生巨变的台湾政坛，蒋友兰心中有股说不出的滋味，父亲则由于此时有人故意在各大报纸大放厥词极为不快。葬礼一结束，蒋友兰便随父母亲和弟弟返回新加坡。

1989年，蒋友兰在新加坡念完初中课程，旋进入新加坡国立高中读书。1990年，父亲被台湾当局调往日本担任驻东京的“商务代表”，因蒋友兰和弟弟蒋友松均要在新加坡读书，就没有同行，而是留下来继续生活在新加坡。没有父母亲在身边的日子里，蒋友兰负起做姐姐的责任，照看比自己小1岁的弟弟。在学业上，她凭借自己的努力，取得了不菲的成绩。新加坡的生活远没有台湾那么动荡不安，蒋友兰暗中庆幸自己早离那是非之地。1991 年 6 月蒋孝武因身体不适回台湾治疗。

1991 年 7 月 1 日早晨，蒋友兰接到蔡惠媚从台湾打来的电话，要他们姐弟二人速来台北，母亲焦急的声音使得蒋友兰担心有什么不祥的事情发生。可是蔡惠媚在电话中始终不肯多说，这反倒令蒋友兰更担忧。当天下午，蒋友兰就带着弟弟从新加坡国际机场乘飞机赶往台北。

在飞机上，蒋友兰从当日台湾的《联合报》上看见了触目惊心的消息："台湾荣民总医院今天早晨发表医疗公告指出，台湾前驻日代表蒋孝武先生于今天上午5 时45 分，病逝在台湾荣民总医院。"公报中指出：蒋孝武自 1982 年起就患有糖尿病及高血脂症，以胰岛素控制尚称稳定，蒋孝武另患有慢性胰脏炎，时有急性发作，皆在"荣总"接受治疗。

讣告又说："蒋孝武于 6 月 30 日下午 21 时住院，诊断为慢性胰脏炎，经药物治疗后，略有进展。至 7 月 1 日清晨 3 时至 4 时 30 分访视时，尚无症状。但至5 时40 分访视时，发现呼吸及心脏均已停止。经急救无效，于 5 时 45 分宣告死亡。因蒋孝武有糖尿病及高血脂症，其突然病故，经医生诊断确定为急性心脏衰竭所致。"蒋友梅再也看不下去了，她感到巨大的悲痛向自己袭来。

童年中的父亲虽然在自己面前不苟言笑，但是到了新加坡，尤其是与蔡惠媚结婚后，父亲与自己的关系好像一下子拉近了许多。岁月蹉跎，那个在台湾呼风唤雨、无所不能的父亲越发显老，性格亦越发和善，很少大发脾气。他还经常带着蒋友兰和蒋友松到新加坡国际俱乐部打保龄球，或到城外一家网球场打网球。父亲还常常告诉蒋友兰"其实我也是个普通人，只不过在那特定的时代，那种特殊的家庭里生活，我在人们眼里成了个面目可憎的人了"。父亲无奈的感叹深深触动了蒋友兰年少的心，她发觉父亲的所作所为都是由于他是蒋氏家族的一分子。看来蒋氏家族的光环并不是那么好戴的，否则母亲是不会离开蒋家，离开他们姐弟二人的。

然而，蒋友兰对政治可怕性的认识在父亲逝世后有了更清晰的认知。一下飞机，蒋友兰就看见一身黑衣长裙的母亲蔡惠媚。蒋友兰再也抑制不住内心的悲哀，扑进蔡惠媚的怀中，放声大哭。蔡惠媚却强忍着眼泪，带着两个孩子驱车赶往"荣民总医院"见蒋孝武最后一面。蒋友兰生母汪长诗得知此事后也从瑞士赶到台北奔丧，生母的到来，给蒋友兰增添了几分慰藉。在台北惠济寺为父亲做法事期间，蒋友兰一直待在母亲身边，须臾不愿离开，因为她害怕再失去一个亲人。

但是更令蒋友兰伤心的是台湾新闻媒体大肆宣传父亲蒋孝武的奇怪死因，有人说是被人暗杀，有人说是仇家买凶杀人，甚至还有人说父亲是自杀。面对种种无故的污蔑，蒋友兰悲痛欲绝。政治的无情、冷漠，竟连死人也不放过。蒋友兰希望尽快离开这个令她痛苦的地方，回到新加坡继续她的高中学业，因为为父奔丧，她不得不推迟毕业考试。

然而汪长诗却让蒋友兰先同她去瑞士静养一段时间再参加考试也不迟，事实上蒋友兰的状况确实令汪长诗和蔡惠媚担忧。蒋友兰是个听话的孩子，于是葬礼结束后，蒋友兰就随母亲汪长诗来到瑞士疗养。在美丽的莱蒙湖畔，蒋友兰的心灵创伤很快痊愈。入冬之前，她就回到新加坡，用最短的时间将耽误的课程补齐，圣诞节前夕顺利地拿到了高中毕业文凭。

## 与继母蔡惠媚感情很深厚

1992年蒋友兰即将考大学，对于大学和专业的选择，蒋友兰早在父亲蒋孝武在世时就已达成协议，她想去瑞士读书，学经济专业，因为她不愿踏入险恶的政界。但是，就在她与母亲蔡惠媚于3月21日参加曾祖母宋美龄的93岁寿辰时，曾祖母的一番话改变了蒋友兰事先设定的求学方向。宋美龄希望蒋友兰和蒋友松都到美国来读书，这样她可以帮忙照顾而不用麻烦汪长诗，因为汪长诗毕竟已不再是蒋家的媳妇。

迫于曾祖母在蒋家的地位，尽管蒋友兰心中不悦，但她也只得服从曾祖母的安排，到美国读书。但是，生母汪长诗考虑到若在纽约上学，难免会因宋美龄而使得蒋友兰和蒋友松的身份暴露，因此在必须赴美留学的前提下，汪长诗建议蒋友兰和蒋友松到旧金山的伯克利大学念书，并且不要用原名，改用英文名入校。蒋友兰接受了母亲的建议，1992年9月，蒋友兰和弟弟蒋友松双双进入伯克利大学国际经济系。

在伯克利大学的6年中，蒋友兰以“汪琳”的身份登记在学生名册上，而且她依然保持在新加坡读书时的勤奋好学，所以她的成绩在她所在的专业一直都名列前茅，这完全得益于她的天赋和才华。初到伯克利时，蒋友兰非常思念远在瑞士的汪长诗，幸好由于弟弟蒋友松的关系，她结识了来自台湾的女孩徐子菱，两人很快成为无话不说的好朋友。

1994年暑假，3人相约不回家，留在旧金山打工挣学费。在这段时间，蒋友兰发现徐子菱是一个善解人意又吃苦耐劳的好姑娘，弟弟蒋友松的眼光确实不错。挣足了钱后，他们3人又结伴去洛杉矶旅游，还登上比佛利山，游览了好莱坞影城。回到学校，令蒋友兰吃惊的是母亲蔡惠媚来到伯克利探望自己和弟弟蒋友松。蔡惠媚的到来令徐子菱产生怀疑。

一日，徐子菱与蒋友兰推心置腹地交谈，希望蒋友兰告诉她他们姐弟俩的真实家庭背景。尽管蒋友兰很想将实情相告，但念及如果告诉徐子菱他们是蒋家后代，难保徐子菱不会离弟弟而去，所以她始终守口如瓶，拒不说出实情。可是最终徐子菱还是发现了他们的真实身份，可喜的是徐子菱并不在乎所谓的身份地位，她爱的就是弟弟蒋友松这个人，这颇令蒋友兰安心。

1996 年夏天，蒋友兰从伯克利大学毕业，便来到旧金山有名的“西部华尔街”蒙哥马利大街的一家银行工作。然而，蒋友兰发现自己不适应在这儿工作，于是她又辞掉了在银行的工作，飞往瑞士日内瓦，到生母汪长诗身边寻找新的工作。不久，蒋友兰又来到香港经商，到 2000 年，她的事业可谓如日中天。2002 年，弟弟蒋友松要与自己多年的好友徐子菱共结良缘，蒋友兰百忙之中抽空赶往旧金山参加这场婚礼。望着弟弟蒋友松幸福地牵着新娘的手，蒋友兰在心中由衷地祝福他们。同时，她也默默地向在天之灵的父亲诉说：父亲，我和弟弟现在都有自己的事业，弟弟业已成家，您在天之灵可安息了。我们一定谨遵教诲，决不涉身政治，您就放心吧。蒋家第四代与政治是绝缘体。

2004 年 12 月，祖母蒋方良在台北逝世。为了寄托哀思，蒋友兰写了一首英文诗，送给祖母：“祖母走后隔天，我和小女汎明在买菜回来的路上，突然雨停了，天空染上一层粉红一层蓝，太阳也破云出，照得大地一片金黄，莫名地，我笑了，告诉女儿，快看，太婆已经度了。”

## 三、蒋孝武的儿子蒋友松和儿媳徐子菱

### 蒋友松从小就非常郁闷

比姐姐蒋友兰小 1 岁的蒋友松出生于 1973 年 7 月 23 日。作为蒋介石的曾长孙、蒋经国的长孙，蒋友松自小就颇受蒋家长辈的疼爱。然而，父母亲的不幸婚姻生活给蒋友松的童年带来了不少阴影。年幼的他喜欢和温柔的母亲待在瑞士生活，但是由于他蒋家曾长孙的特殊身份，一批逃亡到瑞士避难的“台独”分子对他和姐姐蒋友兰的生命安全造成了威胁，所以在他 9 岁那年，不得不与姐姐回到离别了 3 年的台湾，回到了那庄严肃穆的七海官邸。

缺少母爱的蒋友松很少说话，而父亲蒋孝武却因为忙于政事经常忽略他和姐

姐。幸好一位温柔善良的英文教师走进了这座冷清的官邸，给寂寞的蒋友松和蒋友兰带来了母爱和亲情。远在瑞士的生母汪长诗无法照顾蒋友松姐弟俩，而不久父亲蒋孝武政途失意，不得不离开台湾赴新加坡任台湾驻“新加坡的副商务代表”，这段时间是蒋友松度过的最难受的日子。

英文教师蔡惠媚此刻勇敢地承担了照顾蒋孝武一家人的责任，这令蒋友松对她的敬仰更进一步，他对蔡惠媚的感情亦与日俱增。当祖父蒋经国在 1986 年 2 月底举行的一次家宴上宣布蔡惠媚将成为他的继母时，蒋友松欣然接受了。于是全家在 1986 年 3 月移居到素以整洁、安定的社会秩序闻名的花园城市新加坡。

新加坡的生活虽比不上在台湾所享受的待遇，可是蒋友松却更加喜欢在新加坡的生活。因为在这里，不仅父亲开始改变原来在台湾冷峻严肃的面孔，而且还常常开着一辆白色跑车带着蒋友松和蒋友兰去打保龄球和网球。更重要的是，这里远离台湾那是非之地，蒋友松和父母亲及姐姐可以过相对平静的日子。在新加坡，蒋友松被父亲送进新加坡国立学校读初中。

但是，只要身为蒋家后代，就很难不受政治的影响。1988 年 1 月 13 日祖父蒋经国在台北猝然死亡，接到这个消息后，蒋友松感到震惊。尽管他知道祖父遗传有先天性糖尿病，但他万万没有想到祖父会这么快就永远地离开了他们。第二天，蒋友松陪伴父母亲和姐姐蒋友兰来到台北，参加祖父的葬礼。祖父的离去，使得往日车水马龙的七海官邸一瞬间就门可罗雀。昔日围绕在祖父身边谄媚的高官都倒向他方，刚谙世事的蒋友松也感觉到蒋家鼎盛时期即将结束。尤其是他在台湾出版的一本杂志《雷声》上读到一篇文章，对蒋家大肆攻击更让他心中悲哀。

面对如此污蔑蒋家人士的报道，身为蒋家长孙的蒋友松确实难以忍受。于是祖父的葬礼一结束，他便和姐姐迅速返回新加坡，远离台湾这片是非之地。可是，事情并非蒋友松想象的那么简单，不久，台湾方面就传来消息，祖父蒋经国曾在台湾不少地方建了曾祖父的铜像，祖父尸骨未寒，今就有人以所谓妨碍市容而统统推倒，曾祖父蒋介石在世时建的各种别墅也被开放，而大批蒋家私人档案亦被公之于众。此种情形让蒋友松万分悲痛。

“蒋家王朝”的式微，世态的炎凉，令刚上高中的蒋友松过早地体味到平常人所体会不到的悲酸。更使得他无法容忍的是父亲将要被调往日本，在所谓台湾“东亚关系协会”中任职。蒋友松好不容易能够与父亲蒋孝武快乐地生活在一起，如今又要分离，而日本却又是蒋家成员最不愿去的地方，其主要原因在于据传蒋经国的母亲毛太夫人正是被日本人用飞机炸死的。蒋经国还在老家奉化的一块石碑上亲笔写下“以血还血”四个大字来告诫自己乃至子孙，蒋家与日本的血海深仇。现在，李登辉竟然要父亲到日本工作，而且工作的任务是“加强台湾和日本的关系”，在这种环境下，蒋孝武所处的尴尬地位可想而知。

父亲蒋孝武劝他不要从政，震撼了蒋友松和姐姐蒋友兰的心。特别是蒋友松在祖父病去后关于台湾的种种消息，使他相信这番话是父亲积几十年的痛苦经历所得出的经验，尤其对于蒋家长孙蒋友松来说，政界是他决不能涉身之地。它的可怕与无情，蒋友松早已品尝过。

1990年夏，父亲蒋孝武为了不耽误儿女的学业，遂让母亲蔡惠媚同往日本，蒋友松和姐姐蒋友兰则留在新加坡完成高中学业。在学校中，蒋友松以自己的勤奋好学博得老师和同学们的好评。他和姐姐平民化的生活方式令人们不再把他们当作蒋家后人看待，而是和普通百姓一样，只是在学校学习且成绩突出的优等生而已。这种宁静的生活也是蒋友松向往的。但是好景不长，1991年7月1日，母亲蔡惠媚从台北打来电话，告诉姐弟二人速回台北。当蒋友松和姐姐到达台北时，父亲蒋孝武已经于凌晨5时45分与世长辞。这对蒋友松来说不啻晴天惊雷，吓得他胆战心惊。纵使他不愿相信这个事实，但事实已定，再难改变。

在父亲蒋孝武的葬礼上，蒋友松和姐姐蒋友兰跪在父亲蒋孝武的遗体前，向自己敬爱的父亲磕头表示孝道。而蒋友松的耳畔不时想起父亲蒋孝武多年沉浮官场中所得的心得：千万不要从政！他暗暗下定决心：我们这一代，决不再走先祖们的老路了。

转眼父亲蒋孝武过世已有1年，蒋友松业已从悲伤中振作起来，重新开始自己的人生。在这一年9月，他即将赴美国伯克利大学攻读国际经济专业。在去美国之前，他和姐姐蒋友兰、母亲蔡惠媚再次回到他们的伤心地台湾祭拜父亲。当时一直守候他们的新闻记者抓住机会采访了蒋家曾长孙蒋友松。面对新闻媒体，蒋友松坦然自若，毫无以往的羞涩。

1992年9月下旬，蒋友松便以“汪铭”的身份和姐姐蒋友兰如愿进入伯克利大学国际经济系。但是两人虽属同系，但不属同一个班级。所以蒋友松和姐姐蒋友兰见面的机会少了许多，不免有些孤独。但是繁重的学习任务很快就将蒋友松带入浩瀚的知识海洋，令他暂时忘却难以摆脱的寂寞。

## 在美国旧金山从事创投事业

第一学年转眼就过去了，有一天，蒋友松去学校花园温习功课，忽然听到有人在诵读蒋友松熟悉的唐代诗人王逢原的七律《送春》：

三月残花落更开，

小檐日日燕飞来。
子规半夜犹啼血，
不信东风唤不回。

走进树荫深处，蒋友松发现一个留着满头乌黑长发的美丽姑娘端正坐在石凳上，手捧着一本诗集，蒋友松猛然觉得这位女孩非常面熟。原来，这是一位曾有一面之缘的女孩。

就在蒋友松回想得出神之时，只听见那位姑娘又念出一首古诗：

兰陵美酒郁金香，
玉碗盛来琥珀光。
但使主人能醉客，
不知何处是他乡。

这时，蒋友松惊呼："这是李白的《客中行》吧?"正沉醉于古诗中的姑娘惊愕回望发现一个高大英俊、皮肤白皙的中国男孩正站在她的身后注视着她，感到十分吃惊。

也许是上天注定的姻缘，一个星期过后，蒋友松又在自己的教室见到了那位令他困窘的女孩。原来在伯克利大学有一份来自世界各地的华裔学生办的报纸《启明星》。虽然蒋友松专攻经济，但受母亲蔡惠媚的影响，他对文学创作颇有兴趣。于是，当他看见这份用自己的母语写的一篇篇精彩作品时，他也萌发了创作的念头。他开始尝试写些诗文，然后将这些小文章投寄给《启明星》，不料其中一篇《忆台湾》被该报的主编相中，便派一位编辑亲自来找作者，请他再润色。而这位校刊编辑就是与蒋友松有数面之缘的长发女孩，正是这篇文章将蒋友松和女孩拉到了一起。

蒋友松慢慢了解到女孩的点点滴滴。她叫徐子菱，1977 年生于台湾淡水，后随父母迁到台北，住在阳明山下，分别在道明小学和道明中学完成小学和中学的课程，1991 年只身飞往美国旧金山入伯克利大学读文学教育系，专修英文和教育。由于出身平民家庭，徐子菱学习勤奋刻苦，常常考出让所有女生都羡慕不已的优秀成绩，同时她主编的校刊《启明星》亦十分受欢迎。蒋友松曾说，他俩的相遇是"有趣，也是缘分"，因为后来发现两人竟然是同一个小学的。而徐子菱真正吸引蒋友松的地方是她的聪慧和善良，而蒋友松令徐子菱着迷的则是他的真诚。尽管蒋友松刻意隐瞒自己身为蒋家曾长孙的特殊身份，但是在与徐子菱交往的过程中，难免会露出一些蛛丝马迹。尤其是他和姐姐蒋友兰平时总会收到来自台湾和瑞士的钱款和信函。虽然蒋友松一再强调自己是平民家庭里长大的，然而对于蒋友松的身份，徐子菱心中始终有个谜。

这个谜直到1995年7月宋美龄在美国出席纪念第二次世界大战胜利50周年大会，美国电视台现场转播了这一盛况。与她同行的有蒋家不少直系亲属，其中一个熟悉的面孔引起了徐子菱的注意，这个人就是1994年秋到伯克利大学看望蒋友松姐弟俩的母亲蔡惠媚，这下蒋友松知道自己的身份已不可能向自己深爱的人隐瞒了。于是在校园池塘边，蒋友松向徐子菱和盘托出自己的全部身世，令蒋友松吃惊的是徐子菱并不在意自己男友的家庭背景。虽然她素来不喜欢与政治要人的子女接触，更不用说结为朋友，尤其像蒋家这么一个“雄踞台湾”几十年的大家族。但是“蒋家的人也是人”，她当初与蒋友松相恋，仅是出于单纯的爱情，出于对蒋友松人品的敬爱，绝未考虑过对方的家庭背景。现在她纵然知道了蒋友松的身份，可是她仍然深爱蒋友松，并不计较这些，而这些也不会影响她对蒋友松的感情。

1996年，蒋友松从伯克利大学毕业就开始自己的个人奋斗生涯。由于女友徐子菱比自己早一年毕业，现在旧金山一所学校教书。因为蒋友松决心依靠自己闯出一番事业来，所以他一切都是从零起步。这一时期他始终没有暴露自己的身份。在打工期间，他学会了如何做期货生意。于是两年后，他就在旧金山开了自己的第一个公司——创业投资有限公司，他的聪明才智和所学终于如鱼得水般地大有用武之地。2000年冬，蒋友松的公司成功地在美国股市上市，他旗下拥有员工近百名。蒋友松的事业取得了成功，他的爱情马拉松也要有个圆满的结局了。

2002年3月20日，蒋友松带着未婚妻徐子菱飞往纽约，为蒋家大家长宋美龄庆祝生日，并准备将自己和徐子菱的婚事告诉宋美龄。得知蒋家第四代的曾长孙蒋友松即将成家，宋美龄由衷地高兴，因为这意味着蒋家香火连绵不绝，而准曾长孙媳徐子菱颇讨宋美龄喜欢。对于这桩天作之合，宋美龄当然全力支持，但是她向徐子菱提了一个要求，就是虔诚地信仰基督教。没想到徐子菱真心答应，宋美龄为此十分满意。接着，蒋友松又携着徐子菱到台湾拜见祖母蒋方良。平日生活在无声世界中的蒋方良看见长孙要结婚，欣喜得老泪横流，她衷心地祝福这对新人，同时她又嘱咐蒋友松婚礼要低调。

2002年7月28日，在美国旧金山湾区的一座大教堂里，9年之久的爱情长跑终于开花结果。蒋友松谨遵祖母的叮咛，婚礼只邀请了少数蒋家至亲，宋美龄虽然未能亲来道贺，但她派来了蒋纬国的夫人邱爱伦和蒋孝刚伉俪前来祝贺。他们还从纽约带来了宋美龄送给这两位新人的大花篮。蒋友松的亲生母亲汪长诗和姐姐蒋友兰专程从瑞士、香港赶到美国参加爱子、弟弟的大婚。蒋友松的三婶方智怡代表蒋家家长以长辈身份在婚礼中致辞，祝福这对新人。她说，今天是蒋家的

蒋友松与徐子菱

重要日子，不但为友松感到高兴，更为蒋家高兴，因为，蒋家有了“好媳妇”。

不仅如此，他们还收到蒋经国在世时的旧部如郝柏村、连战等国民党要员从台湾空运到美国的贺婚礼物。蒋家在台湾唯一的叔辈——章孝严是在蒋友松和徐子菱婚礼当天才收到从忠孝东路服务处送来的喜帖，虽然婚期已过，但是章孝严仍然补送了花篮以示心意。第二日，章孝严在接受记者采访时表示：友松找到了很好的另一半，很替他高兴，相信学有专长的友松，未来有很好的发展。

尽管蒋友松尽力将婚礼办得低调，但是新闻记者冲破重重阻力，终于采访到了荡漾着一脸幸福笑容的蒋友松和新娘徐子菱。从蒋友松和徐子菱的笑容中，记者没有发现他们有任何忧郁和紧张神态。当记者问到两人关于婚后的计划，蒋友松说，他们将到一个“充满海水与阳光”的地方度蜜月，然后开始崭新的生活，暂时没有计划回台湾。

2003 年 5 月 20 日，徐子菱在美国三藩市诞下一名女婴，这是蒋家第五代的第一个孩子，取名 Josephine，依照蒋家族谱“孝友得成章”来算，她算“得”字辈中第一个孩子。

## 携妻回溪口故里参加蒋氏圆谱庆典

2012 年 12 月 13 日，历经两年广泛而周密的进谱重修活动，浙东溪口的武岭蒋氏“圆谱大典”隆重举行。迁自溪口的全国各地 200 多位蒋氏后裔，皆怀报本之心，闻讯前来寻根；客居台湾的蒋介石孙媳妇方智怡、最大曾孙蒋友松等宗人，也将专程前来参加这次认宗归祖之盛事。

12 月 12 日，蒋友松出席了这天的“洒净、祈福”活动。他跟随仪仗队来到蒋氏宗祠列祖列宗的牌位面前，点上一炷香，满怀对祖辈的崇敬之情，深情地弯下腰鞠躬。

在 12 月 13 日这天，奉化溪口镇上红灯高挂、彩旗飘飘、锣鼓喧天、人头攒动，蒋氏族人举行《武岭蒋氏宗谱》圆谱庆典，来自海内外的蒋氏族人 3000 余人参加了庆典，实现了 60 余年来蒋氏族人的第一次大聚会、大团结。

蒋友松夫妇跟随众人一起朝拜、祭祖。祭拜仪式结束之后有许多人——包括

蒋友松夫妇在蒋家祠堂

蒋氏族人和溪口老乡们，都要与蒋友松合影，蒋友松都满足大家的要求，来者不拒，还有请蒋友松签字的，他都一一满足族人的要求，体现出他十分亲民、随和的形象。

在接下来的武岭蒋氏圆谱庆祝大会上，主持人请蒋友松先生登台，可是蒋友松先生最终也没有登上主席台，倒是方智怡登台致辞。

## 四、蒋孝勇长子蒋友柏和儿媳林姮怡

### 蒋友柏在蒋家第四代中名气最旺

蒋友柏生于1976年，是蒋孝勇和方智怡的第一个男孩。

落尽最高树，始知松柏青。松柏枝叶繁茂常青，经冬而不凋，历来象征着长久不衰，能经得起各种考验。《诗经·小雅·天保》："如松柏之茂，无不尔或承。"郑玄笺曰："如松柏之枝叶常茂盛，青青相承，无衰落也。"松枝傲骨峥嵘，柏树庄重肃穆，四季常青，郁郁葱葱。因此《论语·子罕》云："岁寒，然后知松柏之后凋也。"寒冬腊月方知松柏常青。"梅兰竹菊"则占尽春夏秋冬，有"四君子"之称。梅高洁傲岸，兰幽雅空灵，竹虚心有节，菊冷艳清贞。在这一花一草、一木一竹中负载了人们一片真情，从而使之升华了原有的意义，成为人格襟抱的象征和隐喻。

蒋介石为曾孙辈起此名字，无疑是大有深意的——四季长存，流芳百世。依照族谱“孝友得成家”，蒋家到这一辈排行是“友”字。所以，这个男孩一出生就被取名为蒋友柏。

柏乃四季常绿的乔木，叶鳞片状，木质坚硬。有诗赞曰：迎寒冒暑立山冈，四季葱茏傲碧苍。漫道无华争俏丽，长青更胜一时芳。友柏这个名字取得恰到好处，有岁寒三友的寓意。其音暗合《论语》中益者三友，友博、友闻、友多谅。

友柏是一个卓尔不群的好名字，正像这个男孩日后自己所言——他一出生就是一个品牌。从他一出生就注定要有不平凡的人生，这个名字注定要名扬天下。

在蒋友柏出生之前，蒋经国的大儿子蒋孝文有一女蒋友梅，二儿子蒋孝武有一子蒋友松一女蒋友兰。如今蒋家又添一丁，让蒋经国欣喜不已。

蒋经国满心欢喜地抱起这个小孙子，好似看到了蒋家未来的希望。婴儿拼命地在蒋经国怀里啼叫着，让这位慈祥的爷爷乐得合不拢嘴。蒋经国仔细地端详着这个小生命，发现这孩子长得眉清目秀，中俄混血的特征在他脸上依稀可见，十分惹人喜爱。

蒋经国非常疼爱友柏，对小孙子的脾性摸得一清二楚，认定他做事不喜欢按常理出牌，喜欢剑走偏锋。俗话说，三岁看老，蒋经国在友柏和友常两兄弟还小的时候，就和蒋孝勇夫妇提过：“友柏，将来会在事业上面有所发展，是属于开疆拓土的性格；友常，将来会是个将才。”

蒋经国阅人无数，果然预见非凡。他的两位孙子多年后的确如此，哥哥蒋友柏为事业负责开域，频繁曝光；而弟弟蒋友常则镇守一方，鲜有露面。

由于继承了父母的优秀遗传因子，蒋友柏长得高大健硕，在 12 岁那年他的身高就已是 170 厘米了。成人之后则更加秀美挺拔，185 厘米的个子，留着飘逸的长发，脸型酷似偶像明星金城武，乃众多青年女子心目中的“梦中情人”。

自小就在安逸环境中长大的蒋友柏从未考虑过政治为何物，但是在他 12 岁那年，也就是祖父蒋经国逝世的那一年，他开始承受家庭变故所带来的压力与痛苦。随着蒋经国的与世长辞，曾经充当蒋经国生病期间与国民党政界高层间的特殊“联络员”的蒋孝勇的地位一落千丈，昔日对父亲阿谀奉承的官员们似乎一瞬间就消失了，甚至还公开恶语中伤父亲，而父亲的情绪亦日渐不佳，与那个从小常带他和弟弟去阳明山打球、泡温泉、游泳、爬山的和蔼父亲简直判若两人。年仅 12 岁的蒋友柏也能感受到世态的炎凉，台湾可能不是他永久居住的地方。

果然，当年 8 月，父亲蒋孝勇即携妻带子赴加拿大旅游，名为旅游，实则考察加拿大的环境是否适合全家生活。后来，蒋孝勇挑中了位于加国北部的著名城市魁北克附近的蒙特利尔，虽然那儿比较荒凉，但是正符合蒋孝勇向往的“鸟不生

蒋友柏

蛋”“中国人少”的地方。蒋友柏在那里与父母、弟弟愉快地玩了一个月便恋恋不舍地回到台湾，可是小友柏知道他不久还会回到这“鸟不生蛋”的地方。

1989年2月15日，父亲蒋孝勇接到了加国移民局的批准函，要其全家务必于3月中旬到加。小友柏没有想到这么快就要离开自己生长的土地台湾，尽管他还想在台北念完初中。然而，父命难违，临行之前，蒋孝勇带着孩子去向宋美龄告别，宋美龄进行了一番勉励。

铭记着曾祖母的叮咛，友柏随着父母和弟弟于1989年3月中旬到达加拿大的蒙特利尔，在一座貌似七海官邸的房子里住下。由于当地的通用语言是法语，于是友柏就进入一家私立学校初中部学习法语、英文、中文和其他初中课程。在蒙特利尔的日子非常平静，远离政界的父亲与他们兄弟俩之间的关系更为融洽，经常与他们交心聊天，谈生活，谈学业，谈未来。

1990年秋天，蒋孝勇驱车去学校接友柏和友常回家，却见二人正和别人互相追打，父亲焦急地询问原因，友柏如实道出这同校的几个来自台湾的华人子弟当面大骂蒋经国和蒋介石，两兄弟无法忍受他人谩骂自己敬爱的祖父和曾祖父，便与他们厮打起来。蒋孝勇了解情况后，意味深长地对他们说：“你们不要为有人攻击你们的祖父和曾祖父，就和别人动武。其实，为这种事情动武是无济于事的。话应该让别人说，但是天是不会塌下来的，所有的一切毕竟都是历史啦!”经过父亲这次的教诲，友柏更加谨慎、宽容，不与他人无端起争执。

转眼到了1992年夏天，友柏面临着人生的转折。虽然友柏下定决心要上大学，可是在蒙特利尔这3年，他的法语没有多少进步，甚至连最基本的法语升学考试都难以通过。然而，蒙特利尔教育局明确规定凡属该地的学生必须通过法语考试，否则不得进入大学深造。为了解决这个矛盾，全家人经过商议，采纳宋美龄的提议，再次决定移民美国，好让友柏到美国读书。起初友柏希望去纽约，因为曾祖母宋美龄在那儿，但是母亲方智怡认为定居旧金山更为妥当。最后则是全家移居旧金山，而友柏则入纽约大学学习，这样，曾祖母可以常常见到曾孙子。

虽然决定了在哪儿读大学，但是究竟读什么专业，父子两人有一番长谈。友柏自小就喜欢绘画，或许与蒋友梅一样深受曾祖母宋美龄的影响。但是父亲蒋孝勇颇不赞成，他认为去大学学习绘画并把绘画作为终身职业难以真正成功，这样大学的宝贵时光就浪费了。接着，友柏又提出学习政治专业，父亲甚为震惊，他用自己的亲身经历告诉儿子从政是一个可怕的职业，他不希望自己的孩子重蹈覆辙，“我自己的子女是绝对不会在政治上继续延续下去的”。所以他建议儿子读经济专业。

父命难违，最后他在父亲的安排下进了资讯管理专业学习，他心里明白父亲是希望自己能够继承他的事业。在纽约大学求学期间，父亲每月只给友柏 800 美元的学费和生活费。友柏知道父母紧缩财政政策目的正是不愿让他变成一个纨绔子弟，不求上进。果然，友柏未辜负父母的期望，他在校期间专心学习，成绩一直名列前茅。

就在友柏准备毕业冲刺的时候，家中传来父亲癌症晚期的噩耗，友柏再也没法继续安心学习，于是 1996 年夏天他向学校提请休学一年，返回旧金山陪伴重病的父亲。虽然父亲强打精神，但是友柏深知父亲去日已不远矣。所以，他希望在这有限的时间里，能够给父亲带来尽可能多的欢乐。父亲希望回大陆看看，全家人商议后决定满足父亲的心愿。因此 7 月 14 日夜间，友柏随父亲一同乘飞机到达香港启德机场，之后下榻丽嘉酒店 12 楼，等待从旧金山来的母亲和弟弟。之所以陪同父亲回大陆是为了了却父亲的三个心愿：“我们此次回到大陆，一是治病；二是回溪口故里扫墓；三是去游黄山。这三件事就是我人生最大的希望了。”

由于这次大陆之行采取消息封锁，加之父子两人深居简出，所以记者没有发现他们的行踪。友柏料想一切可按原定计划施行，但是就在他们抵达香港的第三天清晨，友柏发现父亲在酒店浴间吐了一口鲜血并重重地摔了一跤。友柏急忙找来在香港的“荣民总医院”著名医师陈云亮给父亲进行检查，愕然发现蒋孝勇的癌细胞已经转移到头部要害，而且在蒋孝勇头部还发现了两颗脑肿瘤。

当天下午，母亲方智怡和弟弟友常、友青也乘飞机到达香港。见到丈夫如此情形，她开始迟疑该不该继续计划，她觉得当务之急应是带丈夫回“荣总”治病。令友柏吃惊的是父亲坚决要上北京，“已经到了家门口，我们怎么能不去呢”？最后全家人商议，友柏陪父亲从澳门直达北京，母亲和弟弟们则从九龙直飞北京，开始了堪称划时代的旅行。

游北京后，又到溪口。在溪口故乡，他们游览了十几个景点，尽管路途辛苦，然而身染重病的父亲丝毫不言痛苦。溪口之行后，在母亲的坚持下，取消了游览黄山的计划，将父亲送回“荣总”治病。尽管蒋孝勇在不停地与病魔搏斗，但终究还是被死神带走。友柏为此伤心不已，尤其是接到父亲给他的遗书要他坚决不要从政，他无时无刻不在想着父亲那双期待的眼睛。

## 蒋友柏在台湾投身影视文化业

1998年夏天，休学一年的蒋友柏重新回到纽约大学顺利地完成了学业并返回旧金山。已经22岁的蒋友柏由于经历了众多的变故，因而显得更加成熟。当母亲问及他将来想从事的职业，他虽然仍心仪艺术，但他还是听从了母亲的建议，继承父亲在旧金山的电脑产业，投身于台湾笔记本电脑在美国的销售。

尽管蒋友柏年纪尚轻，但是他得自父亲蒋孝勇的真传，极具经商头脑。他秉着“从自我做起，商人的勤奋；培养员工的主人翁精神；对员工恩威并施”的原则，在短短两年内，他就把因父亲过世而濒于倒闭的红木市电脑公司带出了低谷，推向成功。不仅在红木市有他的电脑公司，就是在旧金山也有属于他的一家大型电脑公司——“新宏大”电脑公司。但是，他不满足仅仅在美国发展，他迫切希望能够在全世界开拓更大的市场。因此，他将目光瞄准了欧洲市场。

为了有效地实施他的开发计划，1998年春，蒋友柏亲自赴法国、英国和意大利考察。他发现在这些地方的电脑市场充斥着美国和日本的笔记本电脑，可是这些电脑价格昂贵，一般平民难以承受；另外，中学生又急需大量轻便型价格便宜的电脑。看准了这三地的电脑市场潜力，蒋友柏一鼓作气，制订了周密的营销计划，成功地将他公司经营的台湾电脑打入欧洲市场，一举成名。

在进军欧洲市场的过程中，蒋友柏亦遇到了不少困难。首先是公司董事会惧怕遭到失败，不赞成冒险进入欧洲市场，宁愿安于美国。然而蒋友柏的坚定信念最终打动了董事会，同意向欧洲市场发展。同时，蒋友柏还亲自到台湾挑选具有中国少女气质的女模特来为他公司的电脑做广告。正是这次选拔，蒋友柏结识了年轻漂亮、身材高挑的名模倪雅伦。倪雅伦的广告非常出色，吸引了众多外国人的眼球，也为蒋友柏公司的电脑招揽了不少顾客。令蒋友柏啼笑皆非的是许多八卦小报开始大肆渲染他和倪雅伦的关系。其实两人纯属普通朋友、合作伙伴。

蒋友柏生得英俊潇洒，又是极具发展前景的年轻企业家，身边不乏女孩子追求，早在纽约大学读书期间就有大批女生视他为白马王子，但是蒋友柏谨记父亲教诲：做人一定要低调，以事业为重，决不眠花宿柳。所以在大学期间，他就立志决不谈恋爱。如今，他的事业如日中天，他就更加勤心于事业，很少顾及儿女私情。欧洲电脑市场的成功开拓，亦为蒋友柏带来了好名声，旧金山的同行都知道有一个电脑大亨蒋友柏，他则称自己是“旧金山的电脑新贵”。

2001年夏秋之交，蒋友柏向母亲提出进入台湾市场，但是不是以电脑销售为主，而是开一家影视文化公司，制作一些商业性的广告和娱乐性的电视剧。这主要是圆蒋友柏多年来想从事艺术行业的夙愿，同时也为公司发展寻找一条新路。不久，一家名叫金狮影音的公司在台湾正式运营，它是蒋友柏在东方科技园一家小型音像公司的投资再扩大。

回到台湾后，他发现台湾在发生令他不悦的变化，崇日文化到处蔓延，蒋友柏在台的影视业也发展不顺。尽管如此，他还是坚持自己的理想，开始着手拍一部电视片《中国饮食文化》。这部电视片需要一个女主持人，于是蒋友柏又在茫茫女孩中寻找合适人选。经过多日的观察，他尚未发现一位气质高雅又能够代表古老中国文化风格的女孩。一日，他心烦意乱地走进中电俱乐部的咖啡厅喝咖啡，蓦然发现了一位身材苗条、恬静而文雅的女孩林姮怡。她的品性和魅力不仅征服了《中国饮食文化》的观众，也掠取了蒋友柏的心。他们两人频频约会，喝咖啡，共进晚餐，各处游览，互相切磋台湾的古老菜肴，有时还会谈论当今的台湾时政，二人的感情与日俱增。正是因为林姮怡与蒋友柏的恋情曝光，人们开始注意这个清秀可人的女孩，记者们则纷纷探究她的背景和家庭情况。

林姮怡，与蒋友柏同年，也是1976年生，毕业于文化大学畜产系，巨蟹座，身高168厘米，46公斤，清秀略带点古典味。在大学期间就是凯渥的名模，大学毕业后即投身演艺圈，被导演洪育智发掘，参加电影《纯属意外》的拍摄，担任女一号，同时她还接拍了不少广告。她的广告作品有《旁氏美乳霜：豆腐篇》《旁氏妙鼻贴》《速织》、张国荣《Everybody》MV，曾被公司送往新加坡由金曲奖制作人李思菘、李伟菘训练，欲向歌坛发展。她还在偶像剧《薰衣草》中出演女主角的姐姐——患有先天性心脏病的“梁以晨”。

林姮怡

在该片中“梁以晨”是在男友怀里悄悄死去的，画面唯美得让人心疼，面对媒体，她坦言饰演“梁以晨”的心情。她说，对这样浪漫剧情不抱期待，她个人认为，最浪漫的举动就是希望“和情人坐在夏威夷的海滩上，享受阳光的热情，吹着徐徐海风，享受两人世界，过程不必太过繁杂”。在与蒋友柏相恋的过程中，她也遇到了很令她苦恼的事情，她表示：“我和蒋友柏是单纯的朋友关系，在媒体夸张的解读下，好像还很年轻的我们就要踏入礼堂。这样的结果并不令我开心，因为我感到，现在的林姮怡好像活在蒋友柏的光环下，早知如此，我宁可回到那个没有人认识的林姮怡阶段。”

为了不影响女友的事业，蒋友柏在媒体面前亦几度否认与林姮怡的恋情，直到2003年1月23日，蒋友柏的母亲方智怡证实她的长子蒋友柏与林姮怡已订婚，且准媳妇已怀身孕，2月择日完成婚礼，她还表示希望外界不要过于过问小孩子的事，因为小孩子的事应该保有清新，不要有政治色彩。这也意味着蒋家第五代即将诞生。

与此同时，林姮怡的母亲也看好这场婚姻。友柏的岳父、现任花莲慈济医院院长林欣荣开心地说：“想当年我20岁就结婚了，姮怡现在已26岁，我嫌太晚了，早该结了，我也该升格当阿公了。”林欣荣接受记者采访时，显得非常开心，他一开始仍很保守地说：“哦，都是看到媒体报道才知道的，都没有人跟我报告，我还要来问一问”，后话匣子一开，林欣荣便先称赞准女婿蒋友柏“烧得一手好菜，功夫好到可以办桌”！对于未来准女婿赞不绝口的林欣荣说：“小两口已经交往很久了，要结婚是好事，祝福他们，友柏也很照顾姮怡，脾气又好，他的家教也很好。”平时两家就有经常来往，前一阵子林欣荣的儿子结婚，友柏也来参加，其实关系早就很密切。

花莲慈济医院院长林欣荣是台南七股人，在神经外科拥有极高的地位。他曾担任“三军总医院”神经外科主任，并以“钥匙孔手术”为微创型手术写下新页。2002年接任花莲慈济医院院长后，更在父亲节前夕亲自执刀，为高龄父亲林炎山成功摘除脑部血管瘤，作为送给父亲最特别的父亲节礼物，尤其在台湾医学史上留下佳话，迄今许多医生都还难忘他“胆大心细”的这一刀。诚如林欣荣说，为自己父亲开刀，只要“胆子大一点，肠子硬一点”就可以了。

林欣荣的胆大心细似乎也遗传给自己的女儿，在挑选另一半时，也是胆大心细，才选中蒋家的第四代蒋友柏。而即将嫁入蒋家的林姮怡谈论自己与蒋友柏的恋情时说：“不论外界怎么看我和蒋友柏的交往，但就我的立场来说，男人的外形和家世背景不是我衡量另一半的主要原因。我很重视男人说话时的感觉和气质，能聊得来，并且能从对方身上学习，才是吸引我的重点。”

2月8日晚，蒋友柏和林姮怡在台北市一家俱乐部举办了婚宴，新娘戴着婆婆方智怡赠送的银金色项链。这场婚礼只有6桌酒席，谢绝所有媒体记者的采访，应邀出席的亲友也很低调，双方共只宴请了亲友约60人，其中包括男方的亲友、前“台湾故宫博物院”院长秦孝仪、前“行政院长”郝柏村等。至于女方的亲友则包括沈国梁、林碧玉等。方智怡则用歌声庆祝，年事已高的方老太夫人特别弹奏钢琴，场面温馨。

## 蒋友柏和林姮怡的爱情结晶——蒋得曦

2003年7月10日傍晚6时30分，蒋友柏的妻子林姮怡顺利产下一名重3241克的女婴，母女均安。婆婆蒋方智怡表示，媳妇的生产过程与她当年生蒋友柏的情况相似，也是自然产途中改剖腹生产，家里已经做好各项准备，迎接小孙女的到来。当时确诊林姮怡的预产期是7月9日，凌晨她便住进台北市中山医院待产，婆婆蒋方智怡上午前去陪产，对于即将当祖母她显得相当高兴，她表示希望为人父的儿子以后要多尽一分责任。

依蒋家族谱“孝友得成章”排序，蒋友伯的女儿是“得”字辈，但名字还要蒋友柏夫妇决定。

蒋友柏则一直沉浸在当爸爸的喜悦中，在接受TVBS何启圣独家专访时，他首度公开分享迎接刚出生两天的女儿Katerina的心情，对于女儿拥有像他一样淡褐色的头发和像妈妈的五官相当骄傲，还直说，“好美好美”。

蒋友柏表示，虽然女儿的中文名字会依照族谱排名“得”字辈，但是不会用算命的方式决定，不过英文名字可是还在肚子里时就已经由远从上海和日本回来的两位干爹，从1000多个英文名字里面筛选出来了。

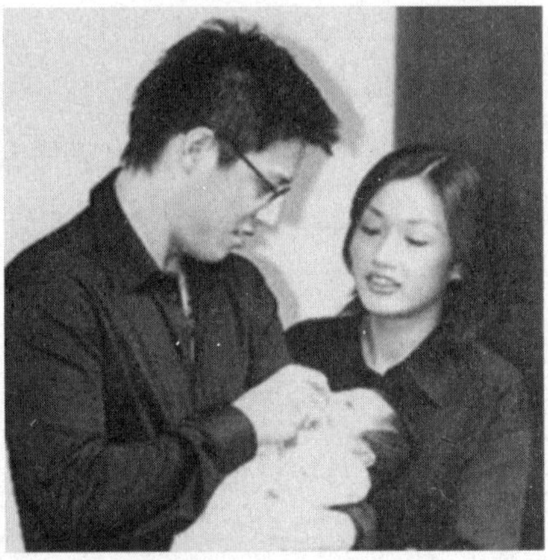
蒋友柏夫妇抱着蒋得曦

自从出生后，蒋家第五代孙女“小玫瑰”就是众人好奇目光的焦点。

按照蒋家家谱，蒋友柏及妻子林姮怡所生的蒋家第五代排名“得”字辈，在吊足了媒体大众的胃口之后，蒋家第五代孙女“小玫瑰”中文正式名字定为蒋得曦。

2005年1月27日，林姮怡在台北内湖三军总医院又诞下一名男婴。为了纪念过世的父亲，蒋友柏特意为爱子起名为蒋得勇。这是蒋家第五代的第一名男丁。

很难想象，蒋友柏俊朗的容貌、前卫的外表下有一颗火热的爱家之心。据中新网的报道：蒋友柏每天下午2时便下班，先回家带妻子、儿子，然后一家3口去接上幼儿园的女儿蒋得曦。记者问及：才30岁的年轻人怎么就充满父爱？他答道："台湾治安不好，这也是做父亲的责任嘛!"为了小孩，他还有一个疯狂居家哲学："早上6时开始上班开会，下午2时陪家人，若公司因此垮掉，我也认啦!"

2007年，蒋友柏和蒋友常兄弟两人合著了回忆录《悬崖边的贵族》。这本书主要展示了10年前他们的父亲蒋孝勇猝然病殁，尤其是2003年10月作为蒋氏家族大家长的宋美龄溘然长逝以后，他们作为蒋家第四代人如何打造新天地的经历。

这本书的出版成为了当年台北文化与政治圈的新话题，国民党荣誉主席连战亲临致意，只是这本新书很有蒋友柏时尚前卫的味道，设计了灰与黑两种封面颜色，分别代表他与蒋友常。蒋友柏说："在同样教育下，友常看到只有黑白，我看到只有灰，深灰或浅灰。""学会融合这些'灰'，就是我竞争的本钱。"

"学会拥抱前方和上方的美景，一边接受下方粉身碎骨的现实"，这是《悬崖边的贵族》中，描述他所体会的"悬崖学"。这位台湾设计界、时尚圈的贵公子也说，在父亲过世后，他与兄弟"为了要快速成长"，"把自己放在一个极端矛盾的位置"。因为崖下有粉身碎骨的失败，但在崖上有最清的风，在崖边有最透的景。

面对蒋家带给他的光环，蒋友柏从不予以否认。"我生下来就是一个品牌"，"其实我比较幸运，因为我能在20岁以前就已经经历了人家40岁才经历过的大变，

蒋友柏举行《悬崖边的贵族》新书发表会，国民党荣誉主席连战夫妇（右二、右三）亦亲临现场祝贺

我又在30岁以前完成了人家可能在四五十岁才会完成的东西。所以我现在变得比较老，比较温，比较呆，没有什么欲望，没有什么所求。"蒋友柏这样评价现在的自己。

蒋友柏曾多次在书中和各种场合提到："蒋这个姓它给我很多关怀，它也是历史的一部分，我不知道该怎么样去分割它，但是我也不会特别去利用它。"他多次表示希望自己能够脱离蒋家带给他的政治光环，也曾公开表示："蒋家再起，不会从政治起来。""我对政治没有看法，我很喜欢当个商人。"

他的人生和事业，正演绎了一个曾是中国最有影响力家族的"去政治化"历程。

2003年7月，蒋友柏成立专业设计公司"橙果设计"。橙果设计公司曾与知名自行车品牌巨大机械、捷安特公司合作，打造适合上班族的现代感单车"CityStrom"，售价可能高达1万元人民币，并已在日本问世。台湾浩鑫计算机为强调设计与性能的中高价位产品，以进行市场区隔，也与橙果公司洽谈合作事宜。就连台湾知名主持人陶晶莹和艺人李李仁的婚戒，也是由蒋友柏所属公司的英国设计师Jonathan Biddle设计的，只设计费就开价新台币50万元。"创业的过程中，要学习什么是失败，学会失败后如何处理问题，才有可能创造自己的路。"这是蒋友柏的创业宣言，"在一个没有后路的环境里，只有前进的选择。"

对蒋友柏来说，"只有接受现实，才能知道自己可以做什么"！2006年，蒋友柏曾一度遭遇事业的"瓶颈"，但正如他在书中所写的那样，他常把自己逼到悬崖边，这是驱使自己向前的路。而悬崖，也代表着一种自我的极限，也是一种让人想往上爬的力量。"每个人都在寻找自己的价值，而自己所做的事，将决定自己的价值。"

2008年5月，蒋友柏赴大陆考察投资，在台湾设计界打拼多年的他，在上海成立了橙果的分公司——常橙品牌策划咨询（上海）有限公司，正式将生意业务拓展至大陆市场。

## 五、蒋孝勇次子蒋友常与儿媳陆敬贤

### 蒋友常决不从政

蒋友常是蒋孝勇和方智怡的第二个儿子，比蒋友柏小两岁，生于1978年。1988年，父亲突然决定去加拿大旅行，年幼的友常听说出去旅游，自然双手赞成，其实他不知道父亲去加拿大的真实意图乃是为不久的将来移民加拿大做先期考察。1988年8月18日，小友常随着父母和哥哥蒋友柏乘飞机到达加拿大首都渥太华，下榻一家距离国会大厦不远的旅馆，这是一座友常从未见过的意大利哥特式建筑。

在渥太华逗留的几日中，他发现这儿的气候非常凉爽舒服。他喜欢站在旅馆窗前，遥遥望着那列多运河附近的联邦广场，而矗立在广场中央的巍峨高耸的花岗岩纪念碑，常让他想起台湾的圆山饭店。

与哥哥友柏不同，友常是个喜欢沉默的孩子，他经常一个人在寂静的环境里思考问题。就像这次父亲突然带全家来到加拿大的举动令他费解，然而很快他就从父母的悄悄谈话中了解了父亲的愁苦心情。“我为什么要到这里来？就是想寻找一个世外桃源似的地方，从此过隐居的生活。”几天后，友常又跟着父母和哥哥乘飞机飞往加拿大东北部名城魁北克。这里仿佛是另一个天地，十分寒冷，尚未进入深秋，片片枫叶就已泛红。

接着，全家又到魁北克的蒙特利尔市区游览，这里不仅寒冷，而且人非常稀少，建筑是他喜欢的蒙特利尔古典式法国建筑，它们大多是临山而筑的小楼和屋舍，房屋的墙壁非常厚重，一律是由大青石砌成。更使他奇怪的是“中国人就更少了，街上出现的人，大多是美国人、英国人还有法国人”，独不见中国人。可是父亲却异常兴奋“好，这地方真好”！“爸爸，你为什么喜欢中国人少的地方呢？”少不更事的友常实在不理解父亲的想法，他睁大一双茫然的眼睛，觉得从前极具远见的父亲越来越不可理喻。

在蒙特利尔，父亲带着友常和哥哥玩得很开心，友常也和哥哥友柏一样隐隐觉得他的少年和青年将在这“鸟不生蛋”的地方度过。然而有一件事情颇令友常棘手，因为蒙特利尔的通用语言是法语，可是在台湾他与哥哥都是学习英语，他害怕不能适应。幸而母亲注意到他的担心，说了一番开导的话，友常才慢慢宽心了。

蒋经国去世后，蒋孝勇全家移居海外

果然，就在他们回台湾后不到半年，即 1989 年 3 月，友常随着全家人来到了蒙特利尔，在一座位于蒙特利尔东山坡上的房子里住下，父亲将他送进一家私立学校小学部读小学五年级。转眼 3 年过去了，友常和家人在蒙特利尔过得很快乐，尤其是父亲的变化令他欣喜。因为过去父亲对他们兄弟俩经常发脾气，很少与他们谈心，现在父亲不但不对他们乱发脾气，而且还和他们聊天。但是有一次他却和哥哥与同学打架，原因是那几个来自台湾的同学当着他和哥哥友柏的面大骂曾祖父和祖父，两人听不过，遂和他们扭打起来。父亲知道后，训导他们一定要低调，不要与他人起争执，毕竟过去的一切都已成历史了。

此后，友常牢记父亲的教诲，在学校尽量保持低调，专心于学业。但是，纵使他努力地学习，他的法语考试也总是难以过关，这将影响着他未来的升高中乃至升大学。其实他的哥哥友柏也遇到了相似的情况。为了解决矛盾，1993 年秋，全家又举家迁到美国旧金山定居，友常则进入一家高中学校学习。

在那儿，友常过得很快乐，因为那里的华裔人士并不十分关心台湾的政局，对蒋介石和蒋经国也不常议论，所以友常不用在压抑的环境中生活，不用受学校里的同学给他另眼相看的难堪。友常能够安心地学习，当然有付出就有收获。蒋友常在学校的成绩一直名列前茅，是大家公认的高才生。

但父亲时常提醒蒋友常既不要忘记自己是蒋家人，又不要依赖蒋家的余荫庇护，变成人人憎恶的纨绔子弟。蒋友常决定不辜负父亲对自己的期望，他要凭借自己的努力考取大学。

## 蒋友常毕业于纽约大学经济专业

1995 年夏，友常和哥哥一样，凭着自己优秀的学业考上了纽约大学，而他选择了经济专业。他没有忘记父亲的叮咛，不要涉身政治。在大学里，友常一心埋头苦读，很少过问与己无关的事情，所以在学校的日子却也安宁舒服。谁知，突然有一天友常接到母亲的电话，显然从母亲焦急的语气中友常觉察家中定有事发生。于是，他和哥哥商量先由他回家看看情况再做打算。1996 年元旦过后，友常就乘飞机回到了旧金山。

1 月 6 日，母亲不安地向他透露了一个惊人的消息。友常听后，起初以为母亲担心台湾当局会对父亲不利，可出乎他意料的是母亲忧虑的是父亲的身体健康。“你父亲在圣诞节的第二天晚饭时吐了血。”这个消息对友常来说无疑是晴天霹雳，一向身体健康的父亲怎么可能吐血呢？友常开始不安起来，他隐隐觉得灾难又开始向本已平静的家庭袭来。

母亲已于当天赶往台湾。友常带着这个悲痛的消息回到纽约大学向哥哥告知。两人心情均无比沉重，他们已无心专注学业，时时刻刻牵挂着父亲的病情。父亲经过那场大手术后，显示出极度的疲惫虚弱。见父亲如此神态，友常决定向母亲提出休学以回家陪伴父亲。母亲同意了友常的请求，因为她知道此时此刻儿子在蒋孝勇身边是对他最大的安慰。

休学后，友常就一直陪在父亲身边，经常带着父亲去打高尔夫球，这也是父亲唯一能够参与的体育活动了。然而，父亲在经过几次手术后，迫切希望回大陆看看老家溪口，再了却祖父蒋经国爬黄山的遗愿。友常虽不希望父亲劳累奔波，可是他心知父亲的日子所剩不多，应尽可能满足他的一切愿望。因此，全家人商议，由哥哥友柏陪伴父亲先行，友常则和母亲、弟弟友青晚一步从旧金山飞往香港，其目的是防止被新闻媒体发现。虽然经过手术，父亲的病暂得控制，可是就在友常与母亲、弟弟到达香港的当天，他得知父亲又吐血了，更为可怕的是父亲还患有脑瘤。一切都太突然了，友常一时难以接受，他真不知以后该如何是好，他常常独自暗暗流泪，悲叹上天对父亲的不公。

但是父亲比他想象中坚强得多，在重病的情况下，他依然决定按原定计划去家乡祭祖，十几天的旅途终于将父亲仅有的生命力消耗殆尽。父亲没有完成爬黄山的愿望就不得不再次进"荣民总医院"进行治疗，可是医生们亦无力回天，1996 年 12 月 22 日，友常见父亲已脉如游丝，便叫上哥哥一起去街上买了一套黑色西装，并为父亲准备了一套颜色适中的衣服，当夜，父亲在祖母蒋方良的呼唤声中与世长辞。手捧着父亲早在 1996 年 1 月 8 日留下的遗书，友常潸然泪下，他暗中发誓谨遵父亲遗命，决不从政，"我们家庭和中国现代史之间，总要打个休止符"。父亲的话在友常耳边久久回荡，挥之不去。

2001 年夏，友常顺利地从纽约大学毕业了。历经多年的磨炼，蒋友常长大了，他的身材虽然没有哥哥友柏高大魁梧，但他极像已经病逝 4 年的父亲蒋孝勇，生得瘦削精悍。方智怡亦非常关心次子对未来的打算，自友常回来后，她就不停地询问友常将来干什么。其实蒋友常早已打定主意，他希望像哥哥友柏一样，成为一个商海的弄潮儿，以经商为业，不负父亲生前的忠告。

方智怡对于次子的志向非常满意，然而，她以自己几年在商海中搏击的经验告诉儿子，从商虽好，但也并非易事，需要从头做起，一步一步爬上来，方能取得最后成功。蒋友常深切体会到母亲的用心良苦，他决定到哥哥友柏的电脑公司打工，从底层做起。很快，蒋友常便进入哥哥蒋友柏的"新宏人"电脑公司当一名打工仔。功夫不负有心人，蒋友常通过自己的勤奋努力，加之哥哥从中扶助，不久他就升为业务主管，亦是蒋友柏的得力助手。兄弟两人齐心协力，公司的业绩一年赛过一年，可谓如日中天。

2003 年 1 月 13 日是祖父蒋经国逝世 15 周年纪念日，蒋友常陪同母亲方智怡和哥哥蒋友柏一起赴台湾头寮拜祭祖父。面对新闻媒体，蒋友柏与蒋友常都刻意回避。和留着一头长发的哥哥不同，友常剃了光头，让别人看起来颇具叛逆性格。其实不然，友常和哥哥友柏一样极其孝顺。父亲过世后，他非常听母亲方智怡的话，凡母亲的嘱咐，他都铭记于心，在母亲方智怡眼中，蒋友常是一个好孩子。

蒋友常（右一）

作为蒋家后代的蒋友常，与蒋友柏不同，在外界眼中一向是个安静、与世无争的人。他的父亲蒋孝勇对做菜颇有天赋，任何菜式，只要吃过一遍，就基本可以依葫芦画瓢地做出来。而蒋友常也颇得父亲的真传，对饮食很有研究。窝在厨房里做菜成为他最大的嗜好。不但爱做吃食，蒋友常平日最喜欢泡老人茶，享受人生。和他曾祖父蒋介石相同，蒋友常也爱早睡早起，对纷纷扰扰的台湾政治提不起一丝一毫的兴趣。

2007 年 9 月，蒋友常与相恋 4 年多的女友、香港珠宝设计师陆敬贤在加拿大完婚，没在台湾正式宴客，婚后两人定居香港。然而好景不长，这段婚姻只维持了短短 9 个月就以未知的原因而告终。

离婚后，蒋友常对婚姻触礁一事始终不愿提起，并返回台湾，专心于事业。2008 年开始，担任捷安特美学中心设计总监，定居台中。2012 年 6 月，他跟交往两年多、从事瑜伽教学并大他 3 岁的女友郭秋君，继 6 月公证后，29 日下午于“士林”官邸的凯歌堂补办婚礼。

蒋友常

从哥哥的橙果设计离职后，蒋友常开始自主创业，将目光投向家居用品行业，和汉百企业合作创立“JIA ing 品家家品”，任品家家品有限公司亚太区总经理，标榜着新的中国概念家器皿。他花了一年时间和团队讨论如何表现中国，最后将产品定位成现在的“ChineseING”，把中国每一个阶段的变化和多面性呈现在作品中，朝向“华人地区的家庭用品品牌”的目标。

# 六、蒋孝勇的三儿子蒋友青

## 小小年纪失去父亲

移居加拿大蒙特利尔一年后，在1990年冬天的一个风雪交加的夜晚，蒋孝勇的小儿子蒋友青降临人间，他出生的时候，父亲蒋孝勇正忙于处理与台湾中兴电机公司彻底脱钩事宜。小友青的诞生，给父亲蒋孝勇带来了不少麻烦，蒋孝勇必须在家里和医院两头跑，既要照顾在医院生孩子的方智怡，又要接送上学放学的蒋友柏和蒋友常两兄弟，幸而蒋孝勇有着坚韧的性格和极强的适应能力，很快他就能应付自如。

不久，小友青就随着妈妈回到位于小山坡的家中。在严冬降生的小友青长得虎虎实实，很像当年在台湾军校里受训的蒋孝勇那样英武非凡。见着自己的小儿子如此酷似自己，蒋孝勇从心眼里喜欢他，遵照蒋介石生前为其曾孙辈取好了“松柏常青，梅兰菊竹”的名字，因此蒋孝勇便给儿子取名蒋友青，这下蒋孝勇的孩子就占了“松柏常青”中的三个，蒋孝勇亦为之骄傲。

蒋友青与父母在一起

就在小友青快满3岁的时候，由于他的两个哥哥蒋友柏和蒋友常在蒙特利尔的法语考试过不了关，所以蒋孝勇决定再次移民美国。于是小友青就跟着母亲于1993年秋坐飞机到了美国旧金山，从此就定居下来。他们的新家是一片紧邻高尔夫球场的幽雅高级住宅区，三层的白色小楼，门前有一泓碧绿的池塘，后边则有个小花畦。小友青就在这片广阔的天地快乐地成长，父亲蒋孝勇经常陪着他嬉戏、玩耍，好不愉快。尽管当时友青还小，但是父亲常常告诉他蒋家的起起落落，同时，他还谆谆叮嘱友青和他的两个哥哥：要感谢上帝的恩典和祖上的余荫余德！别人都喜欢荣华富贵，那是别人的事情，你们决不要去干涉！因为我们蒋家的第四代人，是与政治及荣华富贵绝缘的！只能靠你们自己的能力，去做你们自己应该做的事情！年幼的友青虽听不懂父亲话中的含义，但是他告诉父亲他一定会牢记于心的。父亲为之开怀大笑。然而，幸福的时光总是短暂的。在友青 6 岁那年，父亲就被诊断患有食道癌，而且是晚期，与父亲朝夕相伴的友青非常舍不得，他经常在母亲面前号啕大哭，他不要父亲走，方智怡总会被那揪心的哭声惹得泪水涟涟。

为了达成父亲的愿望，1996 年 7 月 16 日，友青和母亲方智怡、哥哥蒋友常从旧金山乘飞机飞往香港与大哥蒋友柏、父亲蒋孝勇会合。刚到他们下榻的丽嘉酒店，友青愕然得知父亲不仅有癌症，现在癌细胞已扩散到脑部，父亲又得了脑肿瘤，这个消息不啻晴天霹雳，把友青吓得大哭。可是坚强的父亲毅然地赴溪口探祖，令友青颇为震惊。他跟随着父亲一同前往，游览了溪口蒋家全部遗迹：玉泰盐铺、丰镐房、武山庙、蒋家祠堂、留有他曾祖父题字的多处纪念地，这些景物给友青留下了深刻的印象，这也是他最后一次与父亲同游了。1996 年 12 月 22 日深夜，被病魔折磨了近 1 年的父亲蒋孝勇溘然长逝了。由于友青尚年幼，所以父亲并未留有遗书给他，但是看见两个哥哥手捧遗书泣不成声的样子，友青无法抑制住自己的眼泪，泪水泛滥。

小小年纪就永远地失去了父亲，没有父爱的友青是在母亲的精心呵护下长大的。因为两个哥哥皆已长大成人，家中唯有友青还小，因此方智怡尽全心地照顾友青，她知道缺少父爱的孩子更需要疼爱，这也是她替蒋孝勇对友青的补偿。友青也是一个听话的孩子，凡是母亲的教诲他总是铭记于心，他希望像两个哥哥一样，成为学校里的高才生、商海中的弄潮儿。2001 年友青已经 11 岁了，为了实现自己的理想，他在母亲的安排下进入了旧金山的一所华人高小读书。在校期间，他学习十分认真刻苦。正是因为有蒋友柏、蒋友常两位兄长为榜样，小友青坚信自己的将来一定不会让父亲失望，他也要为蒋家增光添彩。

蒋友青

2004 年 12 月，蒋友青回台奔丧，当时念高一，只有 14 岁的他，面对媒体显得十分生涩。

2010 年 3 月，蒋友青被媒体拍到带着其女友参加表哥张立方的婚礼。相较于数年前的青涩模样，如今的蒋友青已是俊俏帅哥，毫不逊色于哥哥蒋友柏与蒋友常。身高

175 厘米的蒋友青，身穿西装外套，戴黑框眼镜，神似港星吴彦祖。由于蒋友青的俊俏模样不输蒋友柏、蒋友常两位哥哥，已有台岛网友组成“家族”支持他，俨然成为新一代少女杀手。

蒋友青（左）、女友和妈妈方智怡在婚宴后准备搭车离去

## 乌龙大麻案

2010 年，蒋友青被误认为交易大麻，被警方带回警局，让这起“贵公子陪女友摆地摊”的情事曝光，北投警分局 2010 年 8 月 29 日表示，蒋友青从头到尾都很配合调查，表示自己平常都是抽烟草。

据台湾东森新闻报道，“海巡署”基隆查缉队日前接获线报指出，8 月 27 日晚上有人会在天母圆环商圈交易大麻，基隆查缉队会同北投警方前往监控，带回一名和检举人所描述特征穿着相符合年轻男子协助调查，结果发现这名男子竟然就是蒋家第四代、20 岁的蒋友青。

北投警分局表示，这起查缉案主办单位是基隆查缉队，警方配合前往，承办警员看过他的身份证，但没有认出他是蒋家的人。后来警察在车上与他闲聊时，问其父母姓名、职业，蒋友青提及母亲叫“蒋方智怡”，父亲“蒋孝勇”多年前过世，警察这才惊觉“原来你是那个蒋友青”!

警方说，蒋友青非常配合警方的行动，当场就拿出口袋中的香烟供警方做测试。北投分局侦查队队长吴文贵指出，经过毒品初步检验，该烟草并没有大麻成分，蒋友青则表示，自己平常都是抽烟草，绝非毒品；由于他没有毒品前科，警方在经过检验后并未强制验尿，结案后就请他离去。此外，警察对他言行举止彬彬有礼、并无公子哥习气也印象深刻。

警方指出，蒋友青抽的香烟是俗称的“手卷烟”，味道多带有花朵或水果的香味，这种烟要到专卖烟草的商店购买，然后以机器加手工制作，每根单价不低。

# 七、蒋孝章的儿子俞祖声

## 俞祖声一直住在美国

1961年春天，在美国旧金山，蒋经国唯一的女儿蒋孝章与俞扬和结婚后一年他们的爱情结晶俞祖声就来到了人间。由于蒋孝章是蒋经国膝下唯一的女儿，也是蒋介石唯一的孙女，所以备受蒋家长辈蒋介石、宋美龄的怜爱，蒋经国亦是把蒋孝章当成手心里的宝贝一样对待。可是爱女做了一件令蒋经国甚为气愤的事情，就是嫁给比自己年长十几岁的台湾“国防部长”俞大维的儿子俞扬和。然而蒋孝章非俞扬和不嫁，蒋经国亦无可奈何，只得答应这门婚事。现在连小外孙都出世了，爱屋及乌，蒋家长辈对俞祖声也是非常疼爱。

俞祖声出生后，蒋孝章就给台湾打来越洋电话，征求蒋介石为爱子取一个名字。由于俞扬和不是蒋介石的曾孙辈，所以早已为蒋家第四代取得“松柏常青，梅兰菊竹”不能用于给蒋孝章的孩子取名。但是蒋介石认为给这个孩子取名亦不得马虎，毕竟他也是蒋家的一分子，有着蒋家的血脉。经过一番思索，蒋介石最后以一句古诗“克绍祖裘，声望远播”中的“祖声”为这个小曾外孙命名。“祖声”一词乃是取其克绍祖裘之声望的意思。就这样，蒋孝章的儿子叫俞祖声。

直到俞祖声9岁时，母亲蒋孝章才告诉他在东方的一个小岛台湾住着他的曾祖

俞大维夫妇抱着长孙俞祖声

父母、祖父母，还有一大堆叔叔伯伯、婶婶阿姨，那里才是他真正的家乡。俞祖声得知这件事后第二年，母亲蒋孝章即带着他于 1971 年 5 月回到繁花似锦、春意盎然的台湾，这也是俞祖声第一次来到台湾。

在台湾，俞祖声见到了在旧金山看不到的椰树、棕榈和菠萝，更令他兴奋的是他在七海官邸见到了母亲口中时常提起的外祖父蒋经国和外祖母蒋方良。在俞祖声眼中，外祖父是一位和蔼可亲的老人，而外祖母则是一位身材高挑、留着一头棕黄色头发的善良的俄罗斯老太太，他觉得这个家并不像母亲曾经告诉他的那样恐怖。很快，俞祖声便欣喜地随母亲回到了旧金山。不久，父亲俞扬和就把他送进一家华裔人士创办的小学读六年级。1975 年春，俞祖声又以优异的成绩破格升入初中一年级。

有一次，语文老师给他和所有同学出了一道命题作文，题目是《我熟悉的人》。在这篇作文中，俞祖声以《我的外祖父》为题，从一个外孙的角度来写仅见过三次面的外祖父蒋经国。在俞祖声的少年时期，他随母亲回到台湾三次，每一次台湾之行都给他幼小的心灵留下了深刻的印象。他发觉外祖父母住的七海官邸和其他人住的地方不大一样，外面总会有一群荷枪实弹的军人把守，而外祖父身边亦有一些在台湾的特殊人物，但是当时俞祖声年纪尚轻，不大理解其中的奥秘。他只认为外祖父是一个身材矮胖，长着一对八字眉，一见他就笑眯眯的和蔼老人。在文章中，俞祖声把自己与外祖父的几次接触清楚地写出来，同时还写上自己的想法。他发现外祖父是一个对家人严厉、对身边侍卫和蔼的人。外祖父喜欢陪着自己玩耍，这也显示出蒋经国对外孙的疼爱。

1978 年，俞祖声初中毕业，考入旧金山华人高级中学。是年 5 月，台北寄来两份请柬，邀请父母亲参加外祖父蒋经国就任第六任“总统”就职仪式，出乎意料的是父母亲均拒绝参加，俞祖声不明其中内情，母亲蒋孝章便不得不告之父亲俞扬和不愿涉入政界的心意，所以也就拒绝参加在台湾举行的各种与蒋家有关的政治活动，俞祖声方才慢慢意识到旧金山俞家和台湾蒋家之间的差别。甚至外祖父差人第二次送来请柬盛情邀请他们参加第七任“总统”就职典礼，父母亲同样是以沉默对待。这些事情在俞祖声成长过程中留下了痕迹，影响着他未来的选择。

## 选择自然科学研究

转眼之间，俞祖声高中毕业，已是一个身材魁梧、仪表堂堂的美男子了。不久，俞祖声就要考大学，关于专业的选择，他需要听听父母的意见。虽然他从小就喜欢中国文学，更喜欢历史，然而母亲蒋孝章认为报考文学和历史专业将来很难在美国有发展前途，父亲俞扬和尽管没有明确反对儿子的意见，但他不得不提醒儿子读文学和历史容易走上从政的道路，因此他提议儿子读自然科学，虽然将来会比较辛苦，但是他始终不希望儿子将来凭借政治权术得到利益。俞祖声深切体会父母亲的期望，他遵循父亲的意思，报考了加州大学自然科学类的专业。在几年的求学过程中，他很快就以自己的睿智考取了一等奖学金，成为他所在专业的优秀学生。

自 1975 年父亲俞扬和参加了外曾祖父的葬礼后，俞祖声就再也没有去过台湾了。但是他对外曾祖父的思念使他常以通信的方式与外祖父保持联系，诉说心中的喜怒哀乐。1985 年 4 月，外祖父蒋经国给俞祖声寄来了他写的一本新书《十年风木》，从中俞祖声更深刻体会政治的可怕。他庆幸自己在报考大学时听从父亲的意见，进入了远离政界的自然科学领域，因此他可以无忧无虑地在知识的海洋中遨游。在大学的俞祖声亦渐渐明了母亲蒋孝章——一位从小就生活在中国社会上层的千金小姐为何远渡重洋来到人生地不熟的美国旧金山，并且和父亲俞扬和这个不热衷政治的人结合，关键原因在于她看透了政界的黑暗与恐怖。在俞祖声进大学的第一年，母亲蒋孝章送给他一件圣诞礼物——新式日记本，她还在扉页上写下一首小诗："若求生活无忧无虑，劝你切实把握今朝……"

俞祖声很快就领会母亲这首诗的含义。笃信基督教的母亲蒋孝章是希望儿子能够专心从事他所在的领域，成为善良的智者，而不要像他的祖辈们那样陷入生死相争的政界。

1995 年，俞祖声大学毕业。同年 7 月 8 日，他便随父亲俞扬和回到了久别的台湾。此行的目的是为祖父俞大维送行，参加完祖父的葬礼后，俞祖声就来到外祖父的大溪头寮吊唁。望着简朴、肃穆而又寂静的灵堂，俞祖声不由得哀叹，真是印证了父亲的一句话："天下没有不散的筵席，任何靠政治起家的人最后都难以逃脱以政治毁灭的结局!"昔日辉煌的"蒋氏王朝"今朝已名存实亡，蒋家对台湾政局的影响已大不如从前，甚至可以说几乎没有影响。面对此番凋零的情景，俞祖声亦无能为力，只能默默祝福外祖父在天之灵保佑蒋氏家族未亡人能够生活美满，不再踏入险境重重的政界。

# 八、章孝严的长女章惠兰与女婿李幼乔

## 章蕙兰自小钟情于电影

章惠兰于1970年在美国出生，由于母亲黄美伦长得艳丽夺目，所以章惠兰尽得母亲真传，也是出奇的秀丽。进入台北私立中学读书时，章惠兰就已是身材修长、仪态出众的妙龄少女了。她的性格极像母亲黄美伦，从小就是个善良而又聪慧的女孩，更为重要的是她对艺术情有独钟，这自然也来自母亲黄美伦对艺术的喜爱。母亲黄美伦在学校读书期间是全校公认的“校花”，样样精通，尤其是搞起文艺活动，更是如鱼得水，搞得有声有色。章惠兰正像自己的母亲，在私立中学上学期间，章惠兰就是学校各种重大活动的台柱子。每每被选为鼓乐队的指挥和校剧团的导演，节目主持人。在章惠兰读高三时，她的艺术天赋更加显现出来。毋庸置疑，章惠兰的艺术才能全赖于多才多艺的母亲黄美伦。可以说，母亲黄美伦是章惠兰的第一位艺术老师。

1990年夏天，章惠兰进入辅仁大学社会学专业。其毕业论文《台湾新电影中的女性角色》似乎已经预示了她将来要走的路。

为了最终确定自己未来的发展方向，章惠兰与父母亲有一次深刻的交谈。父亲章孝严认为电影只能作为业余消遣，难成一个人的终身职业。但是意志坚定的

章惠兰为章孝严拍竞选广告，以父亲的“手”为主题

章惠兰勇敢地反驳了父亲的观点，她向父亲表明电影是种刻骨铭心的爱，绝非普通的喜欢，既然如此深爱它，为什么不能作为自己的职业呢？

面对父亲的阻挠，章惠兰唯一可求助的就只有与自己有着同样艺术爱好的母亲黄美伦，得到母亲支持。

不久，章惠兰如愿以偿地来到美国留学。

## 处女作《小百无禁忌》

到 1994 年秋天，章惠兰已是波士顿大学的硕士研究生了。在波士顿大学攻读期间，章惠兰专程去了一趟好莱坞影城，在此期间拍摄过不少短片。章惠兰在这里报考的专业，就是她苦苦追求了十几年的电影艺术。她的导师并没有马上满足这位中国少女想成为电影导演的梦想，而是同意她专修电影制片人的专业。

1996 年毕业后，她回到台湾，在著名女导演张艾嘉的新片《今天不回家》中实习；次年，她又在台湾著名导演蔡明亮的影片《洞》中任助理导演。和知名导演的密切合作，使章蕙兰积累了执导经验。章惠兰以一部名叫《小百无禁忌》的电影出过名，这部电影由舒淇和金燕玲合演，结果大获成功，不仅入围法国戛纳影展的国际影评人奖以及角逐金摄影机奖，而且她本人还受邀参加 2000 年 8 月至 9 月的爱丁堡影展。

2004 年 1 月 12 日，章蕙兰和同为台湾导演的李幼乔结婚。章孝严说，两人已交往两年多，女儿和李幼乔交往之初便告知家人了，他们对李幼乔印象也很好，很放心把女儿交给他。婚礼在台湾君悦饭店席开 50 桌，连战、宋楚瑜、王金平、马英九以及部分蒋家后人都成为座上宾。谈到女婿，章孝严直说“越看越满意”，他认为女婿是认真、重视婚姻的类型，也是有创意、才华的年轻人。李幼乔与章蕙兰都是知名导演，两人在一个共同友人的婚礼上相识后，交往两年多，并于 2003 年 7 月订婚。章孝严嫁女儿，其喜悦心情溢于言表。他表示，第一次嫁女儿，第一次当主婚人，十分高兴也万分不舍，希望大家给予新人祝福，乐见女儿找到好归宿。

## 章蕙兰表示对陪同父亲认祖归宗非常感动

2000 年 8 月底，章蕙兰随父亲和已故叔叔章孝慈的家人，赴浙江奉化祖父蒋经国的老家，在蒋家祠堂里祭祖；她对能与父亲一起认祖归宗非常感动，唯一遗憾的是，已逝的叔叔章孝慈无法和他们同行。

在这之前，章孝严将赴大陆的新闻曝光后，章蕙兰接受台湾报章专访时强调，这次是单纯的家族团聚，对他们和叔叔两家人，意义深远。

浙江省奉化县蒋家每年都会举行家族祭祖，目前最受尊敬的族长邀章孝严、章孝慈两家人返乡在蒋家祠堂祭祖，等于让两兄弟及其家人认祖归宗。章孝严因卸下公职，可以赴大陆，他和章孝慈与两家人的名字，都会纳入蒋家族谱，但章孝严等两家人都不会改姓蒋。

章蕙兰导演的《小百无禁忌》受邀请参加 8 月中到 9 月初的爱丁堡影展，为了“认祖归宗”这件家族大事，章蕙兰甚至向大会要求安排《小百无禁忌》在影展初期放映，好让她赶去浙江参与“历史性”的家族聚会。

## 九、章孝慈的长子章劲松

### 生活在另一种境遇中的蒋氏骨肉

章劲松生于 1970 年，是章孝慈与赵申德的长子，但由于父亲章孝慈是蒋经国的庶出子，所以他的身份一直未被蒋家成员承认。父亲章孝慈给他取名劲松，主要是因为他出生的时候，章孝慈本人尚不清楚自己的身世，所以当他给长子命名时并未像蒋家第四代的其他成员一样被冠以“松柏常青，梅兰竹菊”，而是取名“劲松”。

章劲松自小学习勤奋，主要得益于父亲章孝慈的言传身教，他经常告诫自己的孩子：任何时候都要依靠自己的能力生活和奋斗，千万不要依靠别人，不要依靠家族。在人生的路上，只能依靠你自己。因此，章劲松完全凭借自己的努力在 1989 年高中毕业后顺利地考取了台湾大学国际商务法律专业。

作为章孝慈的长子，章劲松是最早知道父亲章孝慈前半生的悲惨境遇的，更令他吃惊的是自己竟然是蒋家第四代子孙，而自己的爷爷竟是蒋经国。早在章劲松上初中一年级的时候，父亲章孝慈在他放寒假的时候突然带着他来到新竹故乡探访故居。正在初中读书的章劲松，第一次来到故乡新竹。出现在他面前的新竹果然山峦叠翠，绿竹如屏。几眼山泉沿着高耸的山岩，汩汩流淌而下。遍布在山间与林莽中的温泉，在春天阳光的辉映下升起氤氲水雾，整个新竹山区到处都是魅人的春色。这里没有丝毫早春的萧杀。章劲松发现父亲每经过一地，都要为他

右排起：章孝慈、章孝严、黄美伦、赵申德。后排是他们的儿女

指指点点，告诉他哪里是他和章孝严童年玩耍的地方，哪里是他们兄弟少年时洗澡沐浴的温泉，哪里是他们的学校，哪里是他们栖身的屋舍。一路上章孝慈几乎把他和章孝严的身世都告诉了章劲松，这对长子劲松来说，好比听一个闻所未闻的传奇故事。正是从父亲口中，章劲松才得知父亲的真实出生背景。尽管当时父亲对章劲松讲的话含含糊糊，然而聪明的章劲松隐约从父亲的闪烁其词中嗅出一点味道。可是，纵然章劲松已明了自己的祖父就是蒋经国，父亲章孝慈依然要求儿子不要将自己的身世向外人透露，毕竟这个话题在当时是极为敏感的。所以，年幼的章劲松谨记父亲的教诲，但他也渐渐对台湾显赫的家族蒋家有了一点初步的印象。

## 理解并支持父亲从政

1988 年 1 月 13 日，蒋经国在台北“荣民总医院”逝世。章劲松得知这个消息后，内心很希望亲自去拜祭这个素未谋面的祖父，他也知道父亲章孝慈同样有这种想法，但是当时蒋家大家长宋美龄决不会同意他们父子俩的这种举动，因此章劲松只能将对祖父的哀思深埋心中。由于祖父蒋经国去世，父亲章孝慈和大伯章孝严的身世亦公之于众，特别是祖父临终前提出要章孝慈和章孝严两兄弟归宗，所以一时之间，默默无闻几十年的父亲忽然成为新闻媒体争相采访的对象、台湾各界人士谈论的焦点人物。更令章劲松惊讶的是钻研法学 20 多年、平日对政治丝毫没有兴趣的父亲，在章劲松高中毕业的前一年宣布他要在当年 7 月召开的国民党“十三”全会上竞选“中央委员”，这对章劲松来说，实乃难以理解。而更出乎他意料的是父亲获得了台湾不少选民的支持，选举结果是章孝慈的选票数名列第 11 位，而他那早就涉身政界的伯父的选票数位于第 6 位。

作为章孝慈唯一的儿子，章劲松了解父亲的所作所为均是为了向外界证明：在台湾这种政治阴影下，我章孝慈同样也能在政界不依靠任何政治后台而获得民众的支持，有所作为。父亲的这种心境全赖于过去蒋氏家族给予他不公平的待遇。不久，父亲又去竞选新竹县县长。尽管最后父亲落选了，可是在儿子心中，父亲始终是最成功的。

随着父亲章孝慈的身世在台湾各大报纸曝光，章劲松作为蒋家第四代的身份也广为人知，但这并没有给章劲松造成多大的困扰。因为他始终牢记父亲章孝慈的叮嘱：要靠自己的力量面对人生的一切！所以在台湾大学读书期间，章劲松依然秉承自己过去的优良学风，勤奋踏实，毫不理会别人对他的奇怪目光。本来章劲松以为只要自己用一颗坦然的心去面对生活，一切就会很美好，可是命运却一再捉弄人。父亲章孝慈为了能够参加 1993 年 8 月在北京举行的由海峡两岸法学学者参加的“第二届海峡两岸法学学术研讨会”，他毅然在 1992 年辞去了“国代”和“中央委员”的职务，而且他还有另一个最重要的目的，就是回祖国大陆为自己的生母章亚若重修坟墓。看着电视机屏幕上父亲与章家的亲属在雨后为祖母章亚若举行家祭，他被父亲对祖母真挚的感情深深感动。

1994 年 11 月 12 日晚，章劲松与父亲章孝慈促膝畅谈了两个多小时，可是章劲松万万没有想到这次长谈竟然是他和父亲的最后谈话。在那次和父亲恳切的交谈中，章劲松了解到更多有关父亲和大伯少年时期的艰苦奋斗历程，并非像外界传言的那样得到来自蒋经国的资助，两兄弟才上了大学。实际情况是父亲章孝慈和伯父章孝严凭着自己的辛勤劳动，外出打工，做家教，才将学费攒齐完成了学业。

章劲松对于外界关于父亲章孝慈是否会认祖归宗颇有疑义，便询问父亲的看法，岂料，父亲的回答着实让他更加敬佩父亲。章孝慈沉思良久方告诉儿子“历史就是历史，从前爸爸那么困难的日子都已经过来了，为什么现在又要搞什么认祖归宗呢？还是顺其自然的好”。那夜，章劲松觉得父亲和平常不太一样，因为他显得异常兴奋。他想可能是与父亲第二天要再次飞往大陆，参加北京大学光华管理学院成立大会，同时还要去北京西郊碧云寺参拜孙中山先生的衣冠冢等活动有关，所以章劲松并未太在意。谁知，那一夜却是与父亲的诀别。

父亲走后，章劲松在学校上课总觉得烦躁不安，似乎有什么不好的事情要发生，但又感觉不到会是什么事情。直到 11 月 14 日上午，章劲松接到妹妹章友菊从家中打来的电话，始知父亲章孝慈在北京猝发脑出血，生命垂危，现正在北京中日友好医院由专家急救。当晚，章劲松便和母亲赵申德飞往北京探望病危的父亲，妹妹章友菊则留在台北等待尚在美国公干的伯父章孝严回来。到了北京之后，望着平躺在特护病房的父亲，章劲松悲痛万分。想不到那一夜聊天时还生龙活虎的父亲如今却静静地躺在那儿，好像在等待死神的降临。在北京的那段日子，章劲松每天守候在病房外，他期望父亲能够有所好转，他心里一直默默地为父亲祈祷。也许是章劲松的孝心感动了上苍。在多位世界一流专家的联合诊治下，章孝慈终于脱离了危险期，并于 11 月 24 日由大陆派专机送他回台湾“荣民总医院”继续治疗。

父亲的病情虽然暂得控制，但是由于脑干出血过多，已经永远无法恢复思维，这即意味着父亲要成为一个植物人。而“荣民总医院”的医药费惊人的昂贵，对于大半辈子都教书的章孝慈来说，无疑是个天文数字，100 万台币，让仅剩孤儿寡母的章家如何应付？幸好台湾各界人士见章孝慈身染重病又无钱医治，遂纷纷解囊，给予资助。最令章劲松感慨的是素来与蒋家乃死对头的作家李敖为了给章孝慈筹钱，竟然在台北举办了一次规模宏大的“为东吴大学校长章孝慈筹款拍卖会”！此举令不少人大为惊叹，一贯与蒋氏家族对立的李敖为何会为一个有着蒋家血脉的人集钱呢？章劲松与众人一样对此事迷惑不解，直到李敖的一封亲笔信到他手中，他才真正为李敖的做法而感激涕零。

原来父亲章孝慈对李敖有知遇之恩，一生性情豪放的李敖连连遭到台湾当局的封杀，可是章孝慈力排众难，聘请李敖来东吴大学教书，此种恩情对李敖来说如同再造，所以他会不惜一切帮助章孝慈。1995 年 3 月 5 日，李敖又在台北新光美术馆举办了“李敖为支援章校长治病书画拍卖会”，他将自己多年精心收藏的珍贵名画拍卖，然后将所得的钱大部分捐助给章孝慈治病，此情此景，令章劲松感动不已。但是，反观蒋氏家族竟然没有施以援手，这使得章劲松感到人间的情谊不光只有亲情、友情，师生情有时会高于亲情。

可是，章劲松还是眼睁睁地看着父亲撒手人寰，离他和母亲、妹妹而去。1996 年 1 月一直到春节，父亲已离去日不远，终于在 3 月 24 日走了。章劲松和妹妹章友菊在父亲灵前守孝，回想父亲与自己度过的点点滴滴，章劲松痛不欲生。

如今父亲已过世多年，而伯父章孝严亦带着他和妹妹返回溪口老家认祖归宗，各界人士对于章家人的身份也都承认，可是每当望见遗像中父亲的脸，章劲松的耳畔总会想起父亲的嘱咐，要干一番事业。章劲松心中默念父亲的教诲，他相信他一定会和父亲一样凭借自己的真才实学创出一番天地，在法学界拥有自己的一席之地。

# 十、章孝慈的女儿章友菊

## 知道自己的神秘身世

比哥哥章劲松小许多的章友菊生得俊逸秀美。由于她出生时，父亲章孝慈已清楚自己的身世，因此在给爱女取名时，章孝慈按照蒋家第四代的习惯，以“友菊”冠名，表明自己的女儿也是蒋家的子孙。但是，从小父亲章孝慈很少向女儿谈起自己的身世，一方面是由于当时台湾的政治气候不允许他这样做；另一方面则是因为女儿年龄尚小，章孝慈不愿过早地让女儿背上沉重的家庭包袱，所以直到蒋经国去世，章友菊才开始一点点地知道自己父亲背后原来藏着如此大的秘密。

1988年春夏之交，章友菊当时正在再兴小学读三年级。她没有想到一直甘于学术研究、不问政治的父亲竟会公开宣称要竞选“中央委员”，初谙世事的章友菊一时难以理解，为何父亲会来个180度的大转弯。直至一次章友菊在父亲回答记者的谈话中才发现了原因。在父亲答记者问时，她才知道父亲多年生活在政治阴影下，如今一切开始改变，而父亲也终于可以走出阴暗，奔向光明，参加竞选正是他想向世人表明他的生活将彻底改变。他将不用在压抑中过活，他可以抬起头来，“别人能做的事，我父亲为何不能”？章友菊不由得更加敬佩父亲。

前排右起：黄美伦、章孝严、赵申德，后排为他们的儿女

知道父亲的身世后，章友菊发现总会有些异样的眼光看着她，她也知道这与她的身份有关，虽然流着蒋家的血脉，但是一直不被蒋氏家族承认。尽管如此，章友菊还是谨记父亲的教导，不要太在意姓氏，不要太在意所谓的家庭背景。“在这个时代，还讲究什么家族？只需个人努力，姓氏并不重要！”章友菊对于父亲的言语一直放在心上，丝毫不敢怠慢，因为他是她最敬重的父亲。

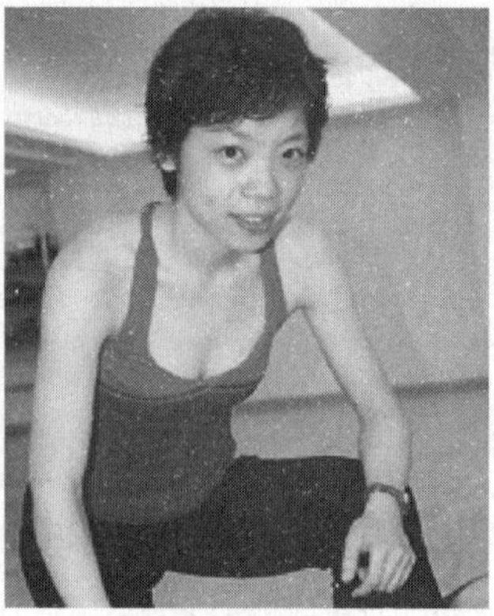

章友菊

## 姓不姓蒋不重要

1988年1月13日，蒋经国逝世。在政府宣布“国丧”期间，章友菊就读再兴小学三年级，有一天，老师陈美智突然拍她肩膀问道：“章友菊，我是不是该叫你‘蒋友菊’？”面对“传说中的祖父”蒋经国“总统”遽逝，10岁的章友菊没特别反应，是否改姓蒋，对小女生却是难以回答。

23年后，坐在武昌街“明星西餐厅”，回想起那次被小学老师称为“蒋友菊”的往事，章友菊不禁发出爽朗的笑声。她说，陈老师当年的关爱是温馨善意的，但她从来就不觉自己是“蒋家人”，也不觉得应该姓蒋。她的成长历程和同学没有不同，父母也常告诫：“你们没什么特殊的！”

章友菊的父亲、前东吴大学校长章孝慈，是蒋经国与章亚若1942年“非婚生孪生兄弟”之一。他的大伯父章孝严近年已“认祖归宗”改称“蒋孝严”。多年前，蒋孝严改姓话题广受舆论关注，被外界归类为“蒋家第四代”的章友菊曾在媒体严肃陈述：“我不觉得自己是蒋家人，没有认祖归宗的问题。”

时隔多年，随着阅历增长，任职红十字总会的章友菊仍坚信，“姓不姓蒋，并不重要”。她笑称，“改姓蒋，又不会多一块肉”。她的生命历程与现实生活从来就不曾与蒋家有关联，唯一联结就是“父亲与经国先生的血缘关系”。章友菊认为，外界所认知的种种“蒋家符号”，对他们家人并没有实质意义。

章家虽然在现实生活里与蒋家有距离，但章孝慈在经国先生的次子蒋孝武过世后，也曾默默协助处理后事。

她说，从小就听说，照片高挂教室墙上的“蒋总统”是父亲的父亲，但有记忆以来，父亲未曾和她谈过“经国先生是我父亲”或“经国先生是你祖父”。父亲对其身世话题相当内敛，因此，家里并不曾出现这类“戏剧化”的对白。

章友菊说，父亲并不是严肃的人，但他背负的身世之谜，外人难以理解。时

章友菊

任东吴校长的章孝慈，曾举办“二二八”纪念音乐会，希望化解族群对立，但有一天，在校园遭激进学生当面羞辱身世。章友菊说，夜里看到父亲在摆着章亚若照片的书房内难过伤心，深刻体会到父亲所承受的压力。

章友菊透露，他母亲赵申德曾说，有次父亲在谈及血缘亲情时，曾引《诗经》：“夙兴夜寐，无忝尔所生”，表明此生不辱父母，对得起父母。她说，她家的庭训，就是朴实、平凡。她迄今始终记得父亲曾告诫的，“日月星辰各就其位，这辈子开心做个平凡人就好”。

她说，对父亲而言，一生背负的身世之谜或许是痛苦的，但能将它转化为另一种生命力量，没有把承受的痛苦转给家人、子女或学生，这是他生命之美，是他最有生命意义的地方。

章友菊表示，经国先生朴实的人格特质，其实是她从小“英雄崇拜”的对象。她也曾和一般游客一样在头寮排队谒陵、在中山纪念馆参观“蒋总统”史料展，她心目中对这位长期影响着父亲生命历程的“祖父”，有种特殊的崇敬之意，但这与她是不是姓蒋是毫无关系的。

## 经历家庭变故，决心做个平凡人

当父亲于1992年毅然辞去好不容易竞选得来的“中央委员”和“国大代表”一职时，章友菊又开始不理解父亲的行为。

原来父亲一直有个愿望，就是在有生之年回大陆探亲，拜祭早死的母亲章若，以尽孝道。为了实现这个夙愿，父亲不惜弃官，成为“蒋介石家族重返大陆的第一人”！章友菊知道父亲的身份尽管不为蒋家人接受，但是在其中，父亲章孝慈俨然蒋家子孙，这是难以改变的事实。

正当父亲忙于海峡两岸的学术交流活动时，灾难突然降临到他身慈第二次去大陆参加北京大学光华管理学院成立仪式时，突发脑出的身体很好，没有任何征兆。哪知就在11月14日清晨父亲多年的过多方抢救，章孝慈的性命保住了，可是却成为永久的植物人和女儿谈心聊天了，而巨额的医药费更是让家境一般的章家

但是，很快，章友菊就看见了希望。原来，由于章

忽得重病后立刻引起了强烈反响，大批好心人慷慨解囊，为章孝慈筹集医药费。东吴大学首先掀起了“为章校长治病献一分钱”的大型捐募活动，望着那么多才子为父亲到处寻找帮助的盛大场面，章友菊真心地感激这些善良人。最引人注目的莫过于作家李敖为章孝慈筹钱而举办了规模巨大的拍卖会，时间持续了1个月。直到1995年4月5日才告结束。到1996年春天，章孝慈的医药费难题得到了缓解。然而，众人的关心仍没有将章孝慈从死亡的边缘拉回来。

为了治好父亲的病，章友菊不得不休学1年。这一年来，她几乎每天守候在“荣民总医院”里，为父亲默默祷告。医药费虽然解决了，然而父亲的病却毫无起色。遭受病痛折磨1年的父亲终于在1996年2月24日永远地离开了爱女。站在父亲灵前，章友菊没有掉眼泪，或许是眼泪早已流干，但更重要的是父亲的话时常萦绕耳边：“友菊，你为什么老喜欢哭呢？哭是无能的表现，我希望我的女儿将来成为心地刚强、敢于面对严峻现实的人！”

“放心吧，父亲，我和哥哥一定会按您的话去做，决不会给您丢脸的，您就安心地去吧！”章孝慈死后，章友菊就与母亲和哥哥相依为命，纵然她的身份路人皆知，但是她依旧按照自己的方向前进，也很少在新闻媒体中出现，也许章友菊更偏爱宁静的生活，就像她的父亲。

# 后　记

中国是一个以家庭为本位的社会，许多家族都编有各自的家谱。它既是每个家族对自己历史和先人的叙述，也为我们研究历史提供了重要的依据。近代以来，中国社会虽然发生了重大变化，但一些名门望族，在条件允许的情况下，仍在续修自己的家谱。蒋介石家族是中国近代历史上重要的家族之一，对近现代中国历史产生了重要影响，现在蒋家后人散居世界各地，仍在发挥着影响。但自 1948 年编定家谱之后，便没有再行修订。为全面反映这一家族的历史，我们特编写《蒋介石家谱》一书。

编写《蒋介石家谱》，我们首先面临的就是如何收录人物的问题。从实际出发，本书主要介绍蒋介石的谱系，以了解蒋介石家族的历史和现状。一是蒋介石的祖辈、父母的情况；二是蒋介石的兄弟姐妹及配偶；三是蒋介石本人的情况；四是蒋介石的妻子们；五是蒋介石的子女及配偶；六是蒋介石的孙子女及配偶；七是蒋介石的重孙子女、配偶及后人；八是其他的相关人物及事迹。在介绍人物时，尽可能做到大的史实不遗漏，以全面反映人物的真实情况，符合谱系的一般编写方法。

由于编者水平有限，加上本书是国内第一部用家谱的形式介绍蒋介石家族的基本情况，再者蒋介石家族的历史跨度较大，今天多居住在世界各地，材料收集，特别是口述史的材料收集困难，所以本书难免有不全面甚至是错讹之处，敬请读者特别是蒋介石家族的族人批评指正。

本书由何虎生、周守高主编，提供书稿的有齐鹏飞、刘艳宇、周秀明、李晓雨、韩玉瑜、王磊、何桂宏、汪文慧、赵文心、胡竞方、王超、杨帆、吴宇潇等同志。

编　者

2017 年 10 月于中国人民大学